创建百年油田　打造常青企业

大庆油田进入新一轮高产高效开发期

十五期间，承担开发建设我国最大油田的大庆油田公司，以科学发展观为指导，坚持高起点谋划，高水平开发，高效益发展，大力实施“持续有效发展，创建百年油田”战略，呈现出勃勃的发展生机。

* 油气勘探取得重大突破，发现我国东部第一大气田；

* 经济效益显著攀升，连续六年位居中国纳税工业企业榜首；

* 自主创新效果显著，有4项科研成果获国家技术发明和科技进步大奖；

* 市场开发能力增强，成功进入海外勘探开发和石油贸易领域；

* 大庆品牌进一步提升，被评为全国“最有影响力企业”。

五年累计实现油气当量2.5亿吨，年均油气当量保持在5000万吨水平，利税总额4017.87亿元。实践证明，大庆油田已完成产量战略性调整，进入新一轮高产高效开发期。

十一五，大庆油田公司以党的十六届五中全会精神和科学发展观为指导，确立了“油气当量到2010年保持在4200万吨以上，到2020年保持在4000万吨以上”的阶段性发展目标，继续加快自主创新步伐，以强大的核心竞争优势，推进创建百年油田实践；以强劲的发展势头，确保国家石油战略安全；以神圣的责任感和使命感，承载新的发展希望，为建设社会主义和谐社会做出积极贡献。

大庆油田有限责任公司董事长、总经理王玉普

大庆油田丛式井

大力实施“科技兴企”战略，不断加快科技自主创新步伐，形成了一套自主研发、系统配套、具有独立知识产权、世界领先的勘探开发配套技术，企业核心竞争优势显著增强。

联 合 重 组

建设最具国际竞争力的大型钢铁集团

2005年8月16日，由鞍山钢铁集团公司和本溪钢铁(集团)有限责任公司联合重组的鞍本钢铁集团在沈阳举行了揭牌仪式。组建后的鞍本钢铁集团具备了年产钢2000多万吨的生产能力，销售收入达到1000亿元水平。

鞍钢露田铁矿采场

鞍钢新一号高炉

鞍钢260吨转炉

鞍钢1700连铸连轧生产线

从"共和国钢铁摇篮"跻身世界先进钢铁企业行列的鞍钢集团公司

鞍钢始建于1916年，其前身是鞍山制铁所和昭和制钢所。1948年鞍山钢铁公司成立，翌年7月9日在废墟上开工，迅速恢复了生产，随之进行了大规模技术改造和基本建设，特别是"一五"计划期间，"三大工程"等一大批重点工程的建成投产，轧制出新中国第一根无缝钢管和重轨，初步建成新中国的第一个钢铁基地。经过五十多年的建设发展，现拥有6座大型铁矿山、4个选矿厂、1个炼铁总厂、2个炼钢厂、13个轧钢厂和焦化、耐火、机械、动力、运输、建设、综合利用等辅助配套单位，以及技术中心、设计院、自动化公司等科研、设计单位。

鞍钢为我国社会主义经济建设和冶金钢铁工业发展作出了突出贡献。1949年至2004年，鞍钢总计生产钢就达3.21亿吨、铁3.16亿吨、钢材2.22亿吨，上缴税金831.6亿元，约相当于国家对鞍钢投入的15.4倍。鞍钢在长期建设发展过程中，不仅为创造了巨大的物质财富，而且创造了宝贵的精神财富。涌现出全国著名的劳动模范、工人级的代表—老英雄孟泰；全国著名的劳动模范，走在时间前面的人—王崇伦等一大批典型人物，形成了具有鞍钢特色的企业文化，成为企业发展的精神动力。随着鞍本钢铁集团的成立，鞍钢的发展，必将为建设最具国际竞争力的钢铁企业提供巨大的内在动力。

目前，鞍钢已具有年产铁1300万吨、钢1300万吨、钢材1100万吨的生产能力。可生产700多个品种，25000多个规格的钢材产品。全面通过ISO9002质量体系认证，船用钢9国船级社认证，石油管通过API认证。形成了以生产集装箱板、汽车板、管线钢、冷轧硅钢、造船板、镀锌板、彩涂板高速重轨、高级石油管等精品为主导产品的基地。鞍钢牌铁路重轨被评为国家名牌产品。2004年，生产钢1133、33万吨，铁1156、97万吨，钢材1059、75万吨；实现销售收入501、42亿元，上缴税金62、36亿元，实现利润108、38亿元。钢材出口和加工出口专用钢材300吨，出口创汇7.91亿美元，排名全国第一。2005年上半年，生产钢598.47万吨、铁647.93万吨、钢材541.55万吨，相当年产钢1207万吨、铁1307

鞍钢1780热轧带钢生产线

鞍钢冷轧2号生产线

鞍钢厚板生产线

—鞍本集团鞍钢集团公司

万吨、钢材1092万吨；实现销售收入354.81亿元，上缴税金59.41亿元，实现利润70.81亿元。

1995年以来，鞍钢按照党中央、国务院“改革、改组、改造、加强企业管理”的要求，努力转变增长方式，在优化结构，提高质量，减低成本，提高经济效益上下功夫，逐步实现由粗放经营向集约经营的转变。以建立现代企业制度为方向，不断深化企业改革，实施主辅分离；不断探索公有制多种实现形式，成立了鞍钢集团新钢铁有限责任公司，创建了鞍钢集团新轧钢有限责任公司，其股票在香港和深圳上市。更新企业发展思路，用高新技术改造传统产业，成功地走出一条“高起点、少投入、快产出、高效益”的老企业技术改造新路子，彻底淘汰平炉和模铸，实现了全转炉和全连铸，实现了历史性的跨越。

进入新世纪，通过实施“十五”计划，实现了跨越式发展：鞍钢整体发展达到新高度。钢、铁、钢材年产量均超千万吨，销售收入、上缴利税、实现利润取得历史性突破。现代企业制度初步建立。通过深化改革，形成了母子公司体制，钢铁主体规范了法人治理结构，建立起适应市场经济要求的人事用工机制和分配机制，子公司市场竞争力显著增强.工艺技术装备水平实现历史性跨越，主体生产工艺和技术装备达到国际先进水平。实现输出成套技术的新突破，成为国内首家具有成套技术输出能力的钢铁企业.产品结构明显改善，技术经济指标大幅度提高。通过技术进步、科技开发和加强管理，节能降耗，改善环境，产品质量和企业面貌发生了根本性改变，高附加值产品市场占有量不断扩大，彻底改变了产品形象，在国内外市场赢得了良好声誉。非钢产业发展达到新水平。通过体制和机制改革，加大对非钢产业的支持，具有较大规模和较强实力的非钢产业新格局已经形成，显现了鞍钢集团的整体优势。2004年10月，在国际专业调查分析机构《钢铁态》对世界22家主要钢铁企业国际竞争力的排名中，鞍钢位列第八位，跻身于世界先进钢铁企业行列。

“发展是硬道理”。面对国际钢铁市场激烈竞争形势和发展趋势，鞍钢以“三个代表”重要思想为指导，树立和落实科学发展观，制定了“壮大钢铁主体、做强相关产业、推进跨国经营、实现持续发展”的总体发展战略，确定了今后一个时期“两步跨越”的奋斗目标：第一步，到2007年，建成1600万吨钢精品基地；第二步，到2010年，进入世界500强，成为最具国际竞争力的大型钢铁企业集团。鞍钢正在向着这一奋斗目标奋进。

鞍钢优质彩涂板

鞍钢优质镀锌板

鞍钢彩涂板生产线

鞍钢万能轧机

鞍钢无缝钢管厂生产线

鞍钢2号镀锌板生产线

联合重组

建设最具国际竞争力的大型钢铁集团

本钢铁矿采场

本钢2650立米高炉

本钢180吨炼钢转炉

本钢6米60孔大型焦炉

从功勋企业走向建设精品板材基地的本钢集团公司

本钢集团公司始建于1905年，是见证我国现代钢铁工业发展历程的老企业之一。1949年7月15日，举行开工典礼，全面恢复生产。“一五”期间，被国家列为重点项目之一，生产能力得以迅速扩大，产量成倍增长，成为新中国的又一个钢铁生产基地.经过五十多年的建设发展，如今已发展成为采矿、选矿、烧结、焦化、炼铁、炼钢、轧钢、动力、运输、科研等配套齐全的特大型钢铁联合企业。2003年，本钢在世界主要钢铁企业排名中列第29位。

目前，本钢已具有年产铁920万吨、钢960万吨、钢材740万吨的生产能力。可生产500多个品种、3000多个规格的钢铁产品。形成了以石油管线钢、压力容器钢、深冲钢、结构用钢、链条用钢、耐候用钢、模具用钢及热镀锌板为主导的系列产品，是我国重要的板材生产基地，军工、航海、铁路运输等高科技产品原材料生产基地。本钢牌铸造生铁达到国际高级纯生铁的标准，被誉为“人参铁”，获国家金质奖，享有免检信誉。2004年，生产钢549.4万吨，铁506.7万吨，钢材454.9万吨；实现销售收入235.2亿元．上缴税金23亿元，实现利润9.06亿元。2005年上半年，实现销售收入133.99亿元，税金13.67亿元，利润3.3亿元.累计出口55.78万吨，实现创汇报会2.97亿美元。

党的十一届三中全会全党实现了工作重心的转移，改革开放给本钢带来了生机与活力。1980年，生铁产量第一次突破300万吨。1985年，生产规模、产品结构调整、经济效益实现新突破，主要经济技术指标创历史最好水平。1994年11月，被国务院确定为百家建立现代企业制度试点单位。1996年7月，经国家批准改制为本溪钢铁(集团)有限责任公司，成为国有独资的大型钢铁联合企业。1997年4月，被国务院确定为全国120家大型企业集团试点单位。1997年6月，以炼钢厂、热轧厂和原初轧厂为主体，成立了本钢板材股份有限公司，并成功上市，发行A股股票1.2亿股、B股股票4亿股。

本钢400万吨的炼钢厂外景

本钢连铸机

本钢280万吨薄铁坯连铸连轧机组

本钢大板坯连铸机组

—鞍本集团本钢集团公司

1998年以来，本钢按照党的十五大关于搞好国有企业的一系列方针政策，通过大力推进“三改一加强”，实现了三年改革与脱困攻坚的目标。2000年，销售收入、实现利税、实现利润分别比1997年增长47.29%、47.25%和51.36%。使本钢进入了一个新的历史发展阶段.进入新世纪后，特别是党的十六大以来，本钢紧紧抓住振兴东北老工业基地的发展机遇期，坚持以改革为动力，以结构调整为主线，坚持体制、管理和技术创新，继续加快改造步伐，运用高新技术对钢铁主体生产线进行全方位、大规模的技术改造。投资100多亿元，对炼铁、炼钢、轧钢系统进行大规模技术改造，相继完成了4、5号高炉改造大修、炼钢铁水预处理、转炉自动化、1700热轧机组、彩涂生产线，以及新建4号转炉、炉外精炼等重点改造项目，企业整体技术装备达到了世界先进水平和国内领先水平。企业整体技术装备水平的提高，产品结构的有效调整，使本钢钢材产品市场占有量不断扩大。改造后的1700热轧机组产量已从原设计年产159万吨提高到420万吨，品种规格由过去的8大系列30多个品种提升到27大系列330多个品种，主体装备技术工艺跻身于国内外同类轧机先进水平行列。为全面提升冷轧产品档次和市场占有率，先后对酸洗冷轧联合机组和热镀锌机组进行了技术升级改造，已形成生产汽车表面板、高档家电板的规模能力，年产优质冷轧产品连续三年突破70万吨设计能力，进入年产100万吨的世界级冷轧厂行列。经过多年的技术改造，本钢的主要生产工艺装备达到当代国际先进水平。

本钢按照科学发展观和走新型工业化道路的要求，确定了“把本钢建设成为品种齐全、质量高的千万吨级精品板材基地和具有国际竞争力的现代企业”新的振兴发展规划目标。本钢集团公司正按照这一发展规划目标迈进。

本钢冷轧产品

本钢热轧板卷

本钢冷轧生产线

本钢薄板坯连轧生产线

本钢1700热连轧机

本钢酸洗冷轧联合机组

本钢冷轧吊式炉

航空报国 追求第一

中国一航党组书记、总经理 林左鸣

中国一航研制的飞豹战机

中国一航研制生产的枭龙战机

中国一航研制的山鹰教练机

中国一航正在研制中的ARJ支线飞机

中国一航研制的新舟60飞机

中国一航研制的TY-90空空导弹

中国一航研制的昆仑航空发动机

中国一航研制的秦岭航空发动机

中国一航研制的QD70燃气轮机

中国一航研制生产的
摩托车出口名列行业前茅

激情进取

志在超越

中央电视台“心连心”艺术团

赴一航沈飞慰问演出

中国一航一流环境建设

中央电视台《同一首歌》走进一航成飞

中国船东协会

中国船东协会（英文译名为China Shipowners' Association.简称CSA）是由在中华人民共和国注册并从事水上运输的商船所有人和经营人、管理人自愿组成的行业组织。按照中华人民共和国国务院颁布的《社会团体登记管理条例》规定，在中华人民共和国民政部注册登记，具有社团法人资格。现有会员186家，经营商船约5800万载重吨。协会的办事机构是秘书处，下设八个专业委员会，两个分支机构。2004年12月被民政部评为“全国先进民间组织”，2005年5月 被交通部评为“社团总支先进党支部”。

中国船东协会自1993年4月成立以来，直接为会员服务，反映会员意见，依法维护会员的合法权益；发挥行业自律作用，协助政府部门规范行业市场，维护公平竞争秩序；关注行业的热点、难点、焦点问题，开展调查研究，为行业的发展和政府的决策提供建议；积极参与国际交流和合作，向世界航运界发出中国船东的声音。

中国船东协会的定位是：会员的代言人和贴心人；行业规范自律的管理者；政府的得力助手和参谋。下一步发展的总体目标是：促进行业和谐、创建服务品牌。立足点放在增加协会服务作用上，核心是加强服务能力建设。以和谐为基础，以品牌为核心，相互促进，共同进步。经过十多年的洗礼，中国船东协会已经迈入中国航运界骨干社团组织行列。

成绩已经属于过去，未来任重而道远，我们坚信，在民政部、交通部等部委的鼎力支持帮助下，在全体会员的共同努力下，中国船东协会一定能够大有作为，在国际国内航运舞台上尽显中国船东的风采，勇往直前地向着成为全国社团组织的一面旗帜的奋斗目标前进。

山西兰花煤炭实业集团有限公司
山西兰花科技创业股份有限公司

董事长、党委书记贺贵元

山西兰花煤炭实业集团有限公司地处山西省晋城市，是一个以煤化工为主导产业，集新型材料、精细化工、生物制药、旅游开发等多元产业为一体的国家大型一类企业。核心控股公司为上市公司——山西兰花科技创业股份有限公司（股票代码：600123）。集团现有总资产 62.9 亿元，净资产 30.65 亿元。年实现利税 10 亿元。

公司地处全国最大的煤田——沁水煤田腹地，资源优势突出，主导产品包括"兰花"牌煤炭、化肥系列产品，"兰花"煤炭为山西省标志性名牌产品，具有"三高两低一适中"（发热量高、机械强度高、含碳量高、低灰、低硫、挥发性适中）的特点，备受国内外化工、电力、冶金、建材等行业用户的青睐，畅销国内 20 多个省市，并出口欧洲、日本、韩国、东南亚等国家和地区。"兰花"尿素为国家免检产品，畅销湖北、湖南、河南、山东等 20 多个省份，并出口日本、韩国、新加坡等国家和地区。公司通过了 ISO9001 国际质量体系、ISO14001 环境管理体系、GB/T28001 职业健康安全管理体系认证。先后跻身全国工业企业 1000 强、全国煤炭企业 100 强、全国化肥企业 100 强、全国煤炭行业效益十佳、山西省工业企业 30 强行列。在山西省实施大企业、大集团战略中被列为第二方阵重点扶持和培育。作为晋城市唯一一家上市公司，兰花科创入选上证 180 指数、沪深 300 指数，成为上市公司竞争力百强企业，排名 2005 年最具投资价值上市公司"漂亮 50"第 19 位。

"十一五"期间，公司将着力实施煤化工发展战略，构建"1116"（即年产 1650 万吨煤炭，170 万吨尿素，100 万吨二甲醚，有机硅、纳米材料等 6 大精细化工系列产品）产业格局，同时坚定不移地走自主创新之路，逐步实现由资源核心竞争力向技术核心竞争力的转变，打造最具竞争力煤化工集团，步入全国工业企业 500 强。

省委书记张宝顺视察公司

省长于幼军视察公司

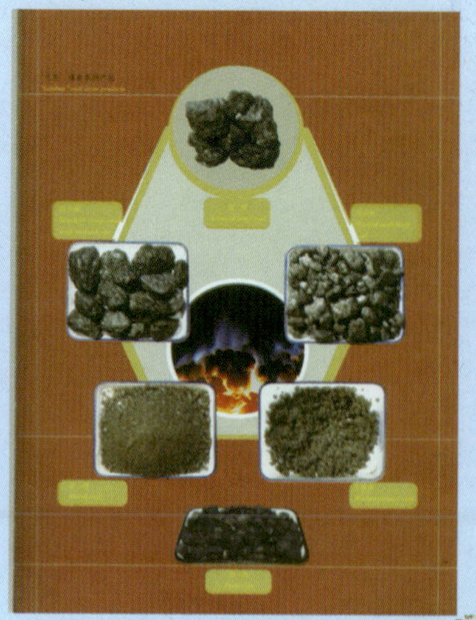

煤炭系列产品

地址：山西省晋城市凤台东街 2288 号
邮编：048000
电话：0356-2189501
传真：0356-2189500

矿区一角

全国大型工业企业名录

(2005-2006)

中国工业经济联合会 编

中国经济出版社
CHINA ECONOMIC PUBLISHING HOUSE

图书在版编目（CIP）数据

全国大型工业企业名录/中国工业经济联合会编.
北京：中国经济出版社 2006．5
ISBN 7-5017-7488-9

Ⅰ．全... Ⅱ．中... Ⅲ．大型企业：工业企业—中国—名录 Ⅳ．F425-62

中国版本图书馆 CIP 数据核字（2006）第 027278 号

出版发行：中国经济出版社（100037·北京市西城区百万庄北街 3 号）
网　　址：www.economyph.com
主　　编：杜金陵
副 主 编：刘高倬　刘玠
责任编辑：章　文（电话：010-68319110）
编　　辑：王兴旺　苟先进
责任印制：石星岳
策划设计：北京同和兴文化交流有限公司
经　　销：各地新华书店
承　　印：北京聚源德印刷有限公司
开　　本：889 ㎜×1194 ㎜ 1/16　　印　　张：25　　字　　数：480 千字
版　　次：2006 年 8 月第 1 版　　印　　次：2006 年 8 月第 1 次印刷
书　　号：ISBN 7-5017-7488-9/F·6044　　定　　价：180.00 元

服务热线：68344225　68369586　68346406　68309176

编印说明

国家统计局发布按新标准划分的全国大型工业企业名单，根据原国家经贸委，原国家计委、财政部、国家统计局《关于印发中小企业标准暂行规定的通知》和国家统计局制订的《统计上大中小型企业划分办法（暂行）》的通知；新的划型标准参照国际通行惯例，确定了以从业人员数 2000 人及以上；销售额 3 亿元及以上；资产总额 4 亿元及以上三项指标共同作为划分工业企业规模的依据。按此标准，国家统计局根据 2004 年经济普查数据，划分出全国新的大型工业企业 2154 家。

本书共分为三个部分：（一）企业名录；（二）风采展示；（三）附录。

企业名录部分收录了国家统计局按最新标准划分出的全国大型工业企业基本信息（根据企业提供回执表的内容录入）；

风采展示部分对企业进行形象宣传和产品推介；

附录部分收录了企业划分办法及相关法规。

《全国大型工业企业名录》是企业间增进了解，相互联系的重要资料，也是国内外企业相互沟通的重要途径，但有一部分单位没有及时返回核对资料，未能编列在内，在此表示歉意。同时，《全国大型工业企业名录》在编印过程中，得到众多企事业单位的积极配合，在此深表谢意；由于时间有限，可能还有错漏之处，敬请批评指正。

《全国大型工业企业名录》编辑部

2006 年 7 月

目录

企业名录

风采展示

【形象宣传】

【典型案例】

【单位介绍】

附　录

宝山钢铁股份有限公司

宝钢股份是中国最大、最现代化的钢铁联合企业，也是全球最具竞争力的钢铁企业之一。宝钢股份以先进的工艺技术装备，杰出的现金盈利能力，持续的成本竞争力，高素质的员工队伍等综合优势，奠定了在世界钢铁业的卓越地位。

宝钢始终把汽车板作为企业的战略产品，目前，宝钢汽车板已大量用于国内外高档轿车。2005年宝钢汽车板销量已突破200万吨，冷轧汽车用钢国内市场占有率超过50%。

宝钢股份将不断努力，加强产品研发和完善供应链体系，致力于把宝钢建成我国生产规模最大、档次最高的汽车板生产基地。

Baoshan Iron & Steel Co., Ltd.

Baoshan Iron & Steel Co., Ltd. (hereinafter referred to as Baosteel Co., Ltd.) is the largest and most modernized iron and steel complex in China and one of the most competitive steel complexes in the world. With advantages like advanced mechanical and technological equipments, high profitability, continuous cost competitiveness and highly professional employees, Baosteel solidifies its presence in global iron & steel industry.

Baosteel keeps automotive sheets as its strategic products all the time and currently its automotive sheets have been widely applied to high-end sedans both home and abroad. Baosteel automotive sheets sales surmounted 2 million tons in 2005 and occupied over 50% of the domestic market of cold rolled steel.

Baosteel will continue its endeavor to strengthen products development and improve supply chain in order to build itself into the largest-capacity production base for the highest grade automotive sheets in China.

BAOSTEEL

中国联合通信有限公司

常小兵董事长简介：

常小兵，男，47岁，教授级高级工程师，于1982年毕业于南京邮电学院电信工程系，获得工学学士学位。2001年获得清华大学工商管理硕士学位。曾任江苏省南京市电信局副局长及中国邮电电信总局副局长、信息产业部电信管理局副局长、局长、中国电信集团公司副总经理、中国电信股份有限公司执行董事、总裁。自2004年11月起担任联通集团公司董事长，2004年12月起担任中国联通有限公司执行董事、董事长兼首席执行官，拥有丰富的电信行业管理和从业经验，熟悉电信业务。

总裁：尚冰

中国联合通信有限公司经国务院批准，成立于1994年7月19日。中国联通的成立与发展，是我国电信体制改革的重大举措，对我国电信业打破垄断、引入竞争、改善服务、促进发展起到了积极的推动作用。

中国联通是国家控股的有限责任公司，公司实行一级法人体制，国家股比例为79.72%。

中国联通公司是目前我国惟一一家综合性电信运营企业，在全国31个省、自治区、直辖市设立了分支机构，并在澳门设立了中国联通（澳门）有限公司。主要经营范围包括移动通信（GSM和CDMA）业务；电信增值业务；国内国际长途电话业务（接入号193）；批准范围的本地电话业务（天津、四川、重庆）；数据通信业务、互联网业务（接入号165）；IP电话业务（接入号17910/17911）；国家批准的其它业务。

中国联通是国内惟一一家同时在纽约、香港、上海三地上市的电信运营企业。2000年6月，公司在香港、纽约成功上市，筹资56.5亿美元，成为香港资本市场有史以来最大的股票首次公开发行，并进入全球首次公开发行史上的前10名。2002年10月，联通A股公司在上海证券交易所成功上市，融资115亿元，成为第一家进入国内A股市场的基础电信运营企业。2003年7月，联通A股公司入选上证180指数。2002年12月和2003年12月，公司又先后两次完成向上市公司注资，基本实现了核心业务的整体上市。

截止2005年底，中国联通公司GSM与CDMA两网移动用户总计突破1.3亿户，拥有世界上第二大CDMA用户群、世界第三大移动电话用户群。2004年中国联通在“中国企业500强”中位列第27位。公司连续两年入选《福布斯》世界企业500强。

面对新形势和新机遇，联通人正以饱满的热情和昂扬的斗志，为尽快把公司建设成为国际一流电信运营企业而努力奋斗！

地址：北京市西城区西单北大街甲133号
邮编：100032
电话：010-66505588
传真：010-66114366

China unicom 中国联通

让一切自由连通

联通为可可西里科学考察提供通信保障

客户服务热线10010　话费查询专线10011　网址 www.chinaunicom.com.cn

China unicom 中国联通
让一切自由连通
以高速同步世界
与世界 时刻连通
世界风
时刻连通
世界风掌中宽带，让您随时随地领略精彩的无线网络生活。
掌中宽带，以153.6Kbps的速度支持您高速无线上网，在网络世界里让您精彩随行，资讯随身，与世界时刻连通。
客户服务热线10010 话费查询专线10011
中国联通网址 www.chinaunicom.com

贵州茅台酒股份有限公司

贵州茅台酒股份有限公司位于黔北赤水河畔茅台镇，海拔423米，占地68万平方米。

公司成立于1999年11月19日，由中国贵州茅台酒厂有限责任公司、中国贵州茅台酒（集团）技术开发公司、贵州省轻纺集体工业联社、深圳清华大学研究院、北京市糖业烟酒公司、中国食品发酵工业研究院、上海捷强烟草糖酒（集团）有限公司、江苏省糖烟酒总公司共八家股东发起。至2004年，公司资产规模达50.4亿元，固定资产13.4亿元，员工4000余人。

2001年8月，“贵州茅台”股票在上交所成功上市。公司现已成为国内极具商誉和影响力的知名上市公司，2003年度跻身于“中国最具投资价值公司”10强，代码为600519的股票成为白酒行业的领涨股、上市公司绩优股。企业成为全国白酒行业首批荣获全国质量管理奖企业。

公司主导产品——贵州茅台酒，是世界三大（蒸馏）名酒之一，是我国大曲酱香型白酒的鼻祖和典型代表，是集绿色食品、有机食品、原产地域保护产品于一身的白酒产品，被尊为中国国酒。贵州茅台酒自1915年荣获巴拿马万国博览会金奖以来，先后14次获国际金奖，蝉联历次国家名酒评比之冠。

公司自成立以来，发扬“爱我茅台，为国争光”的企业精神，坚持以市场为导向，以质量为根本，以科技为动力，不断满足消费者需求，开拓进取，继承创新，生产规模和经济效益持续实现跨跃式发展。2003年茅台酒产量已实现年产万吨，并形成了一品为主、多品开发、全方位发展的格局。新开发的茅台系列酒——茅台王子酒、茅台迎宾酒、神舟酒、名将酒等，满足了大众消费群不同层次的需求；在国内独创以年代为梯级开发的15年、30年、50年、80年等陈年茅台酒，填补了我国极品酒的空白，成为与极品洋酒竞争的锐利武器。“年份酒”的推出，开国内白酒收藏消费的先河，中国白酒行业首创的量身订做个性化营销，引导着中国白酒消费文化向高层次升华。

国酒茅台，酿造高品位的生活。

河南安彩集团有限责任公司

董事长、党委书记李留恩

河南安彩集团有限责任公司（安彩集团）是在河南安阳彩色显像管玻壳有限公司（安玻公司）发展壮大的基础上于1999年组建的。是全国500家最大工业企业之一，也是国家重点高新技术企业。现有成员企业19个，职工1万余名，资产总值135亿元。主要从事彩色玻壳、绿色照明产品、电视机、军用通讯电台、信息产品及化工材料的研究开发及生产经营。是目前我国生产规模最大、产品品种最多、技术装备最先进的彩玻生产基地。产品国内市场占有率46%，占总量三分之一的产品出口。企业先后通过ISO—9000国际质量管理体系认证、ISO—14000国际环境管理体系认证和OHSMS---18000职业健康安全管理体系认证。经河南省审计厅审计，1996年到1998年，连续三年资产增值率为303%，1998年到2000年，资产保值增值率为207%，在此基础上，2004年资产保值增值率又达到107%。

安彩集团的建设和发展一直得到国家、省、市领导及有关部门的大力支持和高度重视。江泽民同志于1991年和1996年先后两次视察安彩集团，并欣然题词："加快彩玻基地建设，为民族工业争光"。李鹏同志曾在1990年视察安彩集团时题词："努力把安阳建成彩电玻壳生产基地"。胡锦涛、吴邦国、温家宝、曾庆红、李长春、罗干、李瑞环、邹家华、吴仪、曾培炎等党和国家领导人分别莅临安彩集团视察，给安彩人以极大的精神鼓舞。企业先后被评为"电子行业功勋企业"、"中国行业十强企业"、"国际最佳形象奖"、"国家优秀企业奖"、"全国国企改革典型"、"全国质量管理先进企业"、"全国质量效益先进企业"、"全国先进基层党组织"、"全国文明单位"等荣誉称号。2002年被国家确认为首批"向世界名牌进军，具有国际竞争力的十六家中国企业"之一。

安彩集团彩玻一期工程是我国"七五"期间彩电国产化系统工程重点项目，1990年5月建成投产。在对引进技术消化、吸收基础上，1994年以来先后以"自我技术总承包"的方式，成功地建设了二期、三期、四期和信誉玻壳工程。与引进项目相比，投资节省一半，工期缩短一半。安彩集团利用具有自主知识产权的核心技术，先后成功地改造了成都红光、天津津京工厂玻壳生产线，闯出了一条以信息技术改造传统产业的发展道路。2002年又与荷兰飞利浦公司合资在郑州东经济技术开发区建成了29-36英寸纯平面大屏幕玻壳工程。2003年，安彩集团跨国收购美国康宁公司全部9条生产线，在产品技术含量、工程建设质量、设备自动化程度又跃上了一个新台阶，进一步提高了安彩集团的市场竞争能力。2004年安彩集团已成为世界第一大玻壳制造商。

1999年，安彩集团整体兼并新乡美乐集团（国营760厂）成立了安美公司。2003年10月，安彩集团托管新乡755厂，通过企业管理、企业文化的渗透，实现了资产重组、优化配置。十多年来，企业申报专利145项，获得授权专利45项。获得国家级管理创新成果一等奖2项，获得国家科技进步二等奖1项，获省部级以上科技奖10余项。

安彩集团十多年来发展如此之快，得益于严格的科学管理和不断的技术创新，得益于新型的"三、二、一"企业文化。"三、二、一"企业文化工程，即思想观念转变、管理模式改制、责任任务上的四个"三"(1)"三不唯"即：尊上不唯上、学外不唯外、读书不唯书；(2)"三讲三不讲"即：讲主观不讲客观、讲内因不讲外因、讲自己不讲别人；(3)“教育、生产、科研三位一体”的管理模式；(4)“生产、改造、扩容三种任务一肩挑”的技改模式。约束、激励上的两个“二”(1)约束机制的“双推进”即：推进全员劳动合同制，推动员工行为规范化、科学化(2)激励机制的“两个视同”即：消化视同科研，创新视同发明。奋斗目标上的一个“一”，安彩人的价值取向和奋斗目标是：“为国争光，创建基地”。

温家宝总理视察安彩集团

安彩集团改革用人机制，实行“三权、五个一”的纵向授权制度。“三权”，即总经理对中层直接任免权、直接考核权和直接奖惩权。“五个一”即一级抓一级，一级聘一级，一级考一级，一级奖惩一级，一级任免一级。形成了干部能上能下、职工能进能出、工资能升能降的全新的动态管理用人机制；改革激励机制，实行以“三实代三档”制度和“消化吸收视同科研，创新视同发明”等科技奖励政策。公司以“实际职称（能力）”代替“档案职称（学历）”，对原有技术职称的干部进行严格的考核，在专业干部的使用上看职称更看实绩，看学历更看能力，实行评聘分开。公司以“实绩工资”代替“档案工资”，创造性地运用“点因素法”进行科学分配，采用岗位结构工资制，一岗一薪，岗变薪变，工效挂钩，分配适当拉开距离、工资发放实行全封闭，杜绝攀比；改革组织机制，采用“生产、改造、扩容三种任务”一肩挑的组织形式。公司的各级领导和主要技术人员、操作人员，从项目筹建之初的技术培训、技术交流、谈判、签约，到设备监造、安装、调试、运行、改进、改造、创新等，实行一杆子承包到底，没有特殊情况专业始终不变，保持工作岗位和专业技术上的连贯性。这种组织体系创新，既保证了工程建设有一个统一、坚强的决策领导班子，贯彻了项目责任制，又使全公司人才根据生产经营实际在一期、二期和三期工程之间实现有序流动，优化了内部资源配置。同时在一肩挑的过程中充分挖掘人的潜能，进一步培养和锻炼了队伍，保证了一期生产经营稳定增长；改革教育和培训机制，创立“生产、科研、教育三位一体”的运行模式。公司结合减人增效改“四班三运转”为“五班三运转”，每天保证五分之一的职工参加各种专业技术培训；公司设立统筹、规划、协调、指导的技术部，主要车间既是生产单位，又是技术开发中心；公司教学中心与各大专院联办了不同层次的专业班，分期分批对全厂员工进行培训。与清华联办的工程硕士研究生进修班，其他各类本科、大专和中技等专业技能班，培训成绩与个人的晋升和工资挂钩，极大地调动了职工的积极性。

安彩集团总结形成了独具特色的“七字”管理方针（转、严、硬、控、稳、精、新）。企业从“严格管理”到“科学管理”再到“人文管理”，成功地实现了“专业化、规模化、核心化”三大步跨越，拥有了自主知识产权，具备了整套输出彩玻制造技术的能力。尤其是大力推进以管理数字化、技术数字化为核心的“五化”（数字化、软件化、网络化、智能化、环保化）建设，提升了企业信息化水平，为实施可持续发展战略注入了强劲动力，使企业的经济效益增长由加法变乘法大幅攀升，由量的积累走向质的飞跃，大大增强了参与国际市场竞争的能力。

安彩集团在改革开放年代应运而生、跨越式发展，安彩品牌从无到有，从中国走向世界。安彩集团全体员工将始终坚持科学发展观，围绕“发展跨越化、改革市场化、开放国际化、措施科学化”的总体目标，与时俱进，开拓创新，努力建设彩色显示器件、信息产品、绿色照明产品三大开发生产基地，形成跨地区、跨行业、跨所有制、跨国经营的大型企业集团。为实现中部地区崛起，为中华民族的伟大复兴做出更大的贡献！

地址：河南省安阳市中州路南段　　邮编：455000
电话：0372-3932916　　传真：0372-3932808

中国远洋运输(集团)总公司

总裁：魏家福

中国远洋运输（集团）总公司的前身，是成立于1961年4月27日的中国远洋运输公司。1993年2月16日组建以中国远洋运输（集团）总公司为核心企业的中国远洋运输集团。经过几代中远人45年的艰苦创业，依靠智慧、勤劳和真诚，带着光荣与梦想，中远集团已由成立之初的4艘船舶、2.26万载重吨的单一型航运企业，发展成为今天拥有和经营着600余艘现代化商船、3500余万载重吨、年货运量超过3亿吨的综合型跨国企业集团。作为以航运、物流为核心主业的全球性企业集团，中远在全球拥有近千家成员单位、8万余名员工。在中国本土，中远集团分布在广州、上海、天津、青岛、大连、厦门、香港等地的全资船公司经营管理着集装箱、散装、特种运输和油轮等各类型远洋运输船队；在海外，以日本、韩国、新加坡、北美、欧洲、澳大利亚、南非和西亚8大区域为辐射点，以船舶航线为纽带，形成遍及世界各主要地区的跨国经营网络。标有“cosco”醒目标志的船舶和集装箱在世界160多个国家和地区的1300多个港口往来穿梭。

今天的中远集团，在致力于为全球客户提供航运、物流等全球优质承运服务的同时，还能够为客户提供船舶和货物代理、船舶工业、码头、贸易、金融、房地产和IT等多个行业的服务。

总部地址：北京市复兴门内大街158号 远洋大厦F11−12
电话：010−66493388
传真：010−66492288
网址：http://www.cosco.com

刘振亚同志简历

刘振亚，国家电网公司总经理、党组书记。1952年8月生，毕业于山东大学，研究生学历，电气工程硕士。教授级高级工程师，享受国务院政府特殊津贴。第九届、第十届全国人大代表，全国劳动模范，“五一劳动奖章”获得者，被山东省政府两次荣记一等功。

国家电网公司成立于2002年12月29日，是经国务院同意进行国家授权投资的机构和国家控股公司的试点单位。公司作为关系国家能源安全和国民经济命脉的国有重要骨干企业，以投资建设运营电网为核心业务，为经济社会发展提供坚强的电力保障。公司注册资本金2000 亿元，经营区域覆盖26 个省、自治区、直辖市，覆盖国土面积的88%以上。公司实行总经理负责制，总经理是公司的法定代表人。

截至2005年末，公司资产总额11767亿元，资产负债率61.96%，共有220千伏及以上输电线路195899千米，变电容量61664万千伏安，直接管理员工150.2 万人，直接服务客户1.28亿户。

2005年，公司售电量14646 亿千瓦时，主营业务收入7214 亿元，利税604 亿元，利润总额144亿元。公司2004年收入位列2005年《财富》杂志公布的全球企业500强第40 位。

750千伏输变电示范工程输电线路

机器人带电清扫变电设备

金花企业集团

金花股份公司总部及高新药厂

吴一坚总裁简介：

1960年12月吴一坚生于西安，曾在解放军东海舰队服役，先后就读于西安理工大学及华中师范大学，经济管理硕士、经济师。

从1991年创办金花以来，吴一坚总裁带领金花人经过十多年的不懈奋斗，把金花发展成中国大陆最具影响力的民营企业之一。

吴一坚总裁先后荣获“全国优秀青年企业家”、“中国优秀民营企业家”、第七届“中国十大杰出青年”、“国际优秀企业家贡献奖”、“中国500位企业改革者”、“关爱员工优秀民营企业家”、“优秀中国特色社会主义事业建设者”、陕西省“十大杰出青年”、“陕西省新长征突击手标兵”、“陕西省劳动模范”、“陕西省十大功勋企业家”、“陕西省创业领袖”、“第五届中国企业最具创新力十大杰出人物”、“十佳中国首届最具社会责任感企业家”等称号。

吴一坚总裁现任全国政协委员、全国工商联常委、全国青联常委、中国青年科技协会副会长、中国工业经济联合会主席团主席、中华全国体育基金会理事、陕西省工商联副会长、陕西省青联副主席、西安市工商联副会长、西安市政协常委、西安理工大学、西北大学客座教授。

世纪金花购物中心

亚建国际高尔夫俱乐部

金花企业集团简介：

金花企业集团成立于1991年，是一家涉足投资、制药、商贸、交通、房地产、酒店及高尔夫等领域，拥有国内及香港两家上市公司，员工6000多名，总资产80多亿元人民币的大型企业集团。

经过十多年的发展，金花集团目前控股企业有以生物制药为主业，在上海证券交易所上市的金花企业（集团）股份有限公司、高品质的商贸零售企业世纪金花股份有限公司、在香港主板市场上市的中国金展控股有限公司、西北一流的西安亚建国际高尔夫俱乐部、金花高速公路投资管理中心和五星级的商务酒店金花豪生国际大酒店等。

金花企业集团在企业发展中始终秉承“恩泽惠于时代，挚诚馈效社会”的企业理念，十余年来积极参与各项社会公益事业，累计向社会捐赠过亿元。

近年来，金花企业集团先后被地方和国家有关部门评为“陕西省科技产业化重点科技企业”、“陕西百强民营科技企业”、“陕西省科技产业化重点科技企业”、“中国最佳企业形象AAA级单位”、“中国名牌企业”、“中国优秀民营科技企业”、“中国重质量讲诚信守规则企业”、“中国诚信单位”、“中国信誉保证企业”、“中国质量服务信誉AAA级企业”、“中国最大500家企业（集团）”、“第五届中国最具创新力企业”。

金花豪生国际大酒店

中国矿业联合会

中国矿业联合会是经国务院批准成立的覆盖矿业全行业的社团法人组织。主要由国内外有关矿业公司（含油田）、地勘企业、全国性矿业同业协会、省级矿业协会（联合会）以及与矿业相关的科研院所（校）和矿业城市自愿组成。其宗旨是遵循矿业自身发展规律、坚持为矿业企业服务、为政府服务、为矿业发展服务。主要功能是在矿业企业和政府间起桥梁、纽带作用。

中国矿业联合会的最高权力机构为会员代表大会；执行机构为主席团会议，经常性工作机构为会长办公会议。

中国矿业联合会的办事机构为秘书局，同时设有若干分会、专业委员会、工作委员会，并办有中国矿业报、中国矿业杂志、中国矿业网、中国矿业年鉴等媒体。依托上述部门和媒体在政策法规咨询、市场信息供给、专业中介服务、国际联络交流以及维护会员权益等多方面提供行业、企业、政府需要的服务。为扩大与地方和国外矿业公司的联系，在国内部分省（区、市）设有办事处，在重要矿产国设有代表处。

袁宝华
中国矿业联合会
名誉会长

朱 训
中国矿业联合会
名誉会长

李 元
国土资源部副部长、党组副书记、中国矿业联合会会长

曾绍金
中国矿业联合会
常务副会长

崔德文
中国矿业联合会
专职副会长

王燕国
中国矿业联合会专职副会长、秘书长、党委书记

地址：北京市海淀区西直门北大街45号　邮编：100044
电话：010-62243299　传真：010-62245611

中国南方航空集团公司

总经理 刘绍勇

中国南方航空集团公司是国内三大航空集团之一。总部位于广州，以蓝色垂直尾翼镶红木棉花为公司标志。(英文全称：China Southern Air Holding Company 英文简称：CS Air Holding，英文缩写为 CSAH。)

以中国南方航空集团公司为母公司组成中国南方航空集团，简称为中国南航集团。依照中国南航集团章程，经母公司批准，集团成员单位的名称中可冠以"中国南航集团"字样。

集团公司是以南方航空（集团）公司为主体，联合中国北方航空公司和新疆航空公司组建的国有大型航空运输企业，经国务院同意进行国家授权投资的机构和国家控股公司的试点。集团公司组建后，对其全资企业、控股企业、参股企业逐步依照《中华人民共和国公司法》进行改组和规范。

以南方航空（集团）公司为主体，联合中国北方航空公司和新疆航空公司，组建为中国南方航空集团公司。组建集团公司涉及成员单位的有关国有资产（含股权、土地使用权）实行无偿划转。

集团公司组建后，保留中国南方航空股份有限公司的名称，对原中国北方航空公司和新疆航空公司进行主辅业分离；将航空运输主业及关联资产规范进入中国南方航空股份有限公司，统一使用中国南方航空集团公司的标识，完成集团公司运输主业的一体化；辅业另行重组，由集团公司统一管理。

集团公司包括 10 个全资企业、4 个控股企业。

（一）注册资本

集团公司的注册资本暂定为人民币52亿元，具体由财政部会同民航总局另行核定。

（二）法定住所

集团公司法定住所：广东省广州市白云区机场路 278 号。

中国南方航空集团公司主要成员单位名单

一、全资企业

1.中国北方航空公司

2.新疆航空公司

3.中国南方航空进出口贸易公司

4.广州航空大酒店

5.南龙旅运（香港）有限公司

6.广东省南方国际航空旅游公司

7.深圳白云航空服务公司

8.南方航空广告公司

9.广州碧花园房地产开发有限公司

10.广州南航航信物业管理有限公司

二、控股企业

1.中国南方航空股份有限公司（65.2% 股权）

2.澳门金怡海外旅游有限公司（60% 股权）

3.广东南安房地产有限公司（50% 股权）

4.南方航空集团财务有限公司（50% 股权）

网址：www.cs-air.com　E-mail: webmaster@cs-air.com　热线电话：950333

中国钢铁工业协会

会长：谢企华

中国钢铁工业协会是由中国冶金企业管理协会更名，于1999年1月成立的。会长谢企华，顾问吴溪淳，副会长吴建常，党委书记兼副会长刘振江，常务副会长兼秘书长罗冰生，副会长刘玠、邓崎琳、朱继民、王天义、刘如军、李效伟、张营富、陈川平、林东鲁、洪及鄙、顾建国、沈文荣、李长顺、姜开文、王子亮、张长富，副秘书长戚向东、李世俊、杨尊庆、陈小甫、王利群。钢铁协会现有团体会员单位178个，个人会员9人。理事106个，常务理事60个。

钢铁协会的业务范围：

1.根据国家有关政策法规，结合行业特点，制定行业的行规行约，规范行业自我管理行为，建立行业自律机制。在协调钢铁企业结构调整、开拓市场、行业健康稳定运行和钢铁产品进出口等方面，发挥自律作用，促进企业公平竞争，维护企业合法权益和行业整体利益。

2.开展行业调查研究，参与拟定行业发展规划、产业政策法规的相关工作，为政府加强宏观调控和管理提出咨询建议。

3.组织收集、整理、分级发布国内外钢铁行业市场状况和经营管理、经济技术等信息。对会员的经营管理、发展战略及经济技术指标进行分析、评价，提供咨询服务。总结、宣传、推广先进典型经验。

4.参与制订、修订行业有关技术、经济、管理等标准、规范，组织推进会员贯彻实施，开展行检、行评工作。对不符合质量标准和其他标准的产品和企业，配合政府部门进行督促整改。

5.参与行业内重大投资、改造、开发项目的先进性、经济性和可行性的前期论证，组织专题讨论，推动技术开发与协作，组织行业技术成果的推广应用，开展科技成果奖评审工作，努力促进行业技术进步。

6.组织有关业务培训，研究制订有关技能职称评定标准与考核办法，提高职工的专业和技术素质。

7.代表我国钢铁行业参加国际同业组织的有关活动，建立与国际有关钢铁同业组织的联系，促进对外经济技术交流与合作。

8.受政府相关部门委托与授权，依法开展钢铁行业统计、调查、分析和上报等项工作；组织加工出口专用钢材监管工作，代表或协调企业反倾销、反补贴，保障措施的相关工作；行使临时出国审批等外事权，承担引进国外智力有关工作，组织国际国内展览。

9.受主管部门委托，管理各有关代管协会和事业单位。

10.承担政府交办的其他事项，接受会员和社会的委托，提供专项服务。

钢铁协会内设综合部、信息统计部、市场调研部、咨询服务部、科技环保部、财务资产部、组织人事部、国际合作部等8个工作机构。另设11个分支机构：市场及进出口协调工作委员会、企业改革与管理工作委员会、统计与信息工作委员会、质量标准化工作委员会、财务与价格工作委员会、环保节能工作委员会、人力资源与劳动保障工作委员会、冶金设备工作委员会、物资流通工作委员会、多种经营工作委员会、进口铁矿石工作委员会。

地址：北京市东城区东四西大街46号　　邮编：100711

电话/传真：010-65131959　　E-mail: info-cisa@chinaisa.org.cn

中国有色金属工业协会

会长：康义

中国有色金属工业协会（英文译名CHINA NONFERROUS METALS INDUSTRY ASSOCIATION，缩写为CHIA）正式成立于2001年4月，是经国务院主管机关批准并核准登记注册的全国性、非营利性、行业性的经济类社会组织、是依法成立的社会团体法人。中国有色金属工业协会是由我国有色金属行业的企业、事业单位、社团组织和个人会员自愿组成，现有会员单位1018家。中国有色金属工业协会坚持党的基本路线，遵守宪法、法律、法规和国家政策：坚持为政府、为企业、为行业服务的宗旨，建立和完善行业自律机制；在国家宏观调控指导下，逐步实现行业自我管理；充分发挥政府参谋助手作用，发挥在政府与企业之间的桥梁纽带作用，开展国际合作与交流，推动我国有色金属工业持续、稳定、健康发展。

根据职责范围，中国有色金属工业协会自2001年成立以来完成的主要工作有：

1.在铝工业结构调整、区域布局、投融资等方面向政府有关部门提出行业发展的建议和意见。为加快淘汰落后的自焙槽电解铝生产工艺，协会发起并组织了云南铝业股份有限公司、抚顺铝厂等8家重点电解铝生产企业联合行动，承诺在2005年底之间淘汰自焙铝电解槽，同时倡议全国同类企业积极参与此项活动，取得了积极的成果，至2005年底，全国已基本淘汰铝电解自焙槽。

2.利用现代化的信息技术，建立有色金属行业快速、及时、全面的信息收集、加工、分析、服务体系，建立信息库和有色金属协会信息网络。协会高质量地完成国家授权和委托的各项行业统计、信息采集与发布工作。

3.针对我国氧化铝、铜精矿供应紧张的局面，协会支持和倡导了企业自发组织建立氧化铝统一进口工作；面对铜冶炼投资过热的苗头，提出了促进铜冶炼有序健康发展的具体意见；鉴于钨矿开采过大，重复建设严重和初级产品出口量过大的情况，协会和中国钨协通过各种渠道积极向政府反映，引起了国务院领导和有关部门的高度重视；为遏止镁行业低水平重复建设和盲目发展，制定出“皮江法炼镁行业准入制度”草案等。

4.2002年起，我国有色金属产量超过美国，跃居世界第一位。由于市场日趋活跃，边贸进口激增，造成国内铜、铅、锌市场混乱，国内几大铅锌企业联名提出取消边贸进口铅锌优惠政策的建议。根据企业要求，协会在认真调查研究的基础上，及时向政府有关部门提出了建议，得到了政府的采纳。

5.在行业出现盲目扩大生产能力、竞相压价、低价出口等不健康的市场状况的情况下，协会加强行业协调，积极维护公平有序的市场秩序。

6.积极推动全行业节约资源、加强环境保护工作。先后完成了国家有关部门下达的“有色金属工业资源、能源、环境协调发展战略研究”、“有色金属工业节能技术现状与发展方向研究”等研究课题。

7.完成了原国家经贸委及国家发展和改革委员会委托的多个专项研究。有《中国铅锌工业发展研究》、《中国有色金属工业发展战略研究》、《中国有色金属工业结构调整对减少能源消耗的影响及对策研究》、《有色金属制造业发展科技问题研究》、《我国主要矿产资源可持续利用技术战略研究》等10余个课题。

8.积极开展铝、铜、钛材产品生产许可证审查工作，积极推进有色金属行业中国名牌战略的实施。

9.根据国家“十一五”科技计划编制的总体安排，协会组织编制了《有色金属工业“十一五”科技发展计划》上报国家有关部门；组织开展了“十一五”国家重点科技攻关项目申报立项工作，开展了“十五”国家科技攻关滚动计划项目的管理和组织实施。“矿产资源高效开发技术研究”重大项目中，有色金属行业承担的课题进展顺利。“西部优势矿产资源勘查关键技术研究”项目、“镁合金开发应用及产业化”重大项目中，有色金属行业承担的课题均按计划完成并通过了验收。“大型矿业节水治污技术综合集成研究与工程示范”课题也已通过验收和专家鉴定；积极开展行业科技成果鉴定、奖励评审和国家奖励推荐工作。协助企事业单位申报国家工程中心、技术开发项目取得较大进展。

10、中国有色金属工业协会在国际有色金属领域中也发挥着越来越大的作用。先后与国际铝业协会、美国镁业协会、欧洲铝业协会、澳大利亚铝业协会、德国铝箔协会、国际锌业协会、国际镍业协会、国际镁业协会，英国有色金属联合会等国际组织和机构加强了合作。

在行业新的发展起点上，中国有色金属工业协会一如既往，开拓进取，发挥桥梁和纽带作用，在实现有色金属强国的征途中，续写更加绚丽多姿的新篇章。

地址：北京市海淀区复兴路乙12号

邮编：100814

电话：010-63971807

传真：010-63965360

网址：www.chinania.org.cn

上海市工业经济联合会

Shanghai Federation of Industrial Economics

蒋以任会长

上海市工业经济联合会（英文名称：Shanghai Federation of Industrial Economics），简称上海工经联（SFIE），是上海工业行业协会的联合组织。上海市工经联成立于1991年3月，在自愿的基础上，以上海工业行业协会和企业（集团）为主要成员，同时吸收工业经济研究单位、大专院校以及工业经济界知名人士联合组成的非营利性社会组织。现有团体会员200多家，其中工业行业协会98家。上海市工经联是经上海市社团局核准登记的社会团体法人。业务主管单位是上海市经济委员会。上海市工经联是中国工业经济联合会的团体会员，接受中国工业经济联合会的业务指导。

上海工经联的宗旨是：在邓小平理论和"三个代表"重要思想的指导下，全面贯彻政府各项方针政策，坚定不移地巩固和发展公有制经济，坚定不移地鼓励、支持和引导非公有制经济发展。坚持科学发展观，走新型工业化道路，增强国际竞争力。在实施科教兴市和可持续发展战略中，促进上海工业持续、快速、健康发展。坚持"按市场化原则规范和发展各类行业协会、商会等自律性组织"的精神，在推进上海工业行业协会的培育和发展中，起到桥梁、纽带作用。认真贯彻"企业家办会"精神，加强对政府、行业协会、企业的服务，为把上海建成社会主义现代化国际大都市而努力奋斗。

上海工经联的主要任务是：面向全社会，推进产业发展，开展调查研究，向政府提出建议；服务、组织、指导、协调工业行业协会工作，做单个协会不能做的事情；搜集整理信息，出版会刊、会讯，搞好行业发展动态分析和产品损害预警调查，协调和帮助企业反倾销等应诉工作；加强国际间的合作和港、澳、台地区工业民间团体的联系和交流，促进中外企业、集团之间的经济技术合作；推进名牌战略，推广新技术、新产品、新成果，开展咨询、展览、培训等活动。

Shanghai Federation of Industrial Economics (SFIE), established in Mar 1993, is a union for the local industrial trade associations, an independent corporate body ratified by Shanghai Society Bureau. SFIE is mainly composed of industrial trade associations and enterprises (groups), moreover industrial economic research institutes, colleges & universities and non-profit social coalitions that personalities in economic circle form on a voluntary base. At present, there are more than 200 members among which 98 from industrial trade associations. SFIE is under supervision of Shanghai Economic Commission and guided by China Federation of Industrial Economics due to membership.

The aim of SFIE is to launch the governmental policies in accordance with Deng Xiaoping Theory and Three-representative Ideology to stand firm on public ownership and encourage non public ownership developing. According to the strategy Science & Education Bloom and Sustainable Development, prompt the local industry thrives continuously, rapidly and normally so as to achieve industrial modernization and strengthen overseas competitiveness. With a view to enhance the vitality of industrial trade associations and chambers, serve as a bridge and tie between industrial trade organizations, enterprises and the government and expedite Shanghai to be a modernized metropolis.

The main tasks of SFIE are:

Conduct researches and investigations for industry blooming from all walks of life and raise suggestions to the government for decision-making

Serve, organize, coordinate the industrial trade associations and solve the problems beyond the regional associations

Collect information, edit and publish economic publications

Conduct the dynamic trend analysis of industrial economics and preview of product damage

Fulfill the coordination for associate enterprises to anti-dumping case

Advance economic and technological cooperation between the enterprises and groups home and abroad by developing relations with overseas economic organizations, as well as communication with the societies from HK, Taiwan and Macao

Promote new technology, new products and new achievements

Undertake the activities such as consultant meetings, exhibitions, and training

地址：上海市江西中路181号　　邮编(P.C)：200002
Address: No.181 Jiangxi Middle Road Shanghai City
电话(Tel)：021-63290118　　传真(Fax)：021-63290203
http://www.sfie.sh.cn　　E-mail: email@sfie.sh.cn

中国机械工业联合会

于珍会长

中国机械工业联合会是机械工业全国性协会、地区性协会、具有重要影响的企事业单位和科研设计院所、大中专院校等自愿组成的综合性行业协会组织。是经民政部登记注册的全国性社会团体法人。

中国机械工业联合会自成立伊始即以振兴机械工业为己任，为政府、行业、企业提供服务为宗旨，在调查研究行业经济运行和企业发展情况，反映会员、企业的意见和要求，推进行业技术进步和规范发展，为政府部门提供政策建议、为行业企业提供咨询建议等方面开展了大量卓有成效的工作，成为联系政府与企业的桥梁纽带，协助政府开展行业工作的参谋助手，在市场经济体制下发挥了不可替代的作用，得到了政府和会员、企业的认可，多次荣获有关政府部门颁发的先进协会奖和专项工作组织奖。

中国机械工业联合会愿团结机械工业各个方面的力量，与各专业协会一道，致力于为机械行业的发展提供优质服务，为中国装备制造业的振兴和发展做出更大的贡献。

2005年11月2日，中机联召开机械社团、事业单位改革发展研讨会

2006年2月23日，贾成炳、薛德林、蔡惟慈执行副会长深入企业调查研究

于珍会长、张小虞副会长出席机械行业科技规划工作座谈会

地址：北京市西城区三里河路46号　邮编：100823

电话：010-68595215　传真：010-68511408

中国石油天然气集团公司

中国石油天然气集团公司是根据国务院机构改革方案，于1998年7月在原中国石油天然气总公司的基础上，重组设立的特大型石油石化企业集团，是国家独资的国有公司和国家授权投资的机构、国家控股公司，也是国内最大的石油天然气生产商和供应商。公司的业务涉及油气勘探开发、炼油化工、管道运输、油气产品销售、石油工程技术服务、石油机械加工与装备制造、海外油气业务、石油科学研究等。截止到2005年底，公司资产总额达11665亿元，所有者权益7374亿元，负债率为30%，全集团职工总数为107.8万人，全员劳动生产率为32万元/人。2005年，公司在国内外生产原油12598万吨、生产天然气395.7亿立方米，加工原油11541万吨，生产成品油7434万吨，全年完成销售收入6720亿元，实现利润总额1756亿元、税费1410亿元，为历史最好水平，经济效益和规模实力在全国大型企业中保持领先地位。公司在《财富》杂志全球500强最新排名中位居第46位，在美国《石油情报周刊》公布的世界最大50家石油公司排名中连续四年位居前10位，在美国《商业周刊》首次评选的“亚洲150家最佳企业”排名中位居第2位。

总经理：陈耕（右）

地址：北京市西城区六铺炕街6号　邮编：100724　网址：www.cnpc.com.cn

中国中信集团公司

董事长：王军

中国中信集团公司（原中国国际信托投资公司）是1979年在邓小平同志的倡导和支持下、由荣毅仁同志创办的。中信公司成立以来，充分发挥了中国改革开放试点和重要窗口的积极作用，表现出良好的成长性和较强的竞争力，目前已成为国家授权投资的机构和国有大型综合性跨国企业集团，在国内外具有良好信誉和较大影响，为国家和社会做出了应有的贡献。邓小平同志和江泽民同志曾先后为中信公司题词，充分肯定其重要贡献和历史作用。

中信公司目前拥有境内全资子公司28家，境内控股公司7家，香港地区和境外全资子公司5家，港澳地区控股公司2家，上市公司6家，在东京、纽约设有代表处，员工4.9万人。2005年，中信公司总资产达到8050亿元，净利润49.9亿元。

中信公司主要经营银行、证券、保险、信托等金融业务，具有门类齐全的特点和一定的综合优势；在信息产业、基础设施、工程承包与建设、房地产、高新技术、能源和资源等领域进行了重大投资，一些业务具有相当规模和市场份额，有自身优势和较强竞争力；在澳大利亚和中国香港等地进行了重大投资，涉及众多行业和领域，在香港拥有一批具有一定影响力的上市公司。

网址：http://www.citic.com

www.citic.com

恒源祥

北京2008年奥运会赞助商

Official Sponsor of the Beijing 2008 Olympic Games

恒源祥（集团）有限公司

董事长：刘瑞旗

恒源祥创立于1927年，历经80年的锤炼，恒源祥已经发展成为一家拥有中国驰名商标，集针织、服饰、家纺、绒线为一体的集团企业。

恒源祥集团是中国乃至全球羊毛年使用量最大的企业之一——每年耗用量达数万吨以上；同时是全世界最大的手编毛线产销企业，年产量近万吨。

恒源祥不仅是中国毛纺行业中举足轻重的企业，也是被业界誉为中国运用商标品牌资产经营得最好的企业。坚持品牌经营，不断创造“第一”是恒源祥续写市场神话的动力：

恒源祥是国内唯一一家连续12年赞助中国足球事业的企业；

恒源祥是国内第一家拥有世界最细羊毛的企业；

恒源祥也是国内第一家拥有全新男子人体数据库的企业；

2005年，恒源祥与中央电视台王牌栏目《同一首歌》合作，实现了史无前例的企业品牌与媒体品牌的强强联手；

……

经过近80年的发展，恒源祥在全国赢得了极高的品牌认知度。1999年，“恒源祥”获得“中国驰名商标”称号。2002年和2003年，“恒源祥”蝉联“中国十大公众喜爱商标”称号。2004年，恒源祥被评为“中国最具文化价值十大品牌”。2003和2005年，“恒源祥”牌羊毛衫、羊绒衫先后荣获“中国名牌产品”称号。2005年，由世界品牌实验室发布的中国500最具价值品牌排行榜中，恒源祥位列293位，品牌价值20.41亿元。

2005年12月22日，恒源祥正式与北京奥组委签约，成为北京2008年奥运会赞助商，并成为奥运史上毛纺行业的第一家赞助商！迈入奥运这个平台，恒源祥将以全新的面貌，跻身世界顶级品牌行列，向世人展示更高、更快、更强的品牌精神！

地址：上海金陵东路358号恒源祥大厦　　邮编：200021

24小时免费服务热线：8008200318　　网址:www.a8888.com.

中国建筑材料工业协会

会长：张人为

中国建筑材料工业协会成立于1985年，是建材行业的大型联合会组织。协会现有直接会员1300多家，间接会员14000多家，下设14个部门，13个分支机构，10个直属单位，代管23个全国性专业协会。

协会的宗旨：自律、维权、中介、服务。主要任务：坚持以服务为宗旨，积极维护企业合法权益，加强行业自律，维护市场公平竞争秩序，大力发展先进生产力，推进行业技术进步和结构优化，加强国际交流与合作，协助政府指导行业改革与发展。

中国建筑材料工业协会按照科学发展观的要求，面向会员、行业、政府，努力为建材行业服务，引导建材工业走与经济、社会、环境协调发展的资源节约、环境友好型产业发展之路。

地址：北京市西城区三里河路11号　邮编：100831
电话：010-68354293 68313317　传真：010-68332658
E-mai: mscz@cbminfo.com

中国轻工业联合会

会长：陈士能

中国轻工业联合会是轻工业全国性、综合性的、具有服务和管理职能的工业性中介组织，将凭借其广泛的行业代表性，以服务为宗旨，充分发挥政府与企业间的桥梁纽带作用，为促进中国轻工业的发展，为加强国际间的交流与合作而努力。

改革开放二十多年来，我国轻工业得到了持续、快速、健康的发展，取得了举世瞩目的成就。目前，轻工业产值、实现利税和出口创汇额都分别接近全国工业总产值、全国工业利税总额和全国出口总额的三分之一。

中国轻工业联合会设立六个部门：办公室、综合业务部、国际合作部、资产财务部、人事教育部、信息统计部。

主要职能

* 开展行业调查研究，向政府提出有关经济政策和立法方面的意见或建议；
* 组织开展行业统计，收集、分析、研究和发布行业信息，依法开展统计调查，建立电子商务信息网络；
* 参与制订行业规划，对行业投资开发、重大技术改造、技术引进等项目进行前期论证与初审；
* 加强行业自律、规范行业行为、培育专业市场、维护公平竞争；
* 为知识产权保护、反倾销、反补贴、反不正当竞争、打击走私等提供咨询服务；
* 组织重大科研项目的推荐、科技成果的鉴定和推广应用等；
* 参与制订、修订国家标准和行业标准，组织贯彻实施并进行监督；
* 反映行业情况和企业要求，维护行业和企业的合法权益；
* 组织开展人才、技术和职业技能培训。

地址：北京市西城区阜成门外大街乙 22 号　邮编：100833
电话：010-68396114　　传真：010-68396800
E-mail: webmaster@clii.com.cn

中国石油和化学工业协会

会长：李勇武

中国石油和化学工业协会，英文名称China Petroleum and Chemical Industry Association，缩写CPCIA，是由石油和化工行业的企业、事业单位、专业协会、地方协会等自愿联合组成的自律性、非营利性的社会团体，是具有服务职能和一定管理职能的全国性、综合性的行业组织。

协会的主要任务是，以行业发展为宗旨，对内联合行业力量，对外代表中国石油和化工行业，促进行业技术进步和产业升级，加强国际经济合作与交流，推动石油和化学工业更快发展；反映企业呼声，维护企业权益，为会员单位以及石油和化工全行业服务；加强与政府部门沟通，协助政府进行行业管理，在企业和政府之间发挥桥梁和纽带作用。

协会的主要业务包括：开展行业调查研究，提出有关经济政策和立法方面的意见和建议；进行行业统计，收集、分析、发布行业信息，建立电子商务信息网络，推进行业信息化建设；规范会员行为，开展行业自律，维护市场公平竞争；协助政府建立行业预警体系，开展对外贸易磋商，协助政府组织石油和化工产品反倾销、反补贴及保障措施等工作，维护产业安全；协助政府组织开展质量认证、生产许可和标准化工作，推进行业质量建设；协助政府组织科技创新活动，进行科技成果鉴定和推广应用；组织国（境）内外经济技术交流与合作，组织展销会、展览会；创办报刊、开展咨询活动、组织技术培训；反映会员要求，开展法律事务服务，维护会员合法权益；对石油和化学工业专业协会进行组织协调，对共性问题组织研讨；承担政府和有关部门授权或委托的工作。

协会于2001年4月28日在北京成立，现有会员单位300多家，包括：44家专业协会、20多家地方行业协会；众多大型骨干企业、科研机构和高等院校，行业覆盖面约70%，代表了我国石油和化学工业的各个领域。协会还与各省市行业管理机构保持着密切的工作联系。

2004国际化工展

李勇武会长简介

1980–1983年　天津日化助剂厂厂长

1983–1984年　天津汉沽区政府办公室主任

1991–1993年　天津市化工局局长

1993–1995年　天津市经济委员会主任

1995–1998年　化学工业部副部长

1998–2001年　国家石油和化学工业局局长

2001–2004年　中央人民政府驻澳门特别行政区联络办公室副主任

2005年5月　中国石油和化学工业协会会长

李勇武同志同时还担任第10届全国政协常务委员

为天津化工园区授牌

地址：北京市亚运村安慧里4区16号楼中国化工大厦　邮编：100723

电话：010–84885056　传真：010–84885087　网址：www.cpcia.org.cn

中国纺织工业协会

会长：杜钰洲

中国纺织工业协会是全国性的纺织行业联合会，主要成员是有法人资格的纺织行业协会及其他法人实体，是自愿结成的非营利性的社会中介组织。协会的宗旨是为中国纺织现代化建设服务。

协会的主要任务有：制定行规行约，规范行业行为，建立行业自律机制，维护行业利益；调查研究国内纺织行业发展趋势，在纺织行业发展战略、产业政策、技术进步、市场开拓、改革开放等方面参与工作或提供咨询服务，向政府反映情况、提出建议；向企业提供信息、咨询服务，综合协调纺织各行业之间经济技术关系，促进行业结构调整和企业重组，推动横向经济联合与协作；组织开展行业对外技术经济协作与交流，出国考察、进修、培训；组织企业对外贸易洽谈及举办国际会议、国内外展览会，拓展海内外市场；参与研究制定纺织行业中长期科技发展战略，参与制订、修订行业标准，并组织贯彻实施；开展行业商贸、科技、投资、人才、管理等各种推介活动；编辑出版纺织类出版物；组织培训各类纺织专业人才；组织发展本行业的公益事业；承办政府委托的各项任务。

中国纺织工业协会以对棉纺织、毛纺织、丝绸、麻纺织、针织、色织、印染、家用、产业用、服装、化纤、纺机十二个产业服务为工作中心，充分发挥各成员单位按各自章程独立自主地开展行业服务工作，同时通过各成员单位相关业务的综合协调，并组织专业化服务队伍，办好事关全局的综合性的服务项目。本着精简、有序、效能的原则，中国纺织工业协会设立七个部门：办公室(外事办公室)、产业部、市场部、信息部、科技部、财务部、人事部(党委办公室、监察室)。

地址：北京市东长安街12号236、238、240室

邮编：100742

电话：010-85229236

传真：010-85129503

中国第一汽车集团公司

总经理：竺延风

中国第一汽车集团公司（以下简称一汽）是一个具有50多年发展历史的中国特大型汽车及其汽车备件的加工制造企业。产品覆盖乘用车和商用车的各系列车型，主导产品包括红旗、解放、夏利等自有品牌和大众、奥迪、丰田、马自达等合资合作品牌，产销量连续多年居于中国汽车行业之首。与德国大众公司和日本丰田公司建立了长期战略合作伙伴关系，已有中国东北、华北及胶东、西南等三大战略发展基地，在国内拥有3家上市公司。

2005年，一汽销售104.7万辆，主营业务收入1183亿元，进入《财富》杂志排名世界500强第470位，列“中国机械500强”第1位。

中国第一汽车集团公司将通过10−15年的发展，实现规模百万化、管理数字化、经营国际化的战略目标，成为世界重要汽车制造商。

红旗轿车生产线

捷达轿车生产线

解放卡车生产线

天津一汽丰田生产线

地址：吉林省长春市东风大街2259号
邮编：130011
电话：0431−5730701
传真：0431−5730707
网址：www.faw.com

辽宁省工业经济联合会

名誉会长：郭廷标

辽宁省工业经济联合会是辽宁省工业行业协会和企业的联合组织，现有会员单位204家，省工业经济联合会是企业与政府之间的桥梁和纽带，主管单位是辽宁省经济委员会，是经省民政厅核准登记的社团法人，是中国工业经济联合会的团体会员，受中国工业经济联合会、辽宁省经济委员会和辽宁省民政厅的业务指导和监督管理。

会长：王华彬

2005年3月在沈阳主办的第五届中国东北国际冶金及金属工业展览会上，名誉会长郭廷标、会长王华彬参观展会

秘书长：余星明

地址：沈阳市于洪区崇山路32号

电话：024-28513665

E-mail: lnsgjl@mail.sy.ln.cn

萬向集團 WANXIANG GROUP

董事局主席：鲁冠球

万向创建于1969年，现有员工三万多人，资产一百多亿元。作为汽车零部件企业，万向牢牢抓住主业，从零件到部件到系统模块，实行专业化生产，系列化产品，系统化供应，是国务院120家试点企业集团和国家520户重点企业中唯一的汽车零部件企业。目前，国内在吉林、湖北、广东、广西、海南、江苏、黑龙江、江西、安徽等地与当地主机厂进行战略合作，已形成4平方公里的制造基地，主导产品市场份额达到65%以上，并被授予“中国名牌”称号，“钱潮”商标被认定为中国驰名商标。在美国、英国、德国、加拿大等8个国家拥有18家公司，产品为通用、福特等国际一流主机厂配套，并在北美建立了技术中心，确保产品与国际先进技术同步开发，是世界上万向节专利最多的企业。

总裁：鲁伟鼎

十字轴万向节总成

地址：浙江省杭州市萧山经济技术开发区 邮编：311216
电话：0571-82832999 传真：0571-82833999
E-mail: wanxiang@wanxiang.com.cn
http://www.wanxiang.com.cn

山西省工业经济联合会

会长：彭致圭（中）

山西省工业经济联合会成立于2000年9月，是经山西省委、省政府批准、山西省民政厅核准登记的全省工业行业协会的联合组织，由原山西省人民政府副省长、省人大副主任、中国工业经济联合会主席团主席彭致圭担任会长。

在彭致圭会长的领导下，山西省工业经济联合会本着为企业、行业和政府服务的宗旨，加强调查研究，指导行业协会工作，创造性地开展了一系列卓有成效的工作。针对影响山西经济发展全局的结构性矛盾和重大问题，深入调查研究，利用联合会的人才资源优势，为政府和企业咨询、策划、规划等提供便利服务；并适时成功举办了“经济发展环境论坛”、“园区经济论坛”、“新型工业化道路论坛”和“国企改革论坛”，创立了深受社会各界欢迎的品牌理论；积极推进全省名牌战略发展，培育国家级名牌产品；组织评选山西省“工业企业30强”和“县域经济20强”，促进工业经济和县域经济的发展；积极开展高级管理人才的培训工作，成功创办两期MBA学位班。同时在业内大力倡导“清洁能源”、“绿色制造”、“循环经济”和“生态工业园”等有利于经济和社会可持续发展的基地建设，为促进山西省“新型能源和工业基地”的建设做出了积极的贡献。

地址：山西省太原市并州路143号
邮编：030001
电话：0351-41335696

单位名称	摩托罗拉（中国）电子有限公司		
地　　址	北京市朝阳区建国路108号		
成立时间	1987年	邮　　编	100022
法定代表人	时大鲲	网　　址	
电　　话	010-65642299	传　　真	010-65642299
E-mail	www.motorola.com.cn		
主要产品、业务	业务范围：无线通信、汽车电子、宽带网络和互联网接入产品		

单位名称	UT斯达康（中国）有限公司		
地　　址	北京市东城区东方广场东2座10层		
成立时间	1996年3月5日	邮　　编	100738
法定代表人	吴　鹰	网　　址	
电　　话	010-85205588	传　　真	010-85205599
E-mail	www.utstar.com.cn		
主要产品、业务	无线、宽带、第三代移动通信、光网络领域内产品和专业服务		

单位名称	北京松下彩色显像管有限公司		
地　　址	北京朝阳区大山子酒仙桥北路9号		
成立时间	1987年9月8日	邮　　编	100015
法定代表人	何民生	网　　址	
电　　话	010-64363355	传　　真	010-64376154
E-mail			
主要产品、业务	生产、销售彩色显像管14”——34”系列产品		

单位名称	北京东方冠捷电子股份有限公司		
地　　址	北京市朝阳区酒仙桥路10号		
成立时间	1997年8月19日	邮　　编	100016
法定代表人	王东升	网　　址	
电　　话	010-64326699	传　　真	
E-mail			
主要产品、业务	开发、生产、销售彩色显示器、液晶数字电视、等离子数字电视、显像管数字电视机，销售自产产品		

单位名称	北汽福田汽车股份有限公司		
地　　址	北京市昌平区沙河镇沙阳路		
成立时间	1996年8月28日	邮　　编	102206
法定代表人	安庆衡	网　　址	
电　　话	010-80716401	传　　真	010-80716402
E-mail	www.foton.com.cn		
主要产品、业务	汽车产业、农业装备产业、金融产业、建筑建材产业		

单位名称	北京首创轮胎有限责任公司		
地　　址	北京市海淀区德胜门外西三旗东		
成立时间	1970年	邮　　编	100096
法定代表人	朱　敏	网　　址	
电　　话	010-82915102	传　　真	010-82913652
E-mail	www.capitaltyre.com		
主要产品、业务	生产“京轮”、“奥特嘉”等品牌的精品采用，轻卡子午胎和轻卡、载重、工程斜交胎		

单位名称	北京吉普汽车有限公司		
地　　址	北京市朝阳区广渠路36号		
成立时间	1984年1月15日	邮　　编	100022
法定代表人	安庆衡	网　　址	
电　　话	010-67712233	传　　真	010-67711363
E-mail	www.bjc.com.cn		
主要产品、业务	1. Jeep4000/4700系列汽车； 2. 帕杰罗速跑系列汽车； 3. Jeep2500系列汽车； 4. 欧蓝德系列省时节能轿车； 生产、开发、销售越野车SUV产品以及轿车等乘用车辆		

单位名称	北京福田环保动力股份有限公司		
地　　址	北京市昌平区沙河镇沙阳路		
成立时间	1999年8月26日	邮　　编	102206
法定代表人	王金玉	网　　址	www.foton.com
电　　话	010-69733311	传　　真	010-69737461
E-mail			
主要产品、业务	制造销售汽车、机械电器设备、发动机		

单位名称	华北电网有限公司		
地　　址	北京市宣武区广安门内大街482号		
成立时间	2003年11月8日	邮　　编	100053
法定代表人	朱国桢	网　　址	
电　　话	010-83581126	传　　真	010-83581188
E-mail	www.ncpg.com		
主要产品、业务	主要经营电网、发电及基建施工、设备制造、科研等业务		

单位名称	北京市热力集团有限责任公司		
地　　址	北京市朝阳区西坝河南路2号		
成立时间	2000年6月	邮　　编	100028
法定代表人	刘淀生	网　　址	
电　　话	010-64633399	传　　真	
E-mail	www.bdhg.com.cn		
主要产品、业务	公司主营生产与购销蒸气、热水、承担热能生产及管理		

单位名称	北京市燃气集团有限责任公司		
地　　址	北京市西城区西直门南小街22号		
成立时间	1999年9月	邮　　编	100035
法定代表人	孙乐新	网　　址	
电　　话	010-66205589	传　　真	010-66205587
E-mail			
主要产品、业务	城市燃气配送、销售；燃气建设设计、施工、燃气设备科研、制造		

单位名称	中国石油天然气集团公司		
地　　址	中国北京市西城区六铺炕街6号		
成立时间	1988年9月	邮　　编	100724
法定代表人	陈　耕	网　　址	www.cnpc.com.cn
电　　话	010-62094114	传　　真	010-62094806
E-mail	master@cnpc.com.cn		
主要产品、业务	油气勘探开发、炼油化工、管道运输、石油工程技术服务、石油机械与装备制造等		

中国电力企业联合会

理事长：赵希正

中国电力企业联合会（中文简称中电联，英文简称CEC）是1988年经国务院批准成立的全国电力行业企事业单位的联合组织，非盈利的社会经济团体，历经四届理事会，业务主管单位是国家电力监管委员会。

中电联成立来，始终坚持服务宗旨，全面提升服务质量，不断拓宽服务领域，在政府、企业和社会之间充分发挥桥梁纽带作用。紧紧围绕电力工业发展改革和行业企业关注的热点、难点问题开展调查研究，为政府宏观决策提供了大量建设性的建议和意见，为反映企业合理诉求，维护企业的合法利益，做了积极有效的工作。行业统计与分析、环保与资源节约、标准化、可靠性管理、技能鉴定、定额管理、科技教育服务和国际合作与交流等专业服务工作，已成为传统的品牌服务项目，为促进电力工业可持续发展，推动行业企业科技创新和管理水平的提高，满足社会各界对电力保障和电能质量要求发挥了积极的作用。

经过不懈的努力，中电联行业凝聚力、社会的权威性和影响力不断增强，得到政府的肯定、企业的拥护和社会的认同。现有团体会员1440家，设11个专业分会和9个专业委员会，受国资委等部门委托，代管了6个全国性的专业协会，全国30个省（自治区、直辖市）省级电力行业协会是中电联的理事单位，基本形成了功能齐全、分工协作、优势互补、规范有序、覆盖全行业的服务网站。多次荣获中央国家机关、国家有关部门和北京市精神文明建设单位、先进行业协会、全国先进民间组织等荣誉称号，成为国内外有一定影响的行业组织。

中电联在发展实践中，按照党中央、国务院确立的行业协会发展方向，积极探索按市场化原则规范发展行业协会的办会之路，按照“功能服务型、管理自律型、人才复合型、服务网络化、手段现代化，具有广泛社会性、代表性和公正性的现代行业协会”目标，自强不息，追求卓越，续写新的篇章！

地址：北京市宣武区白广路二条一号
邮编：100761
网址：www.cec.org.cn
E-mail: web@cec.org.cn

中国煤炭工业协会

会长：范维唐
原煤炭工业部副部长
中国能源研究会理事长
世界采矿大会国际组委会副主席
中国工程院院士
瑞典皇家工程科学院外籍院士

President: Fan Weitang
Vice Minister of the Former Ministry of Coal Industry
President of China Energy Research Council
Vice President of World Mining Congress Organizing Committee
Academician of Chinese Academy of Engineering
Foreign Academician of the Royal Swedish Academy of Engineering Science

第一副会长：濮洪九
原煤炭工业部副部长
中国煤炭学会理事长
中国国际贸易促进委员会煤炭行业分会会长
中国国际商会煤炭行业商会会长
中国矿尘肺病治疗基金会会长

First Vice President: Pu Hongjiu
Vice Minister of the Former Ministry of Coal Industry
President of China Coal Society
President of China Council for the Promotion of International Trade Coal Industry Office
President of China Chamber for International Commerce Coal Industry Office
President of China Mine Pneumoconiosis Foundation

中国煤炭工业协会是综合性煤炭行业协会。现有团体会员单位1000余家，理事会由589名理事组成，其中常务理事188人，是目前煤炭行业最大的社团组织，基本涵盖了煤炭生产、基本建设、机械制造、地质勘探、科研设计和院校，其宗旨是为煤炭企事业单位及其经营管理者服务，在企业和政府之间起桥梁和纽带作用，协助政府推行经济政策和法令，反映企业的愿望和呼声，推动煤炭行业技术和管理进步，促进煤炭工业可持 发展，为实现煤炭工业现代化而努力奋斗。

中国煤炭工业协会与世界各国及地区的矿业部门建立密切联系，积极参与国际相关领域的各项活动，发展友好往来，促进经济技术交流与合作。

让我们携起手来，共同为煤炭工业的发展做出贡献！

The China National Coal Association (CNCA), a comprehensive association of the coal industry, is composed of over 1000 member companies and institutions, with its board consisting of 589 directors including 188 executive directors. It is the largest mass organization of the coal industry, including coal production, capital construction, machine manufacturing, geological exploration, research & design institutions and colleges, aiming at serving coal enterprises and institutions and their operators; functioning as a bridge linking the government and coal enterprises to assist the government in implementing relevant economic policies and regulations and conveying the requests and opinions of coal enterprises to the government; and striving for modernization of the coal industry by promoting its technological and managerial advancement and sustainable development.

The China National Coal Association has established close ties with the mining sector of various countries and regions all over the world and takes an active part in the relevant activities of international community for the promotion of friendship and economic and technological exchange and cooperation.

Let's work hand in hand to contribute to the development of coal industry.

地　　址：北京和平里北街21号
邮　　编：100713
电　　话：(010)64202177　(010)64463371
传　　真：(010)64463614
网　　址：WWW.chinacoal.org.cn
电子信箱：ccia@chinacoal.org.cn

Add.21 Hepingli Beijie,Beijing
Postcode.100713
Tel.+86-10-64202177 64463371
Fax. +86-10-64463614
WWW.chinacoal.org.cn
E-mail.ccia@chinacoal.org.cn

单位名称	中国水利水电建设集团公司		
地　址	北京市宣武区白广路二条1号		
成立时间	2002年	邮　编	100761
法定代表人	郭建堂	网　址	www.sinohydro.com
电　话	010-63416142	传　真	010-63416137
E-mail			
主要产品、业务	主要从事国内外水利水电建设工程的总承包和相关的勘测设计、施工、咨询、监理等配套服务，以及机电设备、工程机械的制造、安装、贸易业务，电力、公路、铁路、港口与航道、机场和房屋建设、市政公用、城市轨道、机电安装等工程的设计、施工、咨询和监理业务；投融资业务；进出口贸易业务等		

单位名称	国家电网公司		
地　址	北京市西城区西长安街86号		
成立时间	2002年12月29日	邮　编	100031
法定代表人	刘振亚	网　址	www.sgu.com.cn
电　话	010-66016082	传　真	010-66016082
E-mail	sp-zbs@sgcl.com.cn		
主要产品、业务	从事电力购销业务，负责所辖各区域电网之间的电力交易和调度，参与投资、建设和经营相关的跨区域输变电和联网工程		

单位名称	中国南车集团北京二七车辆厂		
地　址	北京市丰台区张郭庄甲1号		
成立时间	1980年1月1日	邮　编	100072
法定代表人	赵恒山	网　址	
电　话	010-83879277	传　真	010-83876184
E-mail	www.cqc.com.cn		
主要产品、业务	铁路货车、货车配件、机械设备、轴承辅件制造及货车修理		

单位名称	中国北车集团北京二七机车厂		
地　址	北京市丰台区长辛店杨公庄1号		
成立时间	1891年	邮　编	100072
法定代表人	王东明	网　址	
电　话	010-83306001	传　真	010-83303736
E-mail	www.27railkon.cn		
主要产品、业务	铁路内燃机车		

单位名称	北京北重汽轮电机有限责任公司		
地　址	北京市石景山区吴家村		
成立时间	2000年10月	邮　编	100040
法定代表人	孟祥聚	网　址	www.bzd.com.cn
电　话	010-68632552	传　真	010-68639674
E-mail	office@bzd.com.cn		
主要产品、业务	电站汽轮机、汽轮发电机、风力发电机组、电站辅机等产品开发、设计、制造、服务		

单位名称	中国航天科工集团公司		
地　址	北京市阜成路甲8号航天科工大厦		
成立时间		邮　编	100037
法定代表人	殷兴良	网　址	www.casic.com.cn
电　话	010-68373532	传　真	010-68373626
E-mail	bgt@casic.com.cn		
主要产品、业务	战术导弹武器系统、信息安全产品、特种车及汽车零部件、装备制造业等		

单位名称	北京飞机维修工程有限公司		
地　　址	北京市首都机场563信箱		
成立时间	1989年8月1日	邮　　编	100621
法定代表人	贺　利	网　　址	
电　　话	010-64561122-2002	传　　真	010-64561517
E-mail	www.ameco.com.cn		
主要产品、业务	两制飞机机体、发动机、飞机附件的修理、维修和大修、同时提供全面的技术服务和技术培训		

单位名称	中国航空工业第一集团公司		
地　　址	北京市朝阳区建国路128号一航大厦(东办公区) 北京市东城区交南大街67号(西办公区)		
成立时间	1999年7月1日	邮　　编	100022(东办公区) 100009(西办公区)
法定代表人	刘高倬	网　　址	www.avic1.com.cn
电　　话	010-65665922 010-65665923	传　　真	010-65666518
E-mail			
主要产品、业务	主要承担军用飞机、民用飞机和航空发动机、导弹、机载设备、武器火控系统的研制生产与销售。军用航空产品包括歼击机、歼击轰炸机、轰炸机、空中加受油机、运输机、教练机、侦察机、无人机等。民机有运机7、新舟60、ARJ21等。非航空产品有燃气轮机、汽车和摩托车、机械、材料、IT、制冷与环保设备等7大类1000多种产品，还经营飞机租赁、勘察设计、房地产等业务		

单位名称	北人集团公司		
地　　址	北京市朝阳区东三环南路48号		
成立时间	1952年7月	邮　　编	100022
法定代表人	朱武安	网　　址	
电　　话	010-67886677-6601	传　　真	010-67714032
E-mail	www.beiren.com.cn		
主要产品、业务	生产平张纸、卷筒纸、表格机、凹印机、柔版印刷机、模切机和印后多系列140多种不同规格的产品		

单位名称	北京北方车辆集团有限公司		
地　　址	北京市丰台区长辛店朱家坟五里5号		
成立时间	1946年6月23日	邮　　编	100072
法定代表人	郭洪成	网　　址	
电　　话	010-83807000	传　　真	010-83876659
E-mail	www.bjnvc.com.cn		
主要产品、业务	军用特种车辆、北京豪华旅游大客车、变速箱、座椅、折臂攻丝机、防弹运钞车等		

单位名称	北京巴布科克-威尔科克斯有限公司		
地　　址	北京市石景山路36号		
成立时间	1986年8月3日	邮　　编	100043
法定代表人	侯子波	网　　址	
电　　话	010-68862244	传　　真	010-68861336
E-mail	www.bwbc.com.cn		
主要产品、业务	大型电站锅炉产品、技术及相关服务		

单位名称	中国航空工业第二集团公司		
地　　址	北京市东城区交道口南大街67号		
成立时间	1999年7月1日	邮　　编	100712
法定代表人	张洪飚	网　　址	www.avic2.com.cn
电　　话	010-64032137	传　　真	010-64054556
E-mail	avic2@avic2.com		
主要产品、业务	直升机、运输机、教练机、强击机、通用飞机、无人驾驶飞行器等军民用航空器和相关发动机、机载设备等航空产品，汽车、摩托车及其发动机、零配件等民用产品		

单位名称	中国机械工业集团公司		
地　　址	北京市海淀区丹棱街3号		
成立时间	1997年1月	邮　　编	100080
法定代表人		网　　址	www.sinomach.com.cn
电　　话	010-82688888	传　　真	010-82688811
E-mail			
主要产品、业务	中国机械工业集团公司（国机集团）是国资委管理的、集工贸科金于一体的大型中央企业，2004年位列“全球最大225家承包商”第37位，在入选的中国公司中排第三位，“国际200强工程咨询设计公司”第94位，在入选的中国公司中列第四位，2004年“中国企业500强”排名第90位		

单位名称	北京第一机床厂		
地　　址	北京市顺义区林河工业开发区双河大街16号		
成立时间	1949年	邮　　编	101300
法定代表人	崔志成	网　　址	www.byjc.com.cn
电　　话	010-89496161	传　　真	010-89451869
E-mail	byjcc@public.bta.net.cn		
主要产品、业务	各式龙门镗铣床、数控龙门镗铣床、龙门加工中心，普通铣床、数控铣床、加工中心及数控车床、磨床、珩磨机及生产线、地质钻机等		

单位名称	现代农装科技股份有限公司		
地　　址	北京市朝阳区北沙滩1号33号信箱		
成立时间	2001年7月	邮　　编	100083
法定代表人	王燕飞	网　　址	www.xdnz.com.cn
电　　话	010-64883506 010-64883619	传　　真	010-64878482
E-mail	mae@cadms.org.cn		
主要产品、业务	现代农业装备的研发、生产、销售及售后服务，农业机械的进出口业务		

单位名称	中国机床总公司		
地　　址	北京市东城区安内方家胡同19号		
成立时间	1979年	邮　　编	100007
法定代表人	邢　敏	网　　址	www.cnmtc.net
电　　话	010-64012696	传　　真	010-64017825
E-mail	cnmtc@cnmtc.net		
主要产品、业务	机床及其工具的进出口贸易、项目成套服务、大型国际展会、代理招标业务等		

单位名称	中国兵器装备集团公司		
地　　址	北京市海淀区车道沟10号		
成立时间	1999年	邮　　编	100089
法定代表人	徐　斌	网　　址	www.chinasouth.com.cn
电　　话	010-68963980	传　　真	010-68963888
E-mail			
主要产品、业务	特种产品、汽车、摩托车、光电产品、化学材料、仪器仪表、医疗装备等		

单位名称	中国远洋运输（集团）总公司		
地　　址	北京市西城区复兴门内大街158号远洋大厦		
成立时间	1961年4月27日	邮　　编	100031
法定代表人	魏家福	网　　址	www.cosco.com
电　　话	010-66493388	传　　真	010-66492288
E-mail			
主要产品、业务	水上运输、船舶及浮动装置制造与修理、物流及与运输相关的配套服务		

单位名称	中国兵器工业集团公司		
地　　址	北京三里河路46号		
成立时间	1999年7月	邮　　编	100821
法定代表人	马之庚	网　　址	www.cngc.com.cn
电　　话	010-68787000	传　　真	010-68787500
E-mail			
主要产品、业务	主要产品：重型车辆及装备、汽车零部件、工程机械、石油钻采设备、铁路车辆及零部件、特种化工、光学电子产品、石油化工产品、化肥 主要业务：以上产品的研制与生产、国际国内贸易、海外战略资源开发		

单位名称	北京化二股份有限公司		
地　　址	北京市朝阳区东郊大郊亭		
成立时间	1997年	邮　　编	100022
法定代表人	吕常钦	网　　址	www.ccaon.com
电　　话	010-67712530	传　　真	010-67781459
E-mail	service@ccaon.sina.net		
主要产品、业务	加工、制造聚氯乙烯、氯醋共聚物、烧碱(液体、固体)、盐酸、次氯酸钠、液氯、聚氯乙烯制品、二氯乙烷、氯乙烯、机械设备，机械电器设备租赁，销售化工产品、化工设备、仪器仪表及零配件，技术服务、技术咨询、技术转让等		

单位名称	蓝星化工新材料股份有限公司		
地　　址	北京市海淀区花园东路30号花园商务会馆		
成立时间	1999年5月	邮　　编	100083
法定代表人	文亚非	网　　址	
电　　话	010-64429424	传　　真	010-64429425
E-mail	www.star-nm.com		
主要产品、业务	本公司上市股票简称：星新材料，代码：600299，是中国有机硅、双酚A、特种环氧树脂和彩色显影剂的最大生产商		

单位名称	中国中化集团公司		
地　　址	北京复兴门外大街A2号中化大厦		
成立时间	1950年	邮　　编	100045
法定代表人	刘德树	网　　址	www.sinochem.com
电　　话	010-88078888	传　　真	010-88078890
E-mail	guowei@sinochem.com		
主要产品、业务	石油、化肥、化工产品贸易、分销及物流，原油、燃料油、天然橡胶期货；境外油气资源勘探开发，石油炼制，化学矿采选，化肥和化工品生产；酒店、房地产开发经营		

单位名称	中国化工集团公司		
地　　址	北京市海淀区北四环西路62号		
成立时间	2004年5月	邮　　编	100080
法定代表人	任建新	网　　址	www.chemchina.com.cn
电　　话	010-82677988	传　　真	010-82677088
E-mail	ZGHG@chemchina.com.cn		
主要产品、业务	化工新材料、石油化工、化工原料、化工机械、化工设计与工程、化学矿山等		

单位名称	资生堂丽源化妆品有限公司		
地　　址	北京经济技术开发区宏达北路2号		
成立时间	1991年	邮　　编	100176
法定代表人	斋滕忠胜	网　　址	www.aupres-shiseido.com.cn
电　　话	010-85184288	传　　真	010-85186645
E-mail			
主要产品、业务	生产及销售欧珀莱品牌化妆品、化妆用具等，并同时生产、包装容器、卫生洗涤用品、化妆品原材料、旅行用日用品、小服饰品，提供化妆品相关技术咨询服务		

单位名称	玫琳凯（中国）化妆品有限公司		
地　　址	北京市朝阳区建国路118号14层		
成立时间	1995年	邮　　编	100022
法定代表人	蔡庆国	网　　址	www.margkny.com.cn
电　　话	010-65668066	传　　真	010-65668069
E-mail	mkchina@mkcorp.com		
主要产品、业务	玫琳凯，一个始终以“丰富女性人生”为已任，致力于创建一个“全球女性共享的事业”为目标的化妆品品牌		

单位名称	北京雪莲羊绒股份有限公司		
地　　址	北京市大兴区瀛海工业园区中路一号		
成立时间	1977年7月	邮　　编	100076
法定代表人	李宏鲁	网　　址	www.snowlotus.com
电　　话	010-69274270	传　　真	010-69274269
E-mail			
主要产品、业务	制造羊绒和动物绒类分梳绒、毛纱、毛衫和针纺织品，承接分梳、纺纱染整加工业务，销售自产产品		

单位名称	北京铜牛针织集团有限责任公司		
地　　址	北京市朝阳区太平庄142号		
成立时间	1952年	邮　　编	100025
法定代表人	林士昌	网　　址	www.topnew.cn
电　　话	010-65025221 010-65858596	传　　真	010-65004430
E-mail			
主要产品、业务	经营针梭织服装研发、生产、销售为核心业务，进出口贸易、物业及相关业务		

单位名称	建龙钢铁控股股份有限公司		
地　　址	丰台区南四环西路188号总部基地二区3、4号楼		
成立时间	1998年	邮　　编	100070
法定代表人	张志祥	网　　址	www.ejianlong.com
电　　话	010-83627040	传　　真	010-83607005
E-mail	baijing@ejianlong.com		
主要产品、业务	建龙钢铁主要从事烧结、制氧、炼铁、炼钢、轧钢，铁矿石开采，煤化工产品及其副产品生产，水泥生产，工程项目建设技术咨询、技术服务、技术开发、技术转让，自动化控制及其软件开发等业务。主导产品为钢材、铁精粉和焦炭		

单位名称	首钢总公司		
地　　址	北京市石景山区		
成立时间	1919年9月	邮　　编	100041
法定代表人	朱继民	网　　址	www.shougang.com.cn
电　　话	010-88293520	传　　真	010-88295578
E-mail			
主要产品、业务	首钢以钢铁业为主，兼营采矿、机械、电子、建筑、房地产、服务业、海外贸易等多种行业		

单位名称	北京京诚之星科技开发有限公司 （原北京钢铁设计研究总院冶金设备室）		
地　　址	北京市宣武区白广路4号		
成立时间	2004年	邮　　编	100053
法定代表人	施　设	网　　址	www.jctco.com.cn
电　　话	010-83587851	传　　真	010-83587590
E-mail	guoyujin@ceri.com.cn		
主要产品、业务	从事轧钢设备（包括中小型材、高速线材、钢管、带钢热轧酸洗、冷轧、涂镀、精整作业线等成套及单体设备）的设计、研发、成套供货和生产线 总承包的专业化公司		

单位名称	中国北京同仁堂(集团)有限责任公司		
地　　址	北京市崇文区东兴隆街52号		
成立时间	1669年	邮　　编	100062
法定代表人	殷顺海	网　　址	www.tongrentang.com
电　　话	010-67171761	传　　真	010-67171755
E-mail	jtjlb@tongrentang.com		
主要产品、业务	中成药产品研发、制造、销售，主要产品：安宫牛黄丸、牛黄清心丸、大活络丹、感冒清热颗粒等		

单位名称	北京生物工程与医药产业基地开发经营中心		
地　　址	北京生物工程与医药产业基地天河西路19号		
成立时间	2002年12月31日	邮　　编	102600
法定代表人	温　震	网　　址	www.cbp.net.cn
电　　话	010-61252888 010-61252866	传　　真	010-61252853
E-mail	zhaoshang@cbp.net.cn		
主要产品、业务	北京生物工程与医药产业基地经营管理、自主选择经营项目开展经营活动		

单位名称	北京星海乐器有限责任公司		
地　　址	北京市朝阳区九龙山黄木场6号		
成立时间	1949年6月1日	邮　　编	100022
法定代表人	刘　渊	网　　址	
电　　话	010-67783927	传　　真	010-67790831
E-mail	www.xinghai.com.cn		
主要产品、业务	生产销售钢琴、西管乐器、民族乐器、音响设备、粘合剂等产品，进出口等业务		

单位名称	北京星海钢琴集团有限公司		
地　　址	北京市通州区光机电一体化产业基地光大路8号		
成立时间	1949年6月1日	邮　　编	101111
法定代表人	刘　渊	网　　址	www.xhpiano.com
电　　话	010-81503999	传　　真	010-81503685
E-mail	office@xinghai-piano.com		
主要产品、业务	制造销售乐器、灯具、音响设备，各种系列钢琴及零部件，乐器教学培训		

单位名称	北京燕京啤酒集团公司		
地　　址	北京市顺义区双河路9号		
成立时间	1980年	邮　　编	101300
法定代表人	李福成	网　　址	
电　　话	010-89495588	传　　真	010-89495578
E-mail	www.yanjing.com.cn		
主要产品、业务	啤酒、矿泉水、茶饮料、调味品、瓶盖、核糖、核酸、饲料、印刷		

单位名称	北京印钞厂		
地　　址	北京市宣武区白纸坊街23号		
成立时间	1908年	邮　　编	100054
法定代表人	布建臣	网　　址	www.bjbpp.cbpmc.com
电　　话	010-63543344	传　　真	010-63543160
E-mail	bjbpp@cbpmc.com.cn		
主要产品、业务	钞票的设计及印刷，油墨、号码机设计与生产，原印版的设计与生产，有价证券及各种防伪印刷		

单位名称	北京京煤集团有限责任公司		
地　　址	北京市门头沟区新桥南大街2号		
成立时间	2000年9月26日	邮　　编	102300
法定代表人	倪文驹	网　　址	www.beijingcoal.com
电　　话	010-69842426	传　　真	010-69832876
E-mail			
主要产品、业务	煤炭、水煤浆、发电、液压支架、火药雷管、水泥、矸石砖、矿泉水、巧克力等产品和房地产、城市服务、勘探设计、机械制造、建筑建材、饭店旅游等产业		

单位名称	中国建筑材料集团公司		
地　　址	北京市海淀区紫竹院南路2号		
成立时间	1984年	邮　　编	100044
法定代表人	宋志平	网　　址	www.cnbm.com.cn
电　　话	010-88416688	传　　真	010-88413388
E-mail	cnbmadmin@cnbm.com.cn		
主要产品、业务	拥有以新型建材、水泥、玻璃纤维、复合材料、耐火材料为产业板块；以12家一流科研设计院所为科技板块；以10余家专业化装备制造企业为成套装备板块；以进出口贸易和商业流通业务为物流贸易板块的国家级综合性建材产业集团		

单位名称	中国网络通信集团公司		
地　　址	北京市西城区复兴门内大街156号C座		
成立时间	2002年5月	邮　　编	100031
法定代表人	张春江	网　　址	
电　　话	010-66169517	传　　真	010-66110009
E-mail			
主要产品、业务	许可经营项目：经营国内、国际固定电话网络与设施（含本地无线环路）业务；经营基于固定电信网络的话音、数据、图像及多媒体通信与信息服务业务；按国家规定进行国际通信业务对外结算；全国性互联网上网服务营业场所连锁经营；《网宽时代》期刊出版（有效期至2008年12月31日） 一般经营项目：开拓国际通信市场；经营与通信及信息业务相关的系统集成、技术开发、技术服务、信息咨询、设备生产销售、设计施工业务；招标代理；房屋租赁；广告设计、制作、发布		

单位名称	上海西门子移动通信有限公司		
地　　址	上海市浦东新区川桥路 777 号西门子工业园		
成立时间	1993 年 5 月	邮　　编	201206
法定代表人	徐　为	网　　址	
电　　话	021-58541688	传　　真	021-58548818
E-mail	www.siemensmobile.com.cn		
主要产品、业务	移动通信网络设备、手机产品，无绳电话的制造、工程和售后服务		

单位名称	飞利浦电子元件（上海）有限公司		
地　　址	上海市外高桥保税区爱都路 18 号		
成立时间	1996 年 7 月 8 日	邮　　编	200131
法定代表人	张　玥	网　　址	
电　　话	021-50462290	传　　真	021-5046085
E-mail	www.philips.com		
主要产品、业务	从事与电子技术有关的产品研究、生产、经营、销售光磁、记录产品如（CD-RDM）保膜电路及多媒体产品，液晶显示器及其他微型电子产品		

单位名称	上海夏普电器有限公司		
地　　址	上海市浦东新区金海路 1111 号		
成立时间	1992 年 5 月 25 日	邮　　编	201206
法定代表人	蒋松涛	网　　址	
电　　话	021-58341111	传　　真	021-58546546
E-mail	www.sharp.com.cn		
主要产品、业务	生产和销售空调机器、电冰箱、洗衣机、空气净化器等家用电器产品		

单位名称	上海日立电器有限公司		
地　　址	上海浦东金桥云桥路 1051 号		
成立时间	1993 年 1 月	邮　　编	201206
法定代表人	顾惠龙	网　　址	
电　　话	021-58548888	传　　真	021-58991084
E-mail	www.shec.com.cn		
主要产品、业务	房间用空调压缩机的生产与销售		

单位名称	上海先锋电声器材有限公司		
地　　址	上海市嘉定区江桥镇星华么路 642 号		
成立时间	1993年12月23日	邮　　编	201812
法定代表人	怡田翰雄	网　　址	
电　　话	021-69133300	传　　真	021-69133049
E-mail			
主要产品、业务	生产数字录放机、数字放声设备、电子专用设备及相关零配件、工模具，销售自产产品并提供售后服务		

单位名称	凤凰股份有限公司		
地　　址	上海高阳路 168 号		
成立时间		邮　　编	200080
法定代表人	陈国强	网　　址	
电　　话	021-65950100	传　　真	021-65956731
E-mail	www.sunrise-cn.com		
主要产品、业务	主要生产经营自行车、助动车、摩托车、童车、健身器材及其零部件和自行车及模具，以及与上述产品相关的配套系列产品		

单位名称	中芯国际集成电路制造（上海）有限公司		
地　　址	上海浦东新区张江路18号		
成立时间	2000年12月21日	邮　　编	201203
法定代表人	王阳元	网　　址	
电　　话	021-50802000	传　　真	021-50802868
E-mail	www.smics.com		
主要产品、业务	提供8英寸、0.25微米及以下工艺的代工服务，主要产品有逻辑、存储器、SOC芯片等		

单位名称	通用电气照明有限公司		
地　　址	上海市虹漕路421号虹漕大厦5楼		
成立时间		邮　　编	200233
法定代表人		网　　址	
电　　话	021-64851111	传　　真	021-64857177
E-mail	www.gelighting.com.cn		
主要产品、业务	白炽灯、卤鸽灯、节能灯、荧光灯、高强气体放电灯，室内外各种灯具、特灯、汽车灯等全系列照明产品		

单位名称	伟创力电子制造（上海）有限公司		
地　　址	上海浦东外高桥保税区法赛路310号		
成立时间	1997年8月28日	邮　　编	200131
法定代表人	MANNY MARIMUTHU	网　　址	
电　　话	021-50644678	传　　真	021-50481589
E-mail	www.flextronies.com		
主要产品、业务	设计、生产、销售电路板及电子产品，并提供相关的技术支持及售后服务，国际贸易，转口贸易，保税区企业间的贸易及区内贸易代理，区内仓储，商业性简单加工及贸易咨询服务		

单位名称	上海永新彩色显像管股份有限公司		
地　　址	上海市朱梅路201号		
成立时间	1987年12月18日	邮　　编	200237
法定代表人	顾培柱	网　　址	
电　　话	021-64760000	传　　真	021-64765630
E-mail	http://www.china-syc.com		
主要产品、业务	生产彩色显像管和彩色显示器及相关产品，开展彩色显像管和彩色显示器及相关产品的技术应用和推广服务		

单位名称	上海自动化仪表股份有限公司		
地　　址	上海市虹漕路41号		
成立时间	1994年11月	邮　　编	200233
法定代表人	肖宗义	网　　址	
电　　话	021-54279898	传　　真	021-62801680
E-mail	www.saic.sh.cn		
主要产品、业务	分散控制系统（DCS），各类控制、调节、测量、显示、记录仪表，以及执行机构和调节阀		

单位名称	上海迪比特实业有限公司		
地　　址	上海市莘庄工业区申旺路18号		
成立时间	1993年9月	邮　　编	201108
法定代表人	莫皓然	网　　址	
电　　话	021-54422999	传　　真	021-54424435
E-mail	www.DBTEL.com.cn		
主要产品、业务	设计、生产、销售有线无线通讯设备、传输设备等，主要产品为移动通讯手机		

单位名称	亨通集团有限公司		
地　　址	上海市仙霞路319号远东国际广场A座12楼		
成立时间		邮　　编	200051
法定代表人	崔根良	网　　址	www.hengtonggroup.com
电　　话	021-32084666	传　　真	021-32084668
E-mail	htgd@hengtonggroup.com		
主要产品、业务	通信电缆、光纤光缆、电力电缆、电力光缆、宽带传输接入设备及光器件		

单位名称	上海柴油机股份有限公司		
地　　址	上海市军工路2636号		
成立时间	1947年	邮　　编	200438
法定代表人	陈龙兴	网　　址	www.sdec.com.cn
电　　话	021-65745656	传　　真	021-65749291
E-mail			
主要产品、业务	生产经营工程机械、客车、卡车、船机、电站用发动机及零配件业务		

单位名称	江南造船（集团）有限责任公司		
地　　址	上海市高雄路2号		
成立时间	1865年	邮　　编	200011
法定代表人	聂成根	网　　址	www.jnshipyard.com.cn
电　　话	021-63151818	传　　真	021-63134743
E-mail	jnbiz@jnshipyard.com.cn		
主要产品、业务	本公司能设计、建造、修理8万吨级以下具有当代国际先进水平的各类船舶和舰艇，能制造和安装各种大型金属结构件工程及机电化工等成套设备		

单位名称	上海锅炉厂有限公司		
地　　址	上海市闵行区华宁路250号		
成立时间	1953年9月	邮　　编	200245
法定代表人	陈干锦	网　　址	
电　　话	021-64302391	传　　真	021-64301980
E-mail	www.sbwl.com		
主要产品、业务	电站锅炉、化工设备、核电设备、工业锅炉、特种锅炉、建筑等钢结构，无损检测等		

单位名称	上海汽轮机有限公司		
地　　址	上海闵行江川路333号		
成立时间	1953年	邮　　编	200240
法定代表人	陈建华	网　　址	
电　　话	021-64358331	传　　真	021-64355046 021-63504645
E-mail	www.stc.com.cn		
主要产品、业务	1000MW级核电和火电汽轮机 600MW核电和火电汽轮机 300MW核电和火电汽轮机		

单位名称	沪东中华造船（集团）有限公司		
地　　址	上海浦东新区浦东大道2851号		
成立时间	2001年4月8日	邮　　编	200129
法定代表人	顾宝龙	网　　址	
电　　话	021-58713222	传　　真	021-58712603
E-mail			
主要产品、业务	军、民用船舶，大功率中低速船用柴油机，大型钢结构海洋工程项目		

单位名称	上海电气集团上海电机厂		
地　　址	上海市闵行区江川路555号		
成立时间	1949年12月1日	邮　　编	200240
法定代表人	祁新平	网　　址	
电　　话	021-64638221转	传　　真	021-64305588
E-mail	www.semmw.com		
主要产品、业务	大中型汽轮发电机、交流发电机、交流电动机、直流电机、风力发电机等		

单位名称	上海轮胎橡胶(集团)股份有限公司		
地　　址	上海市四川中路63号		
成立时间	1990年6月	邮　　编	200002
法定代表人	范　宪	网　　址	www.cstarc.com
电　　话	021-33024666	传　　真	021-63298642 021-63298643
E-mail			
主要产品、业务	主营轮胎、制皂、电池、油墨等业务，其中主要产品为全钢载重轮胎		

单位名称	上海重型机器厂有限公司		
地　　址	上海市闵行区江川路1800号		
成立时间	1959年	邮　　编	200245
法定代表人	吕亚臣	网　　址	www.shmp.sh.com
电　　话	021-54721141	传　　真	021-54721132
E-mail	shmpcb@online.sh.cn		
主要产品、业务	电站制粉设备：RP和HP磨煤机；冶金轧制设备：大型冶炼设备、全套冷热轧机组、精整机组和辅机机组；锻压设备：机械压力机系列；大型黑色、有色金属挤压机；水泥矿山设备：大型锤式破碎机、回转窑和各类原料磨、水泥磨等成套设备；大型铸锻件：电站的低压转子、汽缸，其他轴、管、板类大型超大型铸锻件；船用机电产品		

单位名称	禧玛诺(上海)自行车零件有限公司		
地　　址	上海市长宁区兴义路8号万都中心601室		
成立时间	2001年6月13日	邮　　编	200336
法定代表人	FUMINORI YOSHIDA	网　　址	www.shimano.com
电　　话	021-52081212	传　　真	021-52081273
E-mail			
主要产品、业务	自行车零部件		

单位名称	上海大众汽车有限公司		
地　　址	上海市嘉定区安亭镇洛浦路63号		
成立时间	1985年	邮　　编	201805
法定代表人	陈祥麟	网　　址	
电　　话	021-59561888	传　　真	021-59572815
E-mail	www.csvw.com		
主要产品、业务	桑塔纳、桑塔纳２０００、帕萨特、波罗、高尔系列轿车及其发动机等		

单位名称	上海汇众汽车制造有限公司		
地　　址	上海市浦东南路1493号		
成立时间		邮　　编	200122
法定代表人	姚　方	网　　址	www.shac.com.cn
电　　话	021-58201188	传　　真	021-58204570
E-mail			
主要产品、业务	包括伊思坦纳商务车系列及专用车、十五吨级重型车系列、高级旅游客车、大中型普通客车在内的一系列商务车，以及轿车底盘零部件		

单位名称	上海汽车股份有限公司		
地　　址	上海市张江高科技园区松涛路563号A座5层		
成立时间		邮　　编	201203
法定代表人		网　　址	www.satcgroup.com
电　　话	021-50803808	传　　真	021-50803780
E-mail	www.china-sa.com		
主要产品、业务	汽车、拖拉机等各种机动车整车，总成及零部件的生产、销售，国内贸易（除专项规定），咨询服务业等		

单位名称	上海米其林回力轮胎股份有限公司		
地　　址	上海市浦东新区世纪大道1600号浦项大厦九楼		
成立时间	2001年3月	邮　　编	
法定代表人	祖　杰	网　　址	
电　　话	021-68604500	传　　真	021-58208321
E-mail	www.michelin.com.cn		
主要产品、业务	生产、销售米其林和回力高等级子午线轮胎和与轮胎相关的钢丝		

单位名称	上海拖拉机内燃公司		
地　　址	上海市黄兴路2012弄40号		
成立时间	1989年	邮　　编	200433
法定代表人	周宝林	网　　址	
电　　话	021-65480006	传　　真	021-65491996
E-mail			
主要产品、业务	冲压、焊接总成件、齿轴类、离合器液压缸、支架等汽车零部件		

单位名称	上海通用汽车有限公司		
地　　址	上海市浦东新区申江路1500号		
成立时间	1997年6月12日	邮　　编	201206
法定代表人	韩德胜	网　　址	
电　　话	021-28902890	传　　真	
E-mail	www.shanghaigm.com		
主要产品、业务	制造汽车、发动机、变速箱及零部件，在国内外市场销售本公司及其国内投资企业制造的上述产品及维修配件，提供售后服务及与上述业务相关的技术咨询服务		

单位名称	延锋伟世通汽车饰件系统有限公司		
地　　址	上海市钦州北路1001号		
成立时间	1994年	邮　　编	200235
法定代表人	陈虹	网　　址	www.yf.sh.cn
电　　话	021-24015000	传　　真	021-24015111
E-mail	contacts@mail.yf.sh.cn		
主要产品、业务	公司已具有系统设计、模块化供货的能力，主要产品有内饰系统（含座舱模块、门内板总成和门柱内饰、顶饰系统）、外饰系统（含涂装保险杠和涂装门外装饰件）、座椅系统、安全系统及汽车电子等		

单位名称	上海汽车工业（集团）总公司		
地　　址	上海市武康路390号		
成立时间	1995年7月1日	邮　　编	200031
法定代表人	陈祥麟	网　　址	www.saicgroup.com
电　　话	021-24011000	传　　真	021-24011111
E-mail	saicgroup@saicgroup.com		
主要产品、业务	先进制造业及现代服务业综合性投资公司		

单位名称	上海新格有色金属有限公司		
地　　址	上海市宝山区富联三路9号		
成立时间	1993年1月5日	邮　　编	201906
法定代表人	黄耀滨	网　　址	www.sigmacorp.com
电　　话	021-36041818	传　　真	021-36041115
E-mail	sam@sigmasha.com		
主要产品、业务	各种牌号的铝合金锭、各种牌号的锌合金锭		

单位名称	宝钢集团上海五钢有限公司		
地　　址	上海市宝山区同济路333号		
成立时间	1958年	邮　　编	200940
法定代表人	谢　蔚	网　　址	
电　　话	021-56679080	传　　真	021-56670867
E-mail	www.no5steel.com		
主要产品、业务	以优特钢为主，形成汽车用钢、轴承钢、不锈钢、工模具钢、高温合金和钛合金等特殊钢为主导产品，产品种类主要有棒、管、丝、带、锻件等长型材，广泛应用于航空、航天、核电、汽车、机械、电子、仪表和石油化工等领域，是国家重要的军工原材料生产基地和金属新材料研发基地		

单位名称	宝钢集团上海浦东钢铁有限公司		
地　　址	上海市浦东新区上南路300号		
成立时间	1913年3月	邮　　编	200120
法定代表人	汪金德	网　　址	
电　　话	021-58839180	传　　真	021-63201284
E-mail			
主要产品、业务	薄、中、厚黑色钢板，不锈钢板，以及中、小型异型钢材		

单位名称	上海宝钢集团公司		
地　　址	上海市浦东新区浦电路370号宝钢大厦		
成立时间	1998年11月17日	邮　　编	200122
法定代表人	谢企华	网　　址	www.baosteel.com
电　　话	021-25350000 021-25358888	传　　真	021-68404832
E-mail			
主要产品、业务	普碳钢、不锈钢、特钢三大类钢铁产品，广泛用于汽车、油气开采和输送、家电、交通运输器材、电工器材、锅炉和压力容器、食品饮料等包装、金属制品、建筑等行业，除钢铁主业外，还涉足贸易、煤化工、金融、工程技术、信息、房地产等产业		

单位名称	上海申佳铁合金有限公司		
地　　址	上海市长江西路101号		
成立时间	1992年10月11日	邮　　编	200431
法定代表人	钱志良	网　　址	www.sn-ferroalloys.com
电　　话	021-56823456	传　　真	021-56820073
E-mail	office@sn-ferroalloys.com		
主要产品、业务	铬、锰等系列产品，供应全国各大钢铁企业，也销往日本、韩国、欧洲等国		

单位名称	中国石化上海高桥石油化工公司		
地　　址	上海市浦东大道3000号		
成立时间	1981年11月6日	邮　　编	201208
法定代表人	江正洪	网　　址	www.sinogpc.com
电　　话	021-58711001	传　　真	021-58712207
E-mail			
主要产品、业务	我国特大型的炼油化工生产企业，主要产品有汽油、柴油、航空煤油、润滑油、石蜡、苯酚、丙酮、橡胶、聚醚、DCP等		

单位名称	中石化股份有限公司上海高桥分公司		
地　　址	上海市浦东大道3000号		
成立时间	2000年1月	邮　　编	201208
法定代表人	张　涌	网　　址	
电　　话	021-58711001	传　　真	021-58712902
E-mail			
主要产品、业务	我国特大型的炼油化工生产企业，主要产品有汽油、柴油、航空煤油、润滑油、石蜡、苯酚、丙酮、橡胶、聚醚、DCP等		

单位名称	上海氯碱化工股份有限公司		
地　　址	上海市闵行区龙吴路4747号		
成立时间	1992年7月	邮　　编	200241
法定代表人	王　强	网　　址	
电　　话	021-64340000	传　　真	021-64341341
E-mail			
主要产品、业务	聚氯乙烯树脂、烧碱、液氯、盐酸等氯产品		

单位名称	上海市自来水市北有限公司		
地　　址	上海市四平路206号		
成立时间	1999年	邮　　编	200086
法定代表人	王希高	网　　址	www.shanghaiwater.com
电　　话	021-55150088	传　　真	021-65087172
E-mail	shwater@online.sh.cn		
主要产品、业务	自来水、排管工程、水厂建设工程		

单位名称	上海市自来水市南有限公司		
地　　址	上海市江西中路484号		
成立时间		邮　　编	200002
法定代表人	丁朝治	网　　址	
电　　话	021-63215577	传　　真	021-63231346
E-mail			
主要产品、业务	供水		

单位名称	上海电气电站集团		
地　　址	上海市金都路3669号		
成立时间		邮　　编	201108
法定代表人	郑建华	网　　址	www.secpg.com
电　　话	021-54429500	传　　真	021-54429550
E-mail			
主要产品、业务	发电设备和成套电站工程总承包、发电设备和电站工程建设相关的服务项目		

单位名称	上海焦化有限公司		
地　　址	上海市龙吴路4280号		
成立时间	1958年	邮　　编	200241
法定代表人	胡公明	网　　址	
电　　话	021-64343649	传　　真	021-64345267
E-mail	www.shcoring.com.cn		
主要产品、业务	焦炭、甲醇、城市煤气、工业气体、硫酸铵、黄白盐钠、硫氰酸钠、焦化苯酚、工业萘		

单位名称	上海大屯能源股份有限公司		
地　　址	上海市浦东新区桃林路18号		
成立时间	1999年12月29日	邮　　编	200135
法定代表人	曹祖民	网　　址	
电　　话	021-58218560	传　　真	021-58215101
E-mail	www.sdtny.com		
主要产品、业务	煤炭开采，洗选加工，煤炭销售，铁路运输（限管辖内的煤矿专用铁路），矿山采掘设备，洗选设备，交通运输设备，普通机械，电器机械及设备的制造、维修、销售、实业投资，国内贸易（除专项审批项目）		

单位名称	上海水星家用纺织品有限公司		
地　　址	上海市奉贤区沪杭公路1487号		
成立时间	1989年10月	邮　　编	201401
法定代表人	李裕杰	网　　址	www.shuixing.com.cn
电　　话	021-57435222	传　　真	021-57435777
E-mail	webmaster@shuixing.com.cn		
主要产品、业务	公司集研发、设计、生产、销售于一体，现有产品涵盖套件、被子、枕芯、单件组合、靠坐垫、儿童用品、夏令用品、床垫沙发、餐厨卫浴、毛毯等十大系列300多个品种		

单位名称	上海春竹企业发展有限公司		
地　　址	上海市北京西路833号		
成立时间	1998年3月12日	邮　　编	200041
法定代表人	包子广	网　　址	springbamboo.com.cn
电　　话	021-61031122	传　　真	021-62584038
E-mail	springbamboo@citiz.net		
主要产品、业务	春竹牌羊毛衫、羊绒衫、针织内衣等		

单位名称	上海三枪集团有限公司（上海针织九厂）		
地　　址			
成立时间	1994年11月	邮　　编	200025
法定代表人	苏寿南	网　　址	
电　　话	021-63737888	传　　真	021-63854485
E-mail			
主要产品、业务	针织内衣、袜子		

单位名称	上海银企电集团有限公司		
地　　址	上海市静安区吴江路188号16楼		
成立时间	1997年2月4日	邮　　编	200041
法定代表人	金福音	网　　址	www.srm.cn
电　　话	021-62171515	传　　真	021-62726511
E-mail	srm@srm.cn		
主要产品、业务	高低压电器、输配电成套设备、上市公司、通信设备、金融投资、生物医药、旅游酒店五大产业基地和投资管理公司		

单位名称	中海工业有限公司		
地　　址	上海东方路985号8楼		
成立时间	1998年	邮　　编	200122
法定代表人	林建清	网　　址	
电　　话	021-58312288	传　　真	021-68670679
E-mail	www.csgcic.com		
主要产品、业务	船舶修理、改装，油轮特涂、拆船、船舶专业技术服务，备件制造修理，航运，租赁		

单位名称	上海美蓓亚精密机电有限公司		
地　址	上海市青浦区西岑镇沪青平公路 8313 号		
成立时间	1994 年 4 月 20 日	邮　编	201721
法定代表人	藤泽进	网　址	
电　话	021-59290113	传　真	021-59290260
E-mail	www.minebea.co.jp		
主要产品、业务	微型、小口径滚珠轴承，传动轴、直流、交流风扇微电机，计测器		

单位名称	上海印钞厂		
地　址	上海市曹杨路 158 号		
成立时间		邮　编	200063
法定代表人	罗鸿翔	网　址	
电　话	021-52931111	传　真	021-52931038
E-mail			
主要产品、业务	主要从事钞券的研制生产和印制增值税专用发票、有价证券、银行专用票据等有价证券及护照等高级防伪证书安全印务方面的生产经营活动		

单位名称	上海金枫酿酒有限公司		
地　址	上海市金山区枫泾镇白牛路 70 号		
成立时间	1939 年 6 月	邮　编	201501
法定代表人	汪建华	网　址	
电　话	021-57353989	传　真	021-57351649
E-mail	jfoffice@jfnj.com		
主要产品、业务	石库门上海老酒系列、金枫黄酒系列		

单位名称	上海烟草（集团）公司		
地　址	上海市许昌路 1061 号		
成立时间	1993 年 11 月 26 日	邮　编	200082
法定代表人	董浩林	网　址	www.sh-tobacco.com.cn
电　话	021-65418740	传　真	021-65125838
E-mail	wume@mail.sh-tobacco.com.cn		
主要产品、业务	公司出品的“中华”、“熊猫”、“红双喜”、“牡丹”、“中南海”、“恒大”等名优卷烟畅销市场		

单位名称	上海雷允上药业有限公司		
地　址	上海市汉口路 398 号华盛大厦 17 楼		
成立时间	2000 年 9 月	邮　编	200001
法定代表人	陈保华	网　址	
电　话	021-63503535	传　真	
E-mail	www.shlys.com		
主要产品、业务	中药材、中成药及中药保健品的生产销售，“雷氏”珍菊降压片、六神丸、名贵参茸高档滋补品等		

单位名称	光明乳业股份有限公司		
地　址	上海市吴中路 578 号		
成立时间	1996 年	邮　编	201103
法定代表人	王佳芬	网　址	
电　话	021-54584520	传　真	021-64655033
E-mail	www.brightdairy.com		
主要产品、业务	乳和乳制品的开发、生产、销售，奶牛和公牛饲养、培育、物流配送		

单位名称	乐金电子（天津）电器有限公司		
地址	天津市北辰区兴淀公路		
成立时间	1995年8月	邮编	300402
法定代表人		网址	www.lge.com.cn
电话	022-26903668	传真	022-26991331
E-mail			
主要产品、业务	空调器、微波炉、吸尘器、压缩机、电机、磁控管		

单位名称	天津三美电机有限公司		
地址	天津市东丽区卫国道202号		
成立时间	1992年4月	邮编	300163
法定代表人	森部一夫	网址	
电话	022-24371221	传真	022-24375407
E-mail	www.mitsumi.com		
主要产品、业务	音频调谐器、视频调谐器、调制解调器、发送接收模块、电源器件、光盘驱动器		

单位名称	天津松下电子部品有限公司		
地址	天津市西青经济开发区兴华四支路4号		
成立时间	1995年11月20日	邮编	300381
法定代表人	闻天基	网址	
电话	022-83983088	传真	022-83983178
E-mail			
主要产品、业务	特定的固定电阻的制造与销售，特定的电解电容的制造与销售，特定的陶瓷元件的制造与销售，并从事电子部品材料的加工、组装及电子部品材料范围内的其它相关加工业务		

单位名称	三星高新电机（天津）有限公司		
地址	天津西青经济开发区微电子工业区微三路1号		
成立时间	2001年5月	邮编	300385
法定代表人	李世运	网址	
电话	022-23979000	传真	022-23962532
E-mail			
主要产品、业务	办公自动化用贴片元件、片式电阻、行输出变压器、移动通讯，研究、开发、生产、销售新型电子元器件		

单位名称	天津光电集团有限公司		
地址	天津市河西区泰山路6号		
成立时间	1949年	邮编	300211
法定代表人	张秉军	网址	www.toec.com
电话	022-28261078	传真	022-28306901
E-mail	toec@toec.com		
主要产品、业务	电子器件、电子制造服务（EMS）、传真机、光端机和专用设备等产品的研发制造和销售		

单位名称	天津化工厂		
地址	天津市汉沽区新开南路		
成立时间	1938年	邮编	300480
法定代表人	张东民	网址	
电话	022-67992794	传真	022-25694533
E-mail	www.tj-chem.com		
主要产品、业务	烧碱、聚氯乙烯、环氧氯丙烷、一氯化苯、液氯、盐酸、氯化钛、四氯化钛		

单位名称	天津大沽化工股份有限公司		
地　址	天津市塘沽区兴化道1号		
成立时间	1939年	邮　编	300455
法定代表人	肖卫国	网　址	
电　话	022-25387379	传　真	022-25387908
E-mail	www.daguchem.com		
主要产品、业务	主要产品：烧碱、聚氯乙烯、环氧丙烷、液氯、聚醚 主要业务：装卸、运输、仓储、化工专用设备制造和租赁		

单位名称	中金黄金股份有限公司		
地　址	天津经济技术开发区洞庭路27号九洲大厦13区		
成立时间	2003年6月23日	邮　编	300457
法定代表人	宋　鑫	网　址	
电　话	022-66201941	传　真	022-66201498
E-mail	www.zjgold.com		
主要产品、业务	“中金”牌1＃、2＃标准金锭，“中金”牌系列小金条产品纯银1＃阴极铜，93＃，98＃硫酸，高纯度金，银		

单位名称	天津渤海化工有限责任公司天津碱厂		
地　址	天津市塘沽区新华路87号		
成立时间	1917年11月	邮　编	300450
法定代表人	赖振国	网　址	www.tjsoda.com
电　话	022-25893951	传　真	022-25895881
E-mail	tjweb@tjsoda.com		
主要产品、业务	生产纯碱、氯化铵等20类51种产品，拥有两项“中国名牌产品”称号		

单位名称	天津渤天化工有限责任公司		
地　址	天津市汉沽区新开南路		
成立时间	2004年1月	邮　编	300480
法定代表人	张东民	网　址	
电　话	022-67992794	传　真	022-25694533
E-mail			
主要产品、业务	烧碱、聚氯乙烯、环氧氯丙烷、一氧化苯、四氯化钛、盐酸、氯化钡等		

单位名称	PPG涂料（天津）有限公司		
地　址	天津市经济技术开发区黄海路192号		
成立时间	1994年	邮　编	300457
法定代表人	Vikfor Sekmakas	网　址	
电　话	022-25323470	传　真	022-25325183
E-mail			
主要产品、业务	生产和销售适用于汽车和工业领域的涂料，并提供售后服务		

单位名称	大港油田集团有限责任公司		
地　址	天津市大港区大港油田3号院		
成立时间	1964年6月	邮　编	300280
法定代表人	朱敬成	网　址	
电　话	022-25913644	传　真	022-25924153
E-mail	www.dg.cnpc.com.cn		
主要产品、业务	油气勘探开发技术服务、油气工程及道桥设计施工、石油机械产品修造等		

单位名称	天津市燃气集团有限责任公司		
地　　址	天津市和平区吴家窑2号路44号		
成立时间	1998年12月25日	邮　　编	300070
法定代表人	孙伯金	网　　址	
电　　话	022-23348515	传　　真	022-23342929
E-mail	www.tianjin-gas.com		
主要产品、业务	燃气生产、供应、销售，技术咨询，自产产品及相关技术出口业务，三来一补业务		

单位名称	中国海洋石油渤海公司		
地　　址	天津市塘沽区501信箱		
成立时间	1966年	邮　　编	300452
法定代表人	王家祥	网　　址	
电　　话	022-25801700	传　　真	022-25807329
E-mail			
主要产品、业务	系统完整的油田生产、生活配套设施和作业队伍，可为海上油气勘探、开发、生产提供全程服务		

单位名称	天津市万达轮胎集团有限公司		
地　　址	天津市北辰区宜兴埠镇畜牧研究所路		
成立时间	1996年	邮　　编	300402
法定代表人	耿玉顺	网　　址	
电　　话	022-26990915	传　　真	022-26990915
E-mail	www.tjwanda.com		
主要产品、业务	生产及销售自行车、摩托车、农用车轮胎、ATV胎、轿车、载重车轮胎		

单位名称	中国船舶重工集团天津新港船厂		
地　　址	天津市塘沽区新港机场街1号		
成立时间	1940年10月	邮　　编	300456
法定代表人	高学虎	网　　址	
电　　话	022-25793995	传　　真	022-25795882
E-mail			
主要产品、业务	4万吨以下各类远洋船舶的设计、制造，5万吨以下各类船舶的修理、改装，港口机械、冶金焦化设备、海洋工程及钢结构物的制造与安装		

单位名称	中国天津奥的斯电梯有限公司		
地　　址	天津市河西区解放南路443号		
成立时间	1984年12月01日	邮　　编	300210
法定代表人	杨力恒	网　　址	www.otis.com
电　　话	022-28101188	传　　真	022-28301256
E-mail			
主要产品、业务	设计、生产、销售、维修电梯，自动扶梯，移动人行道，杂货梯等产品及其零部件		

单位名称	天津市富强工贸集团有限公司		
地　　址	天津市武清区汉沽港镇		
成立时间	1968年	邮　　编	301721
法定代表人	王洪生	网　　址	www.fuqianggroup.com
电　　话	022-29491324	传　　真	
E-mail			
主要产品、业务	各种服装面料、印染布类，各种塑料包装袋，各种塑料色母、色粉等行销国内外		

单位名称	天津钢管集团有限公司		
地　址	天津东丽区津塘公路 396 号		
成立时间	1993 年 11 月 12 日	邮　编	300301
法定代表人	孙宁豫	网　址	www.tpco.com.cn
电　话	022-24360165	传　真	022-24360649
E-mail			
主要产品、业务	石油套管、高中压锅炉管、高压气瓶管、液压支架管、管线管等专用管材		

单位名称	天津金耀集团有限公司		
地　址	天津市河东区入纬路 109 号		
成立时间	2001 年	邮　编	300171
法定代表人	师春生	网　址	www.tjpc.com.cn
电　话	022-24160908	传　真	022-24160869 022-29491322
E-mail			
主要产品、业务	汽车、汽车零部件、拖拉机		

单位名称	天津汽车工业（集团）有限公司		
地　址	天津市和平区烟台道 78 号		
成立时间	1982 年	邮　编	300040
法定代表人	张世堂	网　址	www.china-tjam.com
电　话	022-23030091	传　真	022-23310858
E-mail			
主要产品、业务	轿车、各类汽车、拖拉机及配件、内燃机及配件的制造与加工等		

单位名称	天津一汽丰田汽车有限公司		
地　址	天津市经济技术开发区第九大街 81 号		
成立时间	2000 年 6 月	邮　编	300457
法定代表人	竺延风	网　址	
电　话	022-66230666	传　真	022-66231364
E-mail			
主要产品、业务	主要产品：威弛、花冠、皇冠、锐志		

单位名称	天津纺织集团天一有限公司		
地　址	天津市河东区六纬路 6 号路 17 号		
成立时间	2001 年 8 月	邮　编	300170
法定代表人	伍志铭	网　址	
电　话	022-24135393	传　真	022-24135393
E-mail	www.tianyitentile.com		
主要产品、业务	纺织、服装的制造、加工及经营、纺织原材料经营		

单位名称	天津钢铁有限公司		
地　址	天津市河东区张达庄 1 号		
成立时间		邮　编	300301
法定代表人	韩贵义	网　址	
电　话	022-84366819	传　真	022-84366819
E-mail			
主要产品、业务			

单位名称	天津天士力集团有限公司		
地　　址	天津市北辰科技园区新宜口道天士力现代中药城		
成立时间	1994年5月	邮　　编	300402
法定代表人	闫希军	网　　址	
电　　话	022-26736688	传　　真	022-26736898
E-mail	www.tasly.com		
主要产品、业务	对外投资，天然植物药种植，产品的生产、销售、研发、进出口等		

单位名称	天津友发钢管集团有限公司		
地　　址	天津市静海县大邱庄镇百亿道33号		
成立时间	1999年10月	邮　　编	301606
法定代表人	苗振元	网　　址	www.yfgg.com
电　　话	022-68589921	传　　真	022-68589921
E-mail	youfajituan@163.com		
主要产品、业务	直缝焊管、热镀锌管、螺旋钢管、热轧薄板、电焊条、钢坯		

单位名称	天津三星通信技术有限公司		
地　　址	天津市西青区微电子工业区五路9号		
成立时间	2001年	邮　　编	300385
法定代表人		网　　址	www.samsung.com
电　　话		传　　真	
E-mail			
主要产品、业务	开发、生产、销售移动电话终端		

单位名称	重庆重型汽车集团有限责任公司		
地　　址	重庆市双桥区建设新村1号		
成立时间	2000年12月28日	邮　　编	400900
法定代表人	蓝洪华	网　　址	www.cqhvc.com
电　　话	023-49638866	传　　真	023-49638866
E-mail			
主要产品、业务	开发、制造、销售"红岩"、"斯达尔"牌重型汽车及驱动桥，康明斯发动机，綦江变速箱，ZF转向器等汽车总成零部件		

单位名称	重庆宗申摩托车集团		
地　　址	重庆市巴南区宗申工业园		
成立时间	1992年11月15日	邮　　编	400054
法定代表人	左宗申	网　　址	www.zongshenmotor.com
电　　话	023-66372802	传　　真	023-66372801
E-mail			
主要产品、业务	摩托车、摩托车发动机、通用汽油机、船外机、微型汽车发动机		

单位名称	中国嘉陵工业股份有限公司（集团）		
地　　址	重庆市双碑		
成立时间	1993年	邮　　编	400032
法定代表人	靖　波	网　　址	www.jialing.com.cn
电　　话	023-65190114	传　　真	023-65196666
E-mail			
主要产品、业务	中国嘉陵集团主导产品有军工产品、民品"嘉陵"系列摩托车，助动车及其发动机，兼有汽车、农用机械、光学产品、体育及民用猎枪弹等产品，兼营外贸、房地产、酒店、商贸等领域		

单位名称	綦江齿轮厂		
地　　址	重庆市綦江县		
成立时间	1928年	邮　　编	401421
法定代表人	来匡建	网　　址	www.qijiang-gear.com
电　　话	023-48609442-915	传　　真	023-48609001/002
E-mail			
主要产品、业务	从事汽车变速器总成、齿轮、取力器总成的生产及销售		

单位名称	重庆大江工业（集团）有限责任公司		
地　　址	重庆市4312信箱		
成立时间	2000年10月	邮　　编	401321
法定代表人	何世斌	网　　址	www.cqdjgt.com
电　　话	023-66283007	传　　真	023-66283645
E-mail	dajang@cqdjgy.com		
主要产品、业务	专用汽车、液压支架、塔式起重机、重车桥、转向器、变速箱、火车车钩		

单位名称	重庆力帆控股有限公司		
地　　址	重庆市沙坪坝区上桥张家湾60号		
成立时间	1992年	邮　　编	400037
法定代表人	尹明善	网　　址	www.Lifan.com.cn
电　　话	023-65200162	传　　真	023-65215679
E-mail			
主要产品、业务	科研开发，发动机和摩托车整车生产、销售（包括出口）为主，汽车制造、足球产业、金融证券，房地产于一体		

单位名称	建设工业（集团）有限责任公司		
地　　址	重庆市谢家湾谢正街47号		
成立时间	1889年	邮　　编	400050
法定代表人	陈永强	网　　址	www.jianshe.com.cn
电　　话	023-68813741	传　　真	023-68815916
E-mail			
主要产品、业务	摩托车、车用空调压缩机、特种机械		

单位名称	綦江齿轮传动有限公司		
地　　址	重庆市綦江县古南镇桥河		
成立时间	1928年	邮　　编	401421
法定代表人	白洪法	网　　址	www.qjgt.com
电　　话	023-48609306 023-48609226	传　　真	023-48609001
E-mail	imp-exp@qjgt.com		
主要产品、业务	生产、经营綦江－ZF系列大中型汽车变速器、取力器、分动器、弧锥齿轮力		

单位名称	中国核工业建峰化工总厂		
地　　址	重庆市4513信箱／重庆市涪陵区白涛镇		
成立时间	1966年	邮　　编	408601
法定代表人	曾中全	网　　址	www.cnjf.com www.cnjf.com.cn
电　　话	023-72596049	传　　真	023-72591490
E-mail	jf@mail.cnjf.com		
主要产品、业务	年产30万吨合成氨／58万吨尿素；年产10000吨电解金属锰，装机容量10万千瓦自备热电厂，年产3000万条塑料编织袋，年产100万套摩托车消声器，年产20000吨水玻璃／5000吨白炭黑，年产30000吨氮、磷、钾三元素高效复混肥，年产200吨丙烯酸脂特种橡胶等		

单位名称	重庆民丰农化股份有限公司		
地　　址	重庆市沙坪坝区井口经济桥30号		
成立时间	1999年8月	邮　　编	400033
法定代表人	袁代建	网　　址	www.minfeng-agvichem.com
电　　话	023-65180568	传　　真	023-65180655
E-mail			
主要产品、业务	生产农药、铬盐两大系列产品，农药产品主要有乐果原粉、乐果、氧化乐果、甲胺磷等，化工产品主要有红矾钠、铬酸酥、氧化铬绿、铬粉等		

单位名称	中国四联仪器仪表集团有限公司		
地　　址	重庆市业碚区碚峡路		
成立时间	1987年	邮　　编	400700
法定代表人	孔维梁	网　　址	www.sicc.com.cn
电　　话	023-68862766	传　　真	023-68216674
E-mail			
主要产品、业务	主要生产和经营自动化仪表及控制系统分析仪器、仪表元件、仪表材料、机电仪专用集成路二十几个大类产品		

单位名称	重庆腾辉集团		
地　　址	重庆市经济技术开发区丹龙路18号		
成立时间	1995年10月	邮　　编	400060
法定代表人	董瑞葆	网　　址	www.thcement.com
电　　话	023-62767888	传　　真	023-62767899
E-mail			
主要产品、业务	水泥及建材产品，混凝土搅拌，公路、水路运输，铸铁、生铁制品，休闲娱乐，投资咨询服务		

单位名称	松藻煤电有限责任公司（原松藻矿务局）		
地　　址	重庆市綦江县打通镇		
成立时间	1979年6月	邮　　编	401445
法定代表人	陈国政	网　　址	
电　　话	023-48731206	传　　真	023-48731116
E-mail			
主要产品、业务	无烟煤		

单位名称	重庆美心麦森门业有限公司		
地　　址	重庆市南坪经济技术开发区白鹤路51号		
成立时间	1989年	邮　　编	400060
法定代表人	夏明宪	网　　址	www.meixin.com
电　　话	023-62837027	传　　真	023-62837027
E-mail			
主要产品、业务	以制造防盗门、室内门、防火门为主导产品，涵盖科研、房地产、摩托车配件、国际贸易、广告、服务业等领域的国际型公司		

单位名称	唐山钢铁集团有限责任公司		
地　　址	河北唐山滨河路9号		
成立时间	2006年1月23日	邮　　编	063016
法定代表人	王天义	网　　址	www.tangsteel.com
电　　话	0315-2702539	传　　真	0315-2703159
E-mail	jcn@tangsteel.com		
主要产品、业务	钢铁冶炼、钢材轧制、矿山开采、焦化、钒钛制品，资产经营、冶金技术开发、外经外贸、工业气体等		

单位名称	邯郸钢铁集团有限责任公司		
地　　址	邯郸市复兴路232号		
成立时间	1958年	邮　　编	056015
法定代表人	刘如军	网　　址	www.hgjt.com.cn
电　　话	0310-6072141	传　　真	0310-6071970
E-mail			
主要产品、业务	热轧卷板、酸洗镀锌板、中厚板、特厚钢板及圆钢、槽钢、螺纹钢、线材等系列产品		

单位名称	开滦（集团）有限责任公司		
地　　址	河北省唐山市新华东道70号		
成立时间	1878年	邮　　编	063018
法定代表人	杨　中	网　　址	www.kailuan.com.cn
电　　话	0315-3022618	传　　真	0315-2827307
E-mail			
主要产品、业务	冶炼精煤、动力煤、机械制造、建筑安装、电力、矾土、火工产品、建筑材料等产品		

单位名称	石家庄制药集团有限公司		
地　　址	石家庄市中山西路276号		
成立时间	1997年8月21日	邮　　编	050051
法定代表人	蔡东晨	网　　址	www.e-cspc.com
电　　话	0311-7037015	传　　真	0311-7039608
E-mail			
主要产品、业务	集科工贸于一体的特大型企业，主要产品包括青霉素、维生素、心脑血管类、解热镇痛等八大系列上千个品种		

单位名称	石家庄三鹿集团股份有限公司		
地　　址	河北省石家庄市和平西路539号		
成立时间	1956年	邮　　编	050071
法定代表人	田文华	网　　址	www.sanludairy.com
电　　话	0311-7044184	传　　真	0311-8615365
E-mail			
主要产品、业务	业务：奶牛饲养、乳品加工、科研开发 产品：奶粉、液态奶等9大系列171个品种，销往全国各地		

单位名称	石家庄钢铁有限责任公司		
地　　址	河北省石家庄市和平东路363号		
成立时间	1957年	邮　　编	050031
法定代表人	阎胜科	网　　址	www.csggs.com
电　　话	0311-5054283	传　　真	0311-5674170
E-mail			
主要产品、业务	主导产品有：扁钢、圆钢、方钢、热轧带肋钢筋和连轴承钢铸钢坯，钢种包括优质碳素结构钢、合金结构钢、齿轮钢和弹簧钢，是专业化汽车用钢棒材生产企业		

单位名称	邢台钢铁有限责任公司		
地　　址	河北省邢台市钢铁南路262号		
成立时间	1997年1月22日	邮　　编	054027
法定代表人	袁世臻	网　　址	www.xtsteel.com
电　　话	0319-2042022	传　　真	0319-2624517
E-mail			
主要产品、业务	线材（5.5-42mm），钢筋焊接网		

单位名称	唐山国丰钢铁有限公司		
地　　址	河北省唐山市丰南区国丰大街		
成立时间	1993年3月8日	邮　　编	063300
法定代表人	张学武	网　　址	www.guofeng.com.cn
电　　话	0315-8288501	传　　真	0315-8288500
E-mail			
主要产品、业务	生产和销售热轧带钢、螺纹钢、热轧卷板		

单位名称	唐山建龙实业有限公司		
地　　址	河北省遵化市建设南路32号		
成立时间	2000年9月	邮　　编	064200
法定代表人	张志祥	网　　址	www.ejianlong.com
电　　话	0315-6619812	传　　真	0315-6640272
E-mail			
主要产品、业务	生铁、钢坯、螺纹钢、元钢、热轧带钢、氧气		

单位名称	石家庄常山纺织股份有限公司		
地　　址	河北省石家庄市和平东路183号		
成立时间	1998年12月29日	邮　　编	050011
法定代表人	韩希厚	网　　址	www.changshantex.com
电　　话	0311-6673856	传　　真	0311-6673929
E-mail			
主要产品、业务	纯棉纱布、涤棉纱布和印染布的生产销售，自产产品和技术的进出口业务，棉花收购加工，棉花批发、零售		

单位名称	张家口卷烟厂		
地　　址	河北张家口市工业大街65号		
成立时间	1939年	邮　　编	075000
法定代表人	卢瑞刚	网　　址	
电　　话	0313-2106228	传　　真	0313-2106234
E-mail			
主要产品、业务	金钻石、银钻石、红钻石、紫钻石等系列品牌卷烟生产、制造		

单位名称	河北沧州化工实业集团有限公司		
地　　址	河北省沧州市南环中路18号		
成立时间	1979年	邮　　编	061000
法定代表人	周振德	网　　址	www.czthem.com
电　　话	0317-3042634	传　　真	0317-3042321
E-mail			
主要产品、业务	聚氯乙烯、烧碱、液氯、盐酸、原盐、水泥		

单位名称	石家庄宝石电子集团有限责任公司		
地　　址	河北省石家庄市高新区黄河大道9号		
成立时间	1997年	邮　　编	050035
法定代表人	董庆祥	网　　址	www.baoshi.com.cn
电　　话	0311-5054586	传　　真	0311-5052467
E-mail			
主要产品、业务	彩色玻壳、电子枪、玻管、销钉、阳极帽、大径塑管、钢塑共挤门窗型材、ABS管		

单位名称	保定天威集团有限公司		
地　　址	河北省保定市天威西路318号		
成立时间	1958年10月	邮　　编	071056
法定代表人	丁　强	网　　址	www.btegroup.com.cn
电　　话	0312-3308001	传　　真	0312-3308672
E-mail			
主要产品、业务	以电力系统为主要服务对象，主要产品有电力变压器、互感器、电抗器等		

单位名称	河北华龙面业集团有限公司		
地　　址	河北省隆尧县华龙食品城		
成立时间	1994年3月	邮　　编	055350
法定代表人	范现国	网　　址	www.hualong.com
电　　话	0319-6591908	传　　真	0319-6591559
E-mail			
主要产品、业务	面粉、方便面、糕饼、天然调味料的生产及销售		

单位名称	唐山市冀东水泥股份有限公司		
地　　址	河北省唐山市丰润区林荫路		
成立时间	1994年5月8日	邮　　编	063031
法定代表人	杜金弘	网　　址	www.jdsn.com.cn
电　　话	0315-3083355	传　　真	0315-3245466
E-mail			
主要产品、业务	硅酸盐水泥、熟料及相关建材产品的制造、销售，水泥设备安装及维修，相关技术咨询、服务等		

单位名称	唐山三友化工股份有限公司		
地　　址	河北省唐山市南堡开发区		
成立时间	1999年12月28日	邮　　编	063305
法定代表人	么志义	网　　址	www.sanyou.chem.com.cn
电　　话	0315-8511017	传　　真	0315-8519188
E-mail			
主要产品、业务	纯碱产品的生产及销售		

单位名称	保定钞票纸厂		
地　　址	保定市新市区盛兴西路98号		
成立时间		邮　　编	071071
法定代表人	邹从标	网　　址	
电　　话	0312-3198010	传　　真	0312-3178167
E-mail			
主要产品、业务	钞票纸、高级民用纸、水印辊		

单位名称	中国北车集团公司唐山机车车辆厂		
地　　址	河北省唐山市丰润区厂前路 3 号		
成立时间	1881 年	邮　　编	063035
法定代表人	王　润	网　　址	www.tangche.com
电　　话	0315-3241912	传　　真	0315-3241612
E-mail			
主要产品、业务	可生产动力分散型摆式动车组、摆式客车、城市轻轨车，造、修各种铁路机车车辆产品		

单位名称	中铁山桥集团有限公司		
地　　址	河北省秦皇岛市山海关区南海西路 35 号		
成立时间	2001 年 5 月 17 日	邮　　编	066205
法定代表人	吴兆安	网　　址	www.crsbg.com
电　　话	0335-5162807	传　　真	0335-5153089
E-mail	zjw6310@163.com		
主要产品、业务	桥梁钢结构、铁路道岔、工程机械、制造及销售，钢结构工程安装、起重机械设备制造和安装，进出口业务		

单位名称	河北保定天鹅化纤集团有限公司		
地　　址	河北省保定市纸厂路 1 号		
成立时间	1957 年	邮　　编	071055
法定代表人	佟维力	网　　址	www.bd-swan.com
电　　话	0312-3136736	传　　真	0312-3137013
E-mail			
主要产品、业务	公司主导产品“天鹅”牌粘胶长丝品种多、质量好，是中国驰名商标，公司生产粘胶长丝、涤纶长丝和氨纶长丝，生产能力 26500 吨 / 年，其它产品有纸箱、化纤机配件、节能电锭等生产经营业务		

单位名称	河北宣化工程机械集团有限公司		
地　　址	河北省宣化东升路 21 号		
成立时间	1950 年	邮　　编	075105
法定代表人	王建军	网　　址	
电　　话	0313-3012255	传　　真	0313-3013941
E-mail			
主要产品、业务	TY120 液力推土机、T140 系列推土机、T165 系列推土机、SD7、SD8 高驱动推土机、SD4D 推土机、ZL30E、50B、60F 轮式装载机		

单位名称	河北冀衡集团有限公司		
地　　址	河北省衡水市北大街 58 号		
成立时间	1968 年 12 月	邮　　编	053000
法定代表人	肖秋生	网　　址	www.jihenggroup.com
电　　话	0318-2123752	传　　真	0318-2127915
E-mail			
主要产品、业务	二氯异氰尿酸钠、三氯异氰尿酸、过硫酸盐，化学原料药安乃近、氨基比林、扑热息痛等国内、国际业务		

单位名称	河北省井陉矿务局		
地　　址	河北省井陉矿区		
成立时间	1949 年	邮　　编	050100
法定代表人	史忠引	网　　址	
电　　话	0311-2072651	传　　真	0311-2072651
E-mail			
主要产品、业务	主营：原煤、洗精煤 兼营：机械制造、亚销酸钠、焦炭、水泥、钻井、印刷、化工		

单位名称	邯郸第二棉纺织有限公司		
地　　址	河北省邯郸市联纺路16号		
成立时间	1958年	邮　　编	056024
法定代表人	何学才	网　　址	www.emgs.com.cn
电　　话	0310-3276298	传　　真	0310-3276088
E-mail			
主要产品、业务	各种纯棉、化纤、纯纺、混纺纱线，各种规格布色纺纱、毛纺纱、新原料新产品		

单位名称	宣化钟楼啤酒集团有限公司		
地　　址	河北省宣化区东站街29号		
成立时间	1996年3月	邮　　编	075100
法定代表人	郭进聪	网　　址	www.zl-beer.com
电　　话	0313-3066709	传　　真	0313-3066709
E-mail			
主要产品、业务	“钟楼”牌啤酒		

单位名称	河北辛集化工集团有限责任公司		
地　　址	河北省辛集市化工路45号		
成立时间	1947年3月	邮　　编	052360
法定代表人	李占远	网　　址	www.xinjichemicl.com
电　　话	0311-3290020	传　　真	0311-3290022
E-mail			
主要产品、业务	生产销售工业碳酸钡、硫酸钡、硝酸钡、碳酸锶、硫磺、硫化钠、碳酸氢铵、硫脲等产品		

单位名称	中国石化沧州炼油厂		
地　　址	河北省沧州市		
成立时间	1971年4月	邮　　编	061000
法定代表人	黄焯明	网　　址	
电　　话	0317-3552247	传　　真	0317-3552688
E-mail			
主要产品、业务	汽油、柴油、熔剂油、沥青、石油焦、硫磺、聚丙稀、石油液化气、二甲基亚砜		

单位名称	邯郸矿业集团有限责任公司		
地　　址	河北省邯郸市中华北大街56号		
成立时间	2002年12月30日	邮　　编	056002
法定代表人	王社平	网　　址	
电　　话	0310-7758114	传　　真	0310-3211133
E-mail			
主要产品、业务	煤炭生产，主要品种有块煤、精粒煤、末煤，另外还有生铁、水泥、玻纤、发电		

单位名称	中船重工集团公司山海关船厂		
地　　址	河北省秦皇岛市经济技术开发区东区船厂路1号		
成立时间	1972年	邮　　编	066206
法定代表人	康宝柱	网　　址	www.shgshipyard.com
电　　话	0335-5081225	传　　真	0335-5081140
E-mail			
主要产品、业务	主要经营船舶修理、改装、制造、折解，海洋石油工程设备制造、维修、港口机械、钢结构制造、船舶备件供应等		

单位名称	张家口煤矿机械有限公司		
地　　址	河北省张家口市工业路 6 号		
成立时间	2000 年 5 月	邮　　编	075025
法定代表人	郭东林	网　　址	www.zmj.com.cn
电　　话	0313-2056356	传　　真	0313-2012759
E-mail			
主要产品、业务	煤矿采煤工作面刮板输送机、转载机、破碎机、刨煤机等成套设备，并向选矿、环保、电力、水泥、制药等行业提供铸石刮板机、料液搅拌机、风力发电设备、皮带输送机、捞渣机、固液分离压滤机等产品		

单位名称	河北太行水泥股份有限公司		
地　　址	河北省邯郸市峰峰矿区建国路 2 号		
成立时间	1993 年	邮　　编	056200
法定代表人	王里顺	网　　址	
电　　话	0310-50620114	传　　真	0310-5015761
E-mail	www.taihangcnbmb.com		
主要产品、业务	主要产品：P.O 425 尺 P.O 32.5R P.S 32.5 主要业务：水泥、料生产销售		

单位名称	石家庄化肥集团有限责任公司		
地　　址	河北省石家庄市丰收路 65 号		
成立时间	1957 年	邮　　编	050041
法定代表人	尹风林	网　　址	
电　　话	0311-5991900	传　　真	0311-5991887
E-mail			
主要产品、业务	尿素、硝酸铵、纯碱、甲醇、硝酸钠、亚硝酸钠等产品，销往全国全省和十余个国家		

单位名称	邯郸第三棉纺织有限公司		
地　　址	河北省邯郸市联纺路 20 号		
成立时间	1958 年	邮　　编	056025
法定代表人	薛汉波	网　　址	www.hdsmgs.com
电　　话	0310-3276666	传　　真	0310-3276568
E-mail			
主要产品、业务	府绸、防羽、弹力、线绢、灯芯绒、特宽幅装饰布，纺织品制造、设备进出口，棉花收购、加工		

单位名称	风帆股份有限公司		
地　　址	河北省保定市富马路 8 号		
成立时间	1958 年	邮　　编	071057
法定代表人	陈孟礼	网　　址	www.sail.com.cn
电　　话	0312-3208355	传　　真	0312-3208338
E-mail	3208335@163.com		
主要产品、业务	铅酸蓄电池全系列		

单位名称	保定依棉集团有限公司		
地　　址	河北省保定市东风西路 32 号		
成立时间	1958 年	邮　　编	071051
法定代表人	汪利娟	网　　址	www.yimian.com
电　　话	0312-3099318	传　　真	0312-3099079
E-mail			
主要产品、业务	纱、坯布、面料、服装，出口到世界二十多个国家和地区		

单位名称	河北宝硕集团有限公司		
地　　址	河北省保定市向阳南大街117号		
成立时间	1993年9月6日	邮　　编	071051
法定代表人	周　山	网　　址	www.baoshuo.com.cn
电　　话	0312-3209687	传　　真	0312-3209655
E-mail			
主要产品、业务	主要从事塑料制品加工和基础化工的大型综合性企业集团，主要有宝硕牌大口径PVC、PE管材管件、PVC型材及塑料门窗.BOPP包装膜等产品		

单位名称	保定金风帆蓄电池有限公司		
地　　址	河北省保定富昌路8号		
成立时间	1958年	邮　　编	071057
法定代表人	陈孟礼	网　　址	www.sail.com.cn
电　　话	0312-3208555	传　　真	0312-3208572
E-mail			
主要产品、业务	汽车起动用蓄电池、船用蓄电池、工业用蓄电池		

单位名称	神威药业有限公司		
地　　址	河北省石家庄市栾城		
成立时间	1992年	邮　　编	051430
法定代表人	李振江	网　　址	www.shineway.com
电　　话	0311-88030066	传　　真	0311-88030088
E-mail	info@shineway.com		
主要产品、业务	现代中药制造，五福心脑康软胶囊、参麦注射液、清开灵注射液等		

单位名称	唐山宝业集团		
地　　址	河北省唐山市开平区半壁店村西		
成立时间	2000年4月	邮　　编	063021
法定代表人	韩文臣	网　　址	www.baoye.com.cn
电　　话	0315-3389659	传　　真	0315-3389636
E-mail			
主要产品、业务	主要产品有带钢、螺纹钢，其中带钢产品有三大系列二十余品种，螺纹钢直经φ12-32十一种规格		

单位名称	邢台机械轧辊（集团）有限公司		
地　　址	河北省邢台市新兴西路1号		
成立时间	1958年	邮　　编	054025
法定代表人	赵建鹏	网　　址	www.xt-zhagun.com
电　　话	0319-2116090	传　　真	0319-2022061
E-mail			
主要产品、业务	主营冶金轧辊、冶金、设备制造		

单位名称	唐山松汀钢铁有限公司		
地　　址	河北省迁安市木厂口镇		
成立时间	1969年	邮　　编	064415
法定代表人	孙瑞红	网　　址	
电　　话	0315-7055248	传　　真	0315-7055248
E-mail			
主要产品、业务	钢坯		

单位名称	河北滦河集团		
地　　址	河北省唐山市开平区新城道口		
成立时间	2001年7月	邮　　编	063021
法定代表人	姚小东	网　　址	www.Luanhejt.com
电　　话	0315-3382212	传　　真	0315-3382172
E-mail	ptxinxi@163.com		
主要产品、业务	带钢、焊管、护档板、塑钢		

单位名称	河北兴泰发电有限责任公司		
地　　址	河北省邢台市电厂路1号		
成立时间	1998年6月29日	邮　　编	056000
法定代表人	单群英	网　　址	
电　　话	0319-2092228	传　　真	0319-2092235
E-mail			
主要产品、业务	电力		

单位名称	新兴铸管股份有限公司		
地　　址	河北省武安市新兴铸管工业区		
成立时间	1997年5月24日	邮　　编	056308
法定代表人	刘明忠	网　　址	www.xinxing-pipes.com
电　　话	0310-4041425	传　　真	0310-5796999
E-mail	xx2672@163.com		
主要产品、业务	离心球墨铸铁管及配套管件，螺纹钢、圆钢、钢塑复合管铸造及机械设备、压力容器等		

单位名称	邢台方圆纺织印染集团有限公司		
地　　址	河北省邢州北路283号		
成立时间	1969年	邮　　编	054008
法定代表人	宋希田	网　　址	www.cnfangyuantex.com
电　　话	0319-3895026	传　　真	0319-3895022
E-mail			
主要产品、业务	棉纱、绵布、装饰布、床上用品		

单位名称	河北省南堡盐场		
地　　址	河北省唐山市南堡开发区		
成立时间	1956年3月	邮　　编	063305
法定代表人	宋辰良	网　　址	
电　　话	0315-8327815	传　　真	0315-8515154
E-mail			
主要产品、业务	原盐、工业溴、氯化钾、氯化镁（商标为海湾牌）产品的生产经销		

单位名称	德龙钢铁有限公司		
地　　址	河北省邢台县南石门镇		
成立时间	2000年4月	邮　　编	054009
法定代表人	丁立国	网　　址	www.delongsteel.com
电　　话	0319-2826004	传　　真	0319-2826014
E-mail			
主要产品、业务	产品覆盖了厚度1.5mm-14mm，宽度350mm-750mm各种规格的中厚宽带钢		

单位名称	戴卡轮毂制造有限公司		
地　　址	河北省秦皇岛市北环路95号		
成立时间	1988年	邮　　编	066000
法定代表人	张　旭	网　　址	www.dicastal.com
电　　话	0335-3016313	传　　真	0335-3016532
E-mail	office@dicastal.com		
主要产品、业务	生产低压铸造和锻造高级铝合金车轮		

单位名称	中国－阿拉伯化肥有限公司		
地　　址	河北省秦皇岛市建设大街东段		
成立时间	1985年6月	邮　　编	066003
法定代表人	陈力华	网　　址	www.sacf.com
电　　话	0335-3161114	传　　真	0335-3161301
E-mail	info@sacf.com		
主要产品、业务	生产销售“撒可富”牌氮磷钾高浓度系列复合肥		

单位名称	中国第二十二冶金建设公司		
地　　址	河北省唐山市丰润区幸福道16号		
成立时间	1978年2月	邮　　编	063030
法定代表人	王秀峰	网　　址	www.22mcc.com
电　　话	0315-3220066	传　　真	0315-3241178
E-mail	china22mcc@126.com		
主要产品、业务	工业与民用建筑工程，包括房屋建筑工程、冶炼工程、钢结构工程、机电设备安装工程、炉窑工程、管道工程、市政设施等项目		

单位名称	长城汽车股份有限公司		
地　　址	河北省保定市朝阳南大街2266号		
成立时间	1984年	邮　　编	071000
法定代表人	魏建军	网　　址	www.gwn.com.cn
电　　话	0312-2192868 0312-2192888	传　　真	0312-2197600
E-mail	news@gwm.com.cn		
主要产品、业务	皮卡系列：迪尔、赛铃、赛酷，柴油机汽油机 SUV 系列：赛弗、赛影、赛骏 CUV 系列：哈弗两驱、四驱		

单位名称	邯邢冶金矿山管理局		
地　　址	河北省邯郸市中华北大街56号		
成立时间	1951年7月	邮　　编	056032
法定代表人	王清堂	网　　址	www.hxksj.com
电　　话	0310-6286411 0310-6286416	传　　真	0310-3023392
E-mail	hxks@hxks.com		
主要产品、业务	主要经营铁矿石采掘和铁精矿磨选，主产品为高品位优质铁精矿		

单位名称	承德钢铁集团有限公司		
地　　址	河北省承德市双滦区滦河镇		
成立时间	1954年10月1日	邮　　编	067002
法定代表人	常　建	网　　址	www.cdsteel.com.cn
电　　话	0314-4074655	传　　真	0314-4314947
E-mail			
主要产品、业务	钒产品：V205、50钒铁、80钒铁等 钛产品：高品位钛精矿等 含钒钛低（微）合金钢材：螺纹钢筋、圆钢、带钢等		

单位名称	唐山惠达陶瓷(集团)股份有限公司		
地　　址	河北省唐山市丰南区惠达陶瓷城		
成立时间	1982年	邮　　编	063307
法定代表人	王惠文	网　　址	www.huidgroup.com
电　　话	0315-8522541 0315-8523618	传　　真	0315-8522827
E-mail	huida@heinfo.net		
主要产品、业务	产品已形成中高档200多个品种，并逐步形成了卫生陶瓷、墙地砖、塑料配件、压克力浴缸等多元化、多系列、多品种、全配套生产经营格局的全国大型陶瓷企业集团		

单位名称	秦皇岛北方玻璃集团有限公司		
地　　址	河北省秦皇岛市海港区先锋路1号		
成立时间	1996年12月	邮　　编	066000
法定代表人	滕福泉	网　　址	qhd-float-glass.com
电　　话	0335-3887949	传　　真	0335-3868074
E-mail	qhdbfglt@heinfo.net		
主要产品、业务	生产、销售各种规格厚度颜色浮法玻璃、镀膜玻璃、压型玻璃制品		

单位名称	大同煤矿集团有限责任公司		
地　　址	山西省大同市		
成立时间	2000年7月	邮　　编	037003
法定代表人	彭建勋	网　　址	www.dtcoalmine.com
电　　话	0352-7013080	传　　真	0352-7012488
E-mail			
主要产品、业务	以煤炭电力为主导，煤化工、机械制造、建筑、建材为支撑的大型煤炭企业		

单位名称	太钢集团临汾钢铁有限公司 山西新临钢钢铁有限公司		
地　　址	山西省临汾市桥东街3号		
成立时间	1998年10月	邮　　编	041000
法定代表人	陈川平	网　　址	www.sxlg.com.cn
电　　话	0357-3092313	传　　真	0357-3091234
E-mail			
主要产品、业务	连铸板坯、方坯、铸造生铁、中板、焊管、冶金焦炭及炼焦化学产品等		

单位名称	经纬纺织机械股份有限公司榆次分公司		
地　　址	山西省晋中市榆次区经纬路150号		
成立时间	1995年8月	邮　　编	030601
法定代表人	张　杰	网　　址	www.jwme.com
电　　话	0354-2492010	传　　真	0354-2425428
E-mail			
主要产品、业务	本公司为我国最大的纺织机械制造企业之一，主要生产纺织机械主机及其它配件		

单位名称	山西焦化集团有限公司		
地　　址	山西省洪洞县广胜寺镇		
成立时间	1969年7月	邮　　编	041606
法定代表人	潘得国	网　　址	www.sxjh.com.cn
电　　话	0357-6626383	传　　真	0357-6625444
E-mail			
主要产品、业务	冶金焦、尿素、合成氨、焦油、沥青、焦化苯、焦化甲苯、焦化二甲苯等40余种，业务范围：本公司生产所需原辅材料、机械设备、技术进口及自产产品和技术出口，承办对外投资、合资、合作及来料加工和补偿贸易等业务		

单位名称	山西杏花村汾酒集团有限责任公司		
地　　址	山西省汾阳市杏花村镇		
成立时间	1949年6月1日	邮　　编	032205
法定代表人	郭双威	网　　址	www.fenjiu.com.cn
电　　话	0358-7229026	传　　真	0358-7229026
E-mail			
主要产品、业务	以生产经营中国名酒——汾酒、竹叶青酒及葡萄酒、啤酒等酒类产品，酒类生物技术的研究、开发、转让及投资管理		

单位名称	太原重型机械集团有限公司		
地　　址	山西省太原市万柏林区玉河街53号		
成立时间	1950年10月	邮　　编	030024
法定代表人	高志俊	网　　址	www.tz.com.cn
电　　话	0351-6364198	传　　真	0351-6360527
E-mail			
主要产品、业务	起重机、挖掘、轧钢、锻压、煤焦设备，油膜轴承，火车轮/轴，航天发射装置，铸锻件		

单位名称	天脊煤化集团有限公司		
地　　址	山西省潞城市中华东大街		
成立时间	李中华	邮　　编	047507
法定代表人		网　　址	
电　　话	0355-6898259	传　　真	0355-6763015
E-mail			
主要产品、业务	硝酸磷肥、硝铵、水泥、尿素、塑编产品，甲醇、苯胺、液态二氧化碳，农用硝酸钙、水处理剂		

单位名称	太原化学工业集团有限公司		
地　　址	山西省太原市义井东街54号		
成立时间	1992年9月	邮　　编	030021
法定代表人	魏　功	网　　址	www.tyhg.com.cn
电　　话	0351-6078893	传　　真	0351-6070565
E-mail			
主要产品、业务	公司主要从事煤化工、无机化工、有机化工、精细化工、生物化工、城市煤气、润滑油脂、油漆涂料、贵金属催化剂、污水处理及回用等产业，主要产品有聚氯乙烯、烧碱、焦炭、甲醇、合成氨、工业硝铵、已二酸、环已酮、浓硝酸氯乙酸、糠醇、铂网、橡胶助剂等		

单位名称	南风化工集团		
地　　址	山西省城市解放路294号		
成立时间	1996年	邮　　编	044000
法定代表人	张文成	网　　址	www.nafine.com
电　　话	0359-8967022	传　　真	0359-2023302
E-mail			
主要产品、业务	主要从事日化（奇强系列）、化工、制版、制药等业务		

单位名称	山西兰花煤炭实业集团有限公司		
地　　址	山西省晋城市凤台东街2288号		
成立时间	1997年9月	邮　　编	048000
法定代表人	贺贵元	网　　址	www.chinalanhua.com
电　　话	0356-2189501	传　　真	0356-2189500
E-mail	lanhua@chinalanhua.com		
主要产品、业务	山西兰花煤炭实业集团有限公司是一个以煤化工为主导，集生物制药、机械制造、旅游开发等多元产业为一体的国家大型一类企业		

单位名称	晋西机器工业集团有限责任公司		
地　　址	山西省太原和平北路北巷5号		
成立时间	2000年12月27日	邮　　编	030027
法定代表人	牛建国	网　　址	www.jxgc.com
电　　话	0351-6628818	传　　真	0351-6260583
E-mail			
主要产品、业务	主要产品有铁路车轴、铁路车辆、液氯液氨钢瓶、石油钻具接头、汽车塑料配件、新型建材等六大系列		

单位名称	太原钢铁（集团）有限公司		
地　　址	山西省太原市尖草坪2号		
成立时间	1934年	邮　　编	030003
法定代表人	陈川平	网　　址	www.tisco.com.cn
电　　话	0351-3012615	传　　真	0351-3134170
E-mail			
主要产品、业务	不锈钢板、管、线材系列产品，不锈钢复合板，冷轧无取向硅钢，电磁纯铁，模具钢，车轴钢，军工钢等产品		

单位名称	双喜轮胎工业股份有限公司		
地　　址	山西省太原市建设南路亲贤北街3号		
成立时间	1992年5月	邮　　编	030006
法定代表人	陈建东	网　　址	www.dhtyre.com.cn
电　　话	0351-7072521	传　　真	0351-7041234
E-mail			
主要产品、业务	主要生产经营工程、载重、工业、农业、轻卡400余种规格的双喜、中轮等品牌轮胎		

单位名称	山西常平集团有限公司		
地　　址	山西省壶关县常平经济开发区常平村		
成立时间	1991年	邮　　编	047300
法定代表人	陈忠孝	网　　址	www.sxcpjt.com
电　　话	0355-8778215	传　　真	0355-8778215
E-mail			
主要产品、业务	生铁、焦炭、水泥、煤气发电		

单位名称	山西三佳煤化有限公司		
地　　址	山西省介林市三佳乡		
成立时间	1983年	邮　　编	032000
法定代表人	阎吉英	网　　址	www.cnsanjia.com
电　　话	0354-7398069	传　　真	0354-7398168
E-mail			
主要产品、业务	生产和销售冶金焦、铸造焦及旅游业的开发		

单位名称	山西长治钢铁（集团）有限公司		
地　　址	山西省长治市郊区故县东大街9号		
成立时间	1947年5月	邮　　编	046031
法定代表人	党　歌	网　　址	www.changgang.com
电　　话	0355-5088170	传　　真	0355-5085252
E-mail			
主要产品、业务	主要产品：钢筋混凝土用热轧带肋钢筋，热轧碳素结构圆钢、热轧低碳钢圆盘条 主要业务：建筑用钢材、硅酸盐水泥生产和销售		

单位名称	晋城金驹集团		
地　　址	山西省晋城市城区北石店镇		
成立时间	1992年11月	邮　　编	048006
法定代表人	袁宗本	网　　址	
电　　话	0356-3661409	传　　真	0356-3668329
E-mail			
主要产品、业务	建筑陶瓷、金属镁、电力 药品：生物制剂－贝飞达 生化产品：乙－苯丙氨酸、煤炭		

单位名称	山西关铝股份有限公司		
地　　址	山西省运城市解州镇新建路36号		
成立时间	1998年	邮　　编	044001
法定代表人	许复活	网　　址	www.sxglgf.com
电　　话	0359-2825017	传　　真	0359-2800199
E-mail			
主要产品、业务	主要产品有铝、铜、锌三大系列，包括铝锭、铝线材、铝带箔、电磁线、精锌等二十余种产品		

单位名称	山西振兴集团有限公司		
地　　址	山西省河津市奕村镇于涧村		
成立时间	1995年	邮　　编	043300
法定代表人	史跃武	网　　址	www.zhenxingda.com
电　　话	0359-5301001	传　　真	0359-5300576
E-mail			
主要产品、业务	"跃胜"牌铝锭产品两次荣获国际金奖，被中国技术监督情报协会授予"质量过硬服务放心品牌"		

单位名称	太原煤炭气化(集团)有限责任公司		
地　　址	山西省太原市万柏林区和平南路83号		
成立时间	1981年5月	邮　　编	030024
法定代表人	王良彦	网　　址	
电　　话	0351-6019257	传　　真	0351-6019257
E-mail			
主要产品、业务	煤、焦炭、煤气、焦油、粗苯、硫铵、电		

单位名称	长治清华机械厂		
地　　址	山西省长治市清华街		
成立时间	1965年8月	邮　　编	046012
法定代表人	崔延林	网　　址	www.qhm.cn
电　　话	0355-3912181	传　　真	0355-3028007
E-mail			
主要产品、业务	专用车、城市垃圾综合处理设备、立体停车设备、塑钢异型材及多种塑料管材、液压件、焦化成套设备、建筑轻钢结构和电站辅机设备等		

单位名称	山西中阳钢厂		
地　　址	山西省中阳县城北效区		
成立时间	1992年10月1日	邮　　编	033400
法定代表人	袁玉珠	网　　址	
电　　话	0358-5033488	传　　真	0358-5033489
E-mail			
主要产品、业务	主要产品：高速线材、带钢、棒材、螺纹、管材等 兼营：本企业自产产品的出口业务和本企业所需的机械设备零配件，原辅料的进口业务		

单位名称	山西安泰集团股份有限公司		
地　　址	山西省介休市安泰工业区		
成立时间	1983年	邮　　编	032002
法定代表人	李安民	网　　址	www.antaigroup.com
电　　话	0354-7531002	传　　真	0354-7536557
E-mail			
主要产品、业务	生产销售焦炭及副产品、生铁钢材、水泥及制品、碳素制品、煤炭洗选，石灰研采、加工，货物运输，新产品开发，批发零售矿产品、普通机械汽车(除小轿车)、日杂百货、农副产品(除国家专控、易燃易爆品)、		

单位名称	山西丰喜肥业(集团)股份有限公司		
地　　址	山西省运城市黄河大道279号		
成立时间	1998年7月8日	邮　　编	044000
法定代表人	董海水	网　　址	www.Fengxi.com.cn
电　　话	0359-2168106	传　　真	0359-2168126
E-mail			
主要产品、业务	生产销售尿素、碳铵、精细化工产品、化工机械、纯碱、氧化铵、甲醇、硝钠、亚硝酸钠、硝酸、甲醛，经营本企业自产产品的出口业务、货物运输、餐饮服务		

单位名称	经纬纺织机械股份有限公司		
地址	山西省晋中市榆次区经纬路150号		
成立时间	1995年8月	邮编	030601
法定代表人	张杰	网址	
电话	0354-2492010	传真	0354-2425428
E-mail	www.haixin.com.cn		
主要产品、业务	纺织机械主机及专配件，主要产品有环锭纺纱机、转杯纺纱机、剑杆织机、精梳机、高速弹力丝机等，产品畅销全国并远销世界三十多个国家和地区，年均出口2000多万美元		

单位名称	山西海鑫钢铁集团有限公司		
地址	山西省运城市闻喜县东镇		
成立时间	1987年	邮编	043801
法定代表人	李兆会	网址	www.jwme.com
电话	0359-7309000	传真	0359-7302348
E-mail			
主要产品、业务	以钢铁为主业，集焦碳、发电、水泥、房地产、金融、保险为一体，主要产品：高速线材、螺纹钢		

单位名称	山西焦煤集团有限责任公司		
地址	山西省太原市西矿街388号		
成立时间	2001年10月16日	邮编	030053
法定代表人	杜复新	网址	
电话	0351-6125126	传真	0351-6122047
E-mail			
主要产品、业务	主要经营煤炭开采、加工、销售，发供电、焦炭化工等，主要产品有冶炼精煤、喷吹煤、优质动力煤、焦炭等		

单位名称	中国北车集团太原机车车辆厂		
地址	山西省太原市解放北路88号		
成立时间	1898年	邮编	030009
法定代表人	张毅力	网址	www.tyloro.com
电话	0351-2649450 0351-2649207	传真	0351-3047563
E-mail			
主要产品、业务	铁路电力机车检修、铁路工程作业车造修、敞车、罐车、平车、漏斗车系列造修		

单位名称	中国北车集团永济电机厂		
地址	山西省永济市电机大街18号		
成立时间	1969年	邮编	044502
法定代表人	董宇	网址	www.yjemf.com.cn
电话	0359-8075162 0359-8072236	传真	0359-8072626
E-mail	mar@yonge.com.cn		
主要产品、业务	研制生产各型轨道交通车辆和油田钻机，水力发电、冶金等领域的电机、电控装置、电力电子器件的企业		

单位名称	内蒙古第一机械制造（集团）有限公司		
地　　址	内蒙古包头市二号信箱		
成立时间	1954年	邮　　编	014032
法定代表人	徐晓庆	网　　址	www.nmgyj.com
电　　话	0472-3117315	传　　真	0472-3118919
E-mail	scyxb@nmgyj.com		
主要产品、业务	车辆核心业务（包括军品、北方奔驰重型汽车、铁路车辆、专用汽车、工程机械、履带式消防清障车）、车辆零部件专业化业务、车辆相关业务、辅助产业		

单位名称	包头铝业（集团）有限责任公司		
地　　址	内蒙古包头市东河区		
成立时间	1958年	邮　　编	014046
法定代表人	芦　林	网　　址	www.baotou-al.com.cn
电　　话	0472-4149106	传　　真	0472-4149106
E-mail			
主要产品、业务	普通铝锭、各种合金铝、铸造铝合金、电解用炭素制品		

单位名称	内蒙古鄂尔多斯羊绒制品股份有限公司		
地　　址	内蒙古鄂尔多斯市东胜区达拉特南路102号		
成立时间	1995年10月15日	邮　　编	017000
法定代表人	王林祥	网　　址	www.chinaerdos.com
电　　话	0477-8543255	传　　真	0477-8523812
E-mail			
主要产品、业务	生产经营无毛绒、羊绒纱、羊绒衫及相关技术咨询服务，是全世界最大的羊绒制品生产加工基地		

单位名称	中国电力投资集团公司通辽发电总厂		
地　　址	内蒙古通辽市通辽发电总厂		
成立时间	1983年8月	邮　　编	028011
法定代表人	吴润华	网　　址	
电　　话	0475-8292424	传　　真	0475-8293776
E-mail			
主要产品、业务	主营火力发电，兼营蒸汽、热水		

单位名称	内蒙古北方重工业集团有限公司		
地　　址	内蒙古包头市青山区厂前路		
成立时间	1954年	邮　　编	014033
法定代表人	安富荣	网　　址	www.bfzg.com
电　　话	0472-3385026	传　　真	0472-3335641
E-mail			
主要产品、业务	主要有七大系列：1.特殊钢及其深加工产品，大型锻件模具钢、铸管模、超高压钢管等 2.工程机械产品：挖掘机、振动式压路机、旋挖钻机、混凝土拖式泵等 3.煤矿机械产品：矿用液压支架、掘进机等 4.铁路产品：火车轴、火车钩、摇枕侧架等 5.改装车产品：混凝土泵车、混凝土搅拌运输车、城市环卫车 6.非公路重型自卸车产品 7.非标成套设备、轧机螺旋焊管机、金刚石压机等		

单位名称	赤峰制药（集团）有限责任公司		
地　　址	内蒙古赤峰市红山区一东街84号		
成立时间	2001年3月	邮　　编	024001
法定代表人	郑德学	网　　址	www.cfzy.com.cn
电　　话	0476-8220481	传　　真	0476-8220481
E-mail	04768285@163.com		
主要产品、业务	主要产品：灰黄霉素、土霉素、葡萄糖、盐酸土霉素及兽药产品		

单位名称	内蒙古草原兴发股份有限公司		
地　　址	内蒙古赤峰市平庄经济开发区草原兴发大厦		
成立时间	1993年4月	邮　编	024076
法定代表人	张振武	网　址	www.cyxf.com
电　　话	0476-3523855	传　真	0476-3512461
E-mail			
主要产品、业务	羔羊肉、绿鸟鸡、草原牛肉、世界屋脊牛肉、四野杂粮、草原兴发绿食店加盟连锁、草原兴发涮园加盟连锁		

单位名称	内蒙古霍林河煤业集团有限责任公司		
地　　址	内蒙古霍林郭勒市珠斯花大街		
成立时间	1999年5月20日	邮　编	029200
法定代表人	王利民	网　址	www.hcgcl.com.cn
电　　话	0475-2352899	传　真	0475-2352899
E-mail			
主要产品、业务	煤炭、电解铝、软件制作、医药等，涉及十多个产业，具有较强的市场竞争力		

单位名称	内蒙古蒙牛乳业（集团）股份有限公司		
地　　址	内蒙古呼和浩特市赛罕区锡林南路山舟大厦B座4楼		
成立时间	1999年7月	邮　编	010020
法定代表人	牛根生	网　址	www.mengniu.com.cn
电　　话	0471-5921748	传　真	0471-5922220
E-mail			
主要产品、业务	液态奶、冰淇淋，奶粉、奶片		

单位名称	内蒙古包钢钢联股份有限公司		
地　　址	内蒙古自治区包头市昆都仑区钢铁大街85号		
成立时间	1999年6月29日	邮　编	014010
法定代表人	林东鲁	网　址	
电　　话	0472-2105004	传　真	0472-2105006
E-mail			
主要产品、业务	黑色金属及其延压加工产品，冶金机械、设备及配件、汽车货物运输、钢铁生产技术咨询		

单位名称	神华集团乌达矿业有限责任公司		
地　　址	内蒙古乌海市乌达区		
成立时间		邮　编	016040
法定代表人	乔俊杰	网　址	
电　　话	0473-3112027	传　真	0473-3024770
E-mail			
主要产品、业务	经营范围涉及原煤开采、洗精煤、焦炭、电力、建材、化工、冶金、建筑安装、机械制造、交通运输		

单位名称	内蒙古鹿王羊绒集团公司		
地　　址	内蒙古包头市东河区巴彦塔拉大街东桥南		
成立时间	1985年	邮　编	014040
法定代表人	高　丰	网　址	www.king-deer.com
电　　话	0472-4171155	传　真	0472-4172523
E-mail			
主要产品、业务	年加工生产无毛山羊绒1000吨，澳普蒂姆纤维2000吨，山羊绒衫300万件，澳普蒂姆绒衫200万件，产品80%销往国际市场		

单位名称	内蒙古伊利实业集团股份有限公司		
地 址	内蒙古呼和浩特市金川开发区金四道8号		
成立时间	1993年6月4日	邮 编	010080
法定代表人	郑俊怀	网 址	www.yili.com
电 话		传 真	0471-3601615
E-mail			
主要产品、业务	乳制品制造、食品饮料加工、农畜产品及饲料加工 主要产品有:"伊利"牌雪糕、冰淇淋、奶粉、奶茶粉、超高温无菌奶系列饮品		

单位名称	扎赉诺尔煤业有限责任公司		
地 址	内蒙古满洲里市扎赉诺尔区育林街17号		
成立时间	1999年7月	邮 编	021410
法定代表人	杨德敏	网 址	
电 话	0470-6562001	传 真	0470-6536258
E-mail			
主要产品、业务	主要产品：低硫、低灰、低磷的优质褐煤 主要业务：煤炭生产、机械加工制造		

单位名称	内蒙古三维资源集团有限公司		
地 址	内蒙古鄂尔多斯市准格尔南路9号		
成立时间	2000年8月	邮 编	017000
法定代表人	樊三维	网 址	
电 话	0477-8348977	传 真	0477-8330235
E-mail	weiqiongqiong@vip.sina.com		
主要产品、业务	主要生产硅铁、硅锰、金属镁等产品，并全部出口到日本、韩国、美洲、欧洲及中东等地		

单位名称	包头铝业(集团)有限责任公司		
地 址	内蒙古包头市东河区		
成立时间	2001年	邮 编	014046
法定代表人	芦 林	网 址	www.baotou-al.com
电 话	0472-4149999	传 真	0472-4192248
E-mail	office@baotaou-al.com		
主要产品、业务	主要生产"包铝"、"BTL"牌重熔用铝锭、稀土铝应用合金、6063合金棒、A356合金、稀土电工圆铝杆、铸造铝合金、大板锭以及各种铝电解用炭素制品等。 1995年"包铝"牌重熔铝锭获自治区名牌产品称号，2003年"BTL"商标获自治区著名商标称号，2004年铸造铝合金锭获自治区用户满意产品称号。产品行销全国各地，并出口中东、日本、韩国、菲律宾、泰国、澳大利亚、加拿大、美国等国家。		

单位名称	内蒙古铁骑纺织有限责任公司		
地 址	内蒙古呼和浩特兴安南路289号		
成立时间	1969年	邮 编	010010
法定代表人	张明华	网 址	www.tqfzchina.com
电 话	0471-4313399-101	传 真	0471-4313090
E-mail	cavalry@tqfzchina.com		
主要产品、业务	生产经营：棉、毛、化纤、仿毛类中长、短纤纱、线、服装主辅料、粗精纺羊绒纱、线;梭针织、羊绒、毛围巾、披肩、衫、裤、毯等;国内纤商贸业务		

单位名称	内蒙古河套酒业集团股份有限公司		
地 址	内蒙古杭锦后旗陕坝镇		
成立时间	1997年	邮 编	015400
法定代表人	张庆义	网 址	www.hetaogroup.com
电 话	0478-6627038	传 真	0478-6629999
E-mail	HT1952@sina.com		
主要产品、业务	本公司是内蒙古酿酒行业的龙头企业，中国白酒工业经济效益十佳企业，[河套]商标是中国驰名商标，主导产品是河套老窖、河套王酒		

单位名称	包头明天科技股份有限公司		
地　　址	内蒙古赤包头稀土高新技术产业开发区曙光路22号		
成立时间	1997年6月	邮　编	014030
法定代表人	程东胜	网　址	www.tomotech.com
电　　话	0472-2207111	传　真	0472-2207031
E-mail	zcbxxy@tomotech.com		
主要产品、业务	烧碱、聚氯乙烯树脂、硫酸、盐酸、苯酚、氢氟酸、氟化盐产品、液氮、电石		

单位名称	沈阳重型机械集团有限责任公司		
地　　址	沈阳市铁西区兴华北街8号		
成立时间	1996年12月24日	邮　　编	110025
法定代表人	王铁锋	网　　址	www.china-sz.com
电　　话	024-25802815	传　　真	024-25851610
E-mail	jtb@china-sz.com		
主要产品、业务	电站、矿山、水泥、冶金、轧钢、锻压、人造板、隧道掘进、环保、军工、大型铸锻件等产品		

单位名称	一汽解放汽车有限公司大连柴油机分公司		
地　　址	辽宁省大连市沙河口区东北路49号		
成立时间	1951年	邮　　编	116021
法定代表人	姚景超	网　　址	www.fawdldiesel.com.cn
电　　话	0411-83631993	传　　真	0411-83632495
E-mail			
主要产品、业务	轻、中、重三大系列、CA4D32、CA4DS2、CA6DE、CA6DF及DEUT2（道依茨）五大产品平台		

单位名称	金杯汽车股份有限公司		
地　　址	辽宁省沈阳市高新技术产业开发区浑南产业区世纪路1号		
成立时间	1988年	邮　　编	110179
法定代表人	何国华	网　　址	
电　　话	23745230	传　　真	23745250
E-mail			
主要产品、业务	生产海狮系列轻型客车、中华系列轿车、轻型卡车、皮卡车，汽车零部件产品		

单位名称	大连大显集团有限公司		
地　　址	辽宁省大连市双口港口辽河东路2号光通信大楼		
成立时间	1995年	邮　　编	116620
法定代表人	刘秉强	网　　址	www.daxian.net
电　　话	0411-7407788	传　　真	0411-7407788
E-mail			
主要产品、业务	电子元器件制造业、移动通信产品制造、电视机制造业等		

单位名称	东北电网有限公司		
地　　址	辽宁省沈阳市和平区宁波路18号		
成立时间	2003年9月25日	邮　　编	110006
法定代表人	刘　忱	网　　址	
电　　话	024-23115555	传　　真	024-23116168
E-mail			
主要产品、业务	电力输配和购销业务，发电业务，电力交易和调度，实业投资及经营管理，电力通讯、通信、环保及电力科学研究、技术开发、咨询服务		

单位名称	北台钢铁（集团）有限责任公司		
地　　址	辽宁省本溪市明山区环山路36号		
成立时间	1971年	邮　　编	117022
法定代表人	杨新华	网　　址	www.chinabeitai.com
电　　话	0414-4868855	传　　真	0414-4843613
E-mail			
主要产品、业务	棒线材、中宽带钢、尿素、重型汽车、球墨铸铁、钢管		

单位名称	辽宁忠旺集团		
地　　址	辽宁省辽阳市文圣路 299 号		
成立时间	1989 年 10 月	邮　　编	111003
法定代表人	刘忠田	网　　址	www.lnzhongwang.com
电　　话	0419-4151555	传　　真	0419-4152332
E-mail			
主要产品、业务	以铝型材生产为主，兼营塑料型材、塑编、模具、化工及铝、塑门窗的制作及安装等		

单位名称	鞍钢附属企业公司		
地　　址	辽宁鞍山胜利北路 3 号		
成立时间	1981 年	邮　　编	114031
法定代表人	韩禹	网　　址	www.agfq.net
电　　话	0412-6333200	传　　真	0412-6333237
E-mail	astxdlll@163.com		
主要产品、业务			

单位名称	葫芦岛有色金属集团有限公司		
地　　址	辽宁省葫芦岛市龙港区锌厂路 24 号		
成立时间	2002 年 11 月 15 日	邮　　编	125003
法定代表人	侯宝泉	网　　址	www.huludaozinc.com
电　　话	0429-2102841	传　　真	0429-2096058
E-mail			
主要产品、业务	经销有色金属矿产品，有色金属及深加工产品、副产品、综合利用产品，黑色金属 主要产品：精锌、电解锌、电解铜、硫酸、碳化硅制品、有色金属高纯产品等		

单位名称	大连机床集团有限责任公司		
地　　址	辽宁省大连市沙河区口鞍山路 38 号		
成立时间	1995 年 11 月	邮　　编	116022
法定代表人	陈永开	网　　址	www.dmtg.com.cn
电　　话	0411-3633790	传　　真	0411-3631305
E-mail			
主要产品、业务	主要产品：1.组合机床及柔性制造系统　2.加工中心　3.数控机床　4.高速精密车床　5.机床附件、汽车动力总成及传动部件 业务范围：机床制造与销售，机床零部件，机床安装维修，机床设计与咨询服务，进出口业务、承办中外合资经营，合作生产业务，承办来料加工		

单位名称	瓦房店轴承集团有限责任公司		
地　　址	辽宁省瓦房店市北共济街一段 1 号		
成立时间	1995 年 10 月	邮　　编	116300
法定代表人	王路顺	网　　址	www.zwz-bearing.com
电　　话	0411-5500797	传　　真	0411-5500585
E-mail			
主要产品、业务	主要产品：工业轴承、等速万向节和高精密滚珠丝杠 主要业务：生产制造和销售		

单位名称	抚顺矿业集团有限责任公司		
地　　址	辽宁省抚顺市中央大街 25 号		
成立时间	2001 年 9 月	邮　　编	113008
法定代表人	尹　亮	网　　址	www.fkjt.com.cn
电　　话	0413-2533889	传　　真	0413-2538463
E-mail			
主要产品、业务	公司主要生产气煤和长焰煤，分别为优质配焦煤和工业动力煤，生产油母页岩富矿，加工制造机械配件、专用设备，大修、新制电机车和准轨车辆，生产页岩原油、火工产品、木材和承揽大型工、民建筑施工，还经营电铁运输、转供电、供暖、通讯等项目		

单位名称	中国石油辽河油田分公司		
地　　址	辽宁省盘锦市兴隆台区石油大街90号		
成立时间	1999年12月29日	邮　　编	124010
法定代表人	谢文彦	网　　址	www.lhyt.petrochina/
电　　话	0427-7298292	传　　真	0427-7298296
E-mail	xiachuy@petrochina.com.cn		
主要产品、业务	石油、天然气勘探开发与销售		

单位名称	沈阳黎明航空发动机（集团）有限责任公司		
地　　址	辽宁省沈阳市大东区东塔街6号		
成立时间	1954年3月31日	邮　　编	110043
法定代表人	姜　伟	网　　址	www.lmaeg.com.cn
电　　话	024-24325621	传　　真	024-24830012
E-mail			
主要产品、业务	航空发动机、燃气轮机以及零部件、航空转包零部件、沉轮增压器系列产品		

单位名称	锦州东港电力有限公司		
地　　址	辽宁省锦州市太和区兴隆南里87号		
成立时间	1997年	邮　　编	121006
法定代表人	陈晓颖	网　　址	16.160.72.248
电　　话	0416-2522222	传　　真	0416-4129921
E-mail			
主要产品、业务	6台200MW火电机组的电力生产、销售、粉煤灰综合利用等		

单位名称	海城市后英经贸集团有限公司		
地　　址	辽宁省海城市英落镇后英村		
成立时间	1984年5月18日	邮　　编	114213
法定代表人	何著胜	网　　址	www.houyingref.com
电　　话	0412-3277056	传　　真	0412-3277166
E-mail			
主要产品、业务	镁质系列耐火材料制品一百万吨 大豆深加工系列产品一百万吨		

单位名称	抚顺新抚钢有限责任公司		
地　　址	辽宁省抚顺沈抚路南线18号		
成立时间	1958年	邮　　编	113001
法定代表人	王　宁	网　　址	
电　　话	0413-6699980	传　　真	0413-6691781
E-mail			
主要产品、业务	螺纹钢、针钢、线材、官带钢、优质型钢、圆钢、管坯、弹簧扁钢等主导产品，钢铁冶炼、机械配件等		

单位名称	大连新船重工有限责任公司		
地　　址	辽宁省大连市西岗区海防街1号		
成立时间	1990年8月18日	邮　　编	116021
法定代表人	孙　波	网　　址	www.dns-shipbuilding.com
电　　话	0411-4482888	传　　真	0411-4417540
E-mail			
主要产品、业务	可按10多个国家船级社规范和国际公约建造、修理30万吨级以下各种船舶，建造海洋工程产品及多种船用、陆用机械设备、高层建筑和桥梁钢结构等 主要产品：30万吨原油轮、5668TEU集装箱船、11万吨成品油轮、23万吨FPSO浮式生产储油轮、BINGO9000半潜式钻井平台等		

单位名称	中国石油大连石油化工公司		
地　　址	辽宁省大连市甘井子区山中街1号		
成立时间	1983年	邮　　编	116032
法定代表人	马平凡	网　　址	
电　　话	0411-6671353	传　　真	0411-6671415
E-mail	www.dloil.com		
主要产品、业务	港口物流、油气中转、工程技术服务、塑料深加工、海水淡化等业务		

单位名称	中国北车集团沈阳机车车辆有限责任公司		
地　　址	中国辽宁省沈阳市皇姑区昆山西路75号		
成立时间	1925年	邮　　编	110035
法定代表人	苗黄胜	网　　址	www.shenche.com
电　　话	024-62053865	传　　真	024-86408730
E-mail	shenche@shenche.com		
主要产品、业务	C70型敞车、GQ70型罐车等70吨级新型货车系列产品及T11BK型提速长轨车、L18粮食车等特种车辆制造，铁路干线敞车、罐车、平车及特种车辆检修、东风型系列内燃机车检修、生产RE2D车轴、120阀货车空重车、自动调整装备等配件		

单位名称	西洋集团		
地　　址	辽宁省海城市英落镇西洋大厦		
成立时间	1988年8月	邮　　编	114213
法定代表人	周福仁	网　　址	www.xiyanggroup.com
电　　话	0412-3276666	传　　真	0412-3277060
E-mail			
主要产品、业务	以耐火材料、肥料、钢铁、铝业、贸易为五大支柱产业		

单位名称	大杨集团有限责任公司		
地　　址	辽宁省大连经济技术开发区哈尔滨路23号		
成立时间	1979年9月	邮　　编	116600
法定代表人	李桂莲	网　　址	www.dayang.net
电　　话	0411-7612800	传　　真	0411-7612800
E-mail			
主要产品、业务	西服、风衣、男女时装、职业装、学生服、运动服等20多个系列，出口30多个国家和地区，年生产加工能力1000万件/套。		

单位名称	沈阳化工股份有限公司		
地　　址	辽宁省沈阳市铁西区卫工北街46号		
成立时间	1938年6月	邮　　编	110026
法定代表人	何献俊	网　　址	www.sychem.com
电　　话	024-25558888	传　　真	024-25827733
E-mail			
主要产品、业务	烧碱、液氯、盐酸、糊状聚氯乙烯、氯化石蜡、气相法二氧化硅等		

单位名称	辽宁庆阳化工（集团）有限公司		
地　　址	辽宁省辽阳市东京陵		
成立时间	1937年	邮　　编	111002
法定代表人	程起忠	网　　址	www.qycc.com
电　　话	0419-3181758	传　　真	0419-3160516
E-mail			
主要产品、业务	大型综合企业集团，亚洲最大特种化工生产企业，近200个产品品种		

单位名称	凌源钢铁集团有限责任公司		
地址	辽宁省凌源市钢铁路3号		
成立时间	1966年	邮编	122500
法定代表人	高益荣	网址	www.lgjt.com.cn
电话	0421-6838003	传真	0421-6830436
E-mail	Lingyuangangtie@126.com		
主要产品、业务	黑色金属及副产品采选、冶炼、加工、销售，机械加工、电力、运输、冶金设计、安装、劳务及第三产业开发，自产生铁、钢坯、钢材、焦化产品出口		

单位名称	东北特殊钢集团有限责任公司		
地址	辽宁省大连市甘井子区工兴路4号		
成立时间	2004年5月18日	邮编	116031
法定代表人	赵明远	网址	www.dtgroup.cn
电话	0411-86672112（总机）	传真	0411-86671467（董事长办公室）
E-mail	sales@dtsteel.com		
主要产品、业务	主要生产经营特殊钢，主导产品是不锈钢、轴承钢、汽车用钢、工模具钢、特种合金		

单位名称	沈阳特变中型变压器有限公司		
地址	辽宁省沈阳市于洪区洪湖北街902号		
成立时间	2000年	邮编	110141
法定代表人	李沈宁	网址	www.sytbbyq.com
电话	024-25851211	传真	024-25314481
E-mail			
主要产品、业务	变压器、互迁器电抗器等30多个品种		

单位名称	大连市自来水集团有限公司		
地址	大连市西岗区高尔基路42号		
成立时间	1879年11月9日	邮编	116011
法定代表人	姜雄城	网址	
电话	0411-83644644	传真	0411-83633305
E-mail			
主要产品、业务	城市供水、水工程勘察设计、工程施工、水表制造		

单位名称	锦州铁合金（集团）有限责任公司		
地址	辽宁省锦州市太和区合金里59号		
成立时间	1997年12月18日	邮编	121005
法定代表人	齐　牧	网址	www.jzthj.com.cn
电话	0416-7183173	传真	0416-7184168
E-mail			
主要产品、业务	铁合金、化工、有色产品生产和经营 主要产品：金属铬、中碳锰铁、硅锰铝、海绵锆等		

单位名称	海城市峰驰耐火材料总公司		
地址	辽宁省海城市马风镇工业区		
成立时间	1999年6月	邮编	114204
法定代表人	高德忠	网址	www.fengchi.com.cn
电话	0412-3264145	传真	0412-3264209
E-mail			
主要产品、业务	主要生产镁碳砖、烧成砖、重烧镁砂、轻烧镁砂、中档镁砂、铝镁碳砖、镁石等		

单位名称	大连染料化工有限公司		
地　　址	辽宁省大连市甘井子区振兴路 188 号		
成立时间	1999 年 4 月	邮　　编	116113
法定代表人	李晨光	网　　址	www.daliandc.com.cn
电　　话	0411-6861188	传　　真	0411-6861018
E-mail			
主要产品、业务	生产经营氯化苦、硫化黑、苦味酸、氯碱、漂粉精、海波、2·4—二硝基酚、二硝基氯化苯、二甲基苯胺等产品		

单位名称	沈阳飞机工业（集团）有限公司		
地　　址	辽宁省沈阳市皇姑区陵北街 1 号		
成立时间	1951 年 6 月	邮　　编	110034
法定代表人	李方勇	网　　址	www.sac.com.cn
电　　话	024-86595401	传　　真	024-86896689
E-mail			
主要产品、业务	民机转包产品、高档豪华客车、高机动性越野车、仓储物流设备、抗静电全钢通路地板		

单位名称	万宝至马达大连有限公司		
地　　址	辽宁省大连经济技术开发区哈尔滨路 41 号		
成立时间	1987 年 10 月	邮　　编	116600
法定代表人	羽沅展世	网　　址	
电　　话	0411-87611111	传　　真	0411-87612900
E-mail	www.mabuchi-motor.co.jp		
主要产品、业务	生产销售微型马达和零配件及专用设备、模具、钢板剪切、发泡盒等		

单位名称	辽宁工源水泥（集团）有限责任公司		
地　　址	辽宁省本溪市平山区光华街四区		
成立时间	1998 年	邮　　编	117000
法定代表人	崔玉莲	网　　址	www.gysn.com
电　　话	0414-22334457	传　　真	0414-2337953
E-mail			
主要产品、业务	水泥、煤、道路运输、矿山开采		

单位名称	锦州石化股份有限公司		
地　　址	辽宁省锦州市古塔区重庆路 2 号		
成立时间	1997 年	邮　　编	121001
法定代表人	吕文君	网　　址	www.jzpc.com.cn
电　　话	0416-4152240	传　　真	0416-4567532
E-mail			
主要产品、业务	石油加工及焦炭产品，有机化学品及催化剂，粘合剂，高分子聚合物加工、制造、销售		

单位名称	本溪钢铁（集团）有限责任公司		
地　　址	辽宁省本溪市人民路 16 号		
成立时间	1905 年 12 月	邮　　编	117000
法定代表人	张营富	网　　址	www.bxsteel.com
电　　话	0414-2843889	传　　真	0414-2842074
E-mail	bgemail@bxsteel.com		
主要产品、业务	生铁、转炉钢、电炉钢、热轧板、冷轧板、镀锌板、棒、线材、特钢材、球墨铸管；主要有金属加工、设备制造、建筑安装、进出口贸易等		

单位名称	营口青花集团		
地　　址	辽宁省大石桥市		
成立时间	1984年	邮　　编	115100
法定代表人	王守彬	网　　址	www.qhref.com
电　　话	0417-5631816	传　　真	0417-5631801
E-mail			
主要产品、业务	生产重烧镁砂、中档镁砂、高纯镁砂、各种镁钙、镁铬、镁锆、镁锆镁碳制品，省内外销售		

单位名称	大化集团有限责任公司		
地　　址	辽宁省大连市甘井子区工兴路10号		
成立时间	1997年3月14日	邮　　编	116032
法定代表人	邢学朴	网　　址	www.dahuag.com.cn.com
电　　话	0411-86893688	传　　真	0411-86871199
E-mail			
主要产品、业务	碱产品、无机酸、化肥、工业气体；下属企业经营：仓储、货物运输、房屋租赁、设务租赁、餐饮、住宿		

单位名称	中国石油抚顺石化分公司		
地　　址	辽宁省抚顺市新抚区凤翔路45号		
成立时间	1982年3月	邮　　编	113008
法定代表人	刘　强	网　　址	
电　　话	0413-2433312	传　　真	0413-2420988
E-mail			
主要产品、业务	公司生产汽油、煤油、柴油、润滑油、喷气燃料、石蜡、石油焦、聚乙烯、聚丙烯、烷基苯、脂肪醇等150余种石油化工产品		

单位名称	丹东化学纤维（集团）有限责任公司		
地　　址	辽宁省丹东市纤维街58号		
成立时间	1956年	邮　　编	
法定代表人	高　宏	网　　址	
电　　话	0451-6193581	传　　真	0451-6160297
E-mail			
主要产品、业务	该企业主要生产粘胶纤维、粘胶纤维，生产量可达7万吨以上，是全国500强企业之一		

单位名称	柯尼卡-美能达精密光学（大连）有限公司		
地　　址	大连经济技术开发区东北2街20号		
成立时间	1994年4月	邮　　编	116600
法定代表人	松丸隆	网　　址	
电　　话	0411-87622575	传　　真	0411-87621379
E-mail	s.k@odc.konica-minolta.com.cn		
主要产品、业务	光学关联制品		

单位名称	海城华宇集团		
地　　址	辽宁省海城市八里镇桦子峪		
成立时间	1995年	邮　　编	114206
法定代表人	李春颖	网　　址	www.hua yu chinses.com
电　　话	0412-3242066	传　　真	0412-3242099
E-mail			
主要产品、业务	重烧镁砂、轻烧镁砂、中档镁砂、高纯镁砂、镁、镁磷、电冶金炉床捣打料、不定型耐火材料		

单位名称	沈阳金杯汽车工业有限公司		
地址	辽宁省沈阳市高新技术产业开发区浑南产业区世纪路1号		
成立时间	1988年	邮编	110179
法定代表人	何国华	网址	
电话	024-23745230	传真	024-23745250
E-mail			
主要产品、业务	以生产中华轿车、海狮轻型客车、轻卡及汽车零部件为主，产品销售遍及全国，其中海狮轻型客车在全国同类汽车中产销量第一位		

单位名称	沈阳惠天热电股份有限公司		
地址	辽宁省沈阳市沈河热闹路47号		
成立时间	1980年	邮编	
法定代表人	孙　杰	网址	www.htrd.cn
电话	024-22939739	传真	024-22939739
E-mail			
主要产品、业务	供暖、设备安装、工业管道、土建工程施工、非标准结构件制造、安装		

单位名称	沈阳矿山机械(集团)有限责任公司		
地址	辽宁省沈阳市大东区大东路178号		
成立时间	1921年	邮编	110042
法定代表人	杨广林	网址	www.symmc.com
电话	024-24315835	传真	024-24310929
E-mail	info@symmc.com		
主要产品、业务	堆取料机、胶带运输机、洗选设备、装载机、掘进机、平地机、采煤机、环保水处理设备、汽车组合开关、减速机、弹性材料		

单位名称	抚顺铝厂		
地址	辽宁省抚顺市望花区鞍山路东段6号		
成立时间	1936年	邮编	113001
法定代表人	王君国	网址	www.fslygs.com.cn
电话	0413-3811111	传真	0413-3811999
E-mail			
主要产品、业务	铝锭、铝合金、铝型材、铝板卷、铝轮毂、海绵钛、电工圆铝杆等130余种		

单位名称	丹东黄海汽车有限责任公司		
地址	辽宁省丹东市黄海大街544号		
成立时间	2002年11月22日	邮编	118008
法定代表人	李进巅	网址	www.huanghaibus.com
电话	0415-6272114	传真	0415-6220602
E-mail			
主要产品、业务	制造销售汽车（不含小轿车）汽车底盘及零部件		

单位名称	中国北车集团大连机车车辆有限公司		
地址	辽宁省大连市沙河口区中长街51号		
成立时间	1899年	邮编	116022
法定代表人	谭成旭	网址	www.DLOCO.com
电话	0411-84602043	传真	0411-84654245
E-mail			
主要产品、业务	制造“大力”牌东风系列内燃机车、韶山系列电力机车、城市轨道车辆、铁路车辆、DL240、280系列柴油机及配件		

单位名称	沈阳华润三洋压缩机有限公司		
地　　址	辽宁省沈阳市大东区柳林街4号		
成立时间	1994年2月	邮　编	110044
法定代表人	朱金坤	网　址	www.crcsanyo.com
电　话	024-88325128	传　真	024-88323561
E-mail			
主要产品、业务	本公司全面引进日本三洋的生产技术和设备、生产和销售房间空调器用和低温用压缩机		

单位名称	铁岭发电厂		
地　　址	辽宁省铁岭市镇西堡三台子		
成立时间	1990年9月15日	邮　编	112000
法定代表人	王清文	网　址	
电　话	0410-4645131	传　真	0410-4645139
E-mail			
主要产品、业务	电能、发电设备检修、安装		

单位名称	大连万达集团股份有限公司		
地　　址	辽宁省大连市中山区解放街9号		
成立时间	1992年9月28日	邮　编	116001
法定代表人	王健林	网　址	www.wanda.com.cn
电　话	0411-82818288	传　真	0411-82820888
E-mail			
主要产品、业务	房地产开发、建筑装修、建筑装饰材料经销，汽车出租、商场、餐饮、娱乐		

单位名称	锦州铁合金股份有限公司		
地　　址	辽宁省锦州市太和区合金里59号		
成立时间	2000年5月26日	邮　编	121005
法定代表人	齐　牧	网　址	www.jzthj.com
电　话	0416-7183174	传　真	0416-7184168
E-mail	thj@jzthj.com		
主要产品、业务	生产经营铁合金、黑色金属、有色金属冶炼，已形成钒、钛、铬、锰、锆、铪等产品系列近百个牌号		

单位名称	鞍山钢铁集团公司		
地　　址	辽宁省鞍山市铁西区		
成立时间	1948年12月	邮　编	114021
法定代表人	刘　玠	网　址	www.ansteel.com.cn
电　话	0412-6723090	传　真	0412-6723080
E-mail			
主要产品、业务	生产销售管线钢、集装箱板、船板、高速重轨、汽车用钢、家电用钢、石油管、建筑用材等钢材产品		

单位名称	沈阳机床（集团）有限责任公司		
地　　址	沈阳市铁西区北二东路10-1号		
成立时间	1995年12月	邮　编	110025
法定代表人	陈惠仁	网　址	www.smtcl.com
电　话	024-25877880	传　真	024-25878762
E-mail	smtcl@smtcl.com		
主要产品、业务	金属切削机床、数控系统及机械设备制造；国内一般商业贸易、技术贸易		

单位名称	锦化化工(集团)有限责任公司		
地　　址	辽宁省葫芦岛市连山区化工街		
成立时间	1939年	邮　　编	125001
法定代表人	陈世杰	网　　址	www.jinhuagroup.com
电　　话	0429-2709740	传　　真	0429-2902606
E-mail	jh_office@126.com		
主要产品、业务	烧碱、聚氯乙烯、聚醚、环氧丙烷、丙二醇、氯化苯、环已酮、盐酸等30余种产品		

单位名称	沈阳机电装备工业集团		
地　　址	辽宁省沈阳市和平区文化路41号		
成立时间	2000年12月18日	邮　　编	110004
法定代表人	孟祥镇	网　　址	www.symeg.com
电　　话	024-23880715	传　　真	024-23880717
E-mail			
主要产品、业务	优势主导产品：破碎粉磨设备、轧钢冶炼设备、水泥设备、重型锻压设备、散料装卸输送设备、矿山洗选设备、综合采掘设备、传动机械设备、大型离心压缩机、大型透平鼓风机、电站轴流风机、锅炉给水泵、核主泵、大型往复式压缩机、大型交流电动机、风力发电机、电线电缆、铅酸蓄电池等70大类，可为石油、化工、电力、煤炭、建材、交通、环保、航空航天、军工等行业提供一流的先进装备，产品远销美国、德国、日本等50多个国家和地区		

单位名称	大连重工·起重集团有限公司		
地　　址	辽宁省大连市西岗区八一路169号华锐大厦		
成立时间	2001年12月	邮　　编	116013
法定代表人	宋甲晶	网　　址	www.dhidcw.com.cn
电　　话	0411-86852188 0411-86852185	传　　真	0411-86852222 0411-86852223
E-mail	inf@dhidcw.com.cn		
主要产品、业务	主导产品有散料装卸、冶金、起重及港口机械4大类330多个规格		

单位名称	大连金港集团有限公司		
地　　址	辽宁省大连开发区辽沙中路59号		
成立时间	1992年	邮　　编	116620
法定代表人	张兆恩	网　　址	www.jingang_group.com
电　　话	0411-87300020	传　　真	0411-87300520
E-mail	office@jingang_group.com		
主要产品、业务	生物制药、化学农药、房地产、建筑、建材、装饰、市政基础设施、中小企业配套园、机械制作园林、电气安装、酒店、密封材料、包装、水产、运输		

单位名称	东北制药集团有限责任公司		
地　　址	辽宁省沈阳市铁西区重工北街37号		
成立时间	1990年8月28日	邮　　编	110026
法定代表人	董增贺	网　　址	www.negpf.com.cn
电　　话	024-25807777	传　　真	024-25806888
E-mail	dyjszx@negpf.com.cn		
主要产品、业务	原料药、制剂、中成药制造与销售，本企业自产产品自营进出口，医药商业、医药物流等业务		

单位名称	长白计算机集团公司		
地　　址	辽宁省沈阳市和平区三好街55号		
成立时间	1992年	邮　　编	110003
法定代表人	崔　岩	网　　址	www.changbai.com
电　　话	024-23988215	传　　真	024-23988213
E-mail	chcbcgc@mail.ln.cn		
主要产品、业务	计算机硬件、软件、网络系统、计算机外部设备、信息家电、金融电子、工业控制及电子元器件的主要研发、生产基地		

单位名称	通化钢铁集团有限责任公司		
地　　址	吉林省通化市二道江区东盛路14号		
成立时间	1996年11月4日	邮　　编	134003
法定代表人	安凤成	网　　址	
电　　话	0435-3793178	传　　真	0435-3791054
E-mail	www.jltg.com.cn		
主要产品、业务	主要产品有：铸造生铁、炼钢生铁、钢坯、圆钢、螺纹钢、角钢、槽钢、高速线材、普通线材、无缝钢管、叠轧薄板等产品 业务范围：钢铁冶炼、压延加工、炼焦、冶金设计及原材料、产品购销，机械加工、化工产品加工、耐火材料加工、运输，电器及汽车修理，汽车及零部件、工程机械零部件、橡胶制品、建材、木材、五金、日用品、房屋租赁、技术咨询、复印晒图、物业管理、钢材、水泥、国内旅游		

单位名称	中国石油吉化集团公司		
地　　址	吉林省吉林市解放北路1号		
成立时间	1957年	邮　　编	132002
法定代表人	张晓霈	网　　址	jihua.com.cn
电　　话	0432-3038671	传　　真	0432-3037738
E-mail			
主要产品、业务	丙烯腈、丙酮氰醇、甲基丙烯酸甲酯、三羟甲基丙烷、农药、异丁烯、铝粉、智能变送器、化工延伸加工、精细化工、工程技术服务		

单位名称	吉林铁合金有限责任公司		
地　　址	吉林省吉林市和平街21号		
成立时间	2001年10月	邮　　编	132002
法定代表人	常镇有	网　　址	
电　　话	0432-2707163	传　　真	0432-2734458
E-mail			
主要产品、业务	公司主要从事铁合金生产及铁合金的研究、开发、设计、设备制造、安装、技术服务和自营进出口业务		

单位名称	延边石岘白麓纸业股份有限公司		
地　　址	吉林省图们市石岘镇		
成立时间	1998年	邮　　编	133101
法定代表人	王相阁	网　　址	
电　　话	0433-3868986	传　　真	0433-3868254
E-mail			
主要产品、业务	新闻纸、胶版纸、商品木浆的生产和销售		

单位名称	吉林化纤集团有限责任公司		
地　　址	吉林省吉林市九站街516-1号		
成立时间	王进军	邮　　编	132115
法定代表人		网　　址	www.jlhxjt.com
电　　话	0432-3502088	传　　真	0432-3058453
E-mail			
主要产品、业务	以生产经营粘胶长丝、粘胶短丝化纤浆粕、腈纶短丝、腈纶丝束、腈纶毛条为主要业务		

单位名称	长春市灯泡电线有限公司		
地　　址	吉林省长春市朝阳区开运街1244号		
成立时间	1954年	邮　　编	130012
法定代表人	孙玉德	网　　址	
电　　话	0431-5952987	传　　真	0431-5951467
E-mail			
主要产品、业务	生产、制造、加工、销售汽车电线束系列产品及电光源系列产品		

单位名称	吉林省白河林业局		
地　　址	吉林省二道白河镇		
成立时间	1971年6月1日	邮　　编	133613
法定代表人	杜汶彦	网　　址	www.bhlyj.com.cn
电　　话	0433-5718410	传　　真	0433-5718410
E-mail			
主要产品、业务	主营：木材加工、林业种植、建材生产，生产“美人松”牌集成材、刨花板、地板、木门、越桔酒、欧洲石、矿泉水等		

单位名称	中国石油前郭石化分公司		
地　　址	吉林省松原市宁江区石化街56号		
成立时间	1969年5月	邮　　编	138008
法定代表人	曾宪君	网　　址	
电　　话	0438-6135223	传　　真	0438-6135229
E-mail			
主要产品、业务	汽油、柴油、液化气、聚丙烯树脂		

单位名称	中国第一汽车集团公司		
地　　址	吉林省长春市东风大街2259号		
成立时间	1953年7月15日	邮　　编	130011
法定代表人	竺延风	网　　址	www.faw.com.cn
电　　话	0431-5730701	传　　真	0431-5730707
E-mail			
主要产品、业务	产品覆盖商用车和乘用车各系列车型，主导产品包括红旗、解放、夏利等自有品牌和大众、奥迪、丰田、马自达等合资合作品牌		

单位名称	吉林碳素股份有限公司		
地　　址	吉林省和平街9号		
成立时间	1952年	邮　　编	132002
法定代表人	李勇智	网　　址	www.jlts.com
电　　话	0432-2749000	传　　真	0432-2749876
E-mail	ligang@5412@126.com		
主要产品、业务			

单位名称	吉林市建龙钢铁有限责任公司		
地　　址	吉林省盘石市明城镇		
成立时间	2001年4月	邮　　编	132301
法定代表人	张志祥	网　　址	www.ejianlong.com
电　　话	0432-5719512	传　　真	0432-5712074
E-mail			
主要产品、业务	钢坯、带钢		

单位名称	长春君子兰集团有限公司		
地　　址	吉林省长春市经济开发区自由大路7689号		
成立时间	1999年2月	邮　　编	130033
法定代表人	刘铁杲	网　　址	www.jzl.com.cn
电　　话	0431-4634473	传　　真	0431-463443
E-mail			
主要产品、业务	专业生产汽车彩色塑料保险杠、塑料燃油箱、汽车导风道及全自动滚筒洗衣机		

单位名称	长春市双顶山矿业股份有限公司		
地　　址	吉林省九台市东湖镇双山村		
成立时间	2003年8月25日	邮　　编	130505
法定代表人	马占江	网　　址	
电　　话	0431-2541033	传　　真	0431-2541033
E-mail	sdskybgs@163.com		
主要产品、业务	原煤开采、销售、矿山配件批发零售		

单位名称	长春一汽四环汽车股份有限公司		
地　　址	吉林省长春市普阳街3505号		
成立时间	1993年6月28日	邮　　编	130031
法定代表人	滕铁骑	网　　址	
电　　话	0431-7629092	传　　真	0431-7629113
E-mail	slh.shgf@faw.com.cn		
主要产品、业务	汽车零部件（包括车轮、内饰、外饰、发动机附件和卡车上装等）及改装车		

单位名称	吉林省白城纺织股份有限公司		
地　　址	吉林省白城市棉纺路67号		
成立时间	2000年	邮　　编	137000
法定代表人	陈国风	网　　址	www.cnbctex.com
电　　话	0436-3312167	传　　真	0436-3312559
E-mail	office@cnbctex.com		
主要产品、业务	主要产品有中高档面料和色织面料及中、高支棉纱，黄花牌纱和绿原牌布获吉林省名牌产品称号		

单位名称	吉林德大有限公司		
地　　址	吉林省德惠市京哈公路1149公里处		
成立时间	1989年	邮　　编	130300
法定代表人	王秀林	网　　址	www.deda.com.cn
电　　话	0431-7201001	传　　真	0431-7201017
E-mail	jilindeda@126.com		
主要产品、业务	饲养繁育种雏、屠宰加工、鸡肉产品、生产饲料、豆粕精练油、大米、白酒		

单位名称	中国石油天然气股份有限公司大庆石化分公司		
地　　址	黑龙江省大庆市龙凤区		
成立时间	1963年10月	邮　　编	163714
法定代表人	勾振东	网　　址	www.dqsh.com.cn
电　　话	0459-6763987	传　　真	0459-6767025
E-mail			
主要产品、业务	炼油、化肥、化工、化纤产品的生产销售		

单位名称	中国石油天然气股份有限公司大庆炼化分公司		
地　　址	黑龙江省大庆市让区		
成立时间	2000年10月18日	邮　　编	163411
法定代表人	董孝利	网　　址	www.dqlh.com
电　　话	0459-5689275	传　　真	0459-5616111
E-mail			
主要产品、业务	炼化公司是集炼油、化工、化纤生产于一体的石油化工企业，可生产16种100多个牌号的石油化工产品		

单位名称	中国第一重型机械集团公司		
地　　址	黑龙江省齐齐哈尔市富拉尔基区铁西厂前路9号		
成立时间	1954年10月	邮　　编	161042
法定代表人	吴生富	网　　址	www.cfhi.com
电　　话	0452-6810123	传　　真	0452-6810111
E-mail			
主要产品、业务	轧制设备、大型压力容器设备、核电设备、锻压设备重型机械配件、冶金设备、大型铸锻件和重型矿山设备等		

单位名称	哈尔滨轴承集团公司		
地　　址	黑龙江省哈尔滨市香坊区红旗大街14号		
成立时间	1950年	邮　　编	150036
法定代表人	刘恩时	网　　址	www.hrbbrg.com.cn
电　　话	0451-55115011	传　　真	0451-55663704
E-mail			
主要产品、业务	主要为汽车、农机、电机电器、工程机械、机床、冶金、矿山机械、石油化工、航空航天、国防军工等行业和企业做轴承配套服务		

单位名称	哈菊集团有限公司		
地　　址	黑龙江省哈尔滨市道里区友谊路431号		
成立时间	1989年5月	邮　　编	150018
法定代表人	郝伟哲	网　　址	www.hayao.com
电　　话	0451-84608188	传　　真	0451-84856783
E-mail			
主要产品、业务	主要生产化学原料药、各种制剂、中成药、保健药、软饮料等		

单位名称	哈尔滨建成集团有限公司		
地　　址	黑龙江省哈尔滨市香坊区南直路65号		
成立时间	1952年9月	邮　　编	150030
法定代表人	隋建辉	网　　址	www.jiancheng.net
电　　话	0451-88624021	传　　真	0451-88624624
E-mail			
主要产品、业务	压力容器制造、精密加工、特种焊接等资质能力、产品、各种箱式车、罐式车、半挂车等涉及石油、化工、食品、民爆等行业领域		

单位名称	齐化集团有限公司		
地　址	黑龙江省齐齐哈尔市榆树屯		
成立时间	1948年	邮　编	161033
法定代表人	张宏宇	网　址	qh-chem.com.cn
电　话	0452-6200114	传　真	0452-6200130
E-mail			
主要产品、业务	生产销售汽油、柴油、溶剂油、液化石油气、聚氯乙烯、聚丙烯、环氧树脂、离子膜烧碱、液氯、盐酸、硫酸钾		

单位名称	哈尔滨锅炉厂有限责任公司		
地　址	哈市动力区三大动力路309号		
成立时间	1954年6月	邮　编	150046
法定代表人	韩建伟	网　址	www.hbc.com.cn
电　话	0451-82198888	传　真	0451-82681689
E-mail	HBCSALE@VIP.163.COM		
主要产品、业务	以5～100万千瓦电站锅炉为主导产品，并设计制造配套辅机、电站阀门和石化容器、核能设备以及工业锅炉等产品		

单位名称	双鸭山矿业集团有限公司		
地　址	黑龙江省双鸭山市新兴大街246号		
成立时间	2001年1月	邮　编	155100
法定代表人	张成祥	网　址	syskyjt.com.cn
电　话	0469-4016644	传　真	0469-4224523
E-mail			
主要产品、业务	原煤、洗精煤、火工产品、发电、机械制造		

单位名称	哈尔滨第三发电有限责任公司		
地　址	黑龙江省哈尔滨市道外区三电街1号		
成立时间	1984年6月	邮　编	150024
法定代表人	姜家仁	网　址	
电　话	0451-88916211	传　真	0451-88916233
E-mail			
主要产品、业务	电力，从事电力项目开发、技术改造及咨询服务		

单位名称	黑龙江黑化股份有限公司		
地　址	黑龙江省齐市富区向阳大街2号		
成立时间	1997年4月24日	邮　编	161041
法定代表人	闫树忠	网　址	
电　话	0452-8927437	传　真	0452-6884895
E-mail			
主要产品、业务	焦碳及焦化产品、尿素等化肥产品、复合肥产品、（多孔）硝酸铵、甲醇、双氧水		

单位名称	西林钢铁集团有限公司		
地　址	黑龙江省伊春市西林区		
成立时间	2001年10月26日	邮　编	153025
法定代表人	苗青远	网　址	xg.und.com.cn
电　话	0458-3788334	传　真	0458-3716007
E-mail			
主要产品、业务	建筑用II、III、IV级热轧带肋钢筋、高速线材、中型圆钢、角钢、槽钢、I字钢、轻轧等产品		

单位名称	中国第一汽车集团哈尔滨变速箱厂		
地　　址	黑龙江省哈尔滨市道里区城乡路 280 号		
成立时间	1955 年 12 月 28 日	邮　　编	150070
法定代表人	许振艳	网　　址	www.hrbgearbox.com
电　　话	0451-84330424	传　　真	0451-84302672
E-mail			
主要产品、业务	汽车变速箱、取力箱、车桥齿轮及变速箱齿轮、改装汽车		

单位名称	东北轻合金有限责任公司		
地　　址	黑龙江省哈尔滨市平房区新疆三道街 11 号		
成立时间	1952 年	邮　　编	130060
法定代表人	赫崇富	网　　址	www.nela.com.cn
电　　话	0451-86565555	传　　真	0451-86802288
E-mail			
主要产品、业务	主要生产“天鹅”牌铝、镁及其合金板、线、粉材、锻件和深加工制品 18 大类、251 种合金、3623 个品种，14880 个规格，产品广泛应用于国民经济各领域和国防军工各部门，并出口到 24 个国家和地区		

单位名称	哈尔滨卷烟总厂		
地　　址	黑龙江省哈尔滨市南岗区一曼街 104 号		
成立时间	2003 年 12 月 30 日	邮　　编	150001
法定代表人	王殿贵	网　　址	www.taiyangdao.cn
电　　话	0451-82521456	传　　真	0451-82523950
E-mail	Msw823@126.com		
主要产品、业务	企业主营卷烟产品有：林海灵芝系列、老仁义、太阳岛、老巴夺、宇宙、葡萄等		

单位名称	黑龙江正大实业有限公司		
地　　址	黑龙江省呼兰县利民经济技术开发区		
成立时间	1994 年 6 月 13 日	邮　　编	150025
法定代表人	姜鸿斌	网　　址	
电　　话	0451-57358956	传　　真	0451-57356939
E-mail			
主要产品、业务	饲料、养殖、鸡肉、主要食品、快餐店、豆油		

单位名称	中国第一汽车集团哈尔滨轻型车厂		
地　　址	黑龙江省哈尔滨市动力区星光街 10 号		
成立时间	1965 年 8 月	邮　　编	150046
法定代表人	美　君	网　　址	www.yqhq.com
电　　话	0451-82681616	传　　真	0451-82921054
E-mail			
主要产品、业务	解放牌一吨、二吨、三吨轻型载货汽车、CA1021V2 系列轿货车		

单位名称	黑龙江华安工业集团公司		
地　　址	黑龙江省齐齐哈尔市碾子山区		
成立时间	1951 年	邮　　编	161046
法定代表人	许远明	网　　址	
电　　话	0452-6687227	传　　真	0452-6687292
E-mail			
主要产品、业务	军品及民品卫生洁具、五金件、离合气瓶、民爆器材、民用铜材、电液锤制造安装		

单位名称	哈尔滨汽轮机厂有限责任公司		
地　　址	黑龙江省哈尔滨市动力区三大动力路345号		
成立时间	1956年	邮　　编	150046
法定代表人	曲大庄	网　　址	www.htc.com.cn
电　　话	0451-82952888	传　　真	0451-82681364
E-mail			
主要产品、业务	大型火电汽轮机、核电汽轮机、工业用汽轮机、船用汽轮机、燃气轮机，以及机车用燃气轮机、船用主动力蒸汽轮机、轴流风机、高炉鼓风机等		

单位名称	大庆油田有限责任公司		
地　　址	黑龙江省大庆市让胡路区龙南		
成立时间	2000年1月1日	邮　　编	163453
法定代表人	王玉普	网　　址	
电　　话	0459-5994050	传　　真	0459-5973125
E-mail			
主要产品、业务	石油、天然气勘探开发		

单位名称	黑龙江省完达山乳业股份有限公司		
地　　址	黑龙江省哈尔滨市南岗区长江路368号		
成立时间	1965年	邮　　编	150090
法定代表人	郑新民	网　　址	www.wondersun.com.cn
电　　话	0451-82341887	传　　真	0451-82342776
E-mail			
主要产品、业务	公司拥有完备的生产和研发体系，可生产奶粉、豆奶粉、豆粉、米粉、鲜牛奶、饮料和保健食品7大系列91个品种，在全国26个省、市、自治区设有销售分公司，形成面向全国的销售网络，部分产品出口亚、非等国家		

单位名称	牡丹江恒丰纸业集团有限责任公司		
地　　址	黑龙江省牡丹江市阳明区光华街造纸路11号		
成立时间	1997年10月	邮　　编	157013
法定代表人	张　祥	网　　址	www.HengFengpeper.com
电　　话	0453-6331333-6224	传　　真	
E-mail			
主要产品、业务	生产销售卷烟纸及滤嘴棒、出口工业用纸、文化用纸等		

单位名称	黑龙江电力股份有限公司		
地　　址	黑龙江省哈尔滨市南岗区大成街209号		
成立时间	1993年2月18日	邮　　编	150001
法定代表人	陈飞虎	网　　址	
电　　话	0451-82525298	传　　真	0451-82525878
E-mail			
主要产品、业务	电力供应、热力供应		

单位名称	哈尔滨松江铜业（集团）有限公司		
地　　址	黑龙江省哈尔滨市动力区进乡街73-1号		
成立时间	1997年	邮　　编	150046
法定代表人	董文学	网　　址	www.hrb-copper.com
电　　话	0451-82933274	传　　真	0451-82933284
E-mail	sjty98@126.com		
主要产品、业务	铜精矿、锌精矿、铁精矿、金属硅、矿山机械等产品		

单位名称	七台河矿业精煤（集团）有限责任公司		
地　　址	黑龙江省七台河市七煤（集团）公司		
成立时间	1958 年	邮　编	154600
法定代表人	侯　仁	网　址	
电　　话	0464-8790171	传　真	0464-8790171
E-mail			
主要产品、业务	主要产品有冶炼精煤、洗混煤、混块、混末、甲精、乙精等系列产品，冶炼精煤是大型冶金企业不可替代的原料		

单位名称	大庆石油管理局		
地　　址	黑龙江省大庆市让胡路区胜利路		
成立时间	1960 年	邮　编	163453
法定代表人	曾玉康	网　址	www.petrodaqing.com
电　　话	0459-5999191	传　真	0459-6354949
E-mail			
主要产品、业务	主要从事地球物理勘探、钻井等石油工程技术服务以及基建、供排水、发供电、精细化工、机械制造等		

单位名称	华纺股份有限公司		
地址	山东省滨州市黄河二路 819 号		
成立时间	1999 年 9 月	邮编	256617
法定代表人	邹鹏宏	网址	www.hfgf.cn
电话	0543-3288347	传真	0543-3288518
E-mail	xxzx@hfgf.cn		
主要产品、业务	棉纺织、印染的生产、加工、销售，新产品的技术开发、技术咨询服务及技术转让，批准范围内的自营进出口业务		

单位名称	海信集团有限公司		
地址	山东省青岛市东海西路 17 号		
成立时间	1969 年 12 月	邮编	266071
法定代表人	周厚健	网址	www.hisense.com
电话	0532-3878888	传真	0532-3872882
E-mail			
主要产品、业务	主导产品为电视、空调、计算机、移动电话、冰箱、软件开发、网络设备		

单位名称	兖矿集团有限公司		
地址	山东省邹城市凫山路 40 号		
成立时间	1976 年	邮编	273500
法定代表人	耿加怀	网址	www.yanzhoucoal.com.cn
电话	0537-5382923	传真	0537-5312573
E-mail			
主要产品、业务	煤炭生产、洗选、加工、煤化工、电力、铁路运输、建筑建材、电缆、胶带、机械制造等		

单位名称	一汽解放青岛汽车厂		
地址	山东省青岛市李沧区娄山路 2 号		
成立时间	1968 年	邮编	266043
法定代表人	徐衍男	网址	
电话	0532-4913615	传真	0532-4816687
E-mail			
主要产品、业务	主导产品为解放牌中、重型载货汽车，有普通载负车、牵引车、自卸车、厢式运输车、半挂车等系列产品		

单位名称	烟台冰轮集团有限公司		
地址	山东烟台西山路 80 号		
成立时间	1956 年 1 月	邮编	264000
法定代表人	于元波	网址	www.yantaimoon.com
电话	0535-6697000	传真	0535-6252302
E-mail	fgc@yantaibinglun.com		
主要产品、业务	冷冻冷藏及工业制冷成套设备、中央空调、大型铸件、密封材料、热电联系锅炉及电站阀门、塑料管材型材		

单位名称	山东时风（集团）有限责任公司		
地址	山东省高唐县时风路 1 号		
成立时间	1993 年 5 月 18 日	邮编	252800
法定代表人	刘义发	网址	www.sdshifeng.com.cn
电话	0635-3953153	传真	0635-3953211
E-mail			
主要产品、业务	农用三轮车、四轮车、轻卡汽车、拖拉机、发动机、轮胎 业务：生产销售		

单位名称	南山集团公司		
地　　址	山东省龙口市南山工业园		
成立时间	1996年	邮　　编	265718
法定代表人	宋作文	网　　址	nanshan.com.cn
电　　话	0535-8616938	传　　真	0535-8615699
E-mail			
主要产品、业务	精纺、铝业、电力、旅游、教育、医疗、建材、木业、建筑、农业、酿酒、高科技、商贸等		

单位名称	山东魏桥剑业集团有限公司		
地　　址	山东省邹平县魏桥镇齐东路34号		
成立时间	1989年10月	邮　　编	256212
法定代表人	张士平	网　　址	
电　　话	0543-4721194	传　　真	0543-4721200
E-mail			
主要产品、业务	棉纱、坯布、牛仔布、色纱、印染布		

单位名称	诸城外贸有限责任公司（诸城大龙实业有限公司）		
地　　址	山东省诸城市密州路东首		
成立时间	1975年4月	邮　　编	262200
法定代表人	王金友	网　　址	zcwm@public.sd.cn
电　　话	0536-6063672	传　　真	0536-6051092
E-mail			
主要产品、业务	主要有肉鸡、淀粉、色素、包装等产品，远销日本、韩国、新加坡、中东、欧美等国家、地区		

单位名称	双星集团有限责任公司		
地　　址	山东省青岛市贵州路5号		
成立时间	1921年	邮　　编	266002
法定代表人	汪　海	网　　址	www.doublestar.com.cn
电　　话	0532-2680528	传　　真	0532-2689796
E-mail			
主要产品、业务	鞋类、轮胎、服装、绣品、铸造机械、运动器械、酒类、印刷品、镭射产品、模具、房地产、热电等		

单位名称	颐中烟草（集团）有限公司		
地　　址	山东省青岛市华阳路20号		
成立时间	1994年	邮　　编	266021
法定代表人	蒲强	网　　址	www.etsong.com
电　　话	0532-3832019	传　　真	0532-3834769
E-mail			
主要产品、业务	以卷烟生产、销售为主兼多元化经营，集科、工、商、金融等于一体的大型企业集团，是中国烟草行业的大型骨干企业，也是国务院确定的512户重点国有企业之一		

单位名称	华泰集团有限公司		
地　　址	山东省东管广饶华泰工业园		
成立时间	李建华	邮　　编	257335
法定代表人		网　　址	www.huatai.com
电　　话	0546-6888701	传　　真	0546-6888158
E-mail			
主要产品、业务	造纸、印刷、化工、热电、商贸		

单位名称	青岛喜盈门集团有限公司		
地　　址	山东省青岛市城阳区正阳街 188 号		
成立时间	1992 年 10 月	邮　　编	266109
法定代表人	纪玉君	网　　址	www.xiyingmen.com.cn
电　　话	0532-87869888	传　　真	0532-87869922
E-mail	xym-wq@263.net		
主要产品、业务	家用纺织品、橡胶轮胎、卷烟包装材料兼有旅游、餐饮、宾馆、超市、进出口业务		

单位名称	山东石横特钢集团有限公司		
地　　址	山东省肥城市		
成立时间	1994 年 7 月	邮　　编	271612
法定代表人	张武宗	网　　址	www.sdstg.com
电　　话	0538-3692512	传　　真	0538-3692350
E-mail	readingf@163.com		
主要产品、业务	业务范围有炼钢、钢压延加工、钢材销售，炼铁、对工业的投资、进出口资格证书范围内的进出口业务 主要产品：钢材、焦碳、机械产品、出铁、粗钢、氧气等		

单位名称	山东成山集团有限公司		
地　　址	山东省荣成市荣安路 11 号		
成立时间	1976 年	邮　　编	264300
法定代表人	车宏志	网　　址	www.chengshan.com
电　　话	0631-7523999	传　　真	0631-7523888
E-mail			
主要产品、业务	生产各种汽车轮胎、钢帘线等系列产品以及化工医药产品开发生产		

单位名称	山东铝业股份有限公司		
地　　址	山东省淄博市张店区五公里路 1 号		
成立时间	1999 年 6 月 18 日	邮　　编	255052
法定代表人	刘兴亮	网　　址	www.sd-al.com
电　　话	0533-2944202	传　　真	0533-2981427
E-mail			
主要产品、业务	氧化铝、氢氧化铝、化学品氧化铝、金属镓、电解铝、铝合金、铝制品、碳素制品的生产和销售，建筑幕墙设计、施工		

单位名称	烟台张裕葡萄酿酒股份有限公司		
地　　址	山东省烟台市大马路 56 号		
成立时间	1892 年	邮　　编	264001
法定代表人	孙利强	网　　址	www.changyu.com.cn
电　　话	0535-6633638	传　　真	0535-6633639
E-mail			
主要产品、业务	葡萄酒、白兰地、起泡酒、保健酒等产品的生产及经营		

单位名称	孚日集团		
地　　址	山东省高密市孚日街 1 号		
成立时间	1987 年 3 月	邮　　编	261500
法定代表人	孙日贵	网　　址	www.sunvim.com
电　　话	0536-2329999	传　　真	0536-2323019
E-mail	office@sunvim.com		
主要产品、业务	主要生产和销售中被产品、床上用品和其他家饰产品		

单位名称	中国轻骑集团有限公司		
地　址	山东省济南市和平路 34 号		
成立时间	1997 年 10 月 8 日	邮　编	250014
法定代表人	张家岭	网　址	www.qingqi.cn
电　话	0531-6599606	传　真	0531-6954219
E-mail			
主要产品、业务	“轻骑”牌系列摩托车、助力自行车、汽车、电动车、发动机开发、制造、维修和销售，加工压铸件、机械加工等		

单位名称	山东鲁抗医药集团有限公司		
地　址	山东省济宁市太白楼西路 173 号		
成立时间	1966 年	邮　编	272021
法定代表人	章建辉	网　址	www.lkpc.com
电　话	0537-2213961	传　真	0537-2218814
E-mail			
主要产品、业务	人用生物药品、动植物生物药品、制剂药品、医药商业流通，煤产业		

单位名称	青岛黄海橡胶集团有限责任公司		
地　址	山东省青岛市李沧区沧安路 1 号		
成立时间		邮　编	266041
法定代表人	高巨谦	网　址	www.yeuowsea-tyre.com.cn
电　话	0532-4693621	传　真	0532-4693310
E-mail			
主要产品、业务	黄海牌、海奥牌轮胎，中华牌、头马牌运输带，双蝶牌避孕套、铁辅牌绝缘胶带		

单位名称	福田重工潍坊农业装备分公司		
地　址	山东省潍坊市北海南路 192 号		
成立时间		邮　编	261206
法定代表人		网　址	
电　话	0536-7606645	传　真	0536-7602137
E-mail			
主要产品、业务	大中型联合收割机、大中马力拖拉机、北京五星农用车、小回轮拖拉机		

单位名称	山东小鸭集团有限责任公司		
地　址	山东省济南市工业南路 51 号		
成立时间	1994 年	邮　编	250101
法定代表人	周有志	网　址	www.xiaoyagroup.com.cn
电　话	0531-8696000	传　真	0531-8696009
E-mail			
主要产品、业务	洗衣机、热水器、空调、商用展示柜、冷柜、洗涤烘干设备、炉具等		

单位名称	龙大食品集团有限公司		
地　址	山东省莱阳市龙大工业园		
成立时间	1986 年	邮　编	265231
法定代表人	宫学斌	网　址	www.longda.cn
电　话	0535-7717036	传　真	0535-7718289
E-mail	ldzhk@longda.com.cn		
主要产品、业务	农产品加工出口、卤制品、粮油制品、调理食品、FD 产品、调味品、保鲜果蔬		

单位名称	山东临工工程机械有限公司		
地址	山东省临沂市金雀山路18号		
成立时间	2003年12月25日	邮编	276004
法定代表人	王志中	网址	www.sdlg.cn
电话	0539-8315782	传真	0539-8314714
E-mail			
主要产品、业务	研制开发、生产销售各类工程机械产品及零部件、工程机械产品维修服务和租赁业务		

单位名称	青岛广源发集团有限公司		
地址	山东省青岛市城阳夏庄街丹山岭		
成立时间	1982年	邮编	266107
法定代表人	贾宗远	网址	www.gyf.cn
电话	0532-8785168	传真	0532-8783288
E-mail			
主要产品、业务	涉足化工、经贸、再生资源回收、机电、汽车改装、玻璃制品、医疗、餐饮等行业		

单位名称	山东玲珑橡胶有限公司		
地址	山东省招远市金城路170号		
成立时间	2001年7月	邮编	265400
法定代表人	王希成	网址	www.linglong.cn
电话	0535-8242600	传真	0535-8213349
E-mail			
主要产品、业务	生产经营“玲珑牌”、“山岭牌”、“利奥牌”轮胎和全钢子午线轮胎		

单位名称	青岛泰光制鞋有限公司		
地址	山东省青岛莱西市李权左镇工业园区		
成立时间	1995年10月23日	邮编	266604
法定代表人	朴渊次	网址	www.tkgroup.co.kr
电话	0532-6491140	传真	0532-6491340
E-mail			
主要产品、业务	(Nike)耐克运动鞋		

单位名称	山东双力集团股份有限公司		
地址	山东省聊城市建设东路27号		
成立时间	1994年3月6日	邮编	252056
法定代表人	时书龙	网址	www.cnshuangli.com
电话	0635-8335466	传真	0635-8335612
E-mail			
主要产品、业务	农用运输车、收获机械、拖拉机配件、棉麻机械及配件的生产、销售，棉麻机械设备的安装，资格证书范围内的进出口业务		

单位名称	山东泉林纸业有限责任公司		
地址	山东省高唐县光明路15号		
成立时间	1976年	邮编	252800
法定代表人	李洪法	网址	www.tralin.com
电话	0635-3961106	传真	0635-3961597
E-mail			
主要产品、业务	主导产品：重涂高档铜牌纸、低室量涂布纸、高档文化系列用纸、纸染、多层复合软包装制品、绿色有机肥料六大系列产品。同时还可生产静电复印纸、彩色仿古印刷纸、证券纸等三十余种产品		

单位名称	青岛万福集团股份有限公司		
地　　址	山东省青岛莱西市威海西路 68 号		
成立时间	1982 年	邮　　编	266600
法定代表人	史福良	网　　址	www.wanfu.com
电　　话	0532-8438888	传　　真	0532-8437666
E-mail			
主要产品、业务	公司主要从事蔬菜制品、肉制品、调理食品、花生制品等系列 300 多个品种的生产		

单位名称	鲁南制药股份有限公司		
地　　址	山东省临沂市红旗路 209 号		
成立时间	1994 年 3 月	邮　　编	276005
法定代表人	赵志全	网　　址	www.lunan.com.cn
电　　话	0539-8336002	传　　真	0539-8336000
E-mail			
主要产品、业务	生产销售中成药、西药原料药及制剂、生物制药、抗生素等 主要产品：银黄口服液、鲁南欣康系列、鲁南贝特等		

单位名称	青岛泰发集团股份有限公司		
地　　址	山东省青岛市胶南市北京中路 185 号		
成立时间	1980 年	邮　　编	266431
法定代表人	冯学楼	网　　址	www.chinataifa.com
电　　话	0532-83192069	传　　真	0532-83191088
E-mail	taifajt@163169.net		
主要产品、业务	生产销售各种手推车、轮胎、塑料制品、金属制品		

单位名称	青岛正进集团有限公司		
地　　址	山东省青岛市城阳区双元路 58 号正进工业园		
成立时间	1991 年	邮　　编	266108
法定代表人	高正进	网　　址	www.zhengjin.com
电　　话	0532-7725888	传　　真	0532-7726388
E-mail			
主要产品、业务	“正进”牌各种烤鱼片、烤鱼排、鱿鱼丝、鱼柳丝休闲类，金枪鱼罐头、三文鱼罐头类，深海鳕鱼片、鱼丸、欧式鱼排、冷冻虾等冷冻类，“正进”牌水产系列产品荣获“中国著名品牌”“青岛名牌”等荣誉称号，远销欧美各国、韩国、日本、东南亚等六十余个国家和地区，跻身跨入中国水产加工企业最大规模效益龙头集团企业		

单位名称	威海光威渔具集团有限责任公司		
地　　址	山东省威海市烟台中路 45 号		
成立时间	1987 年 11 月	邮　　编	264202
法定代表人	陈光威	网　　址	www.guangwei.com.cn
电　　话	0631-5298698	传　　真	0631-5291671
E-mail			
主要产品、业务	玻璃竿渔竿、碳素渔竿、渔线轮、碳素布、渔竿油漆、渔具橡胶配件、渔具电镀配件、渔竿模具、渔具系列杂品		

单位名称	兰雁集团股份有限公司		
地　　址	山东省淄博市周村区东门路 161 号		
成立时间	1993 年	邮　　编	255300
法定代表人	盛文中	网　　址	www.lanyan.com
电　　话	0533-6412567	传　　真	0533-6410312
E-mail			
主要产品、业务	公司集纺纱、织布、染整、服装为一体，主要产品为“兰雁”牌牛仔布和牛仔服装		

单位名称	兖矿鲁南化肥厂		
地　　址	山东省滕州市木石镇		
成立时间	1967年	邮　　编	277527
法定代表人	褚宏春	网　　址	www.lunangroup.com
电　　话	0632-2362050	传　　真	0632-2362065
E-mail			
主要产品、业务	企业通过了ISO9001体系认证，为“全国重合同守信用企业”，山东省特（AAA）级信誉企业，主要产品为：尿素、甲醇、炭酸钾		

单位名称	山东恒通化工股份有限公司		
地　　址	山东省郯城人民路305号		
成立时间	1993年6月	邮　　编	276100
法定代表人	王永立	网　　址	
电　　话	0539-6221770	传　　真	0539-6225058
E-mail			
主要产品、业务	合成氨、尿素、烧碱、氯化苄、氯乙酸、漂白粉、电蒸汽、甲醇等，年销售收入10亿元，利税1.5亿元		

单位名称	山东东阿阿胶集团		
地　　址	山东省东阿县县城阿胶街78号		
成立时间		邮　　编	252201
法定代表人	刘维鋕	网　　址	www.dongeejiao.com
电　　话	0635-3264085	传　　真	0635-3260786
E-mail			
主要产品、业务	阿胶、复方阿胶浆、阿胶补血膏（颗粒）、阿胶（液体）、中药、保健品、生物制药、药用辅料		

单位名称	青岛红星化工集团有限责任公司		
地　　址	山东省青岛市北区济阳路8号		
成立时间	1956年	邮　　编	272035
法定代表人	姜志光	网　　址	www.redstarchem.cn
电　　话	0532-82850016	传　　真	0532-82830410
E-mail			
主要产品、业务	钡、锶、锰系列产品（含高纯级）、天然色素系列、二氧化硫脲、硫酸、硫磺、不溶性硫		

单位名称	山东滨州渤海活塞股份有限公司		
地　　址	山东省滨州渤海二十路999号		
成立时间	1951年	邮　　编	256602
法定代表人	李俊杰	网　　址	www.bhpision.com
电　　话	0543-3288877	传　　真	0543-3288899
E-mail	sale@bhpiston.com		
主要产品、业务	是国内唯一一家以内燃机活塞作为主导产品的上市公司，滨州活塞主导产品——直径30毫米到400毫米的高性能活塞，品种达1000多个、年产能力3000万件，广泛用于各种汽车、摩托车、船舶、工程、军工等动力机械领域		

单位名称	东营市天信纺织有限公司		
地　　址	山东省东营市东二路11号		
成立时间	1986年3月	邮　　编	257091
法定代表人	崔殿文	网　　址	www.tansins.com
电　　话	0546-8351300	传　　真	0546-8353555
E-mail			
主要产品、业务	生产和经营棉纱、棉布、服装、塑钢型材		

单位名称	青岛捷能电工电子集团有限责任公司		
地　　址	山东省青岛市四元区四流南路102号		
成立时间	1992年11月17日	邮　　编	266042
法定代表人	郑明辉	网　　址	
电　　话	0532-4858036	传　　真	0532-4858036
E-mail			
主要产品、业务	各种热电联产汽轮机、变流及配电装置、电线电缆、蓄电池等		

单位名称	山东环日集团总公司		
地　　址	山东省莱州市		
成立时间	1984年12月	邮　　编	261413
法定代表人	潘书昌	网　　址	www.huanri.com.cn
电　　话		传　　真	0535-2331262
E-mail			
主要产品、业务	生产“环日”钢瓶、管件、阀门、刹车盘、木工车床，“雄鹰”轮胎，经营进出口外贸业务		

单位名称	青岛泰能燃气集团有限公司		
地　　址	山东省青岛市东海一路25号		
成立时间	2003年5月16日	邮　　编	266071
法定代表人	杜秀君	网　　址	www.qdgg.com
电　　话	0532-6688168	传　　真	0532-6688178
E-mail			
主要产品、业务	人工煤气、液化石油气、天然气、冶金焦炭、供热、发电、生产、经营和售后服务，燃气、供热工程设计、施工、安装，管网运行管理，燃气汽车改装、加气以及燃气用具生产、销售、维修等		

单位名称	山东瑞星化工有限公司		
地　　址	山东省东平县瑞星工业区		
成立时间	孟广银	邮　　编	271509
法定代表人		网　　址	www.rxjt.com
电　　话	0538-2418058	传　　真	0538-2418027
E-mail			
主要产品、业务	尿素、玉米淀粉、口服葡萄糖、注射一水葡萄糖、乌洛托品、甘油、硬脂酸		

单位名称	山东新郎希努尔股份有限公司		
地　　址	山东省政府诸城市东外环路北首		
成立时间	1993年9月	邮　　编	262200
法定代表人	王桂波	网　　址	www//sinoer.cn
电　　话	0536-6059526	传　　真	0536-6053150
E-mail			
主要产品、业务	西装、衬衣、领带、休闲、T 恤、茄克、皮鞋等		

单位名称	山东大渔岛集团有限公司		
地　　址	山东省荣成市石岛镇渔岛路16号		
成立时间	1985年	邮　　编	264309
法定代表人	张义国	网　　址	www.dayoudao.com.cn
电　　话	0631-7381450	传　　真	0631-7381615
E-mail			
主要产品、业务	各种水产品、船舶制造、绳网制造、海藻类产品、碘、海藻胶、甘露醇等		

单位名称	中通客车控股股份有限公司		
地　　址	山东省聊城市建设东路10号		
成立时间	1994年11月7日	邮　编	252000
法定代表人	王庆福	网　址	www.zhongtong.com
电　话	0635-8322161	传　真	0635-8322166
E-mail	info@zhongtong.com		
主要产品、业务	公司主要生产大、中、轻各种类别，高、中、普各种档次的客车，适应长途、旅游、公交等不同用途的市场需求		

单位名称	山东蓝星玻璃（集团）有限公司		
地　　址	山东省威海市新威路128号		
成立时间	1965年	邮　编	264200
法定代表人	张昭珩	网　址	www.lanxing.com
电　话	0631-5231121	传　真	0631-5226676
E-mail			
主要产品、业务	玻璃及制品、陶瓷的生产和销售、公路货运、饮食娱乐服务、木制包装箱、氧气、进出口业务，批发和零售贸易等		

单位名称	山东大成农药股份有限公司		
地　　址	山东省淄博市张店区洪沟路25号		
成立时间	耿佃杰	邮　编	255009
法定代表人		网　址	www.dacheng.com
电　话	0533-2111999	传　真	0533-2113511
E-mail			
主要产品、业务	公司主营化学农药、氯碱，兼营其他业务，化工产品有烧碱、二氯苯，农药有杀虫剂、杀螨剂、杀菌剂、除草剂、植物生物生长调节剂		

单位名称	济南正昊化纤新材料有限公司		
地　　址	山东省济南市高新技术开发区化纤厂路2号		
成立时间	2002年4月	邮　编	250100
法定代表人	贾　罗	网　址	www.jnzhaf.com
电　话	0531-8068009	传　真	0531-8902552
E-mail			
主要产品、业务	主要产品及年生产能力为：精对苯二甲酸（PTA）10万吨，聚酯熔体和切片（PET）26万吨，涤纶短纤11万吨，涤纶长丝2.2万吨，精纺化纤面料2000万米		

单位名称	济南卢堡啤酒有限公司		
地　　址	山东省济南市天桥区堤口路17号		
成立时间	1994年4月13日	邮　编	250031
法定代表人	李聚全	网　址	www.jnbeer.com
电　话	0531-5596658	传　真	0531-5954658
E-mail			
主要产品、业务	制造啤酒及与啤酒生产配套的产品，销售本公司生产的产品		

单位名称	山东淄博华光陶瓷股份有限公司		
地　　址	山东省淄博市张店区湖田镇湖光路6号		
成立时间	1986年	邮　编	255076
法定代表人	苏同强	网　址	www.huaguanggroup.com
电　话	0533-2064346	传　真	0533-2061404
E-mail			
主要产品、业务	日用陶瓷、工业陶瓷、艺术陶瓷、包装纸箱、机制纸及纸板的生产、销售		

单位名称	山东裕隆矿业集团有限公司		
地　　址	山东省曲阜市天华路2号		
成立时间	1998年9月	邮　　编	273100
法定代表人	秦裕彦	网　　址	www.sdyljt.com
电　　话	0537-4402083	传　　真	0537-4402083
E-mail			
主要产品、业务	主要产品：煤炭、中成药、生物芯片、矸石砖 业务：煤炭、中成药、生物芯片、矸石砖的生产与销售，餐饮服务、运输业		

单位名称	泰安泰龙棉纺针织有限公司		
地　　址	山东省泰安市大河		
成立时间	1971年	邮　　编	271000
法定代表人	阎　新	网　　址	www.chinatailong.com
电　　话	0538-6711014	传　　真	0538-6712927
E-mail			
主要产品、业务	棉纱、棉布、牛仔布、牛仔服、针织内衣		

单位名称	鲁中冶金矿业集团公司		
地　　址	山东省莱芜市鲁中冶金矿业集团公司		
成立时间	1970年12月	邮　　编	271113
法定代表人	李连华	网　　址	www.lzmining.com
电　　话	0634-6811342 0634-6811264	传　　真	0634-6811316
E-mail	lzkjszx@vip.163.com		
主要产品、业务	铁精矿、块矿、直接还原铁、螺纹钢、钕铁硼磁材、电线、特缆、电动铲运机、钎具		

单位名称	山东潍坊拖拉机厂集团有限公司		
地　　址	山东省潍坊市奎文区北宫东街63号		
成立时间	1951年1月	邮　　编	261004
法定代表人	王　平	网　　址	www.weituo.com
电　　话	0536-8651188	传　　真	0536-8652288
E-mail			
主要产品、业务	制造、销售、出口拖拉机、农用运输车、柴油机、发电机、农用机械、各种配套件，进口本公司生产、科研所需的原辅材料零配件，生产销售智能防盗安全门		

单位名称	特变电工山东鲁能泰山电缆有限公司		
地　　址	山东省新寿市金斗路99号		
成立时间	2003年7月	邮　　编	271200
法定代表人	张　新	网　　址	www.lnts.net
电　　话	0538-7238859	传　　真	0538-7222439
E-mail			
主要产品、业务	电线电缆系列产品的设计、开发、生产销售和服务		

单位名称	青岛即发集团股份有限公司		
地　　址	山东省青岛即墨市即发路1号		
成立时间	1955年	邮　　编	266221
法定代表人	陈玉兰	网　　址	www.chinajifa.com
电　　话	0532-8513493	传　　真	0532-8514298
E-mail			
主要产品、业务	针织系列产品、发饰系列产品、日用纺织品、玩具		

单位名称	中国北车集团济南机车车辆厂		
地　　址	山东省济南市槐荫73街号		
成立时间	1910年	邮　　编	250022
法定代表人	张重智	网　　址	www.jnjcc.cn
电　　话	0531-7186024	传　　真	0531-7957548
E-mail			
主要产品、业务	铁路运输用各类敞车、罐车、客车集便器、智能板机等		

单位名称	山东华鲁恒升化工股份有限公司		
地　　址	山东省德州市天衢西路24号		
成立时间	2000年4月	邮　　编	253024
法定代表人	王春涛	网　　址	www.hl-hengsheng.com
电　　话	0534-2465013	传　　真	0534-2465017
E-mail			
主要产品、业务	尿素、甲醇、DMF等化肥化工产品的生产与经营		

单位名称	得利斯集团有限公司		
地　　址	山东省诸城市得利斯工业园		
成立时间	1986年11月	邮　　编	262216
法定代表人	郑和平	网　　址	www.delisigroup.com
电　　话	0536-6339999	传　　真	0536-6401233
E-mail			
主要产品、业务	生猪屠宰、养殖，低温肉制品、冷却肉、方便调理食品加工		

单位名称	山东济宁矿业集团有限公司		
地　　址	山东省济宁市红星中路27号信托大厦		
成立时间	1999年8月	邮　　编	272000
法定代表人	王彦伦	网　　址	www.jiningcoal.com
电　　话	0537-2907962	传　　真	0537-2907099
E-mail			
主要产品、业务	煤炭经营、建筑材料、机电设备、进出口业务、矿用机械配件加工		

单位名称	山东滨化集团有限责任公司		
地　　址	山东省滨州市黄河五路560号		
成立时间	1970年10月	邮　　编	256619
法定代表人	张忠正	网　　址	www.befar.com.cn
电　　话	0543-2118001	传　　真	0543-2118888
E-mail			
主要产品、业务	烧碱系列产品、环氧丙烷、油品系列、中海36-1重交道路沥青及改性沥青、油田化学品及工业助剂系列环保化学品		

单位名称	青岛澳柯玛集团总公司		
地　　址	山东省青岛经济技术开发区前湾港路315号		
成立时间	1992年	邮　　编	266510
法定代表人	鲁群生	网　　址	www.aucma.com
电　　话	0532-6765668	传　　真	0532-6765199
E-mail			
主要产品、业务	冰柜、冰箱、空调器、电热水器、电工产品、电动车、锂离子电池、LED照明产品、海洋生物产品		

单位名称	山东广寒宫集团有限公司		
地　　址	中国山东省莱芜市凤城东大街 109 号		
成立时间	1958 年	邮　　编	271100
法定代表人	陶善江	网　　址	www.guanghangong.com.cn
电　　话	0634-8808067	传　　真	0634-8807501
E-mail			
主要产品、业务	广寒宫啤酒、白酒、葡萄酒、旺福山泉矿泉水生产和销售		

单位名称	山东新华制药股份有限公司		
地　　址	山东省淄博市张店区东一路 14 号		
成立时间	1943 年	邮　　编	255005
法定代表人	郭　琴	网　　址	www.xhzy.com
电　　话	0533-2166666	传　　真	0533-2184991
E-mail			
主要产品、业务	亚洲最大的解热镇痛药生产和出口基地，中国最重要的抗感染药、中枢神经药、激素类药、心脑血管药、肿瘤用药及化工防腐设备生产企业		

单位名称	山东省文登市电业总公司		
地　　址	山东省文登市龙山路 17 号		
成立时间	1993 年 6 月 23 日	邮　　编	264400
法定代表人	吴学忠	网　　址	www.wddl.com.cn
电　　话	0631-8251625	传　　真	0631-8185047
E-mail	wddongke@sina.com		
主要产品、业务	发供用电、发供用热、商贸流通、餐饮旅游、房产开发、机械制造、食品生产等		

单位名称	山东凤祥（集团）有限责任公司		
地　　址	山东省阳谷县凤祥工业区		
成立时间	1991 年 10 月	邮　　编	252325
法定代表人	刘学景	网　　址	www.fengxiang.com
电　　话	0635-6779260	传　　真	0635-6779261
E-mail			
主要产品、业务	主要从事种鸡饲养、饲料加工、肉鸡分割及熟制品、调味品、保健品、乳制品、植物油、纺织品和热电联产等相关产业的生产经营		

单位名称	中国重型汽车集团有限公司		
地　　址	山东省济南市无影山中路 53 号		
成立时间	1983 年	邮　　编	250031
法定代表人	马纯洛	网　　址	
电　　话	0531-5582114	传　　真	0531-5952412
E-mail			
主要产品、业务	主要产品有沃尔沃重型汽车、斯太尔重型汽车、斯太尔飞龙重型汽车、客车、军用载重车及各种专用汽车		

单位名称	山东省药用玻璃股份有限公司		
地　　址	山东省淄博市沂源县城二郎山路 8 号		
成立时间	1993 年 10 月	邮　　编	256100
法定代表人	柴　文	网　　址	
电　　话	0533-3242312	传　　真	0533-3243376
E-mail			
主要产品、业务	生产销售模制抗生素玻璃瓶、玻璃管、棕色药瓶、输液瓶、塑料瓶、丁基胶塞、铝塑盖等		

单位名称	山东华冠股份有限公司		
地　　址	山东省莱尧市文化南路134号		
成立时间	1966年	邮　　编	271100
法定代表人	陈庆敏	网　　址	www.huaguangufen.com
电　　话	0634-6256018	传　　真	0634-6256595
E-mail			
主要产品、业务	主要生产经营塑料、橡胶、电工、纺织、电线、电缆等机械产品以及电脑控制系统、塑料制品、模具等相关产品		

单位名称	山东如意科技集团		
地　　址	山东省济宁市高新区如意工业园		
成立时间	1972年	邮　　编	272073
法定代表人	邱亚夫	网　　址	www.chinaruyi.com
电　　话	0537-2311818	传　　真	0537-2316688
E-mail			
主要产品、业务	以精纺呢绒、服装为主，兼有色毛纺纱、针织服装、童装、棉印染布、牛仔布、化纤、房地产等产业		

单位名称	山东乐化集团有限公司		
地　　址	山东省潍坊市昌乐县红河镇乐化工业园		
成立时间	1987年4月	邮　　编	262412
法定代表人	沈孝业	网　　址	lehuagroup.com
电　　话	0536-6681188	传　　真	0536-6681151
E-mail			
主要产品、业务	生产和销售油漆、涂料、铝塑复合板、包装制品、五金制品、白酒、化肥、塑料制品、进出口业务		

单位名称	南车四方机车车辆股份有限公司		
地　　址	山东省青岛市崂山区秦岭路17号		
成立时间	2002年7月22日	邮　　编	266061
法定代表人	张　军	网　　址	www.cqsf.com
电　　话	0532-8975000	传　　真	0532-8975111
E-mail			
主要产品、业务	铁路机车、客车、动车组、城市轨道交通车辆的设计、制造及销售		

单位名称	三角集团		
地　　址	山东省威海市青岛中路56号		
成立时间	1976年	邮　　编	264200
法定代表人	丁玉华	网　　址	www.triangle.com.cn
电　　话	0631-5305566	传　　真	0631-5321246
E-mail			
主要产品、业务	轮胎及化工辅料、汽车电子、精细化工等		

单位名称	山东凤凰纺织集团公司		
地　　址	山东省济宁市汶上县中都大街		
成立时间	1982年3月	邮　　编	272500
法定代表人	李广伟	网　　址	www.shandogrphoenix.com
电　　话	0537-7212619	传　　真	0537-7212171
E-mail			
主要产品、业务	本企业主要生产经营棉纱、棉布、匹布及生产科研所需的原材料、机械设备、仪器仪表、零配件的进口业务		

单位名称	文登市电业总公司		
地　　址	山东省文登市龙山路8号		
成立时间	1993年6月23日	邮　　编	264400
法定代表人	吴学忠	网　　址	www.wddl.com.cn
电　　话	0631-8251625	传　　真	0631-8185047
E-mail	wddongke@sina.com		
主要产品、业务	发电、供电、供热，房产开发、热电安装、商品流通、服装出口、电器制造、玻璃钢型材、表箱、管道生产及自动制砖机生产等		

单位名称	山东齐鲁味精集团		
地　　址	山东省茌平县北顺河街239号		
成立时间	1978年	邮　　编	252100
法定代表人	杨立峰	网　　址	www.qilugroup.com.cn
电　　话	0635-4285419	传　　真	0635-4285439
E-mail			
主要产品、业务	主要生产“999牌”味精、“春蕊、骏马”牌味精、鸡精		

单位名称	中国石化齐鲁股份有限公司		
地　　址	山东省淄博市高新技术产业开发区		
成立时间	1998年3月	邮　　编	255086
法定代表人	张瑞生	网　　址	www.qilu.com.cn
电　　话	0533-3583728	传　　真	0533-3583718
E-mail			
主要产品、业务	石油制品、化工产品的生产、加工、仓储、运输、销售，科研开发和综合技术服务		

单位名称	山东恒源石油化工集团有限公司		
地　　址	山东省德州市临邑县恒源路111号		
成立时间	1970年	邮　　编	
法定代表人	王有德	网　　址	www.hyshit.com
电　　话	0534-4233715	传　　真	0534-4225918
E-mail			
主要产品、业务	以石油化工为主业，焦石油炼制与后续化工为一体的国有大型企业 主要产品：汽油、柴油、液化气、聚丙烯、渣油、油浆、MTBE、无味煤油、溶剂油、重交沥青		

单位名称	山东兖矿峄山化工有限公司（原山东峄化集团）		
地　　址	山东省邹城市峄化路2689号		
成立时间	1979年	邮　　编	273500
法定代表人	邢克力	网　　址	www.yanzhoucoal.com.cn
电　　话	0537-5344179	传　　真	0537-5116546
E-mail			
主要产品、业务	峄山牌尿素、复合肥、甲醇		

单位名称	山东斥山水产集团有限公司		
地　　址	山东省荣成市石岛镇东寨村		
成立时间	1987年5月	邮　　编	264308
法定代表人	王玉春	网　　址	www.cn-food.com
电　　话	0631-7321100	传　　真	0631-7323288
E-mail			
主要产品、业务	各类水产品加工销售，渔粉、网绳、塑料、拖拉机、柴油机、建筑、货运、娱乐餐饮等业务		

单位名称	济南裕兴化工总厂		
地　　址	山东省济南市天桥区五柳闸 14 号		
成立时间		邮　　编	250033
法定代表人		网　　址	
电　　话	0531-3162696	传　　真	0531-3162000
E-mail			
主要产品、业务	铬酸酐、金红石型钛白粉、锐钛型钛白粉		

单位名称	淄博矿业集团有限责任公司		
地　　址	山东省淄博市淄川区移般阳路 215 号		
成立时间	1953 年	邮　　编	255120
法定代表人	马厚亮	网　　址	www.2BM-ol.com
电　　话	0533-5851173	传　　真	0533-5851162
E-mail			
主要产品、业务	煤炭开采、原煤洗选加工、自备铁路运输、发电输变电、水泥制品、机械制造等		

单位名称	烟台万华合成革集团有限公司		
地　　址	山东省烟台市幸福南路 7 号		
成立时间	1995 年 7 月	邮　　编	264002
法定代表人	李建奎	网　　址	www.wanhua.com.cn
电　　话	0535-6837888	传　　真	0535-6837594
E-mail			
主要产品、业务	聚氨酯和聚氨酯树酯原料及产品、工业气体、烧碱、氯产品的制造、防腐保温工程施工		

单位名称	环球木业有限公司		
地　　址	山东省蓬莱市外向型工业加工区环球路		
成立时间	2000 年 4 月	邮　　编	265609
法定代表人	黄毓智	网　　址	
电　　话	0535-5600290	传　　真	0535-5604501
E-mail			
主要产品、业务	胶合板、密度板、细杠板、贴面板、地板毛料、机制木炭		

单位名称	齐鲁制药有限公司		
地　　址	山东省济南市高新区七里河路北段 2 号		
成立时间	1992 年	邮　　编	250100
法定代表人	李伯涛	网　　址	www.qilu-pharma.com
电　　话	0531-8962118	传　　真	0531-8967329
E-mail			
主要产品、业务	产品有抗感染药、抗肿瘤药、心脑血管系统用药、呼吸系统用药、神经及精神系统用药六大类的原料药和各类药粉制剂 200 多个品种		

单位名称	山东平阳铝厂		
地　　址	山东省济南市平阳县孔村镇		
成立时间	1966 年 10 月	邮　　编	250412
法定代表人	孙振启	网　　址	www.pylc.com
电　　话	0531-7745831	传　　真	0531-7745945
E-mail			
主要产品、业务	年产电解铝 3 万吨，铝加工材 5 万吨，包括：铸轧板、铸轧杆、板带箔、线材、型材及金属添剂等		

单位名称	山东红日集团有限责任公司		
地　　址	山东省临沂市罗庄区		
成立时间	1965年	邮　　编	276021
法定代表人	王廷艾	网　　址	www.redsunchemical.com
电　　话	0539-8280019	传　　真	0539-8280780
E-mail			
主要产品、业务	从事化肥及相关原料产品的生产和销售，具有年产60万吨硫基NPK复合肥，50万吨浓硫酸，20万吨盐酸，14万吨合成氯的生产规模		

单位名称	烟台三环锁业集团有限公司		
地　　址	山东省烟台市西南河路47号		
成立时间	1930年	邮　　编	264000
法定代表人	解维坤	网　　址	www.Tri-circle.com
电　　话	0535-6666765	传　　真	0535-6244704
E-mail			
主要产品、业务	主要产品有三环牌铜铁挂锁、铜挂锁、各类门锁、汽车锁、保险柜、磁卡锁、智能锁、楼宇防盗系统、防盗门、生物识别系统等十余类100多个花色品种，畅销世界160多个国家和地区		

单位名称	济南锅炉集团有限公司		
地　　址	山东省济南市黄岗路8号		
成立时间	1954年10月	邮　　编	250023
法定代表人	仲联元	网　　址	www.jnboiler.com
电　　话	0531-85972925	传　　真	0531-85974414
E-mail	jbg@jnboiler.com		
主要产品、业务	0.6-20万千瓦循环流化床燃煤、燃生物质锅炉等8大系列100多个品种		

单位名称	山东招金集团有限公司		
地　　址	山东省招远市文化路2号		
成立时间	1974年	邮　　编	265400
法定代表人	路东尚	网　　址	www.gold-zhaoyuan.com
电　　话	0535-8213367	传　　真	0535-8212274
E-mail			
主要产品、业务	主营业务黄金矿业开发，主要产品有金锭、银锭、金银制品、硫酸、电解铜等		

单位名称	青岛碱业股份有限公司		
地　　址	山东省青岛市四流北路78号		
成立时间	1958年	邮　　编	266043
法定代表人	罗方辉	网　　址	www.qdjy.com
电　　话	0532-4813455	传　　真	0532-4812049
E-mail			
主要产品、业务	自力牌纯碱、小苏打、氯化钙、民丰牌尿素、碳酸氢铵、双收牌农药		

单位名称	山东吉龙实业有限公司		
地　　址	山东省莱阳市鹤山路26号		
成立时间	1999年9月	邮　　编	265200
法定代表人	宋志星	网　　址	www.jilong.com.cn
电　　话	0535-7296170	传　　真	0535-7296170
E-mail			
主要产品、业务	食品、包装、机械		

单位名称	山东天承生物金业股份有限公司		
地　　址	山东省莱州市金城镇烟潍路东 3 号		
成立时间	2000 年 3 月	邮　　编	261438
法定代表人	张安康	网　　址	www.tcgold.com
电　　话	0535-2636989	传　　真	0535-2636036
E-mail			
主要产品、业务	主要经营含金物料的生物提金及金、银的冶炼和精炼 主要生产和加工 1 号、2 号国际标准金锭及 99.999% 金锭		

单位名称	德州晶华集团有限公司		
地　　址	山东省德州市迎宾路 122 号		
成立时间	1998 年	邮　　编	253019
法定代表人	苗建中	网　　址	www.ejhgroup.com
电　　话	0534-2324929	传　　真	0534-2348984
E-mail			
主要产品、业务	公司主导产品为日用玻璃、平板玻璃、硅酸盐水泥、空心玻璃砖、碳素纤维布等，产品覆盖 20 多个省市、出口 20 多个国家和地区		

单位名称	山东晨鸣纸业集团股份有限公司		
地　　址	山东省潍坊寿光圣城街 595 号		
成立时间	1996 年 12 月	邮　　编	262700
法定代表人	陈洪国	网　　址	www.chenmingpaper.com
电　　话	0536-5280000	传　　真	0536-5221843
E-mail			
主要产品、业务	机制纸及纸板和造纸原料、造纸机械、电力、热力的生产与销售		

单位名称	青岛三美电机有限公司		
地　　址	山东省青岛经济技术开发区香江一路 23 号		
成立时间	1992 年	邮　　编	266555
法定代表人	黑井博	网　　址	
电　　话	0532-6897333	传　　真	0532-6897140
E-mail			
主要产品、业务	磁头、线圈、摇控器、电子开关、电子原件		

单位名称	鲁西化工集团有限责任公司		
地　　址	山东省聊城市鲁化路 68 号		
成立时间	1978 年	邮　　编	252000
法定代表人	张金成	网　　址	www.lusi.c@EMiCAL.com
电　　话	0635-8334395	传　　真	0635-8324344
E-mail			
主要产品、业务	化肥、化工产品、化工机械、制造经营		

单位名称	山东英克莱集团有限公司		
地　　址	山东省济宁市高新技术开发区 29 号		
成立时间	1970 年	邮　　编	272000
法定代表人	刘永良	网　　址	www.INCALCU.com
电　　话	0537-2327808	传　　真	0537-2327226
E-mail			
主要产品、业务	“英克莱”牌电动车、健身器、电极铝箔、LED 显示屏、发光二极管、自行车产品，是“山东名牌”和“山东著名商标”，产品市场占有率在同行业中名列前茅，在全国享有盛誉		

单位名称	山东九发集团公司		
地　址	山东省烟台市牟平区牟玉路1号		
成立时间	1995年7月	邮　编	264111
法定代表人	蒋绍庆	网　址	www.china-jiufa.com
电　话	0535-6623996	传　真	0535-6623798
E-mail			
主要产品、业务	食用菌、果蔬、饮料、罐头、包装制品、复合肥、保健品等及进出口业务		

单位名称	丛林集团		
地　址	山东省龙口市丛林工业区		
成立时间	1982年	邮　编	265705
法定代表人	张培良	网　址	www.conglin.com.cn
电　话	0535-8563136	传　真	0535-8561337
E-mail	conglin@conglin.com.cn		
主要产品、业务	水泥、胶带、胶管、铝材、球管、管件、塑管机械、缝制、汽车、车体等		

单位名称	万杰集团有限责任公司		
地　址	山东省淄博市博山经济开发区		
成立时间	1996年	邮　编	255213
法定代表人	孙启玉	网　址	www.wanjie.com
电　话	0533-4654307	传　真	0533-4654088
E-mail			
主要产品、业务	化纤长丝、短纤维、化纤布料、药品克迪圣、其诺必通、可派、派芬 钢坯、生铁、线材		

单位名称	山东大海集团有限公司		
地　址	山东省东营市广饶县稻庄镇政府驻地		
成立时间	1988年	邮　编	257336
法定代表人	刘福海	网　址	www.dahaigroup.com
电　话	0546-6495333	传　真	0546-6495122
E-mail			
主要产品、业务	主要产品：染色布、印花布、漂白布、各种规格棉纱、高档服装面料、高级铝粉颜料、锦纶帘子布 业务：房地产开发、进出口贸易、劳务输出		

单位名称	秦皇岛北分玻璃集团有限公司		
地　址	山东省秦皇岛市海港区先锋路		
成立时间	1976年	邮　编	066000
法定代表人	滕福泉	网　址	
电　话	0335-3887949	传　真	0335-3868074
E-mail			
主要产品、业务	生产经营3～15mm篮、绿、白、茶等颜色浮法玻璃，并经营水平钢化、压型玻璃制品等		

单位名称	青岛嘉盈门集团公司		
地　址	山东省青岛市城阳区正阳街188号		
成立时间	1992年	邮　编	266109
法定代表人	纪玉君	网　址	www.xiyingmen.com.cn
电　话	0532-87869888	传　真	0532-87869922
E-mail			
主要产品、业务	生产、加工、销售：巾被系列产品、印染、餐饮、服务、橡胶轮胎、卷烟材料、汽车化油器等行业		

单位名称	山东隆基集团有限公司		
地　　址	山东省龙口市龙港开发区隆基路1号		
成立时间	1971年	邮　　编	265700
法定代表人	张乔敏	网　　址	www.longjigroup.cn
电　　话	0535-8842175	传　　真	0535-8841580
E-mail			
主要产品、业务	轿车用：制动鼓、制动盘、刹车片、水泵、载重车用：制动体 汽车用：气泵、水泵、机油泵齿轮		

单位名称	齐鲁考格尔集团		
地　　址	山东省济南市济洛路26号		
成立时间	1997年11月	邮　　编	250032
法定代表人	刘　华	网　　址	www.koesetroup.cn
电　　话	0531-5700476	传　　真	0531-5700476
E-mail			
主要产品、业务	生产、销售各类专用汽车		

单位名称	济南二机床集团有限公司		
地　　址	山东省济南机床二厂路2号		
成立时间	1996年	邮　　编	250022
法定代表人	张志刚	网　　址	www.jiermt.com
电　　话	0531-7963311	传　　真	0531-7978268
E-mail			
主要产品、业务	大型锻压设备、数控金切机床、环保建材设备、铸造设备、数控切割设备等		

单位名称	山东百年电力发展股份有限公司		
地　　址	山东省龙口市电厂南路1号		
成立时间	2000年10月	邮　　编	265700
法定代表人	刘玉璞	网　　址	
电　　话	0535-8856888	传　　真	0535-8856588
E-mail			
主要产品、业务	主营业务：电力、热力的生产经营，电力技术的开发、咨询、技术服务		

单位名称	山东工友集团股份有限公司		
地　　址	山东省威海市青岛南路689号		
成立时间	1958年5月	邮　　编	264206
法定代表人	董延伟	网　　址	www.gongyou.com
电　　话	0631-5366166	传　　真	0631-5366100
E-mail			
主要产品、业务	公司以“工友”牌系列木工机械为龙头产品，生产经营包括木工机械、电动机、铸造机械、水泵、化工产品、建筑材料、冶炼、果蔬等二百多种规格的产品		

单位名称	泰丰纺织集团		
地　　址	山东省莱芜市高新区		
成立时间	1987年12月	邮　　编	271100
法定代表人	刘庆平	网　　址	www.sd-taifeng.com
电　　话	0634-8856668	传　　真	0634-8856606
E-mail			
主要产品、业务	6支—120支棉纱、坯布、提花布、色织布、家纺服装等高档产品		

单位名称	青岛啤酒股份有限公司		
地　　址	山东省青岛香港中路五四广场青啤大厦		
成立时间	1993 年	邮　　编	266071
法定代表人	李桂荣	网　　址	www.tsingtao.com
电　　话	0532-5711119	传　　真	0532-5714719
E-mail			
主要产品、业务	经营范围：啤酒制造、销售以及与之相关的业务 产品：以青岛啤酒为主品牌的多品牌啤酒		

单位名称	山东莱动内燃机有限公司		
地　　址	山东省莱阳市五龙北路 40 号		
成立时间	1943 年 6 月 25 日	邮　　编	265200
法定代表人	张子云	网　　址	
电　　话	0535-7293370	传　　真	0535-7291177
E-mail			
主要产品、业务	主要生产经营柴油机及相关配套产品		

单位名称	龙口矿业集团有限公司		
地　　址	山东省龙口市振兴路 249 号		
成立时间	2003 年 3 月 30 日	邮　　编	265700
法定代表人	宋子安	网　　址	
电　　话	0535-8828662	传　　真	0535-8811994
E-mail			
主要产品、业务	煤炭开采、煤炭综合开发、热电、建工、汽车运输、工程塑料、精密铸造、重型钢圈、轻型钢构		

单位名称	烟台有色金属集团有限公司		
地　　址	山东省烟台市芝罘区化工路 47 号		
成立时间	1970 年	邮　　编	264002
法定代表人	孙林权	网　　址	
电　　话	0535-6530216	传　　真	0535-6530216
E-mail			
主要产品、业务	电解铜、黄金、白银、铜杆、铜管、铜带（汽车散焦片用），K2SO4、hd、电磁线		

单位名称	山东泰山钢铁集团有限公司		
地　　址	山东省莱芜市新甫路 1 号		
成立时间	1994 年 5 月	邮　　编	271100
法定代表人	王守东	网　　址	www.taishansteel.com.cn
电　　话	0634-6117211 0634-6118303	传　　真	0634-6114423 0634-6119823
E-mail			
主要产品、业务	生铁、钢材、钢坯、水泥、铸造产品、焦炭及煤化工产品、电、氧气、液氧、氩气、液氩、氮气的产销，新材料研发及生产		

单位名称	北汽福田汽车股份有限公司诸城汽车厂		
地　　址	山东省诸城密州路		
成立时间	1996 年	邮　　编	262200
法定代表人	王金玉	网　　址	
电　　话	0536-6115638	传　　真	0536-6167710
E-mail			
主要产品、业务	汽车、工程车		

单位名称	山东华龙纺织有限公司		
地　　址	山东省五莲县城解放路156号		
成立时间	1978年	邮　　编	262300
法定代表人	丁宏利	网　　址	www.hltex.com
电　　话	0633-5321021	传　　真	0633-5321226
E-mail			
主要产品、业务	主要产品有纯棉、涤棉、涤粘、人造纺纱、布、服装等十几个系列200多个品种		

单位名称	方圆集团有限公司		
地　　址	山东省海阳市方圆工业园		
成立时间	1993年5月	邮　　编	265100
法定代表人	高　秀	网　　址	www.china-fangyuan.com
电　　话	0535-3298400	传　　真	0535-3298401
E-mail	master@china-fangyuan.com		
主要产品、业务	方圆集团是以开发生产建设机械、工程机械、交通机械、筑路机械为主跨地区、跨行业的大型企业集团，是我国工程机械50强企业，全国机械行业100强企业		

单位名称	山东红日阿康化工股份有限公司		
地　　址	山东省临沂市罗庄区湖北路东段		
成立时间	1965年	邮　　编	276021
法定代表人	茵卢布科夫·德米特里	网　　址	www.hongriacron.com
电　　话	0539-7112901	传　　真	0539-7112902
E-mail	hracorn@sohu.com		
主要产品、业务	山东红日阿康化工股份有限公司是中俄合资企业，资产总额11亿元，具有年产100万吨复合肥、50万吨硫酸、16万吨合成氨、15万吨盐酸的生产能力，主导产品艳阳天、东方红牌硫酸钾复合肥，“艳阳天”荣获“中国名牌”称号		

单位名称	济南钢铁集团总公司		
地　　址	山东省济南市工业北路21号		
成立时间	1958年7月	邮　　编	250101
法定代表人	李长顺	网　　址	www.jigang.com.cn
电　　话	0531-8869748	传　　真	0531-8983797
E-mail			
主要产品、业务	钢铁冶炼及压延、中板、中厚板、型材、钢坯、耐火材料、铸管、水泥、冶金机械制造、设备安装		

单位名称	华能国际电力股份有限公司德州电厂		
地　　址	山东省德州市华兴路10号		
成立时间	1991年1月	邮　　编	253024
法定代表人	李小鹏	网　　址	www.sddiixd126.com
电　　话	0534-2432030	传　　真	0534-2468956
E-mail			
主要产品、业务	发电		

单位名称	山东东大化学工业有限公司		
地　　址	山东省淄博张店新村东路21号		
成立时间	1958年	邮　　编	255028
法定代表人	王继文	网　　址	www.dongdagroup.com
电　　话	0533-2159999	传　　真	0533-2150666
E-mail	chem@dongdagroup.com		
主要产品、业务	环氧丙烷、聚醚、离子交换树脂、二乙烯苯、医用胶塞、聚氨脂材料		

单位名称	青岛国风药业股份有限公司		
地　　址	山东省青岛经济技术开发区松花江路18号		
成立时间	1956年	邮　　编	266510
法定代表人	秦志华	网　　址	www.growful.com
电　　话	0532-6763616	传　　真	0532-6763601
E-mail			
主要产品、业务	中成药、合成药、海洋药物、生物制剂的研发、生产和销售，主要产品苦甘冲剂、养心氏、快胃片、利胆片、健脑丸等销往全国各地及海外市场		

单位名称	威海市山花地毯集团有限公司		
地　　址	山东省威海市和平路113号		
成立时间	1982年3月	邮　　编	264000
法定代表人	刘新惠	网　　址	www.chinashanhua.com
电　　话	0631-5219988	传　　真	0631-5233001
E-mail	mazj@chinashanhua.com market@chinashanhua.com		
主要产品、业务	阿克斯明斯特地毯、威尔顿地毯、簇海地毯、方块地毯、彩印地毯、汽车地毯		

单位名称	莱芜钢铁集团有限公司		
地　　址	山东省莱芜市钢城区友谊大街38号		
成立时间	1970年1月	邮　　编	271104
法定代表人	姜开文	网　　址	www.laigang.com
电　　话	0634-6820222	传　　真	0634-6820222
E-mail	huang.yuqing@126.com waitfui@sohu.com		
主要产品、业务	主业：H型钢、热车卷板、螺纹钢、特殊钢等 非钢产业：钢结构、房地产、粉末冶金及制品等		

单位名称	山东常林机械集团股份有限公司		
地　　址	山东省临沭县常林西大街112号		
成立时间	1953年	邮　　编	276700
法定代表人	张义华	网　　址	www.changlin.net
电　　话	0539-6212942	传　　真	0539-6211929
E-mail	cljx@ly-public.sd.cninfo.net		
主要产品、业务	生产销售挖掘机、装载机、压路机、手扶拖拉机、柴油机、肥料、电子产品、铸件加工、生物科技产品		

单位名称	鲁泰纺织股份有限公司		
地　　址	山东省淄博市淄川区松龄东路81号		
成立时间	1990年3月30日	邮　　编	255100
法定代表人	刘石祯	网　　址	www.lttc.com.cn
电　　话	0533-5280809	传　　真	0533-5282188
E-mail	lttc@lttc.com.cn		
主要产品、业务	“鲁泰格蕾芬”牌纱线、面料、服装、饰品		

单位名称	潍柴动力股份有限公司		
地　　址	山东省潍坊民生东街26号		
成立时间	2002年	邮　　编	261001
法定代表人	谭旭光	网　　址	www.weichai.com
电　　话	0536-8197777	传　　真	0536-8221210
E-mail	weichai@weichai.com		
主要产品、业务	柴油机及其他汽车零部件		

单位名称	海尔集团公司		
地　址	山东省青岛市高科园海尔路 1 号海尔工业园		
成立时间	1980 年 3 月 24 日	邮　编	266101
法定代表人	张瑞敏	网　址	www.haier.com
电　话	0532-88939999	传　真	0532-88938666
E-mail	info@haier.com		
主要产品、业务	冰箱、空调、洗衣机、彩电、手机、计算机、热水器、洗碗机、厨房用具、模具、工业用机器人及金融保险等		

单位名称	浪潮集团有限公司		
地　址	山东省济南市山大路 224 号		
成立时间	1989 年 2 月 3 日	邮　编	250013
法定代表人	王爱先	网　址	www.langchao.com
电　话	0531-88932888 010-62988886	传　真	0531-85106288
E-mail	webmaster@langchao.com		
主要产品、业务	服务器、行业电脑、通信、烟草、税务、ERP 和集团财务的软件产品和应用方案		

单位名称	中国石化集团齐鲁石油化工公司		
地　址	山东省淄博市临淄区桓公路		
成立时间	1966 年 1 月	邮　编	255408
法定代表人	张瑞生	网　址	www.qlsh.org.en
电　话	0533-7180777	传　真	0533-7180406
E-mail	qlsh@sina.com		
主要产品、业务	石油系列产品（汽油、煤油、柴油、沥青、硫磺等）、石油化工产品（合成橡胶、合成树脂、烧碱、苯乙烯、环氧氯丙烷、甲醇、丁辛醇等）		

单位名称	山东宏诚集团有限公司		
地　址	山东省邹平县黄山三路 8 号		
成立时间	2003 年 12 月	邮　编	256200
法定代表人	刘　明	网　址	www.hcfz.cn
电　话	0543-4322494	传　真	0543-4322052
E-mail	sdys@ec.com.cn		
主要产品、业务	棉纱、棉布、色织布、床品的生产与销售		

单位名称	山推工程机械股份有限公司		
地　址	山东省济宁市太白楼东路 21 号		
成立时间		邮　编	272035
法定代表人	周庆庭	网　址	www.shantui.com
电　话	0537-2909642	传　真	0537-2909462
E-mail	yaoxn@shantui.com		
主要产品、业务	主要产品： 1. 推土机系列　5. 压实机 2. 压路机系列　6. 划线机 3. 挖掘机系列　7. 履带链机总成 4. 吊管机系列　8. 液力变矩器、变速箱		

单位名称	日照三木木业股份有限公司		
地　址	山东省日照市岚山安东卫		
成立时间	1995 年 12 月	邮　编	276807
法定代表人	杨宝友	网　址	www.sanmu.com
电　话	0633-2611299	传　真	0633-2612999
E-mail	sanmugroup@rz-public.sd.cninfo.net		
主要产品、业务	生产、销售木制家具、钢制家具、人造板、木制建筑模板以及纸箱和包装物		

单位名称	山东太阳纸业股份有限公司		
地　　址	山东太阳纸业股份有限公司		
成立时间	1982年	邮　　编	272100
法定代表人	李洪信	网　　址	www.sunpapergroup.com
电　　话	0537-3658711 0537-3658713	传　　真	0537-3633489
E-mail	sunpaper@sunpapergroup.com		
主要产品、业务	高级铜版纸、高档涂布包装纸板、高级静复印纸等生产、加工、销售		

单位名称	临清三和纺织集团有限公司（原临清第二色织厂）		
地　　址	山东省临清市大众路1050号		
成立时间	1988年	邮　　编	252600
法定代表人	宛秋生	网　　址	www.sanheyarn-dyed.com
电　　话	0635-2341578	传　　真	0635-2342000
E-mail	lqwanbin@163.com		
主要产品、业务	纯棉色织床单布、色织服装面料、蜡印布、各类巾被产品、普梳、精梳、气流纺纱		

单位名称	山东海化股份有限公司		
地　　址	山东省潍坊海洋化工高新技术产业开发区		
成立时间	1998年6月	邮　　编	262737
法定代表人	刘景孟	网　　址	www.chinahaihua.com
电　　话	0536-5329890	传　　真	0536-5329703
E-mail			
主要产品、业务	主要生产和销售纯碱、溴素、三聚氰胺、氯化钙、水玻璃、白炭黑、尿素、硝酸铵、亚硝酸铵、烧碱、PVC等40多种产品，经济实力居国内同行业首位		

单位名称	山东德棉集团有限公司		
地　　址	山东省德州市德城区顺河西路18号		
成立时间	1999年	邮　　编	253002
法定代表人	王加毅	网　　址	www.dmjt.com
电　　话	0534-2436035	传　　真	0534-2436666
E-mail			
主要产品、业务	企业具备生产120s以内纯棉、涤棉、人棉及各种成分混纺纱和门幅“44－145”各类白坯、长丝、弹力布、色织布、印染布、针织品		

单位名称	青岛振华工业集团有限公司		
地　　址	山东省青岛胶南市隐珠镇北高家庄		
成立时间	1986年9月	邮　　编	266431
法定代表人	赵天来	网　　址	www.chinazhenhua.com
电　　话	0532-86616710	传　　真	0532-86616797
E-mail	info@chinazhenhua.com		
主要产品、业务	“振华”牌内外轮胎及车辆产品，远销欧美、日韩、非洲、东南亚等三十多个国家和地区		

单位名称	济南一机床集团有限公司		
地　　址	山东省济南市市中区济一西厂路4号		
成立时间	1996年2月2日	邮　　编	250022
法定代表人	于志海	网　　址	www.jfmt.com.cn
电　　话	0531-85052206	传　　真	0531-85052206
E-mail	zhujiuhua2005@163.com		
主要产品、业务	普通精密车床、数控车床（含车削中心、加工中心（含数控铣床），机床研发制造销售业务		

单位名称	一汽山东汽车改装厂		
地　　址	山东省蓬莱市北关路 135 号		
成立时间	1969 年 10 月	邮　　编	265600
法定代表人	安德武	网　　址	www.yqsqg.com
电　　话	0535-5642374	传　　真	0535-5641724
E-mail	yqsqg@faw.com		
主要产品、业务	专用汽车、汽车车桥生产、销售及售后服务		

单位名称	济南庚辰钢铁有限公司		
地　　址	济南市历城区郭店镇三区 70 号		
成立时间	2000 年 10 月	邮　　编	250109
法定代表人	张国林	网　　址	www.jngc.com
电　　话	0531-88281600	传　　真	0531-88991363
E-mail	gengchen@yahoo.com.cn		
主要产品、业务	年产球墨铸铁 100 万吨、覆膜砂 30000 吨、酚醛树脂 10000 吨、铸件 10000 吨的生产能力		

单位名称	青岛海洲服装服饰集团有限责任公司		
地　　址	山东省青岛市宁夏路 266 号		
成立时间	2001 年 3 月	邮　　编	266071
法定代表人	王志源	网　　址	www.chinahisun.com
电　　话	0532-85768911	传　　真	0532-85768923
E-mail	chinahisun@public.qd.sd.cn		
主要产品、业务	纺织、服装服饰品制造，国内商业、进出口业务		

单位名称	安徽江淮汽车集团有限公司		
地　址	安徽省合肥市东流路176号		
成立时间	1997	邮　编	230022
法定代表人	左延安	网　址	www.jac.com.cn
电　话	0551-3415133	传　真	0551-3411171
E-mail			
主要产品、业务	生产及销售1-50吨载货汽车、6-12米客车专用底盘、7-12座商务车，以及汽车变速箱，驱动桥等零部件产品		

单位名称	安徽佳通轮胎有限公司		
地　址	安徽省合肥经济技术开发区始信路8号		
成立时间	1993年11月	邮　编	231202
法定代表人	林美凤	网　址	www.c-grandtour.com
电　话	0551-3811555	传　真	0551-3811666
E-mail			
主要产品、业务	设计、生产、销售斜交胎、半钢子午胎、全钢子午胎及其它橡胶制品		

单位名称	合肥钢铁集团有限公司		
地　址	安徽省合肥市和平路1号		
成立时间	1998年5月18日	邮　编	230011
法定代表人	杨复强	网　址	
电　话	0551-4401241	传　真	0551-4401285
E-mail			
主要产品、业务	线材、螺纹钢、圆钢、钢管等		

单位名称	安徽皖维高新材料股份有限公司		
地　址	安徽省巢湖市皖维路56号		
成立时间	1997年5月	邮　编	238002
法定代表人	杨克中	网　址	www.wwgf.com.cn
电　话	0565-2317579	传　真	0565-2317447
E-mail	wwjszx@mail.hf.ah.cn		
主要产品、业务	聚乙烯醇、高强高模聚乙烯醇纤维、聚酯切片、水泥、白乳胶、自发电等		

单位名称	马钢（集团）控股有限公司		
地　址	安徽省马鞍山市红旗中路8号		
成立时间	1958年	邮　编	243003
法定代表人	顾建国	网　址	www.magang.com.cn
电　话	0555-2883492	传　真	0555-2884350
E-mail			
主要产品、业务	黑色金属冶炼及其压延加工制造、铁矿石采掘以及大型工程施工建筑等业务		

单位名称	安徽淮南平圩发电有限责任公司		
地　址	安徽省淮南市潘集区平圩镇		
成立时间	1999年9月	邮　编	232089
法定代表人	李树雷	网　址	
电　话	0554-2522222	传　真	0554-4331072
E-mail			
主要产品、业务	电力、电力检修、电力检修监理、粉煤灰、漂珠、硫酸铝保温材料、铸钢件、空心微珠		

单位名称	安徽古井集团有限责任公司		
地　　址	安徽省亳州市古井镇		
成立时间	1992年	邮　编	236820
法定代表人	王效金	网　址	www.gujing.com
电　话	0558-5710760	传　真	0558-5710006
E-mail			
主要产品、业务	白酒、啤酒、葡萄酒、房地产、酒店、制药		

单位名称	安徽天大企业（集团）公司		
地　　址	安徽省天长市铜城镇振兴路		
成立时间	1986年	邮　编	239311
法定代表人	叶世渠	网　址	www.tianda-group.com
电　话	0550-7518562	传　真	0550-7511023
E-mail			
主要产品、业务	家电配套器件、钢管、光缆、模具、汽车等产品的研制、开发、改装、生产、销售		

单位名称	安徽安凯汽车集团有限公司		
地　　址	安徽省合肥市葛淝路97号		
成立时间	1966年6月	邮　编	230051
法定代表人	左延安	网　址	www.ankai.com
电　话	0551-484483	传　真	
E-mail			
主要产品、业务	生产、销售安凯牌、星凯龙牌大、中型客车及底盘		

单位名称	江西昌河汽车股份有限公司合肥分公司		
地　　址	安徽省合肥市山长路3号		
成立时间	1999年12月	邮　编	230031
法定代表人	刘洪德	网　址	
电　话	0551-5842622	传　真	0551-5842250
E-mail			
主要产品、业务	主要从事经济型轿车、各类微型汽车和汽车零部件的设计、制造、销售及售后服务，与汽车相关项目的开发、咨询、服务		

单位名称	铜陵华源麻业有限公司		
地　　址	安徽省铜陵市石路129号		
成立时间	1997年12月	邮　编	244004
法定代表人	瞿智鸣	网　址	www.tlhymy.com
电　话	0562-2857188	传　真	0562-2824340
E-mail			
主要产品、业务	公司生产规模：亚麻湿纺20000锭、长麻纺16800锭、短麻纺40000锭、流纺3000头、布机645台（其中剑杆织机420台），一条染纤生产线、三条麻类织物染整生产线和浸渍、针刺两条麻类无纺布生产线。可年产各类纱15000吨、坯布1500万米、色布2000万米、纤维染色1400吨、无纺布2500吨		

单位名称	安徽口子酒业股份有限公司		
地　　址			
成立时间	1949年	邮　编	235034
法定代表人	徐　进	网　址	www.kouzi.com
电　话	0561-6898222	传　真	0561-6898222
E-mail			
主要产品、业务	主营：口子系列白酒 三产：彩印、包装材料、饮食服务		

单位名称	安徽省宁国中鼎密封件有限公司		
地　　址	安徽省宁国市经济开发区中鼎工业园		
成立时间	1980年元月	邮　编	242300
法定代表人	夏鼎湖	网　址	www.zhongdinggroup.com
电　　话	0563-4181849	传　真	0563-4181880
E-mail			
主要产品、业务	汽车用橡胶制品、家电用橡胶制品、OA机器用胶辊、油封、液压气动密封件、塑料制品		

单位名称	安徽华源发展有限公司		
地　　址	合肥市和平路136号		
成立时间	1998年4月	邮　编	230011
法定代表人	陈　鹰	网　址	
电　　话	0551-4482411	传　真	0551-4481214
E-mail			
主要产品、业务	生产7-160纯棉、涤棉混纺、多种纤维混纺，各种精、普梳纱线、坯布以及床上用品等		

单位名称	安徽淮化集团有限公司		
地　　址	安徽省淮南市泉山		
成立时间	1958年	邮　编	232038
法定代表人	杜　建	网　址	www.hhjt.com.cn
电　　话	0554-6411670	传　真	0554-6413347
E-mail			
主要产品、业务	浓硝酸、尿素、精甲醇、甲醛、硝酸铵、焦炭、混甲胺、二甲基甲酰胺等		

单位名称	中国扬子集团有限公司		
地　　址	安徽省滁州扬子工业区		
成立时间	1984年	邮　编	239064
法定代表人	缪瑞荣	网　址	
电　　话	0550-3063688	传　真	0550-3168388
E-mail			
主要产品、业务	汽车（皮卡车、SAV、改装车、客车）、设备模具料和白色家电产业等		

单位名称	安徽华茂集团有限公司		
地　　址	安徽省安庆市纺织南路80号		
成立时间	1999年	邮　编	246018
法定代表人	华冠雄	网　址	www.chinahuamao.net
电　　话	0556-5510810	传　真	0556-5510166
E-mail			
主要产品、业务	“乘风”牌6～240支高档纯棉及涤棉纱线，“银波”牌120～360厘米高档纯棉坯布、涤棉混纺交织坯布和针织面料		

单位名称	安徽国风集团有限公司		
地　　址	安徽省合肥市马鞍山路1号		
成立时间	1984年	邮　编	230001
法定代表人	郑忠勋	网　址	www.guofeng.com
电　　话	0551-2885333	传　真	0551-2888835
E-mail			
主要产品、业务	国风坚持以塑为主，主导产品有塑料薄膜系列、塑料管材系列、塑料型材系列、工程塑料和非金属材料，同时探索多元发展道路，已形成以塑为主，电子、生物医药、高速公路、旅游等为支点的产业格局		

单位名称	铜陵有色金属（集团）公司		
地　　址	安徽省铜陵市长江西路		
成立时间	1952年6月	邮　　编	244000
法定代表人	韦江宏	网　　址	www.tnmg.com.cn
电　　话	0562-5860016	传　　真	0562-5861313
E-mail	tlyszgs@tlys.cn		
主要产品、业务	铜加工材（线、棒、板、带、管）、电解铜、硫精砂、铁精砂、硫酸、矿山机械等		

单位名称	安徽合肥华泰食品有限公司		
地　　址	安徽省合肥市经济技术开发区莲花路32号		
成立时间	1995年	邮　　编	230601
法定代表人	陈光保	网　　址	www.huatai-food.com.cn
电　　话	0551-3813645	传　　真	0551-3811310
E-mail			
主要产品、业务	主要产品、业务：洽洽香瓜子、洽洽小而香、早多派、洽洽怪怪豆、洽洽开口笑、洽洽西瓜子		

单位名称	安徽全力集团		
地　　址	安徽省潜山舒州东路49号		
成立时间	1984年	邮　　编	246300
法定代表人	杨续喜	网　　址	www.Quanligroup.com
电　　话	0556-8923561	传　　真	0556-8935798
E-mail			
主要产品、业务	洗衣粉、洗洁精、牙膏、香皂、牙刷、蚊香、火柴		

单位名称	中国石化集团安庆石油化工总厂		
地　　址	安徽省安庆市石化四路20号		
成立时间	1974年7月	邮　　编	246002
法定代表人	丁荣香	网　　址	
电　　话	0556-5375133	传　　真	0556-5375852
E-mail			
主要产品、业务	以“双环”牌为主的化肥、油品系列，以“双铃”牌为主的化工系列和以“黄山”牌为主的腈纶系列等各类优质产品40余种，其中15种产品获省优、部优称号		

单位名称	蚌埠卷烟厂		
地　　址	安徽省蚌埠市东海路121号		
成立时间	1942年	邮　　编	233010
法定代表人	卢安宁	网　　址	www.bbtobacco.com
电　　话	0552-4959888	传　　真	0552-4959888
E-mail			
主要产品、业务	黄山品牌卷烟		

单位名称	淮北矿业集团公司		
地　　址	安徽省淮北市孟山路1号		
成立时间	1998年3月	邮　　编	235006
法定代表人	许崇信	网　　址	www.hbcoal.com
电　　话	0561-4952671	传　　真	0561-4951959
E-mail			
主要产品、业务	煤炭、医药、机械制造、化工、建筑建材		

单位名称	安徽省淮南洛河发电厂		
地　　址	安徽省淮南市洛河镇		
成立时间	1982年	邮　　编	232008
法定代表人	陈海苏	网　　址	www.dtahld.com.cn
电　　话	0551-3611145	传　　真	0551-3611145
E-mail			
主要产品、业务	4台30万千瓦发电机组、年发电能力达70亿千瓦时以上		

单位名称	黄山永佳（集团）有限公司		
地　　址	安徽省黄山市徽州区永佳大道668号		
成立时间	1994年8月	邮　　编	245061
法定代表人	江继忠	网　　址	www.yongjiachina.com
电　　话	0559-3511131	传　　真	0559-3515486
E-mail	yongjia@yongjiachina.com		
主要产品、业务	彩印软包装材料、真空镀铝膜、高级粉末涂料、复合塑料油墨、荧光颜料、高压阀门、凹印版辊、粉末橡胶		

单位名称	合肥荣事达集团有限责任公司		
地　　址	安徽合肥高新技术开发区科学大道96号		
成立时间	1994年	邮　　编	230088
法定代表人	仇旭东	网　　址	www.rsd.com.cn
电　　话	0551-2229600	传　　真	0551-2229606
E-mail	admin@rsd.cn		
主要产品、业务	电冰箱、洗衣机、微波炉、聚合物锂电池、汽配、包装、电工、厨卫、太阳能、电动车		

单位名称	安徽新种电缆股份有限公司		
地　　址	安徽省无为县无城工业园		
成立时间	2003年5月	邮　　编	238300
法定代表人	巫后臻	网　　址	www.anhuixinke.com
电　　话	0565-6315577	传　　真	0565-6311269
E-mail	sales@anhuixinke.com		
主要产品、业务	电线、电缆、信息传输电缆、电伴热带、特种电缆电缆		

单位名称	昌河飞机工业（集团）有限责任公司		
地　　址	江西省景德镇市朝阳路539号		
成立时间	1969年11月	邮　编	333002
法定代表人	王　斌	网　址	www.changhe.com
电　话	0798-8442019	传　真	0798-8441460
E-mail			
主要产品、业务	直八型、直十一型系列直升机，CA109型直升机，S-92直升机零部件		

单位名称	萍乡钢铁有限责任公司		
地　　址	江西省萍乡市峡山口		
成立时间		邮　编	337019
法定代表人	涂建民	网　址	www.pxsteel.com
电　话	0799-3498230	传　真	0799-3498823
E-mail			
主要产品、业务	盘条、钢筋、小型材三大系列，建筑、拉丝、焊接盘条、冷、热轧钢筋		

单位名称	南昌钢铁有限责任公司		
地　　址	江西省南昌市青山湖区南钢路		
成立时间	1958年	邮　编	330012
法定代表人	傅民安	网　址	www.haiou-steels.com
电　话	0791-8392848	传　真	0791-8392848
E-mail			
主要产品、业务	热轧带肋钢筋、热轧等边角钢、热轧圆钢、热轧带钢		

单位名称	汇仁集团有限公司		
地　　址	江西省南昌市迎宾中大道1189号		
成立时间	1997年	邮　编	330052
法定代表人	陈年代	网　址	www.huiren.cn
电　话	0791-5761666	传　真	0791-5761696
E-mail			
主要产品、业务	主要产品：汇仁牌肾宝合剂、乌鸡白凤丸、六味地黄丸、霍香正气水 业务范围：中药材规范化种植、中药饮片加工、药品生产、医药贸易		

单位名称	江西贵溪化肥有限责任公司		
地　　址	江西省贵溪市化工大道1号		
成立时间	1991年10月11日	邮　编	335424
法定代表人	姚迪明	网　址	www.jxgh.com
电　话	0701-3353491	传　真	0701-3353851
E-mail			
主要产品、业务	生产销售化肥，生产销售化工产品，经营进出口业务 主要产品：磷酸二铵、氯基复合肥、硫基复合肥、BB肥、磷铵钾复合肥		

单位名称	江西上饶信江实业集团公司		
地　　址	江西上饶信州区水南街369号		
成立时间	1994年	邮　编	334000
法定代表人	温显来	网　址	www.xxgf.com.cn
电　话	0793-8222468-2277	传　真	0793-8222468-2121
E-mail			
主要产品、业务	电磁线、改装客车、汽车零部件制造		

单位名称	景德镇华意电器总公司		
地　　址	江西景德镇新厂东路 28 号		
成立时间	1988 年	邮　　编	333001
法定代表人	符念平	网　　址	www.hua-yi.com
电　　话	0798-8470138	传　　真	0798-8441779
E-mail			
主要产品、业务	公司主导产品为冰箱、压缩机、冰柜、空调器		

单位名称	江西洪都钢厂		
地　　址	江西省南昌市北京东路 138 号		
成立时间	1958 年	邮　　编	330029
法定代表人	钟　虹	网　　址	www.hongdutube.com
电　　话		传　　真	0791-8330274
E-mail			
主要产品、业务	6～108×1-11mm　各种规格的冷拔无缝钢管 60～108×4-8mm　各种规格的热轧无缝钢管 19～89×1-4mm　各种规格的直缝焊管 1.5～4×128～235mm　各种规格的热轧钢带 0.12-3×22～255mm　各种规格的冷轧钢带		

单位名称	广丰卷烟厂		
地　　址	江西省广丰县芦林工业区月兔集团		
成立时间	1988 年	邮　　编	334600
法定代表人	余小斌	网　　址	www.yuetu-group.com
电　　话	0793-2620634	传　　真	0793-2620658
E-mail			
主要产品、业务	主要进行卷烟的生产力加工和销售，有“江湾”、“小月兔”、“月兔王”、“月兔春”等品牌的卷烟		

单位名称	江西联创光电科技股份有限公司		
地　　址	江西南昌高新开发区京东大道 168 号		
成立时间	1999 年 6 月	邮　　编	330029
法定代表人	程德保	网　　址	www.lianchuang.com.cn
电　　话	0791-8161958	传　　真	0791-8162001
E-mail			
主要产品、业务	主营业务：主要从事光电器件及其他新型电子元器件、信息传输线缆、通信终端及系统设备生产及销售 主要产品：光电线缆、光电器件、LED 芯片、LED 外延片、继电器、微电脑控制器、程控交换机、通信终端、电声器件		

单位名称	江西万年青水泥股份有限公司		
地　　址	江西省万年县（南昌市高新区京东大道 399 号）		
成立时间	1997 年 9 月	邮　　编	335506
法定代表人	魏新安	网　　址	
电　　话	0793-3839254	传　　真	0793-3839180
E-mail			
主要产品、业务	水泥（熟料）生产、销售		

单位名称	江西化纤化工有限责任公司		
地　　址	江西省乐平市塔山工业园		
成立时间	1971 年 8 月 12 日	邮　　编	333311
法定代表人	孙文泉	网　　址	www.jiangwei.com.cn
电　　话	0798-6700001	传　　真	0798-6701049
E-mail			
主要产品、业务	“江维”牌系列产品：聚乙烯醇、电石、微晶玉石、涤纶长丝、醋酸乙烯、甲醛、水泥、乳胶等 8 大系列 20 多个品种		

单位名称	江西星火有机硅厂		
地　　址	江西省永修（杨家岭）		
成立时间	1968年	邮　　编	330319
法定代表人	郑　重	网　　址	xhhgc@publid.jiptt
电　　话	0792-3170110	传　　真	0792-3170009
E-mail			
主要产品、业务	有机硅线体、球体及系列产品、甲胺、烧碱、107胶等		

单位名称	江西铜业集团公司		
地　　址	江西省、贵溪市冶金大道		
成立时间	1979年7月	邮　　编	335424
法定代表人	何昌明	网　　址	jxcc.com
电　　话	0701-3777070	传　　真	0701-3777656
E-mail			
主要产品、业务	该集团具有世界一流的铜采、选、冶、加技术设备、主管铜、黄金、白银等稀贵金属的生产加工，生产高纯阴极铜、无氧铜杆、电线、电缆、铜粉、电金、电银、硫酸、硒、碲、铼等200多个产品品种，其中“贵冶牌”高纯阴极铜1996年4月在伦敦金属交易所一次注册成功，是中国首家在LME注册的世界级品牌		

单位名称	江西华源江纺有限公司		
地　　址	江西省南昌市青山北路3 2号		
成立时间	1954年	邮　　编	330039
法定代表人	陈景雷	网　　址	www.intlextile.com
电　　话	0791-8623772	传　　真	0791-8623772
E-mail	jfie@public.nc.jx.cn		
主要产品、业务	“彩虹”牌棉纱、“江舫”牌白坯、牛仔布、色织布等，以内销为主，外销亚欧美等国		

单位名称	江西凤凰光学集团有限公司		
地　　址	江西省上饶市光学路1号		
成立时间	1965年8月	邮　　编	334000
法定代表人	任　捷	网　　址	www.phenixoptics.com.cn
电　　话	0793-8260241	传　　真	0793-8250249
E-mail	bangrongg@phonixoptics.com.cn		
主要产品、业务	公司主要生产光学元件、显微镜、照相机、光学设备、影视机械等系列产品，具有雄厚的光学加工、精密注塑、模具制造、表面装饰等科研和生产加工能力		

单位名称	新余钢铁有限责任公司		
地　　址	江西省新余市冶金路		
成立时间	1999年1月	邮　　编	338001
法定代表人	施嘉良	网　　址	www.xinsteel.com.cn
电　　话	0790-6292925	传　　真	0790-6294999
E-mail			
主要产品、业务	普钢、特钢、铁合金、金属制品、化工制品、炭素制品等5大产品系列、100多个品种、2000多个规格，主要产品有：线材、普钢中厚板、造船板、低合金板、螺纹钢、圆钢、无缝钢管、热轧薄板、锰铁等		

单位名称	江西洪都航空工业集团有限责任公司		
地　　址	江西省南昌市新溪桥		
成立时间	1951年4月	邮　　编	330024
法定代表人	田　民	网　　址	www.hongdu.com.cn
电　　话	0791-8467693	传　　真	0791-8451491
E-mail			
主要产品、业务	航空飞行器、海防产品、摩托车及其发动机、纺织机械、造纸机械、房地产、物业		

单位名称	江西钨业集团有限公司		
地　　址	江西省南昌市北京西路 88 号		
成立时间	2003年12月26日	邮　编	330046
法定代表人	宋玉芳	网　址	
电　　话	0791-6285993	传　真	0791-6286570
E-mail			
主要产品、业务	有色金属矿产资源开发，有色金属矿产品冶炼、加工及相关产品的生产、销售和技术服务		

单位名称	南昌印钞厂		
地　　址	江西省南昌市岱山东路 9 号		
成立时间	1970年7月12日	邮　编	330043
法定代表人	尹炳桂	网　址	www.cbpmc.com
电　　话	0791-5260062	传　真	0791-5276461
E-mail	ganlan549@sohu.com		
主要产品、业务	人民币印制、各种高级防伪有价证券、印品的设计、制造		

单位名称	金东纸业（江苏）有限公司		
地　　址	江苏省镇江市兴港东路8号		
成立时间	1997年5月18日	邮　编	212132
法定代表人	黄志源	网　址	www.goldeastpaper.com
电　话	0511-8998888	传　真	0511-8997000
E-mail			
主要产品、业务	生产各类高档双面铜版纸、单面铜版纸、亚光铜版纸、双胶纸及静电复印纸等		

单位名称	苏州爱普生有限公司		
地　　址	江苏省苏州市新区金枫路168号		
成立时间	1996年6月2日	邮　编	215011
法定代表人	名取美明	网　址	
电　话	0512-68257002	传　真	0512-68251978
E-mail			
主要产品、业务	水晶振砂子、液晶显示器等电子应用器材的生产销售、技术开发		

单位名称	旭电（苏州）科技有限公司		
地　　址	江苏省苏州工业园区苏茜路9号		
成立时间	1996年	邮　编	215021
法定代表人		网　址	www.solectron.com
电　话	0512-67612300	传　真	0512-67630971
E-mail			
主要产品、业务	公司是一家高科技电子制造服务公司，主要致力于电脑、电脑周边设备及通讯与网络系统产品的印刷线路板及整机组装测试和销售		

单位名称	苏州飞利浦消费电子有限公司		
地　　址	苏州市狮山路88号		
成立时间	1992年12月	邮　编	215011
法定代表人	冯大江	网　址	www.philips.com
电　话	0512-68251042	传　真	0512-68410237
E-mail			
主要产品、业务	生产彩电、显示器、调谐器、遥控器		

单位名称	宝钢集团上海梅山有限公司		
地　　址	江苏省南京市中华门外新建		
成立时间	1969年4月24日	邮　编	210039
法定代表人	戴元永	网　址	www.bsmeishan.com
电　话	025-6701502	传　真	025-6701540
E-mail			
主要产品、业务	主要产品有铁精矿粉，热轧板卷、冶金焦炭、化工产品和冶金工矿配件等		

单位名称	江阴兴澄特种钢铁有限公司		
地　　址	江苏省江阴市滨江东路297号		
成立时间	1993年	邮　编	214432
法定代表人	李松兴	网　址	www.jyxc.com
电　话	0510-6193388	传　真	0510-6191400
E-mail			
主要产品、业务	专业生产轴承钢、齿轮钢、弹簧钢、合金管坯钢和易切削非调质钢等优特钢产品		

单位名称	华芳集团有限公司		
地　　址	江苏省张家港市塘桥人民南路 1 号		
成立时间	1975 年 8 月	邮　编	215611
法定代表人	秦大乾	网　址	www.hfang.com
电　话	0512-58438808	传　真	0512-58441073
E-mail			
主要产品、业务	各类棉纱、涤棉纱线、染整布、色织布、针织布、呢绒布、服装、铜管		

单位名称	江苏淮阴卷烟厂		
地　　址	江苏省淮安市大庆路 32 号		
成立时间	1945 年	邮　编	223002
法定代表人	刘加荣	网　址	www.yiplnmei.com.cn
电　话	0517-3553180	传　真	0517-3974644
E-mail			
主要产品、业务	主要产品：“一品梅”、“国烟”、“华西村” 经营范围：春烟制造，“三来一补”业务服务		

单位名称	红豆集团有限公司		
地　　址	江苏省无锡市锡山区港下镇		
成立时间	1992 年 6 月 16 日	邮　编	214199
法定代表人	周耀庭	网　址	www.hongdou.com
电　话	0510-8761888	传　真	0510-8761777
E-mail			
主要产品、业务	主要生产服装、机械、橡胶产品，并涉足房产开发		

单位名称	江苏天霸集团有限公司		
地　　址	张家港市金港镇福民村		
成立时间	2005 年 5 月	邮　编	215635
法定代表人	陈洪法	网　址	www.cntempo.com
电　话	0512-58937030	传　真	0512-58750056
E-mail	tpchf@cntempo.com		
主要产品、业务	氨纶包芯纱、氨给包覆线、氨纶包覆丝、氨纶弹力布		

单位名称	鑫缘茧丝绸集团股份有限公司		
地　　址	江苏省海安县海安镇曙光西路 20 号		
成立时间	1994 年 12 月	邮　编	226600
法定代表人	储呈平	网　址	www.haiansilk.com
电　话	0513-8813706	传　真	0513-8814216
E-mail	hs@haiansilk.com		
主要产品、业务	蚕茧、桑蚕丝、捻线丝、绢丝、真丝绸、真丝针织、梭织服饰，蚕丝被（毯）床上用品		

单位名称	江苏永钢集团有限公司		
地　　址	江苏省张家港市南丰镇永联村		
成立时间	1993 年 8 月	邮　编	215628
法定代表人	吴耀芳	网　址	www.yong-garlg.com
电　话	0512-58612388	传　真	0512-58612528
E-mail			
主要产品、业务	钢铁		

单位名称	中国胜阳集团		
地　　址	江苏徐州市南郊胜阳工业园		
成立时间	1986年	邮　　编	221112
法定代表人	夏友忠	网　　址	www.shengyangwood.com
电　　话	0516-2730633	传　　真	0516-2730632
E-mail			
主要产品、业务	建筑模板、胶合板、细木工板、建筑模板、刨花板、中密度纤维板、装饰板等，以及热电、房地产		

单位名称	中国南车集团戚墅堰机车车辆厂		
地　　址	江苏常州戚墅堰		
成立时间	1905年	邮　　编	213011
法定代表人	顾明康	网　　址	www.qscn.com
电　　话	0519-5060114	传　　真	0519-8770358
E-mail			
主要产品、业务	生产我国铁路干线内燃机车、货车、大功率柴油机及各型铁路配件。主要产品有东风11型、东风11G型准高速客运内燃机车，东风8G型、东风8CJ型重载货运内燃机车，以及CK2C型、GKD2型工矿调车机车等；各型通用铁路敞车、平车、罐车以及其它特种铁路车辆；各种出口的工程车辆、机车转向架、GE构架、ALSTON摇枕、Barber摇枕侧架等多种产品		

单位名称	扬州亚星客车股份有限公司		
地　　址	江苏省扬州市扬子江中路188号		
成立时间	1998年9月	邮　　编	225009
法定代表人	赵振东	网　　址	www.yaxingkeche.com
电　　话	0514-7882999	传　　真	0514-7868811
E-mail			
主要产品、业务	产品涵盖城间、城市、旅游、客车底盘、座椅及相关零部件，“亚星”“扬子”两品牌20多个系列百余个品种		

单位名称	亚邦化工集团有限公司		
地　　址	江苏省常州市武进区牛塘镇		
成立时间	1993年	邮　　编	213163
法定代表人	许小初	网　　址	www.yabang.com
电　　话	0519-6396718	传　　真	0519-6395888
E-mail			
主要产品、业务	染（颜）料及中间体、不饱和聚脂树酯及内外墙涂料、医药原料药及兽用原料药等		

单位名称	无锡庆丰集团有限公司		
地　　址	江苏省无锡市锡沪西路203号		
成立时间	1980年4月	邮　　编	214008
法定代表人	张若卿	网　　址	
电　　话	2358293	传　　真	2355865
E-mail			
主要产品、业务	针纺织品、被服、印染		

单位名称	常州长江客车集团有限公司		
地　　址	江苏省常州市常新路138号		
成立时间	1997年2月	邮　　编	213002
法定代表人	孙元林	网　　址	www.cbc-iveco.com
电　　话	0519-6751059	传　　真	0519-6750070
E-mail			
主要产品、业务	城市公交客车、团体旅游客车、后置系列团体车、无人售票公共汽车、低地板城市及豪华城市客车、高地板豪华长途城间客车、高速客车、双燃料客车、双层城市客车、轻轨车辆、特种车辆、城市客车未用底盘、地铁用车产品		

单位名称	江苏倪家巷集团有限公司		
地　　址	江苏省江阴市周庄镇倪家巷村		
成立时间	1987年1月23日	邮　编	214423
法定代表人	吴龙增	网　址	www.hupao.com.cn
电　话	0510-86237568	传　真	0510-86221846
E-mail	njx.jy@publici.wx.js.cn		
主要产品、业务	精纺呢、涤纶短纤维、精梳、普梳棉纱、印染布、可发性聚笨乙烯、精细化工		

单位名称	中国南车集团南京浦镇车辆厂		
地　　址	中国南京浦镇龙虎巷5号		
成立时间	1908年	邮　编	210031
法定代表人	蓝继周	网　址	www.njpc.com.cn
电　话	025-5848114	传　真	025-8604655
E-mail			
主要产品、业务	铁路客车制造、城市轨道交通车辆研制，铁路轴承和配件生产的国家大型骨干企业		

单位名称	江苏新世纪造船股份有限公司		
地　　址	江苏省靖江新港港口		
成立时间	2001年5月	邮　编	214514
法定代表人	袁凯飞	网　址	www.ncsship.com.cn
电　话	0523-4211137	传　真	0523-4211573
E-mail			
主要产品、业务	ABS级、LR级、NK级的73400T油轮、52300T散货轮、52000T散货轮、35000T大湖型散货轮		

单位名称	江阴龙山集团公司		
地　　址	江苏省无锡市江阴市周庄镇鸡龙山村		
成立时间	1994年	邮　编	214423
法定代表人	承泉兴	网　址	
电　话	0510-6221511	传　真	0510-6221668
E-mail			
主要产品、业务	主要产品有生产多种人造革、铝合金型材、铸钢闸阀、PVC膜，产品畅销全国各地		

单位名称	江苏大亚集团公司		
地　　址	江苏省丹阳经济开发区		
成立时间	1978年	邮　编	212300
法定代表人	陈兴康	网　址	www.dareglobal.com
电　话	0511-6882222	传　真	0511-6882405
E-mail			
主要产品、业务	铝箔、包装材料、印刷制品、滤嘴材料、汽车配件、人造板、地板、家具、工厂产品		

单位名称	南钢集团		
地　　址	江苏省南京市六合区卸甲甸南钢集团		
成立时间	1958年	邮　编	210035
法定代表人	肖同友	网　址	www.njsteel.com.cn
电　话	025-57073114	传　真	025-57048064
E-mail	gsb@njsteel.com.cn		
主要产品、业务	钢铁冶炼、钢材轧制，主要产品有各类中厚板、棒材、线材、带钢及新品		

单位名称	江苏旋力集团		
地　　址	江苏省常熟市梅李镇梅南路26号		
成立时间	1993年	邮　编	215511
法定代表人	戈益明	网　址	
电　话	0512-52661831	传　真	0512-52661831
E-mail			
主要产品、业务	锅炉、石油化工、船舶用无缝钢管，轴承钢管、精密无缝钢管，螺旋鳍片管，园钢、方钢和不锈钢板带		

单位名称	江苏华昌（集团）有限公司		
地　　址	江苏省张家港市城北路28号		
成立时间	1993年2月	邮　编	215600
法定代表人	朱郁健	网　址	huachanggroup.com
电　话	0512-58683240	传　真	0512-58684850
E-mail			
主要产品、业务	基础化工、精细化工、农药化工、生物化工、医药化工、化工机械、微型特种电机、建筑工程		

单位名称	江苏飞达工具集团股份有限公司		
地　　址	江苏省丹阳市后巷镇高士桥工业区		
成立时间	1992年	邮　编	212312
法定代表人	朱国平	网　址	www.feida-china.net
电　话	0511-6316501	传　真	0511-6312066
E-mail			
主要产品、业务	特种高速钢，直柄麻花钻、全磨、抛光、锥柄，支螺、镀钛钻、注塑、吹塑、铁制低制彩印等，包装产品，电动工具		

单位名称	中国石化集团南京化工厂		
地　　址	江苏省南京市和燕路560号		
成立时间	1947年3月	邮　编	210038
法定代表人	张培毅	网　址	www.nanjingchem.com
电　话	025-85311213	传　真	025-85302204
E-mail			
主要产品、业务	硝基苯、苯胺、氯化苯、硝基氯苯、间苯二酚、RT培司、防老剂4020、4010NA、RD、促进剂M、DM、CBS等		

单位名称	江苏扬农化工集团有限公司		
地　　址	江苏省扬州市文峰路39号		
成立时间	1958年	邮　编	225009
法定代表人	王恩鸣	网　址	www.yangnong.com.cn
电　话	0514-7813243	传　真	0514-7814008
E-mail			
主要产品、业务	主营产品：氯化苯、硝基氯苯、二氯苯、氯碱系列产品、双氧水		

单位名称	江苏天鸿化工有限公司		
地　　址	江苏省无锡市惠山区洛社镇		
成立时间	2003年6月	邮　编	214187
法定代表人	强志炯	网　址	www.chinaxinyuan.net
电　话	0510-3311367	传　真	0510-3311237
E-mail			
主要产品、业务	农用尿素、碳酸氢氨、双氧水、聚脂切片、塑料纺织袋、涤纶化纤、复合肥、化工I、II类压力容器、甲醇钠、螺旋翅片管14’17’黑白电视机、显像管等		

单位名称	晨风集团股份有限公司		
地　　址	江苏省金坛市晨风路 88 号		
成立时间	1994 年	邮　　编	213200
法定代表人	尹国新	网　　址	www.changzhou.cngb.com/chenfeng
电　　话	0519-2399999	传　　真	0519-2390000
E-mail			
主要产品、业务	服装、丝绸及其他针纺织品的制造销售，土木工程建筑、仓储、公路货运		

单位名称	江苏索普（集团）有限公司		
地　　址	江苏省镇江丹徒长岗		
成立时间	1997 年 12 月	邮　　编	212006
法定代表人	宋勤华	网　　址	www.sopo.com.cn
电　　话	0511-3366136	传　　真	0511-3362036
E-mail			
主要产品、业务	冰醋酸、ADC 发泡剂、漂粉精、氯碱、橡胶、硫化促进剂、过氧乙酸、含氯消毒剂等		

单位名称	江苏大生集团有限公司		
地　　址	江苏省南通市唐闸南市街 14 号		
成立时间	1985 年	邮　　编	226002
法定代表人	施黄彬	网　　址	www.dasheng-group.com.cn
电　　话	0513-5545145	传　　真	0513-5544238
E-mail			
主要产品、业务	生产销售各类纺织品及辅料、印染布、针织品、服装、医用敷料、化学纤维，经营本企业自产产品及技术的出口业务		

单位名称	江苏鸿联集团有限公司		
地　　址	江苏省常州市武进区横林镇		
成立时间	1995 年 9 月 22 日	邮　　编	213101
法定代表人	周金清	网　　址	www.honland-lighting.com
电　　话	0519-8781589	传　　真	0519-8781506
E-mail			
主要产品、业务	照明电器、装饰材料、纺织机械、家具、家用饰品、纸质制品、制服及销售		

单位名称	无锡阿尔卑斯电子有限公司		
地　　址	江苏省无锡市无锡新加坡工业园 135-136 号		
成立时间	1995 年 1 月 23 日	邮　　编	214028
法定代表人	玉手辉三	网　　址	
电　　话	0510-5281211	传　　真	0510-5280311
E-mail			
主要产品、业务	电子开关、轻触开关、接插件、硬驱读写磁头		

单位名称	无锡协新集团有限公司		
地　　址	江苏省无锡市丽新路 60 号		
成立时间	1935 年	邮　　编	214044
法定代表人	杨剑华	网　　址	www.xiexin.com
电　　话	0510-2629999	传　　真	0510-2621378
E-mail			
主要产品、业务	公司从事精纺呢绒、毛纱、针织绒的生产、加工和销售，是国内外众多品牌企业的首选单位		

单位名称	无锡市第三棉纺织厂		
地　址	江苏省无锡市丽新路54号		
成立时间	1920年	邮　编	214044
法定代表人	许晓邦	网　址	www.wxsm.com
电　话	0510-2624156	传　真	0510-2625484
E-mail			
主要产品、业务	防羽贡缎、线绢、府绸、弹力布、棉锦绸和特功布等八大“银鱼”产品系列		

单位名称	江苏振阳集团		
地　址	江苏省射阳县城黄海北路8号		
成立时间	1988年8月	邮　编	224300
法定代表人	张元明	网　址	www.zhenyang.com
电　话	0515-2359988	传　真	0515-2353941
E-mail	jszyjt@public.yc.js.cn jtfzc@zhenyang.com		
主要产品、业务	长毛绒、化纤薄绒、拉舍尔毛毯、家纺面料、毛绒玩具、海岛纤维长丝、PU浆料等		

单位名称	上海梅山矿业有限公司		
地　址	江苏省南京市中华门外西善桥		
成立时间		邮　编	210041
法定代表人	焦贤仲	网　址	www.msmine.com
电　话	025-84084013	传　真	025-52803235
E-mail			
主要产品、业务	铁精矿、硫精矿、硫酸系列产品、陶瓷复合钢管，承接地质勘测、桩基、隧道工程、拆除排破，土石方工程等业务		

单位名称	南京化纤股份有限公司		
地　址	江苏省南京市中央门外伏家场		
成立时间	1992年9月	邮　编	210038
法定代表人	沈光宇	网　址	www.viscosefibre.com
电　话	025-85561403	传　真	025-85562252
E-mail			
主要产品、业务	化学纤维制品、化纤用浆粕、自来水生产等		

单位名称	江苏群发化工有限公司		
地　址	江苏省扬州市太平北路3号		
成立时间	1964年5月	邮　编	225003
法定代表人	王恩鸣	网　址	www.qunfa.com
电　话	0514-7223939	传　真	0514-7232380
E-mail			
主要产品、业务	锦纶6浸胶帘子布、涤纶帘子布、5磺酸钠间苯二甲酸二甲酯、磷酸三甲酯、NS、TBSI橡胶助剂、超细粉体材料、汽车中冷器等		

单位名称	华渊电机（江苏）有限公司		
地　址	江苏省吴江市松陵镇柳胥路1号		
成立时间	1993年11月2日	邮　编	215200
法定代表人	芳贺俊郎	网　址	
电　话	0512-63451111	传　真	0512-63455348
E-mail			
主要产品、业务	微型直流马达		

单位名称	苏州太湖企业有限公司		
地址	江苏省苏州市吴中区东吴南路 88 号		
成立时间	1999 年 8 月 2 日	邮编	215128
法定代表人	王晓申	网址	www.taihu-cn.com
电话	0512-65272518	传真	0512-65272512
E-mail			
主要产品、业务	生产销售：电动工具、气动工具、农业机械、园林机械、五金工具、汽车配件、汽油发电机、家用电器（不含洗衣机、电冰箱、冰柜）及非国家限制的电子产品		

单位名称	泰星减速机股份有限公司		
地址	江苏省泰兴市姚王镇		
成立时间	1984 年 4 月	邮编	225402
法定代表人	张国林	网址	www.txreducer.com
电话	0523-7635681	传真	0523-7635683
E-mail	web@txreducer.com		
主要产品、业务	减速机、齿轮箱、油冷式电动滚筒、电机、微电机、锻件、铸件制造		

单位名称	江苏众想集团有限公司		
地址	江苏省盐城市盐纺路 20 号		
成立时间	1996 年 12 月	邮编	224005
法定代表人	殷祥	网址	www.jszxjt.com
电话	0515-8366540	传真	0515-8365468
E-mail			
主要产品、业务	众想集团是国家大型棉纺织企业，年产 6^{S}-140^{S} 纱线 21000 吨，坯布面料 5000 万米，精毛纺面料 100 万米，服装 100 万件（套），拥有进出口经营权和棉花收购加工经营权		

单位名称	南京造币厂		
地址	江苏省南京江宁 105 信箱		
成立时间	1985 年 8 月 16 日	邮编	211100
法定代表人	宁应成	网址	
电话	025-52282820	传真	025-52281511
E-mail			
主要产品、业务	1. 印钞造币机械设备 2. 流通硬币 3. 银行机具 4. 增值锐票		

单位名称	维德木业（苏州）有限公司		
地址	江苏省苏州市国家高新技术开发区维德工业城		
成立时间	1993 年	邮编	215151
法定代表人	庄启程	网址	www.vicwoodtimber.com.cn
电话	0312-63373117	传真	0312-63711444
E-mail			
主要产品、业务	贴面装饰板、地板、各种锯材、贴面装饰材料、胶合板、各种装饰用线条、各种木方		

单位名称	江苏新雅鹿集团有限公司		
地址	江苏省太仓市璜泽镇雅鹿工业园		
成立时间	1972 年	邮编	215428
法定代表人	顾振华	网址	www.YaLu.com
电话	0512-53820453	传真	0512-53820580
E-mail			
主要产品、业务	羽绒服、休闲服、西装及各类时装，2002 年度荣获中国名牌产品、中国驰名商标、国家免检产品		

单位名称	江苏绿利来股份有限公司		
地　　址	江苏省昆山朝阳支路 21 号		
成立时间		邮　编	215300
法定代表人	严永明	网　址	www.jslll.com
电　话	0512-57303259	传　真	0512-57353741
E-mail			
主要产品、业务	公司从事农药及农药中间体的生产和经营，主要农药产品有：丁草胺、乙草胺、二氯喹啉酸等十多个系列近百种产品		

单位名称	扬动股份有限公司		
地　　址	江苏省姜堰市罗塘东路 230 号		
成立时间	1994 年 5 月	邮　编	225500
法定代表人	葛渭清	网　址	www.yangdong.com
电　话	0523-8213967	传　真	0523-8211950
E-mail			
主要产品、业务	柴油机及配件、 柴油电站、船用成套机组的制造及销售		

单位名称	江苏华尔润集团有限公司		
地　　址	江苏省张家港市锦丰镇		
成立时间	1981 年	邮　编	215625
法定代表人	陈惠南	网　址	www.farun.com
电　话	0512-58565800	传　真	0512-58550252
E-mail			
主要产品、业务	玻璃及玻璃制品，微晶板材		

单位名称	江苏雨润食品产业集团有限公司		
地　　址	江苏省建邺区雨润路 17 号		
成立时间	1993 年	邮　编	210041
法定代表人	祝义才	网　址	www.yurun.com.cn
电　话	025-86800888	传　真	025-868026
E-mail			
主要产品、业务	科研、畜牧屠宰、肉食品加工销售、房地产、投融资高科技		

单位名称	江苏常发实业集团有限公司		
地　　址	江苏省常州市新区长江中路		
成立时间	1991 年	邮　编	213022
法定代表人	黄小平	网　址	www.changfa.cn
电　话	0519-5119002	传　真	0519-5119563
E-mail			
主要产品、业务	柴油机、拖拉机、发电机组、水泵机组、冰箱及空调用蒸发器、冷凝器、邦迪管等		

单位名称	江苏丹棉集团有限公司		
地　　址	江苏省丹阳市阜阳路 4 号		
成立时间	1946 年	邮　编	212300
法定代表人	周　前	网　址	www.jsdmjt.com
电　话	0511-6522211	传　真	0511-6525439
E-mail			
主要产品、业务	生产并经营各类纱、线、布、商标制品、针织布、服装、化工助剂等产品		

单位名称	江苏裕纶纺织有限公司		
地　址	江苏省靖江市人民北路180号		
成立时间	1944年5月	邮　编	214500
法定代表人	朱继南	网　址	www.yulun.com
电　话	0523-4833762	传　真	0523-4834361
E-mail			
主要产品、业务	企业主导产品为“马驼牌”、“裕纶牌”纯棉、纯化纤、混纺三大系列60多个品种的纱线及各种细支高密府绸、高档混纺交织、牛津纺和弹力等坯布、色织布		

单位名称	华东电子集团公司		
地　址	江苏省南京市汉中路89号金鹰国际商城26层		
成立时间	1937年	邮　编	210029
法定代表人	赵竞成	网　址	www.hdeg.com
电　话	025-84711901	传　真	025-84702989
E-mail			
主要产品、业务	平板显示器件类、电子信息技术类、真空显示器件类、元器件类、整机类、电子材料类		

单位名称	华飞彩色显示系统有限公司		
地　址	江苏省南京市华飞路一号		
成立时间	1988年	邮　编	210028
法定代表人	邵永昌	网　址	www.lgphilips-displays.com
电　话	025-85421166	传　真	025-85417470
E-mail			
主要产品、业务	彩色显像管、彩色监视管及其配套零部件的生产、销售		

单位名称	无锡威孚集团有限公司		
地　址	江苏省无锡市人民西路107号		
成立时间	1958年	邮　编	214031
法定代表人	许良飞	网　址	www.weifu.com.cn
电　话	0510-2701305	传　真	0510-2702740
E-mail			
主要产品、业务	主要生产内燃机、燃油喷射产品		

单位名称	熊猫电子集团有限公司		
地　址	江苏省南京市中山东路301号		
成立时间	1936年	邮　编	210002
法定代表人	奚永明	网　址	www.chinapanda.com.cn
电　话	025-84800855-6061	传　真	025-84805030
E-mail			
主要产品、业务	移动通信、卫星通信、短波通信、机电仪设备、电视机、DVD影碟机、手机、系统集成服务等		

单位名称	昆山钞票纸厂		
地　址	江苏省昆山经济技术开发区震川东路1188号		
成立时间	1998年1月	邮　编	215335
法定代表人	赵增华	网　址	kscp.chpmc.com.cn
电　话	0512-57703333	传　真	0512-57702033
E-mail			
主要产品、业务	钞票纸、防伪纸、有伪证券纸、艺术水印纸		

单位名称	江苏宏大集团		
地　　址	江苏省盐城市仓头路 8 号		
成立时间	1992 年 8 月	邮　编	224015
法定代表人	徐守清	网　址	www.jshongda.com
电　　话	0515-8594188	传　真	0515-8593637
E-mail			
主要产品、业务	集团是一个集纺织、毛绒、印染、化工、毯业、服装、玩具、贸易、房地产为一体的外向型、综合性大型企业集团		

单位名称	南京金箔集团有限责任公司		
地　　址	江苏省南京市江宁区金箔路 28 号		
成立时间	1955 年	邮　编	211100
法定代表人	汇宝全	网　址	www.goldfoil.com
电　　话	025-52123660	传　真	025-52281516
E-mail			
主要产品、业务	主要经营金箔及其深加工产品、烟草配套材料、机电、房地产、食品、商贸、三产		

单位名称	江苏三笑集团有限公司		
地　　址	江苏省扬州市邗江区杭集三笑大道 1 号		
成立时间	1989 年	邮　编	225111
法定代表人	韩国平	网　址	www.sanxiaogroup.com
电　　话	0514-7278498	传　真	0514-7271389
E-mail			
主要产品、业务	“睡的香”卫生杀虫用品系列、“笑爽”个人卫生护理用品、家私空气清新剂、踏浪鞋油		

单位名称	江苏中丹化工集团		
地　　址	江苏省泰兴市七圩镇		
成立时间	1979 年	邮　编	225453
法定代表人	张家庆	网　址	www.zhongdan.com
电　　话	0523-7485047	传　真	0523-7484262
E-mail			
主要产品、业务	主导产品：还原靛蓝生产和出口能力为全球第一，氨基苯醚系列产品、乙氧基喹啉生产能力世界第一		

单位名称	大全集团有限公司（原江苏电气集团有限公司）		
地　　址	江苏省扬中市新坝镇新中南路 66 号		
成立时间	1965 年	邮　编	212211
法定代表人	徐广福	网　址	www.daqo.com
电　　话	0511-8411200	传　真	0511-8411211
E-mail	webmaster@daqo.com		
主要产品、业务	高低压成套开关设备、母线槽、高压封闭母线、电缆桥架、元器件、环保设备制造、变压器、电力自动化等		

单位名称	无锡市雪浪钢铁有限公司		
地　　址	江苏省无锡市滨湖区太湖镇雪浪陆店桥		
成立时间	1976 年	邮　编	214125
法定代表人	廉绍红	网　址	
电　　话	0510-5182598	传　真	0510-5180047
E-mail			
主要产品、业务	本企业主要生产优质碳素钢圆管（φ50-φ110mm）低碳钢垫轧圆盘（φ5-φ12mm），2003 年为江苏名牌产品，并已通过 ISO9001：2000 质量体系认证，产品质量具有市场竞争力		

单位名称	江苏苏化集团有限公司		
地　　址	苏州南门路1号		
成立时间	1990年	邮　编	215007
法定代表人	杨振华	网　址	www.jsgc.com
电　　话	0512-65251605	传　真	0512-65251980
E-mail	office@jsgc.com		
主要产品、业务	基础化工、农用化工、精细化工等50多种产品		

单位名称	江苏德邦化学工业集团有限公司		
地　　址	江苏省连云港市海州区江化南路51号		
成立时间	1996年4月18日	邮　编	222023
法定代表人	赵祥海	网　址	www.jsdebang.com.cn
电　　话	0518-5113884	传　真	0518-5112536
E-mail			
主要产品、业务	生产、销售纯碱、氯化铵、复合肥、小苏打、硅酸钠、热熔胶、化工机械、磷酸盐、柠檬酸盐等30多个产品		

单位名称	江苏锡兴集团公司		
地　　址	江苏省无锡市钱威路64号		
成立时间	1964年	邮　编	214151
法定代表人	浦惠林	网　址	www.jsxixing.com
电　　话	0510-3215502	传　真	0510-3202335
E-mail			
主要产品、业务	钢坯、热轧长卷钢带、热轧带肋钢筋		

单位名称	徐州卷烟厂		
地　　址	江苏省徐州市		
成立时间	1939年	邮　编	221005
法定代表人	张铭业	网　址	www.xzjyc.com.cn
电　　话	0516-3673208	传　真	0516-3574050
E-mail			
主要产品、业务	徐州卷烟厂属行业36家重点工业企业，主导产品“红杉树”、“东渡”多次被评为行业名优卷烟，“苏烟”已成为代表江苏的品牌形象，并成功打入国际市场		

单位名称	江苏三房巷集团有限公司		
地　　址	江苏省江阴市周庄镇三房巷		
成立时间	2000年	邮　编	214423
法定代表人	卞兴才	网　址	www.SFXJT.com
电　　话	0510-6229850	传　真	0510-6229800
E-mail			
主要产品、业务	生产销售聚酯切片、化纤、纺织、印染、服装印花、塑料制品、有色金属制品、建材等等		

单位名称	希捷国际科技无锡有限公司		
地　　址	江苏省无锡市无锡新加坡工业园行创二路2号		
成立时间	1995年	邮　编	214028
法定代表人	刘　俊	网　址	www.seagate.com
电　　话	0510-5282828	传　真	0510-5281369
E-mail			
主要产品、业务	主要业务：包括磁头万向节组建业务、电子组装业务，生产印刷电路总成和印刷电路电缆总成等产品		

单位名称	江苏洋河酒厂股份有限公司		
地　　址	江苏省泗阳县洋河镇中大街 118 号		
成立时间	2002 年 12 月 27 日	邮　编	223725
法定代表人	杨延栋	网　址	www.chinayanghe.com
电　　话	0527-5438001	传　真	0527-5433020
E-mail			
主要产品、业务	中国名酒洋河大曲，具有“甜、绵、软、净、香”的独特风格，“洋河”商标驰名中外，2001年3月被评为中国驰名商标，主导产品有：洋河大曲、洋河蓝色经典、洋河敦煌大曲等		

单位名称	法尔胜集团公司		
地　　址	江苏省江阴市通江北路 203 号		
成立时间	1964 年	邮　编	214433
法定代表人	周建松	网　址	www.chinafasten.com
电　　话	0510-6112883	传　真	0510-6116856
E-mail			
主要产品、业务	金属制品产业系列、光通信产业系列、基础设施金属材料产业系列、新材料系列、机电汽配产业系列、贸易物流、酒店服务系列		

单位名称	江苏北方氯碱集团有限公司		
地　　址	江苏省徐州市孟家沟		
成立时间	1958 年 9 月	邮　编	221007
法定代表人	李金玉	网　址	www.jsbflj.com
电　　话	0516-7767897	传　真	0516-7767151
E-mail			
主要产品、业务	主要生产烧碱、聚氯乙烯树脂、三聚磷酸钠、三氯异氰尿酸、氯乙酸、塑料制品		

单位名称	江苏华西集团公司		
地　　址	江苏省江阴市华西村		
成立时间		邮　编	214421
法定代表人	吴协恩	网　址	www.chinahuaxicun.com
电　　话	0510-6216114	传　真	0510-6216296
E-mail			
主要产品、业务	钢铁建材、化工化纤、毛纺服装、有色金属的生产销售，建筑装璜、旅游服务、批零贸易		

单位名称	无锡市太极实业股份有限公司		
地　　址	江苏省无锡市芦村下甸桥南堍		
成立时间	1993 年	邮　编	214024
法定代表人	吴惠明	网　址	www.wxtj.com
电　　话	0510-5430810	传　真	0510-5430760
E-mail			
主要产品、业务	主要产品有涤纶高强工业丝、涤纶浸胶帘帆布、化纤机械、棉纺机械等		

单位名称	澄西船舶修造厂		
地　　址	江苏省江阴市衡山路 1 号		
成立时间	1973 年 12 月	邮　编	214433
法定代表人		网　址	www.chengxi.com
电　　话	0510-6109709	传　真	0510-6109711
E-mail			
主要产品、业务	船舶修理与改装、海洋工程修理与制造、船舶制造、大型钢结构件制造		

单位名称	好孩子儿童用品有限公司		
地　　址	江苏省昆山市陆家镇好孩子工业园		
成立时间	1994 年 12	邮　编	215331
法定代表人	宋郑还	网　址	www.goodbaby.com
电　话	0512-57871888	传　真	0512-57671558
E-mail			
主要产品、业务	生产和销售婴儿推车、自行车、学步车、三轮车、电动车、汽车座、童床、餐椅、童装、纸尿裤、奶瓶、奶咀、安全用品		

单位名称	江苏通裕纺织集团有限公司		
地　　址	江苏省杨州市江阴中路 7 号		
成立时间	1999 年	邮　编	225009
法定代表人	马宝祥	网　址	www.jstextile.com
电　话	0514-7858688	传　真	0514-7086111
E-mail			
主要产品、业务	生产、销售棉纱、牛仔布、针织布		

单位名称	江苏银都集团有限公司		
地　　址	江苏省大丰市人民南路 50 号		
成立时间	1994 年 6 月	邮　编	224100
法定代表人	王希明	网　址	
电　话	0515-3529739	传　真	0515-3529739
E-mail			
主要产品、业务	棉花、棉纱、家纺产品，棉花机械、轻钢结构、塑钢门窗、机械铸造等		

单位名称	无锡太平洋集团有限公司		
地　　址	江苏省无锡市健康路 203 号		
成立时间	1937 年 11 月	邮　编	214031
法定代表人	孙亚煌	网　址	www.WUXIPACIFIC.com.cn
电　话	0510-2854741	传　真	0510-2853246
E-mail			
主要产品、业务	高档的高支高密色织布		

单位名称	江苏万翔集团公司		
地　　址	江苏省江阴市霞客镇马镇东街		
成立时间	1995 年 10 月	邮　编	214406
法定代表人	王明慧	网　址	
电　话	0510-6521938	传　真	0510-6521888
E-mail			
主要产品、业务	万翔牌棉型、中长型、毛型、粗旦型、细旦型等涤纶短纤维		

单位名称	无锡开源机床集团有限公司		
地　　址	江苏省无锡市湖滨路 11 号		
成立时间	1948 年 5 月	邮　编	214061
法定代表人	刘建清	网　址	www.xiji.com.cn
电　话	0510-5884724	传　真	0510-5807314
E-mail			
主要产品、业务	公司专业生产无心磨床、内园磨床、轴承磨床、外园磨床、轧辊磨床及高速电主轴、汽车零部件、液压挺杆、减震器、万向节、轮毂轴承等产品		

单位名称	江苏综艺集团		
地　　址	江苏省通州市综艺数码城		
成立时间	1987年	邮　编	226376
法定代表人	昝圣达	网　址	www.600770.com.cn
电　　话	0513-6639999	传　真	0513-6563502
E-mail			
主要产品、业务	集成电路设计、软件研发销售、丝绸服装、木材加工、战略投资、国际贸易等产业		

单位名称	维维集团		
地　　址	江苏省徐州市城南开发区		
成立时间	1992年10月	邮　编	221111
法定代表人	崔桂亮	网　址	www.vvgroup.com
电　　话	0516-3290169	传　真	0516-3394888
E-mail			
主要产品、业务	"维维"牌豆奶粉系列产品、"天山雪"牛奶系列产品		

单位名称	常柴股份有限公司		
地　　址	江苏省常州市怀德中路123号		
成立时间	1913年	邮　编	213002
法定代表人	张骏原	网　址	www.changchai.com.cn
电　　话	0519-6603656	传　真	0519-6670765
E-mail			
主要产品、业务	单缸、多缸柴油机、联合收割机、柴油发电机、农用运输车、轻型汽车		

单位名称	南京卷烟厂		
地　　址	江苏省南京市梦都路30号		
成立时间	1948年	邮　编	210019
法定代表人	张兴磊	网　址	www.njjyc.com
电　　话	025-86479888	传　真	025-86479800
E-mail	njjycbgs@js.tobacco.com.cn		
主要产品、业务	卷烟、普通运输		

单位名称	南京汽轮电机(集团)有限责任公司		
地　　址	江苏省南京市下关区中央北路80号		
成立时间	1956年1月	邮　编	210037
法定代表人	潘宗健	网　址	www.ntecchina.com
电　　话	025-85503264	传　真	025-85502858
E-mail			
主要产品、业务	承建国内外电站建设成套工程，燃气轮机、汽轮机、发电机、大中型交流电动机的设计、生产和销售		

单位名称	吴江鹰翔化纤有限公司		
地　　址	江苏省吴江市践泽镇东方大街		
成立时间	1999年	邮　编	215228
法定代表人	徐兴祥	网　址	
电　　话	0512-63558820	传　真	0512-63558820
E-mail			
主要产品、业务	年生产、销售各类涤纶化纤丝25万吨，主要产品有FDY、PDY、DTY及聚酯切片		

单位名称	春兰（集团）公司		
地　　址	江苏省泰州市口泰路 68 号		
成立时间	1993 年 4 月	邮　编	225300
法定代表人	陶建幸	网　址	www.chunlan.com
电　　话	0523-6227410	传　真	0523-6227734
E-mail			
主要产品、业务	空调器、洗衣机、卡车、摩托车、电动自行车、高能动力镍氢电池、燃料电池等		

单位名称	海澜集团公司		
地　　址	江苏省江阴市新桥镇海澜工业园		
成立时间	1988 年 12 月	邮　编	214426
法定代表人	周建平	网　址	www.heilan.com.cn
电　　话	0510-6121388	传　真	0510-6127236
E-mail			
主要产品、业务	精纺呢绒、服装（职业装、休闲装）的生产、销售，房地产，进出口贸易等		

单位名称	中国长江航运集团金陵船厂		
地　　址	江苏省南宁市燕江路 55 号		
成立时间	1952 年 9 月	邮　编	210015
法定代表人	马必海	网　址	
电　　话	025-58782179	传　真	025-58781075
E-mail			
主要产品、业务	民用船舶、金属结构及构件、船舶附件及通用零部件制造加工		

单位名称	江苏阳光集团有限公司		
地　　址	江苏省江阴市新桥镇		
成立时间	1986 年	邮　编	214426
法定代表人	陆克平	网　址	www.sunshine.com.cn
电　　话	0510-6121888	传　真	0510-6121188
E-mail			
主要产品、业务	已形成毛纺服装、生物医药、热能电力、生态农林、零售商业、房地产等多产业的多元化格局，是全球生产规模最大的毛纺企业及高档服装生产基地。主导产品是精纺呢绒和高档服装，年产精纺呢绒2200万米、服装150万套。“阳光”商标是中国精毛纺行业第一个中国驰名商标，“阳光”呢绒荣获中国名牌称号，“阳光”呢绒和“阳光”西服被评为国家免检产品		

单位名称	仪征双环活塞环有限公司		
地　　址	江苏省仪征市长江路 176 号		
成立时间	1995 年 8 月	邮　编	211400
法定代表人	Jack Perkowski	网　址	www.cypr.com.cn
电　　话	0514-3452322	传　真	0514-3453958
E-mail	cypr@cypr.com.cn		
主要产品、业务	各种内燃机、空亚机、冷冻机用活塞环，销售本公司自产产品，提供相关售后服务		

单位名称	江阴新潮科技集团有限公司		
地　　址	江苏省江阴市滨江中路 275 号		
成立时间		邮　编	214431
法定代表人	王新潮	网　址	www.cj-elec.com
电　　话	0510-6852989	传　真	0510-6852989
E-mail	fyh@cj-elec.com		
主要产品、业务	主要业务有：分立器件、集成电路、电子信号灯、智能化电力仪表、芯片制造		

单位名称	正新橡胶（中国）有限公司		
地　　址	江苏省昆山经济技术开发区朝阳东路		
成立时间	1993年7月	邮　编	215301
法定代表人	罗方仁	网　址	www.cst.com.cn
电　　话	0512-57673888	传　真	0512-57872237
E-mail			
主要产品、业务	主要生产汽车用子午线轮胎、斜交胎及其它橡胶制品，产品行销世界各地		

单位名称	太仓利泰纺织厂有限公司		
地　　址	江苏省太仓市沙溪镇新民村20号		
成立时间	1905年	邮　编	215421
法定代表人	朱永刚	网　址	www.chinalitai.com
电　　话	0512-53212864	传　真	0512-53213963
E-mail	litai@publicl.sz.js.cn		
主要产品、业务	生产和销售各类纱、线、坯布		

单位名称	江苏吴江丝绸集团有限公司		
地　　址	江苏省吴江市盛泽镇舜新路24号		
成立时间	1991年1月	邮　编	215228
法定代表人	胡志良	网　址	
电　　话	0512-63550266	传　真	0512-63552272
E-mail			
主要产品、业务	生产销售：丝绸及丝绸复制品、化纤织物，出口本企业自产的染色、印花绸缎、电脑绣花及服装		

单位名称	波司登股份有限公司		
地　　址	江苏省常熟市波司登工业园区		
成立时间	1994年6月	邮　编	215532
法定代表人	高德康	网　址	www.bosideng.com
电　　话	0512-52532888	传　真	0512-52538039
E-mail	info@bosideng.com		
主要产品、业务	羽绒服、防寒服及羽绒制品的生产及销售		

单位名称	江苏牡丹汽车集团有限公司		
地　　址	江苏省张家港市乐余镇		
成立时间	1995年8月	邮　编	215621
法定代表人	孙敏彪	网　址	www.mudanauto.com
电　　话	0512-58605053	传　真	0512-58660321
E-mail			
主要产品、业务	6-12米的各类客车，汽车零配件、机械产品		

单位名称	中电电气集团有限公司		
地　　址	江苏省南京中山北路26号新晨国际大厦三楼		
成立时间	1990年	邮　编	210008
法定代表人	陆廷秀	网　址	www.ceeg.cn
电　　话	025-63275358	传　真	025-63275377
E-mail	qgb@ceeg.cn		
主要产品、业务	公司主营业务为电力变压器、太阳能电池和绝缘防护材料，是全球最大干式变压器生产基地和全国最大太阳能电池生产基地		

单位名称	无锡华光锅炉股份有限公司		
地　　址	江苏省无锡市城南路3号		
成立时间		邮　编	214028
法定代表人	华金荣	网　址	
电　话	0510-5215556	传　真	0510-5215605
E-mail			
主要产品、业务	电站锅炉、工业锅炉、水处理产品		

单位名称	江苏双良空调设备股份有限公司		
地　　址	江苏江阴利港双良工业园		
成立时间	1982年	邮　编	214444
法定代表人	缪志强	网　址	www.shuangliang.com
电　话	0510-6818899	传　真	0510-6818666
E-mail			
主要产品、业务	（直燃型、蒸汽型、热泵型）溴化锂吸收式制冷机、吸收式热泵电制冷机组、风机盘管、组合式空调器等中央空调主机及末端产品		

单位名称	江苏隆力奇生物科技股份有限公司		
地　　址	江苏省常熟市隆力奇生物工业园		
成立时间	2002年12月24日	邮　编	215555
法定代表人	徐之伟	网　址	www.longliqi.com
电　话	0512-52481538	传　真	0512-5241415
E-mail			
主要产品、业务	公司主要开发、生产、销售“隆力奇”牌保健品、化妆品及“龙美人”系列化妆品		

单位名称	一汽解放汽车有限公司无锡柴油机分公司		
地　　址	江苏省无锡市塘南一支路9号		
成立时间	1943年9月	邮　编	214026
法定代表人	蒋彬洪	网　址	www.wxdew.com
电　话	0510-5014990	传　真	0510-5016785
E-mail	wdew.faw@publid.wx-js.cn		
主要产品、业务	CA6DF系列、CA6DL系列、6110柴油机		

单位名称	扬子石油化工股份有限公司		
地　　址	南京市六合区新华路777号		
成立时间	1998年	邮　编	210048
法定代表人	戴厚良	网　址	www.ypc.com.cn
电　话	025-57782200	传　真	025-57784389
E-mail			
主要产品、业务	主要从事烃类衍生物的生产、加工和销售		

单位名称	恒力集团有限公司		
地　　址	吴江市盛泽镇南麻工业区恒力路1号		
成立时间	2003年11月	邮　编	215226
法定代表人	陈建华	网　址	www.hengli.com
电　话	0512-63837111	传　真	0512-63838877
E-mail	hengli@hengli.com		
主要产品、业务	涉及纺织、织造、度假村、热电、进出口业务等领域，产品主要为涤沦长丝、服装面料、辅料		

单位名称	徐州工程机械集团有限公司		
地　　址	徐州经济开发区工业一区		
成立时间	1989年3月	邮　　编	221004
法定代表人	王　民	网　　址	www.xcmg.com
电　　话	7739418	传　　真	7739999
E-mail			
主要产品、业务	工程机械及成套设备、专用车辆、建筑施工机械、矿山设备、环卫设备、基础零部件的开发、制造、销售服务		

单位名称	南京汽车集团有限公司		
地　　址	南京中央路331号		
成立时间	1947年	邮　　编	210037
法定代表人	黄小平	网　　址	www.yuejin.com
电　　话	025-3437788	传　　真	025-3433526
E-mail			
主要产品、业务	轻型卡车、轿车、轻型客车、越野车、军用车 产品：跃进、依维柯、英格尔、优尼柯、派利奥、西耶那		

单位名称	南京晨光集团有限责任公司		
地　　址	南京市中华门外上学路1号		
成立时间	1996年	邮　　编	210006
法定代表人	杨少华	网　　址	www.cacgg.com
电　　话	025-52823078	传　　真	0525-52407248
E-mail	cgc@public1.ppt.js.cn		
主要产品、业务	特种设备、交通运输设备、普通机械及配件、高压水射流清洗机、计量泵，进出口业务		

单位名称	江苏江淮动力股份有限公司		
地　　址	江苏省盐城市环城西路213号		
成立时间	1991年1月	邮　　编	224001
法定代表人	朱瑞龙	网　　址	www.jdchina.com
电　　话	0515-8881888	传　　真	0515-8881999
E-mail	jhdl@public.yc.js.cn		
主要产品、业务	内燃机、发电机、电动机、水泵、榨油机、农机具的制造与销售		

单位名称	江苏天能集团公司		
地　　址	江苏省徐州市淮海西路182号		
成立时间	1996年10月	邮　　编	221002
法定代表人	李乃钊	网　　址	www.jstnjt.com
电　　话	0516-85735500	传　　真	0516-85738067
E-mail			
主要产品、业务	煤炭生产、城市供热		

单位名称	江苏沙钢集团有限公司		
地　　址	江苏省张家港市锦丰镇		
成立时间	1975年10月	邮　　编	215625
法定代表人	沈文荣	网　　址	www.sha-steel.com
电　　话	0512-58568800 0512-58568801	传　　真	0512-58550818
E-mail	info@sha-steel.com		
主要产品、业务	“沙钢”牌热轧板卷、高速线材、带肋钢筋、不锈钢薄板等20大系列120多个品种		

单位名称	东海粮油工业张家港有限公司		
地　址	江苏省张家港市保税区		
成立时间	1993年6月	邮　编	215634
法定代表人	刘福春	网　址	www.eogi.com.cn
电　话	0512-58381018 0512-58388345	传　真	0512-58380755
E-mail	eogi@public1.sz.js.cn		
主要产品、业务	食用植物油、豆粕、饲料、面粉、特种油脂、磷脂、大米、烘焙产品、钢桶谷朊粉		

单位名称	无锡尚德太阳能电力有限公司		
地　址	江苏无锡国家高新技术产业区长江南路17-6号		
成立时间	2001年	邮　编	214028
法定代表人	施正荣	网　址	www.suntech-power.com
电　话	0510-85345000	传　真	0510-85343049
E-mail	smjiang@suntech-power.com		
主要产品、业务	主要是从事晶体硅太阳电池、组件、光伏发电系统工程以及光伏应用产品的研究、制造、销售和售后服务的高新技术企业		

单位名称	江苏泰隆减速机股份有限公司		
地　址	江苏省泰兴市大庆东路88号		
成立时间	1982年	邮　编	225400
法定代表人	殷根章	网　址	www.tailong.com
电　话	0523-7668018	传　真	0523-7665426
E-mail	tljstx@pub.tz.jsinfo.net		
主要产品、业务	主要生产：减速机、风机、钢帘线机械设备印刷机械、电热电器		

单位名称	长江润发集团有限公司		
地　址	江苏张家港市金港镇		
成立时间	1995年	邮　编	215633
法定代表人	邵金和	网　址	www.cjrf.com
电　话	0512-58318158	传　真	0512-58332355
E-mail	cjrf@vip.163.com		
主要产品、业务	电梯导轨、型钢、电力、电子、耐指纹板、彩钢板、铝型材、纺织、港机、房地产开发、酒店		

单位名称	南京高精齿轮有限公司		
地　址	江苏南京中华门外小行尤家凹3号		
成立时间	2001年8月	邮　编	210012
法定代表人	胡曰明	网　址	www.cnngc.com
电　话	025-52415583	传　真	025-52412731
E-mail	ngc@public1.ptt.js.cn		
主要产品、业务	工业通用、高速、重载齿轮箱、风电齿轮箱、机车齿轮箱、标准化齿轮箱等		

单位名称	南京钢铁集团有限公司		
地　址	江苏南京市六合区卸甲甸幸福路8号		
成立时间	1996年7月	邮　编	210035
法定代表人	肖同友	网　址	www.njsteel.com.cn
电　话	025-57074458	传　真	025-57048064
E-mail	nisco@njsteel.com.cn		
主要产品、业务	主营业务：钢铁冶炼、钢材轧制 主要产品：中原板（卷）、棒材、线材、热轧细带、热轧薄钢板、球扁钢		

单位名称	江苏淮钢集团有限公司		
地　　址	江苏省淮安市化工路53号		
成立时间	1970年10月	邮　　编	223002
法定代表人	何达平	网　　址	www.huaigang.com
电　　话	025-3631098	传　　真	025-3631344
E-mail	jshg2005@sina.com		
主要产品、业务	弹簧钢、齿轮钢、轴承钢、合结钢、管坯钢、锚链钢、碳素钢		

单位名称	江苏锡钢集团有限公司		
地　　址	江苏省无锡市塘南路124号		
成立时间	1958年6月	邮　　编	214026
法定代表人	何志奇	网　　址	www.xgco.com
电　　话	0510-5761588	传　　真	0510-5759005
E-mail	xgcb@xgco.com		
主要产品、业务	生产轴承钢、弹簧钢、合结钢、工模具钢、碳结钢等锭、锻、管、棒、线、丝产品		

单位名称	红星家具集团有限公司		
地　　址	江苏省常州市北环路32号		
成立时间	1994年	邮　　编	213017
法定代表人	车建新	网　　址	chinaredstasr.com
电　　话	0519-5318888	传　　真	0519-5319088
E-mail			
主要产品、业务	家具、家居类产品生产、销售		

单位名称	常林股份有限公司		
地　　址	江苏省常州市常林路10号		
成立时间	1961年	邮　　编	213002
法定代表人	李延江	网　　址	www.changlin.com.cn
电　　话	0519-6751888 0519-6758888	传　　真	0519-6750025
E-mail			
主要产品、业务	工程、林业、矿山、环保、采运机械设备的研制、生产、销售及维修本企业自产轮式装载机、压路机及零件的出口，本企业的生产、科研所需的原辅材料、机械设备、仪器仪表及零配件的进口（国家组织统一联合经营的16种出口商品和国家实行核定公司经营的14种出口商品除外），承包境外机械行业工程和境内国际招标工程，上述境外工程所需的设备、材料出口，对外排遣实施上述境外工程所需的劳务人员		

单位名称	扬州柴油机有限责任公司		
地　　址	江苏省扬州市江阳东路438号		
成立时间	2001年9月	邮　　编	225009
法定代表人	魏　洁	网　　址	www.yangchai.com.cn
电　　话	0514-7811652	传　　真	0514-7813665
E-mail	yc@yangchai.com.cn		
主要产品、业务	专业生产485、495/4100、4102/4103、4108/4110等四个系列200多个品种的柴油机，广泛应用于轻卡、轻客、农用车、工程机械等，市场拥有量达120万台		

单位名称	江苏长电科技股份有限公司		
地　　址	江苏省江阴市滨江中路275号		
成立时间	1972年	邮　　编	214431
法定代表人	王新潮	网　　址	www.cj-elec.com
电　　话	0510-86854189	传　　真	0510-86851550
E-mail	cdkj@cj-elec.com		
主要产品、业务	研制、开发、生产、销售半导体、电子原器件		

单位名称	纳爱斯集团有限公司		
地址	浙江省丽水市上水南3号		
成立时间	1968年	邮编	323000
法定代表人	庄启传	网址	www.cnnice.com
电话	0578-2179983	传真	0578-2135514
E-mail			
主要产品、业务	日用轻工产品、洗涤用品、化妆品及相关原辅材料制造、销售		

单位名称	普天东方通信集团		
地址	浙江省杭州市文三路398号		
成立时间	1958年	邮编	310013
法定代表人	欧阳普天	网址	www.eastcom.com
电话	0571-88865228	传真	0571-88865208
E-mail			
主要产品、业务	主营业务为移动通信，为客户提供移动系统设备，终端手机的研发、制造、销售和服务，并提供增值业务软件、网络和工程督导、技术支持和维护服务等系统解决方案		

单位名称	浙江桐昆化纤集团股份有限公司		
地址	浙江省桐乡市经济开发区光明路		
成立时间	1981年3月	邮编	314500
法定代表人	陈士良	网址	www.zjtkjt.com
电话	0573-8183510	传真	0573-8183500
E-mail			
主要产品、业务	化纤涤纶长丝、聚酯切片、化纤助剂、纺织后整理业务、房地产开发，本公司自产产品的出品业务以及本公司所需原辅材料的进口业务等		

单位名称	钱江集团有限公司		
地址	浙江省温岭市万昌路		
成立时间	1996年	邮编	317500
法定代表人	林华伟	网址	www.gjmotor.com
电话	0576-6139068	传真	0576-6111045
E-mail			
主要产品、业务	摩托车及零部件，汽车一般配件、电机、电动工具、农林机械、园林机械、电子产品、机械配件等		

单位名称	杭州中策橡胶有限公司		
地址	浙江省杭州市海潮路1号		
成立时间	1992年7月1日	邮编	310008
法定代表人	沈金荣	网址	www.chaoyang.com
电话	0571-86053939	传真	0571-86062011
E-mail			
主要产品、业务	本公司主要生产各种品种的汽车轮胎、工程叉车胎、摩托车胎、自行车胎、橡胶带及各种橡胶制品		

单位名称	中国飞跃集团		
地址	浙江省台州市椒江机场中路109号		
成立时间	1986年10月	邮编	318010
法定代表人	邱继宝	网址	www.feiyue.cn
电话	0576-8176402 0576-8176178 0576-8155805	传真	0576-8155800 0576-8155805 0576-8155809
E-mail	yamata@feiyue.cn		
主要产品、业务	飞跃集团集科研、生产、国际贸易为一体，以生产缝制设备为主导产业		

单位名称	海亮集团有限公司		
地　　址	浙江省诸暨市店口镇湄池江东路107号		
成立时间	1996年8月	邮　　编	311814
法定代表人	冯海良	网　　址	www.hailiang.com
电　　话	0575-7068888	传　　真	0575-7062008
E-mail			
主要产品、业务	制造、加工空调及制冷用铜管、铜水管、铜管件、精密铜棒、铜杆等铜加工材		

单位名称	浙江天信仪表有限公司		
地　　址	浙江省苍南县灵溪工业园区1路		
成立时间	1998年10月30日	邮　　编	325800
法定代表人	陈开云	网　　址	www.tancy.com
电　　话	0577-64839431	传　　真	0577-64839862
E-mail	tancy@tancy.com		
主要产品、业务	TDS系列智能旋进流量计、TBQ/TBQZ系列智能气体涡轮流量计、B3系列气体罗茨流量计、TLXZ系列蒸汽流量计		

单位名称	万向集团公司		
地　　址	浙江省杭州市萧山经济技术开发区		
成立时间	1969年7月	邮　　编	311215
法定代表人	鲁冠球	网　　址	www.wanxiang.com.cn
电　　话	0571-82832999	传　　真	0571-82833999
E-mail			
主要产品、业务	以“钱潮”“QC”品牌为主的万向节、轴承等八大系列汽车零部件制造与销售		

单位名称	中国石化镇海炼油化工股份有限公司		
地　　址	浙江省宁波市		
成立时间	1994年6月28日	邮　　编	315207
法定代表人	孙伟君	网　　址	www.zrcc.com.cn
电　　话	0574-86456425	传　　真	0524-86456155
E-mail			
主要产品、业务	主要生产和销售各种规格的无铅汽油、优质柴油、航空煤油、液化气、高等级道路、苯类、聚丙烯及其它石油化工产品		

单位名称	正泰集团		
地　　址	浙江省温州市乐清市北白象镇大桥工业区		
成立时间	1984年7月	邮　　编	325603
法定代表人	南存辉	网　　址	www.chint.com
电　　话	0577-62877777	传　　真	0577-62875888
E-mail	chint@chint.com		
主要产品、业务	高低压电器、输配电设备、仪器仪表、建筑电器、工业自动化设备、汽车电器等		

单位名称	宁波波导股份有限公司		
地　　址	浙江省奉化市城山路99号		
成立时间	1992年	邮　　编	325500
法定代表人	徐立华	网　　址	www.chinabird.com
电　　话	0574-88918943	传　　真	0574-88918838
E-mail			
主要产品、业务	本公司是国内最具挑战力的专业从事移动通讯系统设备终端产品开发、制造销售的上市公司，产品有移动电话、掌上电脑、系统设备和计算机配件等		

单位名称	奥克斯集团有限公司		
地　　址	宁波高科技园区鄞州大道车段 566 号		
成立时间	1989 年	邮　　编	315100
法定代表人	郑坚江	网　　址	www.auxgruop.com
电　　话	0574-8822005	传　　真	0574-88220175
E-mail			
主要产品、业务	以制造业为主的大型企业集团，目前涉足电表、变压器、空调、汽车、手机等八大产业		

单位名称	浙江镇海发电有限责任公司		
地　　址	浙江宁波市镇海区镇宁东路 235 号		
成立时间	1978年10月25日	邮　　编	315208
法定代表人	曹路	网　　址	
电　　话	0574-86263814	传　　真	0574-86262009
E-mail	zhengmiaotong@zhpp.zjenergy.com.cn		
主要产品、业务	电力生产、电力检修		

单位名称	德力西集团有限公司		
地　　址	浙江省乐清市柳市镇柳青路 1 号		
成立时间	1984 年	邮　　编	325604
法定代表人	胡成中	网　　址	www.delixi.com
电　　话	0577-62723888	传　　真	0577-62725559
E-mail	office@delixi.com		
主要产品、业务	低压电器、高压电器、高低压成套电气、建筑电器、交通电器、防爆电器、仪器仪表、电线电缆、母线槽电缆桥架、房地产投资、经营自费进出口业务等		

单位名称	浙江嘉欣丝绸股份有限公司		
地　　址	嘉兴市中山路 22 号		
成立时间	1998 年 1 月	邮　　编	314000
法定代表人	周国建	网　　址	www.chinesesilk.com
电　　话	0573-2085227	传　　真	0573-2084568
E-mail			
主要产品、业务	黄丝绸商品、白厂丝、丝织品、各类服装		

单位名称	宁波华翔集团股份有限公司		
地　　址	浙江省象山县西周镇镇安路 104 号		
成立时间	1996 年 8 月 5 日	邮　　编	315722
法定代表人	周辞美	网　　址	www.huaxianggroup.com
电　　话	0574-65835072	传　　真	0574-65837000
E-mail			
主要产品、业务	各类汽车发动机零配件、汽车内外饰件、轿车空调器总成及塑配件、汽车电子元器件、灯具、灯饰及大中型汽车模具、民用改装车、商务车		

单位名称	浙江三花集团有限公司		
地　　址	浙江省绍兴市新昌县城关镇		
成立时间	2000 年 7 月	邮　　编	312500
法定代表人	张道才	网　　址	www.sanhuagroup.com
电　　话	0575-6232828	传　　真	0575-6225286
E-mail			
主要产品、业务	四通换向阀，电磁阀，截止阀，汽液分离器，管组件，铁、铝贮液器，膨胀阀，压力开关		

单位名称	金轮集团股份有限公司		
地　　址	浙江省慈溪市金轮开发区		
成立时间	2000年10月	邮　　编	315301
法定代表人	陆汉振	网　　址	www.kingring.com
电　　话	0574-63218000	传　　真	0574-63218943
E-mail			
主要产品、业务	帘子布、铝型材、摩托车、电动自行车等		

单位名称	浙江尖峰集团股份有限公司		
地　　址	浙江省金华婺江东路88号		
成立时间	1958年	邮　　编	321000
法定代表人	杜自弘	网　　址	jianfeng.com.cn
电　　话	0579-2326868	传　　真	0579-2324666
E-mail			
主要产品、业务	“先峰”牌水泥，以水泥、医药为主导的其他产业为补充的多元化综合型企业集团		

单位名称	浙江超同科技股份有限公司		
地　　址	海盐县丰步镇盐湖路68号		
成立时间	1984年	邮　　编	314312
法定代表人	吴李明	网　　址	www.chaotong.cn
电　　话	0573-6778888	传　　真	0573-6776877
E-mail			
主要产品、业务	涤纶丝、差别化纤维、聚酯切片、纳米切片、工程塑料、三单体及其他化纤产品，经营进出口业务		

单位名称	杭州制氧机集团有限公司		
地　　址	杭州市下城区东新路90号		
成立时间	1950年8月	邮　　编	310004
法定代表人	蒋　明	网　　址	wucp@21cn.com
电　　话	0571-85372001	传　　真	0571-85373773
E-mail			
主要产品、业务	大、中、小型成套空分设备，I、II、III类压力容器，各类透平、活塞式压缩机、离心式液体泵、低温阀门、乙烯冷箱等		

单位名称	杭州锦江集团有限公司		
地　　址	浙江省杭州市湖墅南路111号锦江大厦		
成立时间	1993年	邮　　编	310005
法定代表人	钭正刚	网　　址	www.jingjiang-group.com
电　　话	0571-88389111	传　　真	0571-88388848
E-mail			
主要产品、业务	环保能源、轻纺服装、轻工建材		

单位名称	浙江海正集团有限公司		
地　　址	浙江省台州市椒江区外沙路46号		
成立时间	1956年	邮　　编	318000
法定代表人	章阿恩	网　　址	www.hisunpharm.com
电　　话	0576-8827890	传　　真	0576-8827887
E-mail			
主要产品、业务	化学原性药、化学药制剂制造、出口		

单位名称	奥康集团有限公司		
地址	浙江省永嘉奥康工业园		
成立时间	1988年	邮编	325101
法定代表人	王振滔	网址	www.aokang.com
电话	0577-67288888	传真	0577-67282222
E-mail	webmaster@aokang.com		
主要产品、业务	以皮鞋为主业，并涉足商贸、房产、生物制品等领域		

单位名称	德仁集团有限公司		
地址	浙江省临海市经济开发区		
成立时间	1996年6月	邮编	317000
法定代表人	郭世德	网址	www.deren.com
电话	0576-5123858	传真	0576-5123858
E-mail			
主要产品、业务	涉及领域：木制品、房地产、生物工程、集装箱底板、海洋板、多层实木复合地板基材、细木工板、胶合板、竹地板、竹杉复合地板等		

单位名称	浙江华东铝业有限公司		
地址	浙江省兰溪市城郊西路17号		
成立时间	1999年10月18日	邮编	321103
法定代表人	朱虎根	网址	www.zhaic.com
电话	0579-8233101	传真	0579-8230916
E-mail			
主要产品、业务	年产7万吨电解铝、4.5万吨铜加工产品、6万吨电解阳极制品，拥有浙江省著名商标“兰江”牌冠名		

单位名称	杭州前进齿轮箱集团有限公司		
地址	浙江省杭州市萧山区萧金路45号		
成立时间	1960年12月27日	邮编	311203
法定代表人	王兆勤	网址	www.Chinaadvance.com
电话	0571-82673888	传真	0571-82675966
E-mail			
主要产品、业务	船用齿轮箱、工程机械变速箱、汽车变速器、特种车辆变速器、工业变速箱、调速离合器、粉末冶金制品、大型精密重载齿轮等八大类产品		

单位名称	茉织华实业（集团）有限公司		
地址	浙江平湖新仓工业园区		
成立时间	1994年8月	邮编	314205
法定代表人	松冈典之	网址	www.matsuoka.com.cn
电话	0573-5705001	传真	0573-5700188
E-mail			
主要产品、业务	服装、特种商务印刷品、防水面料、服装机械、汽车座椅等		

单位名称	浙江景兴纸业股份有限公司		
地址	浙江省平湖市曹桥镇		
成立时间	1984年8月	邮编	314214
法定代表人	朱在龙	网址	www.zjjxjt.com
电话	0573-5966228	传真	0573-5966983
E-mail			
主要产品、业务	生产销售：工业包装用纸、纸制品		

单位名称	帅康集团有限公司		
地　　址	浙江省余姚市		
成立时间	1991年	邮　　编	315491
法定代表人	邹国营	网　　址	www.china-shuaikang.com
电　　话	0574-62241695	传　　真	0574-62241447
E-mail			
主要产品、业务	帅康牌吸油烟机、热水器、灶具、消毒柜、空调器		

单位名称	花园工贸集团有限公司		
地　　址	浙江省东阳市花园工业区		
成立时间	1993年7月	邮　　编	322121
法定代表人	邵钦祥	网　　址	www.gardenen.com
电　　话	0579-6270188	传　　真	0579-6270288
E-mail			
主要产品、业务	服装、电子产品、医药中间体、火腿食品、房地产开发、医药化工		

单位名称	浙江金鹰股份有限公司		
地　　址	浙江省舟山市定海区		
成立时间	1994年	邮　　编	316051
法定代表人	傅国定	网　　址	www.cn-goldeneagle.com
电　　话	0580-8021183	传　　真	0580-8020228
E-mail			
主要产品、业务	国内领先水平的新型绢纺、亚麻纺、毛纺成套设备及自动缫纺设备 60MZ-300MZ桑蚕绢丝、绢绸、亚麻纱、布、针织服装 GK、GFK型系列新型注塑机，食品机械（空罐、实罐系列成套设备）		

单位名称	人本集团有限公司		
地　　址	温州经济技术开发区五号小区		
成立时间	1991年	邮　　编	325011
法定代表人	张童生	网　　址	www.cugroup.com
电　　话	0577-86556100	传　　真	0577-86552276
E-mail			
主要产品、业务	产品为精密低噪音轴承，主营轴承制造、商业超市、机电贸易三大产业		

单位名称	浙江巨鹰集团股份有限公司		
地　　址	浙江省象山县爵溪街道		
成立时间	1994年11月	邮　　编	315708
法定代表人	陈　照	网　　址	www.gianteagle.cn
电　　话	0574-65608033	传　　真	0574-65601200
E-mail	office@gianteagle.cn		
主要产品、业务	针织品制造：高档针织面料生产、销售，各种针织品用纱（精梳、普梳）生产		

单位名称	宁波洛兹集团有限公司		
地　　址	浙江宁波勒州石午东路		
成立时间	1990年	邮　　编	315153
法定代表人	罗奇华	网　　址	www.rouse.cn
电　　话	0574-88261666	传　　真	0574-88443594
E-mail			
主要产品、业务	公司连续6年跻身全国销售、利税双百强企业行列，名列2002年全国服装行业百强企业第14名，洛兹衬衫在2001年荣获中国名牌称号，市场占有率连年稳居全国前二位，“洛兹”系列服饰遍销全国辐射海外，企业形象良好		

单位名称	杭州东华链条集团有限公司		
地址	杭州市机场路218号		
成立时间	1991年11月	邮编	310021
法定代表人	宣碧华	网址	www.dhchain.com
电话	0571-85045787	传真	0571-85147181
E-mail	dhchain@dhchain.com		
主要产品、业务	各类标准链条及高、精非标异型链及相关业务		

单位名称	舟山兴业有限公司		
地址	浙江省舟山市普陀区大干		
成立时间	1996年	邮编	316101
法定代表人	马永钧	网址	www.xingye-scafood.com
电话	0580-3695999	传真	0580-3695596
E-mail			
主要产品、业务	水产品加工、贸易，海洋捕捞和运输、船舶修造、绳网和包装物件制造、餐馆旅游等		

单位名称	宁波贝发集团有限公司		
地址	浙江宁波小港红联		
成立时间	1994年1月8日	邮编	315801
法定代表人	邱智铭	网址	www.beifa.com
电话	0574-86186888转	传真	0574-86155295
E-mail			
主要产品、业务	“BEIFA”牌中性笔、圆珠笔、直液笔、铅笔、白板笔、精品笔等九大系列1000多个品种		

单位名称	杭州孔雀化学纤维(股份)有限公司		
地址	杭州莫干山路1263号		
成立时间	1993年12月28日	邮编	310011
法定代表人	李世亮	网址	www.hzbpcf.com
电话	0571-88093188	传真	0571-88095538
E-mail			
主要产品、业务	粘胶长丝、锦纶长丝、涤纶短纤（毛条）		

单位名称	庄吉集团有限公司		
地址	浙江省温州经济技术开发区括苍东路128号		
成立时间	1993年	邮编	325011
法定代表人	郑元忠	网址	www.judger.com.cn
电话	0577-86533333	传真	0577-86533666
E-mail			
主要产品、业务	庄吉牌西服、休闲服等服饰、承制工作服、制服		

单位名称	杭州玻璃集团有限公司		
地址	浙江省杭州市拱墅区沈丰路279号		
成立时间	1957年12月	邮编	310022
法定代表人	占和林	网址	www.hzglassgroup.com
电话	0571-88144501	传真	0571-881445649
E-mail			
主要产品、业务	玻璃与玻璃深加工，玻纤与玻纤深加工制品		

单位名称	浙江航民实业集团有限公司		
地　　址	浙江省杭州市萧山区瓜沥镇		
成立时间	1997年8月	邮　　编	311241
法定代表人	宋重庆	网　　址	www.航民集团.com
电　　话	0571-82551588	传　　真	0571-82553288
E-mail			
主要产品、业务	印染加工、纺织、热电、染料、建材、冶炼、饰品等生产		

单位名称	浙江赐富化纤集团有限公司		
地　　址	浙江省绍兴县滨海开发区		
成立时间	1986年8月	邮　　编	312073
法定代表人	赵张夫	网　　址	www.china.cifu.com
电　　话	0575-5626111	传　　真	0575-5625008
E-mail			
主要产品、业务	各种规格的涤纶丝、切片、农膜、多功能膜、纺织面料、以及药品、保健品		

单位名称	浙江恒逸集团有限公司		
地　　址	浙江省杭州市萧山区衙前镇		
成立时间	1995年10月	邮　　编	311209
法定代表人	邱建林	网　　址	www.hengyi.com
电　　话	0571-82797888	传　　真	0571-82797666
E-mail	hengyi@hengyi.com		
主要产品、业务	PTA、PET、FDY、POY、DTY和化纤服装面料		

单位名称	浙江南方控股集团有限公司		
地　　址	浙江省绍兴县柯北工业区		
成立时间	1979年	邮　　编	312030
法定代表人	徐顺兴	网　　址	www.nanfangcn.com
电　　话	0575-5641618	传　　真	0575-5643333
E-mail			
主要产品、业务	纺织、印染、化纤、服装		

单位名称	横店集团东磁有限公司		
地　　址	浙江省东阳市横店工业区		
成立时间	1980年	邮　　编	322118
法定代表人	何时金	网　　址	www.chinadmegc.com
电　　话	0579-6588888	传　　真	0579-6561157
E-mail			
主要产品、业务	永磁、软磁、塑磁、稀土永磁、微电机、电池、扬声器、电容器、真空镀膜、金刚石砂轮、门业、硬质合金、亲水箔、铝箔等		

单位名称	星月集团有限公司		
地　　址	浙江省永康市古山工业区		
成立时间	1995年7月	邮　　编	321307
法定代表人	胡济荣	网　　址	www.xingyue.com
电　　话	0579-7511127	传　　真	0579-7512370
E-mail			
主要产品、业务	主要生产摩托车、摩托车发动机、电动车辆、防撬门、柴油机、电动工具、汽油机工具、柴油机工具、太阳能热水器等		

单位名称	浙江天马实业股份有限公司		
地　　址	浙江省绍兴县滨海工业区		
成立时间	2002年9月	邮　　编	312072
法定代表人	蒋张水	网　　址	www.tianmachina.com
电　　话	0575-5629568	传　　真	0575-5101074
E-mail			
主要产品、业务	纺织面料、热电		

单位名称	雅戈尔集团股份有限公司		
地　　址	浙江省宁波市鄞县大道西段		
成立时间	1993年6月25日	邮　　编	315153
法定代表人	李如成	网　　址	www.youngor.com.cn
电　　话	0574-88265571	传　　真	0574-87425390
E-mail			
主要产品、业务	衬衫、西服、休闲服等各类服饰及纺织面料生产，兼营房地产、进出口贸易、项目投资业务		

单位名称	宁波申洲针织有限公司		
地　　址	浙江省宁波市经济技术开心区大港工业城		
成立时间	1990年3月28日	邮　　编	315800
法定代表人	马宝兴	网　　址	www.shenzhougroup.com
电　　话	0574-86882459	传　　真	0574-86886486
E-mail			
主要产品、业务	针织服装、面料		

单位名称	杭州华东医药集团有限公司		
地　　址	浙江省杭州市莫干山路866号		
成立时间	李邦良	邮　　编	310011
法定代表人		网　　址	www.eastchinapharm.com
电　　话	0571-88173388	传　　真	0571-88171332
E-mail			
主要产品、业务	新赛斯平、百全胶囊、卡博平、G-CSF、卡斯迈欣、泮立苏、卡司平、舒降之、保列治、吉粒芬		

单位名称	杭州华丰纸业有限公司		
地　　址	浙江省杭州市和睦路555号		
成立时间	1993年12月	邮　　编	310011
法定代表人	黄胜利	网　　址	www.hfpaper.com
电　　话	0571-88091424	传　　真	0571-88091536
E-mail			
主要产品、业务	卷烟纸、成型纸、拷贝纸、复写原纸、纱纸板、电话纸等产品的生产与销售		

单位名称	浙江卡森实业股份有限公司		
地　　址	浙江省海宁市斜桥镇华丰村		
成立时间	1989年	邮　　编	314403
法定代表人	朱张金	网　　址	www.kasen.com.cn
电　　话	0573-7789799	传　　真	0573-7788157
E-mail			
主要产品、业务	皮革及皮革产品的研究开发、生产、加工和销售		

单位名称	富润集团有限公司		
地　　址	浙江省诸暨市苎萝东路		
成立时间	1995 年 5 月	邮　　编	311800
法定代表人	赵林中	网　　址	www.zj-furun.cn
电　　话	0575-7222043	传　　真	0575-7223018
E-mail			
主要产品、业务	精纺呢绒、绢丝、印染丝织品、商贸、房地产、交通基础设施、旅游、生态农业以及其它制造业		

单位名称	星星集团有限公司		
地　　址	浙江省台州市椒江区洪西路 1 号		
成立时间	1988 年	邮　　编	318015
法定代表人	叶仙玉	网　　址	www.xingxing.com
电　　话	0576-8022922	传　　真	0576-8022918
E-mail			
主要产品、业务	以家电产业（产品主要有：冷柜、冰箱、空调、便洁宝座便器、洗碗机、饮水机、陈列柜等）为中心，以光机电产业（光电薄膜、低通滤波器等）和三产服务业（房地产、物流、投融资等）为两翼		

单位名称	浙江阳光集团股份有限公司		
地　　址	浙江省上虞市凤山路 129 号		
成立时间	1975 年	邮　　编	312300
法定代表人	陈森洁	网　　址	www.yankon.com
电　　话	0575-2218580	传　　真	0575-2215355
E-mail			
主要产品、业务	专业生产电子节能灯、T5 大功率节能荧光灯及配套灯具、家居灯及各种道路、城市外景灯		

单位名称	罗蒙集团股份有限公司		
地　　址	浙江省宁波奉化江口江宁路 94-96 号		
成立时间	1984 年	邮　　编	315504
法定代表人	盛军海	网　　址	www.Romon.com
电　　话	0574-88557888	传　　真	0574-88557226
E-mail			
主要产品、业务	西服及服饰产品		

单位名称	浙江长广（集团）有限责任公司		
地　　址	浙江长兴县雉城金陵南路 258 号		
成立时间	1958 年 8 月	邮　　编	313100
法定代表人	姚炳甫	网　　址	
电　　话	0572-6207369	传　　真	0572-6207361
E-mail			
主要产品、业务	煤炭、水泥、雷管、炸药、发电、机械加工、建筑安装（土建、矿建）、汽车运输及修理		

单位名称	民丰特种纸股份有限公司		
地　　址	浙江省嘉只市角里街 70 号		
成立时间	吕士林	邮　　编	314000
法定代表人		网　　址	www.mfspchina.com
电　　话	0573-2839051	传　　真	0573-2821135
E-mail			
主要产品、业务	卷烟纸、描图纸、电容器纸以及其它工业用特种纸的生产、销售		

单位名称	浙江青山钢铁有限公司		
地　　址	浙江省青田县温溪镇小峙工业区		
成立时间	2004年5月	邮　　编	323903
法定代表人	陈　杰	网　　址	www.qshgroup.com
电　　话	0578-6071001	传　　真	0578-6071355
E-mail			
主要产品、业务	特种钢冶炼、制造、销售，特种钢锭、钢棒、不锈钢荒管、成品管、钢带、盘条的制造销售		

单位名称	杭州娃哈哈集团有限公司		
地　　址	浙江杭州下沙经济技术开发区10号路		
成立时间	1987年10月	邮　　编	310018
法定代表人	宗庆后	网　　址	www.wahaha.com.cn
电　　话	0571-86032866	传　　真	0571-86846000
E-mail	whh@wahaha.com.cn		
主要产品、业务	主导产品有含乳饮料、瓶装水、碳酸饮料、茶饮料、果汁饮料、罐头食品、保健品、休闲食品等八大类60多个品种		

单位名称	万丰奥特控股集团有限公司		
地　　址	浙江新昌万丰科技园		
成立时间	1994年	邮　　编	312500
法定代表人	陈爱莲	网　　址	www.wfjt.com
电　　话	0575-6298888	传　　真	0575-6297550
E-mail	wfjt@wfjt.com		
主要产品、业务	汽车整车、汽车零部件、机械装备		

单位名称	浙江巨化集团公司		
地　　址	浙江省衢州市		
成立时间	1958年	邮　　编	324004
法定代表人	叶志翔	网　　址	www.juhua.com.cn
电　　话	0570-3096668 0570-3096339	传　　真	0570-3091678
E-mail	webmaster@juhua.com.cn		
主要产品、业务	氯化学制品和基础化工原料为主，有化肥、医药、农药、高分子材料、建筑材料、化工机械等产品		

单位名称	浙江纵横控股集团有限公司		
地　　址	浙江绍兴袍江工业区		
成立时间	1995年	邮　　编	312071
法定代表人	袁柏仁	网　　址	chkg.com
电　　话	0575-8034123	传　　真	0575-8038161
E-mail	chkg@163.com		
主要产品、业务	聚酯、差别纤维、时装面料		

单位名称	浙江宏磊集团有限公司		
地　　址	浙江省诸暨经济开发区迎宾路2号		
成立时间	1998年	邮　　编	311800
法定代表人	戚建萍	网　　址	www.chinahonglei.com
电　　话	0575-7387578 0575-7387566	传　　真	0575-7387575 0575-7387571
E-mail	a139101@163.com		
主要产品、业务	高科技高翅片管、环保型电磁导线、洁净型铜水管、内螺纹铜管、空调与制冷用铜管、铜排、铜扁线		

单位名称	浙江七色彩虹针织有限公司		
地　　址	浙江绍兴袍江工业区越王路		
成立时间	2000年1月28日	邮　　编	312085
法定代表人	杨宝林	网　　址	www.siris.com.cn
电　　话	0575-8046888	传　　真	0575-8047411
E-mail	ljh@siris.com.cn		
主要产品、业务	生产经营"七色彩虹"牌、"Siris"牌针织面料、针织服装、色纱产品，从事织造、染色、制衣等产业		

单位名称	红蜻蜓集团有限公司		
地　　址	浙江温州东瓯工业园区		
成立时间	1995年3月	邮　　编	325105
法定代表人	钱金波	网　　址	www.cnhqt.com
电　　话	0577-67370000	传　　真	0577-67370078
E-mail	hqt@cnhqt.com		
主要产品、业务	专业制鞋，多元投资，生产销售皮鞋制品、服饰、鞋材辅料，销售针纺织品、日用百货、五金电器，经营本企业及成员企业生产的皮鞋制品、服装、鞋材辅料的出口业务，经营本企业或成员企业生产、科研所需的原辅材料、机械设备、仪器仪表、零配件及相关技术的进口业务，经营本企业的进料加工和"三来一补"业务		

单位名称	浙江万马集团有限公司		
地　　址	浙江省杭州市莫干山路989号		
成立时间	1989年	邮　　编	310011
法定代表人	张德生	网　　址	www.zjwanma.com
电　　话	0571-88195271	传　　真	0571-88195285
E-mail	webmaster@zjwanma.com		
主要产品、业务	集团产业涉及电气电缆、房地产、通信、医药、高分子材料、高能量电池等领域		

单位名称	浙江天圣控股集团有限公司		
地　　址	浙江绍兴县柯西工业园区山阴西路19号		
成立时间	2003年8月	邮　　编	312030
法定代表人	孙永根	网　　址	www.zjts.com
电　　话	0575-4885877	传　　真	0575-4885578
E-mail	zxm@zjts.com		
主要产品、业务	化纤及面料的生产、织造、染整与房地产开发		

单位名称	浙江新安化工集团股份有限公司		
地　　址	浙江建德新安江新安东路556号		
成立时间	1993年	邮　　编	311600
法定代表人	王　伟	网　　址	www.xinanchem.com
电　　话	0571-64723891	传　　真	0571-64721344
E-mail			
主要产品、业务	以除草剂草甘膦为主的农药原药及制剂，有机硅系列产品，以高品质磷酸为主的磷化工系列产品		

单位名称	日本电产芝浦（浙江）有限公司		
地　　址	浙江省平湖经济开发区		
成立时间	1996年3月	邮　　编	314200
法定代表人	林祥宠	网　　址	www.nssc.com
电　　话	0573-5092551	传　　真	0573-5092512
E-mail	ma.songfen@nidel-shibaura.co.jp		
主要产品、业务	生产、销售电动机及电动器具		

单位名称	华立集团		
地　　址	浙江省杭州市		
成立时间	1970年	邮　　编	310005
法定代表人	江力成	网　　址	www.holley.cn
电　　话	0571-88900800	传　　真	0571-88900694
E-mail			
主要产品、业务	目前控股国内4家A股上市公司，产业涉及公用计量表及系统、医药、信息电子、房地产等领域，2004年销售收入超过100亿		

单位名称	华茂集团股份有限公司		
地　　址	浙江省宁波西门望春工业区		
成立时间	1971年	邮　　编	315175
法定代表人	徐万茂	网　　址	www.huamao.com
电　　话	0574-88055733	传　　真	0574-88013805
E-mail	huamao@huamao.com		
主要产品、业务	文教产业：生产教育仪器、创新实验室、中小学学具 教育事业：华茂外国语学校、幼儿园、职业教育 文化产业：东钱湖旅游文化休闲城等		

单位名称	传化集团有限公司		
地　　址	浙江萧山经济技术开发区		
成立时间	1986年10月	邮　　编	311215
法定代表人	徐传化	网　　址	www.etransfar.com
电　　话	0571-82602688	传　　真	0571-82602700
E-mail	murphy@etransfar.com		
主要产品、业务	纺织印染助剂、日用化学品、造纸化学品（塑料）、涂料、物流配送、仓储、农业观光、生物技术等		

单位名称	巨石集团有限公司		
地　　址	浙江桐乡经济技术开发区		
成立时间	1993年8月	邮　　编	314500
法定代表人	张毓强	网　　址	www.jushi.com
电　　话	0573-8181099	传　　真	0573-8181001
E-mail	jushi@jushi.com		
主要产品、业务	玻璃纤维及其制品的研发、生产及销售		

单位名称	报喜鸟集团有限公司		
地　　址	浙江省永嘉县巨历北报喜鸟工业园		
成立时间	1996年3月	邮　　编	325105
法定代表人	吴志泽	网　　址	www.baoxiniao.com.cn
电　　话	0577-67315999	传　　真	0577-67317889
E-mail	office@baoxiniao.com.cn		
主要产品、业务	报喜鸟牌男装西服、宝鸟牌职业装、法兰诗顿休闲服、中楠房地产		

单位名称	杭州汽车发动机厂		
地　　址	浙江省杭州市湖墅南路66号		
成立时间	1958年4月	邮　　编	310005
法定代表人	李克宽	网　　址	www.haep.com.cn
电　　话	0571-88078888	传　　真	0571-88086768
E-mail	office@haep.com.cn		
主要产品、业务	WD615、WD415、X6130三大系列、400余个品种的鼎牌柴油发动机，产品广泛用于重型汽车、大中型客车、发电机组和船舶		

单位名称	宁波欣达（集团）有限公司		
地　　址	浙江省宁波市鄞州区东吴镇		
成立时间		邮　　编	315113
法定代表人	赵吉康	网　　址	www.xinda-group.com
电　　话	0574-88489008	传　　真	0574-88489056
E-mail	xe@xinda-group.com		
主要产品、业务	主要生产电梯及其主关部件，螺杆电石机，机组成凹板印刷机等机电一体化及视频器，高端通信电源等电力电子产品		

单位名称	宁波富邦控股集团有限公司		
地　　址	浙江省宁波市海盱区长春2号		
成立时间	2002年4月	邮　　编	315010
法定代表人	宋汉平	网　　址	www.fb.com.cn
电　　话		传　　真	0574-87308749
E-mail	bjb@fb.com.cn		
主要产品、业务	民用电池、绵纶切电、铝带板材等工业品、商贸等服务业		

单位名称	浙江凯灵船厂（舟山四八零六工厂）		
地　　址	浙江省舟山市定海区沿港西路99号		
成立时间	1951年9月	邮　　编	316000
法定代表人	沈继军	网　　址	www.Kailing4806.com
电　　话	0580-8186222	传　　真	0580－8186018
E-mail			
主要产品、业务	工厂致力于船舶修、造业务，同时开发生产纺织机械系列、电工绝缘处理设备、大型钢结构件等产品		

单位名称	浙江吉利控股集团有限公司		
地　　址	杭州市滨江陵路1760号		
成立时间	1986年11月6日	邮　　编	310051
法定代表人	李书福	网　　址	www.geely.com
电　　话	0571-87774777	传　　真	
E-mail			
主要产品、业务	轿车有吉利豪情、吉利美日、吉利自由舰、吉利美人豹、上海华普汽车五个子品牌		

单位名称	金狮啤酒集团有限公司		
地　　址	浙江省温州市车站大道12号高颐大厦16楼		
成立时间	1999年	邮　　编	325000
法定代表人	史美斌	网　　址	www.wzlion.com
电　　话	0577-86077781	传　　真	0577-86077773
E-mail			
主要产品、业务	双鹿牌系列啤酒、生产和销售双鹿、雁荡山啤酒		

单位名称	浙江国鹰集团股份有限公司		
地　　址	浙江省宁波市象山县爵侠街道游仙路16号		
成立时间	1994年	邮　　编	315708
法定代表人	陈　照	网　　址	www.gianteagle.cn
电　　话	0574-65608033	传　　真	0574-65601200
E-mail	info@gianteaglegroup.com		
主要产品、业务	各类针织服装生产、销售，各类棉纱生产、销售，高档针织面料生产、销售		

单位名称	浙江丝得莉集团有限公司		
地　　址	浙江省湖州市双林镇丝得莉工业园		
成立时间	1984年	邮　　编	313012
法定代表人	徐淦芳	网　　址	www.stylygroup.com
电　　话	0572-7362616	传　　真	0572-3620666
E-mail	styly@stylygroup.com		
主要产品、业务	丝绸、纺织、电子、膜材料（PTFE）		

单位名称	宁波金田铜业（集团）股份有限公司		
地　　址	浙江省宁波市慈城城西西路1号		
成立时间	1986年10月	邮　　编	315034
法定代表人	楼国强	网　　址	www.jintiancopper.com
电　　话	0574-87597760	传　　真	0574-87597573
E-mail	office@jtgroup.com.cn		
主要产品、业务	生产加工标准阴极铜，铜及铜合金线、棒、板、带、管，漆包线、阀门、磁性材料等		

单位名称	中国人民电器集团		
地　　址	浙江省温州柳市人民工业园		
成立时间	1996年	邮　　编	325604
法定代表人	郑元豹	网　　址	www.chinapeople.com
电　　话	0577-62738888	传　　真	0577-62730608
E-mail	office@jtgroup.com.cn		
主要产品、业务	生产加工标准阴极铜，铜及铜合金线、棒、板、带、管，漆包线、阀门、磁性材料等		

单位名称	冠捷电子（福建）有限公司		
地　　址	福建省福清市元洪路上郑		
成立时间	1990年12月	邮　　编	350301
法定代表人	宣建生	网　　址	www.tpv.com.cn
电　　话	0591-5285555	传　　真	0591-5285447
E-mail			
主要产品、业务	各类显示器、TV 电视		

单位名称	厦门华侨电子企业有限公司		
地　　址	福建省厦门市湖里大道22号		
成立时间	1985年	邮　　编	361006
法定代表人	王宪榕	网　　址	www.xoceco.com.cn
电　　话	0592-6021091	传　　真	0592-6021331
E-mail			
主要产品、业务	厦华数字等离子电视、数字液晶电视、高端产品获得全国发明金奖		

单位名称	华映光电股份有限公司		
地　　址	福建省福州市马尾科技园区兴业路1号		
成立时间	1994年1月	邮　　编	350015
法定代表人	林镇弘	网　　址	www.cptf.com
电　　话	0591-3971357	传　　真	0591-3970489
E-mail			
主要产品、业务	主要生产单、彩色显示器映像管及高精密度电子枪组件		

单位名称	夏新电子股份有限公司		
地　　址	福建省厦门市体育路45号		
成立时间	1981年8月	邮　　编	361012
法定代表人	柳学宏	网　　址	
电　　话	0592-5058123	传　　真	
E-mail	www.amoi.com.cn		
主要产品、业务	具有雄厚科技创新实力的国际化电子企业，目前主营消费类通讯、数字视音频及IT产品，已形成夏新移动、家用系统、便携系统、通信、IT、电子装备等六大事业部产品体系，逐渐完成从传统影音企业向3C（Computer, Communication, Consumer Electronics）融合的综合电子企业的转型		

单位名称	厦门正新橡胶工业有限公司		
地　　址	福建省厦门市集美区杏林西滨路15号		
成立时间	1989年5月26日	邮　　编	361022
法定代表人	陈秀雄	网　　址	www.xcs.com.cn
电　　话	0592-6211606	传　　真	0592-6214649
E-mail	xcs@mail.xcs.com.cn		
主要产品、业务	各种轮胎、内胎、再生胶、胶料、胶带等橡胶制品、橡胶机械、模具及配件的生产、制造和销售		

单位名称	厦门工程机械股份有限公司		
地　　址	福建省厦门市厦禾路668号		
成立时间	1993年12月	邮　　编	361004
法定代表人	王昆东	网　　址	www.xiagong.com.cn
电　　话	0592-2031755	传　　真	0592-2036720
E-mail			
主要产品、业务	装载机、挖掘机等工程机械产品及其配件制造、加工、销售		

单位名称	厦门TDK有限公司		
地　　址	福建省厦门市集美已同集南路321号		
成立时间	1994年9月9日	邮　　编	361021
法定代表人	中西大和	网　　址	
电　　话	0592-6150333	传　　真	0592-6150323
E-mail			
主要产品、业务	主要从事加工、生产以及销售电子元器件、组件、配件，并设立研发中心，从事电子材料、元器件组件、配件的研究、开发业务及向国外企业提供技术服务业务		

单位名称	福建省南平铝业有限公司		
地　　址	福建省南平市工业路65号		
成立时间	1958年	邮　　编	353000
法定代表人	林作鉴	网　　址	www.mlfjnp.com
电　　话	0599-8737801	传　　真	0599-8732480
E-mail			
主要产品、业务	铝型材、电工铝杆、通用板和特殊铝板、铝铸轧材和铝箔坯料、PS板材、特薄铝板等		

单位名称	福建南纺股份有限公司		
地　　址	福建省南平市安丰桥		
成立时间	1994年3月	邮　　编	353000
法定代表人	陈军华	网　　址	www.fjnf.com
电　　话	0599-8813015	传　　真	0599-8805190
E-mail			
主要产品、业务	主要生产销售棉纱、棉布、PU革基布、PU革、非织造布五大类百余个品种花色		

单位名称	明达塑胶（厦门）有限公司		
地　　址	福建省厦门市海沧新阳工业区翁角路858号		
成立时间	1995年12月	邮　　编	361022
法定代表人	徐天培	网　　址	www.intexcorp.com.hk
电　　话	0592-6512222	传　　真	0592-6518879
E-mail			
主要产品、业务	主要从事塑胶制品（PVC休闲、运动、娱乐器材）、码头、仓储、印刷、包装、运输等的生产与经营，INTEX塑胶休闲产品主要包括水上休闲运动制品、室内外休闲运动制品、家庭游泳池制品、户外休闲船等产品		

单位名称	厦门三圈日化有限公司		
地　　址	福建省厦门市禾祥西路204号		
成立时间	1996年	邮　　编	361004
法定代表人	沈　沂	网　　址	www.3-circles.com
电　　话	0592-2215959	传　　真	0592-2221193
E-mail			
主要产品、业务	三圈电池系列产品、青蛙家用杀虫剂系列产品、家用洗涤用品		

单位名称	福建顺大运动用品有限公司		
地　　址	福建省福州市鼓山镇福舆投资区福舆路		
成立时间	1989年9月	邮　　编	350014
法定代表人	梅村建二	网　　址	
电　　话	0591-3628888	传　　真	0591-3621051
E-mail			
主要产品、业务	生产世界名牌Reebok运动鞋、产品全部销往欧、美、日等国家和地区		

单位名称	福建煤电股份有限公司		
地　　址	福建省龙岩市红炭山		
成立时间	2003年1月	邮　编	364014
法定代表人	陈胜利	网　址	www.fjce.com
电　话	0597-2502388	传　真	0597-2502170
E-mail			
主要产品、业务	无烟煤含块煤、粉煤的生产经营、电力投资和生产销售		

单位名称	福建晋江市百宏弹性织造有限公司		
地　　址	福建省晋江市龙湖镇枫林工业区		
成立时间	1993年	邮　编	362241
法定代表人	施天佑	网　址	www.baihong.com
电　话	0595-5228888	传　真	0595-5228889
E-mail			
主要产品、业务	弹性花编带系列、涤纶丝、低弹丝系列、服装拉链、各种高档次布料、坯布、高档弹力花边面料、喱士花边、经编布		

单位名称	福建省永安林业（集团）股份有限公司		
地　　址	福建省永安市燕江东路12号		
成立时间	1993年12月	邮　编	366000
法定代表人	吴景贤	网　址	www.YongLin.com
电　话	0598-3633405	传　真	0598-3633415
E-mail			
主要产品、业务	木材、中高密度纤维板、胶合板、木地板、甲醛、林产化工产品		

单位名称	漳州灿坤实业有限公司		
地　　址	福建省漳州市龙海角美镇潘厝村		
成立时间	2002年7月26日	邮　编	363107
法定代表人	蔡渊松	网　址	www.tsannkuen.com
电　话	0596-6268899	传　真	0596-6268064
E-mail			
主要产品、业务	开发、生产家用小电器新型电子元器件、轻工产品、现代化办公用品，设计制造与上述产品相关的模具		

单位名称	万利达集团有限公司		
地　　址	福建省厦门市嘉和路618号		
成立时间	1999年	邮　编	3616006
法定代表人	吴惠天	网　址	www.malata.com
电　话	0592-5700999	传　真	0592-5716980
E-mail			
主要产品、业务	DVD激光视盘播放机、DVD光盘录像机、数字家庭影院、便携式DVD播放机、液晶电视、通信设备、数字卫星接收机、空气净化器及电磁炉等小家电产品，医疗器械		

单位名称	福建省南纸股份有限公司		
地　　址	福建省南平市延平区滨江北路177号		
成立时间	1998年5月	邮　编	353000
法定代表人	黄国英	网　址	www.nanping-paper.com
电　话	0599-8808888	传　真	0599-8801260
E-mail			
主要产品、业务	新闻纸、纸制品、电器机械的制造、销售，出口：新闻纸等，进出口：纸、纸浆、纸和选纸设备等		

单位名称	福建嘉达纺织股份有限公司		
地　　址	福建省福州市福飞南路198号		
成立时间	2001年9月19日	邮　　编	350003
法定代表人	徐嘉伟	网　　址	www.fjkartex.com
电　　话	0591-7720678	传　　真	0591-7724080
E-mail			
主要产品、业务	莱卡包芯纱线精梳纯棉紧密纺纱线、Modal.Tencel等各类纱线、各种纯棉、莱卡弹力面料、Modal.Tencel等高档面料		

单位名称	厦门太古飞机工程有限公司		
地　　址	福建省厦门市埭辽路20号		
成立时间	1993年	邮　　编	
法定代表人	陈炳杰	网　　址	www.taeco.com
电　　话	0592-5737608	传　　真	
E-mail	jennylin@taeco.com		
主要产品、业务	为世界各地飞机经营者及或拥有者提供飞机维修服务及从事与此相关的经营业务、飞机部件组装等		

单位名称	翔鹭.涤纶.纺纤(厦门)有限公司		
地　　址	福建省厦门市海沧区马青路		
成立时间	1989年9月	邮　　编	361026
法定代表人	俞新昌	网　　址	
电　　话	0592-6882015	传　　真	0592-6051281
E-mail			
主要产品、业务	莱卡包芯纱线精梳纯棉紧密纺纱线、Modal.Tencel等各类纱线、各种纯棉、莱卡弹力面料、Modal.Tencel等高档面料		

单位名称	东风汽车有限公司		
地　　址	湖北省十堰车城西路9号		
成立时间	2003年6月9日	邮　　编	442001
法定代表人	苗　圩	网　　址	www.DFL.com.cn
电　　话	0719-8224181	传　　真	0719-8223887
E-mail			
主要产品、业务	乘用车、商用车		

单位名称	黄石东贝机电集团有限责任公司		
地　　址	湖北省黄石市铁山区武黄路5号		
成立时间	1966年	邮　　编	435006
法定代表人	杨百昌	网　　址	www.donper.com
电　　话	0714-5416688	传　　真	0714-5415588
E-mail	donper@donper.com		
主要产品、业务	公司以制冷压缩机为主导产品，同时开发生产冷饮机、雪糕机、冰淇淋机等多种制冷器具、各类铸件以及太阳能热水器等家电产品		

单位名称	东风实业有限公司		
地　　址	湖北省十堰市公园路66号		
成立时间	1969年	邮　　编	442001
法定代表人	李振华	网　　址	www.dfsy.com.cn
电　　话	0719-8223634	传　　真	0719-8223133
E-mail			
主要产品、业务	东风系列中巴车（年生产量为3000辆）、改装车、微型轿车和汽车零部件，另还有合资生产的农用车、各类汽车与底盘等共计6000余种		

单位名称	沙隆达集团公司		
地　　址	湖北省荆州市北京东路93号		
成立时间	1994年	邮　　编	434001
法定代表人	张茂立	网　　址	www.sanorda.com
电　　话	0716-8314802	传　　真	0716-8208899
E-mail			
主要产品、业务	以氯碱化工为基础，农用化工为主体，精细化工为特色的大型化工企业，是全国520家优强企业之一，率先在全国同行业中先后通过ISO9002和ISO14001质量与环保体系认证		

单位名称	湖北三环专用汽车有限公司		
地　　址	湖北省十堰市武当路3号		
成立时间	1982年12月	邮　　编	442012
法定代表人	徐胜云	网　　址	www.trm.com.cn
电　　话	0719-8782079	传　　真	0719-8781306
E-mail			
主要产品、业务	从事专用汽车底盘产销，现有轻、中、重型“干通”牌载货汽车280余个《公告》产品，通过“3C”认证，年产2万辆的能力		

单位名称	襄樊卷烟厂		
地　　址	湖北省襄樊市朝阳路92号		
成立时间	1933年	邮　　编	441000
法定代表人	李金春	网　　址	www.xfyc.com
电　　话	0710-3454568-9226	传　　真	0710-3485177
E-mail			
主要产品、业务	“襄阳”、“金蝶”、“金鳄”三大系列卷烟产品		

单位名称	国营武昌造船厂		
地址	湖北省武汉市武昌紫阳路2号		
成立时间	1934年6月	邮编	430060
法定代表人	吕大长	网址	www.wuchuan.com.cn
电话		传真	
E-mail			
主要产品、业务	特种船舶、民用船舶、桥梁、体育场馆、水工钢结构、成套设备		

单位名称	武汉葛化集团有限公司		
地址	湖北省武汉市洪山区葛化化工路31#		
成立时间	1958年8月	邮编	430078
法定代表人	江涤清	网址	www.whghjt.com
电话	027-87602573	传真	027-87600357
E-mail			
主要产品、业务	聚氯乙烯、烧碱、氯化苯、氯化石腊、炭黑		

单位名称	汉江水利水电(集团)有限责任公司		
地址	湖北省丹江口市环形路3号		
成立时间	1996年	邮编	442700
法定代表人	徐尚阁	网址	www.hjgrp.com
电话	0719-5375678	传真	0719-5375606
E-mail			
主要产品、业务	有水电、冶金、机电安装、大型土石方施工、工程监理、招投标代理、建材、房地产开发、旅游等产业，主要产品为电解铝及其深加工产品、预焙阳极、电石、硅铁、碳化硅、人造宝石、花果苗木、纯净水等		

单位名称	东风轮胎集团有限公司		
地址	湖北省十堰市汉江路221号		
成立时间	1993年7月	邮编	442053
法定代表人	黄家宝	网址	
电话	0719-8611398	传真	0719-8676130
E-mail			
主要产品、业务	轮胎制造及销售		

单位名称	华新水泥股份有限公司		
地址	湖北省黄石市黄石大道897号		
成立时间	1993年11月	邮编	435002
法定代表人	陈木森	网址	www.huaxincen.com
电话	0714-6224971	传真	0714-6223053
E-mail			
主要产品、业务	“华新牌”、“堡垒牌”水泥、熟料，水泥机械设备的设计与制造等		

单位名称	武汉一棉集团有限公司		
地址	湖北省武汉市汉阳区汉南路70号		
成立时间		邮编	430050
法定代表人	曾中一	网址	www.whym.com.cn
电话	027-84712911	传真	027-84711560
E-mail			
主要产品、业务	是以棉纺织生产为主体的集工、贸、商为一体的集团公司，年生产棉纱30000吨，棉布6000万米，公司通过了ISO9000国际质量体系认证，其生产“棒球棉”精棉纱被评为省质优产品		

单位名称	国营武汉长虹机械厂		
地　　址	湖北省武汉市武昌区石洞街		
成立时间	1949年5月26日	邮　编	430200
法定代表人	陈春祥	网　址	
电　　话	027-88101302	传　真	027-88101171
E-mail			
主要产品、业务	各类汽车座椅总成及骨架总成、汽车零部件、汽车改装、机械电子产品		

单位名称	湖北美尔雅集团有限公司		
地　　址	湖北省黄石市团城山开发区8号		
成立时间	1985年	邮　编	435003
法定代表人	杨闻孙	网　址	www.mailyard.com.cn
电　　话	0714-6360213	传　真	
E-mail			
主要产品、业务	西服、各式女装、纺织品等		

单位名称	湖北百科药业股份有限公司		
地　　址	湖北省荆门市杨湾路132号		
成立时间	1993年11月18日	邮　编	448000
法定代表人	刘益谦	网　址	www.biocause.com
电　　话	0724-2211003-6272	传　真	0724-2215077
E-mail			
主要产品、业务	化工产品：聚丙烯、甲醇 医药：布洛芬原料药、皂素、诺松诺合、加替沙星、巴柳氮钠、托拉塞米		

单位名称	湖北省电力公司孝感供电公司		
地　　址	湖北省孝感市长征路249号		
成立时间	1966年	邮　编	432100
法定代表人	王立德	网　址	
电　　话	0712-2956018	传　真	0712-2956019
E-mail			
主要产品、业务	普通型、防窃型、分时型、载波型及IC卡型电能表，19、SII型变压器，XDK吸附剂处理油		

单位名称	中国长江航运集团青山船厂		
地　　址	湖北省武汉市青山区工业港船厂新村		
成立时间	1951年11月	邮　编	430082
法定代表人	易荣锡	网　址	www.qingshanshipyard.com
电　　话	027-86514342	传　真	027-86515393
E-mail			
主要产品、业务	3万吨级以下化学品（油）船、水泥船、沥青船、滚装船、液化气船、集装箱船、旅游船等		

单位名称	湖北襄棉集团有限责任公司		
地　　址	湖北省襄樊市人民路251号		
成立时间	1997年4月	邮　编	441002
法定代表人	张华	网　址	www.xmgroup.com
电　　话	0710-3224247	传　真	0710-3224457
E-mail			
主要产品、业务	纺织、针复制、服装生产加工销售，经营两纱两布、各类漂色花布、各类服装、针复制品出口业务，经营原料、器材及配件的进口业务		

单位名称	湖北金龙泉集团股份有限公司		
地　　址	湖北省荆门市金龙泉大道89号		
成立时间	1993年12月	邮　　编	448000
法定代表人	李大红	网　　址	www.jlq.com
电　　话	0724-2333399	传　　真	0724-2333398
E-mail			
主要产品、业务	金龙泉啤酒于1996年通过ISO9002国际质量体系认证，先后42次荣获国际国内大奖，1997年被北京人民大会堂确定为国宴用酒，2002年荣获“中国名牌产品”称号		

单位名称	武汉重工铸锻有限责任公司		
地　　址	湖北省武汉市青山区武东路1号		
成立时间	1958年	邮　　编	430084
法定代表人	沈成义	网　　址	
电　　话	027-68861718	传　　真	027-68861907
E-mail			
主要产品、业务	大型铸锻件及加工、大口径厚壁无缝钢管生产、成套设备制造及安装、金属结构制造及安装、高压、超高压容器制造、燃气供应及其它与公司业务有关的产品		

单位名称	湖北金环股份有限公司		
地　　址	湖北省襄樊市樊城区陈家湖		
成立时间	1993年	邮　　编	441133
法定代表人	宝立新	网　　址	www.615.cn
电　　话	0710-2105337	传　　真	0710-2107998
E-mail			
主要产品、业务	主要产品为14000吨/年粘胶短纤、12000吨/年粘胶长丝、35000吨/年化纤棉浆粕、1500吨/年玻璃纸、2000吨/涤纶工业丝、2000吨/年丙纶工业丝、6000吨/年浸胶帘子布、5000吨/年二硫化碳等		

单位名称	中国南车集团武汉江岸车辆厂		
地　　址	湖北省武汉市解放大道1746号		
成立时间	1901年	邮　　编	430012
法定代表人	桂祖康	网　　址	
电　　话	027-82871060	传　　真	027-82872261
E-mail	www.csrge-ja.com		
主要产品、业务	产要产品、业务：铁路货车、铁路及公路散装自卸粉状货物罐车、大型集装箱半挂车、1吨—3吨蓄电池叉车等		

单位名称	大冶有色金属公司		
地　　址	湖北省黄石新下陆大道115号		
成立时间	1953年3月	邮　　编	435005
法定代表人	罗忠民	网　　址	www.dyys.com
电　　话	0714-5392803	传　　真	0714-5396789
E-mail	office@dyys.com		
主要产品、业务	主要产品：阴极铜、硫酸、黄金、白银、铁精矿等 主要业务：铜采矿、选矿、冶炼、加工等		

单位名称	东风汽车公司		
地　　址	湖北省武汉市汉口建设大道747号		
成立时间	1969年	邮　　编	430015
法定代表人	徐平	网　　址	www.dfmc.com.cn
电　　话	027-84285000	传　　真	027-84285288
E-mail			
主要产品、业务	主营业务包括全系列商用车、乘用车、汽车零部件和汽车装备		

单位名称	中国长江动力公司（集团）（原武汉汽轮发电机厂）		
地　　址	湖北省武汉市洪山区关山一路124号		
成立时间	1986年	邮　　编	430074
法定代表人	夏士杰	网　　址	www.ccjec.com
电　　话	027-87801370	传　　真	027-87801455
E-mail			
主要产品、业务	火力发电设备和水力发电设备的设计、生产和销售，主导产品是供热机组		

单位名称	汉江丹江口铝业有限责任公司		
地　　址	湖北省丹江口市丹江大道		
成立时间	1970年	邮　　编	442700
法定代表人	何晓东	网　　址	www.djLY.com.cn
电　　话	0719-5223644	传　　真	0719-5223656
E-mail			
主要产品、业务	主要业务：铝冶炼、铝加工 主要产品：铝锭、铝杆、铝板、铝带、铝合金		

单位名称	武汉锅炉集团有限公司		
地　　址	湖北省武汉市武昌区武璐路586号		
成立时间	1956年9月	邮　　编	430070
法定代表人	黄江	网　　址	www.aodatex.com
电　　话	027-87657327	传　　真	027-87883938
E-mail			
主要产品、业务			

单位名称	湖北省电力公司宜昌供电公司		
地　　址	湖北省宜昌市沿江大道117号		
成立时间	1959年	邮　　编	443000
法定代表人	谭洪恩	网　　址	www.ycdl.com.cn
电　　话	0717-6224683	传　　真	0717-6236277
E-mail			
主要产品、业务	从事电力、热力生产销售，承揽国内外电力工程、土建工程及其他工程的设计安装调试、运行、检修等		

单位名称	武钢集团鄂钢公司		
地　　址	湖北省鄂州市武昌大道105号		
成立时间	1958年3月	邮　　编	436002
法定代表人	邓崎琳	网　　址	www.EISCO.cn
电　　话	0711-3233435 0711-3232995 0711-3233753	传　　真	0711-3233817 0711-3233818 0711-3233819
E-mail	egzhb@163.com		
主要产品、业务	II、III级螺纹钢、碳素钢、优质碳素钢、低合金钢、合结钢、弹簧钢、冷镦钢、轴承钢等热轧盘条，碳素钢、优质碳素钢、高强度低合金钢、汽车及机械行业用合金钢、弹簧钢、冷镦钢、管坯钢等圆钢，碳素钢、优质碳素钢、低合金热轧、冷轧钢带；弹簧扁钢；冷轧薄板，汽车钢板弹簧，高频直缝焊管及化产品等九大系列，其中螺纹钢、高速线材、热轧钢带分别荣获湖北省名牌产品、国家冶金行业“金杯奖”，螺纹钢还荣获国家免检产品证书		

单位名称	荆州市奥达纺织有限公司		
地　　址	荆州市沙市区长港路2号		
成立时间	2001年9月	邮　　编	434000
法定代表人	何明才	网　　址	www.aodatex.com
电　　话	0716-4107000	传　　真	0716-8313177
E-mail	jzad7000@126.com		
主要产品、业务	津龙牌棉纱、奥达牌棉布，其中奥达牌灯芯绒系列棉布产品为“湖北名牌产品”		

单位名称	劲牌有限公司		
地　　址	湖北省大冶市大冶大道169号		
成立时间	1953年	邮　　编	435100
法定代表人	吴少勋	网　　址	www.jingpai.com
电　　话	0714-8761818	传　　真	0714-8761798
E-mail	ppgl@jingpai.com		
主要产品、业务	劲牌有限公司是一家专业化保健酒企业，以劲酒为代表的保健酒系列产品覆盖全国		

单位名称	武汉烟草（集团）有限公司		
地　　址	湖北省武汉市硚口区宝丰路6号香溢酒店内		
成立时间	1934年	邮　　编	430030
法定代表人	彭明权	网　　址	www.wuyan.com.cn
电　　话	027-68833385	传　　真	027-68833385
E-mail			
主要产品、业务	主要生产“黄鹤楼”、“红金龙”、“黄金龙”、“中美”等品牌卷烟及“茂大”、“顺百利”等品牌雪茄烟，其中“红金龙”2005年度被评为中国名牌及中国驰名商标		

单位名称	湖北省咸宁市精华纺织有限公司		
地　　址	湖北省咸宁市咸安区双溪桥镇		
成立时间	2000年	邮　　编	437014
法定代表人	胡祖德	网　　址	www.xnjh.com.cn
电　　话	0715-8744345	传　　真	0715-8744346
E-mail	cygong@mail.com.cn		
主要产品、业务	苎麻精干麻、开松麻、苎麻棉混纺纱线、亚麻绵混纺纱线、纯亚麻纱、纯苎麻纱、苎麻布生产和销售		

单位名称	中国石化集团武汉石油化工厂		
地　　址	湖北省武汉市青山区青山镇长青路特1号		
成立时间	1977年	邮　　编	430082
法定代表人	郛昆华	网　　址	
电　　话	027-86515662	传　　真	027-86515043
E-mail			
主要产品、业务	年加工摩油400万吨 主要产品：汽油、柴油、聚丙烯、石油液化气、笨等19种产品		

单位名称	中国石化集团江汉石油管理局		
地　　址	湖北省潜江市广华寺江汉路1号		
成立时间	1972年5月27日	邮　　编	433124
法定代表人	张召平	网　　址	www.jhpa.com.cn
电　　话	0728-6502072	传　　真	0728-6502072
E-mail	infomaster@jhpa.com.cn		
主要产品、业务	石油天然气勘探开发、加工、销售，机械设备，配件仪器仪表，压力管器设计、制造、销售，三来一补业务，物业管理		

单位名称	河南金冠王码信息产业股份有限公司		
地　　址	河南省南阳市中州路966号		
成立时间	1993年3月	邮　　编	473057
法定代表人	职建中	网　　址	www.jinguan-smd.com
电　　话	0397-63869123	传　　真	0397-63156044
E-mail	jinguan@public.nyptc.ha.cn		
主要产品、业务	高压输变电设备、多层片式压敏电阻器(MLV)、汽车减振器等四大类产品		

单位名称	平顶山煤业(集团)有限责任公司		
地　　址	河南省平顶山市矿工中路21号		
成立时间	1955年9月	邮　　编	467000
法定代表人	陈庆禄	网　　址	www.pmjt.com.cn
电　　话	0375-2723521	传　　真	0375-2901445
E-mail			
主要产品、业务	主要产品为焦精煤、肥精煤、1/3焦精煤、焦炭、水泥、炸药、碳化硅、石墨电极等		

单位名称	许继集团有限公司		
地　　址	河南省许昌市许继大道		
成立时间	1996年	邮　　编	461000
法定代表人	王纪年	网　　址	www.xjgc.com
电　　话	0374-3212980	传　　真	0374-3212994
E-mail			
主要产品、业务	是以电力系统自动化、保护及控制设备的研发、生产及销售为主的国有控股大型企业，同时挤身于民用机电、电子商务、环保工程、资产管理等行业，并取得了喜人的业绩		

单位名称	中国一拖集团有限公司		
地　　址	河南省洛阳市建设路154号		
成立时间	1955年	邮　　编	471004
法定代表人	董永安	网　　址	www.yituo.com.cn
电　　话	0379-4966520	传　　真	0379-4213228
E-mail			
主要产品、业务	农业装备、工程机械、柴油机、载重汽车的制造，铸锻件、冲压、机械加工等		

单位名称	舞阳钢铁有限责任公司		
地　　址	河南省舞钢市		
成立时间	1973年4月	邮　　编	462500
法定代表人	刘如军	网　　址	www.wygt.com.cn
电　　话	0375-8111463	传　　真	0375-8122728
E-mail			
主要产品、业务	舞钢是我国首家宽厚钢板生产和科研基地，钢板规格为厚8-650mm，宽1500-4020mm		

单位名称	中国神马集团有限责任公司		
地　　址	河南省平顶山建设中路63号		
成立时间	1981年	邮　　编	467000
法定代表人	谢伟民	网　　址	www.shenma.com
电　　话	0375-3921100	传　　真	0375-3921100
E-mail			
主要产品、业务	尼龙66帘手布（工业丝）7万吨、尼龙66盐10万吨、切片1.7万吨、橡胶轮胎、工程塑料、化纤纺织等		

单位名称	河南省莲花味精集团有限公司		
地址	河南省项城市莲花大道18号		
成立时间	1983年9月	邮编	466200
法定代表人	李怀清	网址	www.henanlianhua.com
电话	0394-4298909	传真	0394-4298936
E-mail			
主要产品、业务	莲花牌味精、谷朊粉及其副产品的生产和销售		

单位名称	河南轮胎集团有限责任公司		
地址	河南省焦作市焦东南路48号		
成立时间	郑玉力	邮编	454003
法定代表人		网址	
电话	0391-3999327	传真	0391-3999329
E-mail			
主要产品、业务	轮胎、合成纤维制品、橡胶制品、水泥		

单位名称	洛阳新安电力集团有限公司		
地址	河南省洛阳市新安县万基工业园区		
成立时间	1997年11月	邮编	471832
法定代表人	王清凯	网址	www.ly.gov.cn/new-lyxxk/gyqy/xadljt/index.htm
电话	0379-7332057	传真	0379-7332088
E-mail			
主要产品、业务	火力发电生产，铝冶练及制品、阳极炭块、金属钠、钢铸件制造，货物运输，出口自产的金属钠、铝锭、铸钢件、铝型材		

单位名称	郑州日产汽车有限公司		
地址	河南省郑州市陇海路62号		
成立时间	1993年	邮编	450004
法定代表人	郭胜利	网址	www.zhengzhounissan.com.cn
电话	0371-6322448	传真	0371-6321108
E-mail			
主要产品、业务	主要产品：PALADIN,D22,6491 业务范围：生产日产皮卡与PALADIN，产品销售、维修配件销售和技术服务		

单位名称	三门峡天元铝业集团有限公司		
地址	河南省三门峡市东风南路十号		
成立时间	1958年	邮编	472000
法定代表人	李永正	网址	www.styal.com
电话	0398-2962400	传真	0398-2962401
E-mail			
主要产品、业务	铝锭及各种加工产品、汽车轮毂等		

单位名称	河南新野纺织股份有限公司		
地址	河南省新野县书院路15号		
成立时间	1969年10月	邮编	473500
法定代表人	魏学柱	网址	www.xinye-tex.com
电话	0377-6221552	传真	0377-6221731
E-mail			
主要产品、业务	棉纱（混纺）线、纯棉和混纺坯布、色织布、牛仔布等四大系列100多个品种		

单位名称	济南华英禽业集团		
地　　址	河南省潢川县城跃进东路308号		
成立时间	1991年10月	邮　　编	465150
法定代表人	曹家富	网　　址	www.hua-ying.com
电　　话	0397-3931030	传　　真	0397-3931030
E-mail			
主要产品、业务	冻鸭肉系列产品、冻鸡、肉食、羽毛、羽绒、饲料加工，销售、进出口业务		

单位名称	河南黄河旋风股份有限公司		
地　　址	河南省长葛市人民路200号		
成立时间	1998年11月	邮　　编	461500
法定代表人	乔秋生	网　　址	www.hhxf.com
电　　话	0374-6165530	传　　真	0374-6128688
E-mail			
主要产品、业务	人造金刚石磨料、磨具行业，主营业务为人造金刚石、人造金刚石磨削切割工具等金刚石制品，以及建筑、装修机具等		

单位名称	南阳纺织集团有限公司		
地　　址	河南省南阳市长江路200号		
成立时间		邮　　编	473125
法定代表人	李兴敏	网　　址	www.wlfz.ocm
电　　话	0377-3112659	传　　真	0377-3112660
E-mail			
主要产品、业务	各种规格纯棉、涤棉、麻棉、人棉、弹力等纱线和各种规格服装、装饰板工业用坯布		

单位名称	河南鞋城皮革（集团）总公司		
地　　址	河南鹿邑县玄武镇皮都路888号		
成立时间	1980年	邮　　编	477293
法定代表人	崔明杰	网　　址	www.hnxcpgjt.com
电　　话	0394-7588189	传　　真	0394-7588148
E-mail			
主要产品、业务	“龙凤”牌黄牛皮鞋面革、沙发革系列，“博玛”牌运动鞋系列		

单位名称	河南安阳永兴钢铁有限责任公司		
地　　址	河南省安阳县水冶镇文明路北段		
成立时间	1993年	邮　　编	455133
法定代表人	常永芳	网　　址	
电　　话	0372-5863735	传　　真	0372-5862219
E-mail			
主要产品、业务	生铁和连铸钢坯，附属产品有：液氧、液氩等		

单位名称	安钢集团信阳钢铁有限责任公司		
地　　址	河南省信阳市平桥区明港镇		
成立时间	1971年10月	邮　　编	464194
法定代表人	何殿洲	网　　址	www.xg.angang.com.cn
电　　话	0376-8672196	传　　真	0376-8662908
E-mail			
主要产品、业务	棒材、生铁、钢坯		

单位名称	河南渑池中迈铝电实业有限公司		
地　址	河南省渑池县城东工业区		
成立时间	1997年12月	邮　编	472400
法定代表人	张志良	网　址	hhld.hnpower.com
电　话	0398-4866989	传　真	0398-4866987
E-mail			
主要产品、业务	火力发电、铝锭、炭块 业务：销售铝锭		

单位名称	天瑞集团铸造有限公司		
地　址	河南省沙州市临沙镇		
成立时间	1999年5月	邮　编	467541
法定代表人	付顺利	网　址	
电　话	0375-6687606	传　真	0375-6687176
E-mail	trfsl@163.com		
主要产品、业务	铁道车辆重要铸钢件：摇枕、侧架、车钩、钩尾柜、矿山用破碎机机架、动颚		

单位名称	河南省定角实业总公司		
地　址	河南省林州市姚村镇定角村		
成立时间	1992年	邮　编	456592
法定代表人	李广元	网　址	www.cndjje.com
电　话	0372-6518580	传　真	0372-6512212
E-mail			
主要产品、业务	以生铁、钢坯、热轧带钢、中吨位汽配为主导产品，集冶炼铸造、机械加工、农业开发于一体的大型企业集团		

单位名称	河南省中原大化集团有限责任公司		
地　址	河南省濮阳市人民路		
成立时间	1995年4月20日	邮　编	457004
法定代表人	陈留栓	网　址	www.zydh.com
电　话	0393-4414040	传　真	0393-4411280
E-mail			
主要产品、业务	尿素、双氧水、水稳剂的生产和销售，复混肥料、合成氨、三氯氢胺的生产、销售，本企业及成员企业自产产品的出口业务		

单位名称	新乡白鹭化纤集团有限责任公司		
地　址	河南省新乡市北站区锦园路		
成立时间	陈玉林	邮　编	453011
法定代表人		网　址	www.bailu.com
电　话	0373-3978900	传　真	0373-3096610
E-mail			
主要产品、业务	粘胶人造丝、粘胶短纤维、锦纶民用长丝、涤纶民用长丝、绣花线		

单位名称	洛阳轴承集团有限公司		
地　址	河南省洛阳市涧西区建设路96号		
成立时间	1954年	邮　编	471039
法定代表人	费安珩	网　址	
电　话	0379-4986708	传　真	0379-4922784
E-mail			
主要产品、业务	可根据用户的需求设计制造各种类型、各种精度等级的LYC品牌轴承，6000多个轴承品牌，广泛应用于冶金矿山、铁路车辆、汽车摩托车、工程机械、石油机械、国防军工、医疗器械等国民经济各个领域		

单位名称	焦作钢铁股份有限公司		
地　　址	河南省焦作市塔南路162号		
成立时间	1974年8月	邮　　编	454003
法定代表人	朱建庄	网　　址	
电　　话	0391-3902345	传　　真	0391-3933054
E-mail			
主要产品、业务	连铸钢坯、钢材、金属制品、冷拔钢丝、镀锌丝、工业氧气、钢铁铸件、钢压延加工、机械制造、炭素制品等生产与销售		

单位名称	豫新机械有限公司		
地　　址	河南省新乡市建设路20号		
成立时间	1993年	邮　　编	453049
法定代表人	王　伟	网　　址	www.hkb4.com.cn
电　　话	0373-3386600	传　　真	0373-3386600
E-mail			
主要产品、业务	汽车空调（各类大巴空调、微车空调、轿车空调、特种空调等）、液氮生物容器、各类换热器		

单位名称	河南省漯河市双汇集团		
地　　址	河南省漯河市双汇路1号		
成立时间	1958年7月	邮　　编	462000
法定代表人	万隆	网　　址	www.shuanghui.net
电　　话	0395-2622616	传　　真	0395-2623398
E-mail			
主要产品、业务	生产加工销售双汇牌冷鲜肉及肉制品		

单位名称	河南红阳工业有限责任公司		
地　　址	河南省云阳101信箱		
成立时间	1968年	邮　　编	474678
法定代表人	刘宛康	网　　址	www.nanyang.gco.cn
电　　话	0377-6692014	传　　真	0377-6661888
E-mail			
主要产品、业务	防务产品科研开发、生产、销售，两车热模锻件、轴管、连杆及服装等产品的生产与销售，工模具与非标设备的设计、制造、维修等，本企业具有自营进出口权		

单位名称	河南新乡华星药厂		
地　　址	河南省新乡市刘庄新村		
成立时间	1985年	邮　　编	453700
法定代表人	史世领	网　　址	www.xxxhx.com.cn
电　　话	0373-5688888	传　　真	0373-5680028
E-mail			
主要产品、业务	青霉素、工业钾盐、钠盐、肌苷、青霉素钾（钠）粉针		

单位名称	郑州宇通重工有限公司		
地　　址	河南省郑州市冉屯东路23号		
成立时间		邮　　编	450051
法定代表人	汤玉祥	网　　址	www.yutong.com
电　　话	0371-7522209	传　　真	0371-7526882
E-mail			
主要产品、业务	军民两用轮式装载机、推土机、铲运机、压实机等6大系列30余个品种的工程机械		

单位名称	中国南车集团洛阳机车厂		
地　　址	河南省洛阳市启明东路2号		
成立时间	1969年	邮　　编	471002
法定代表人	胡　洋	网　　址	www.lylw.com
电　　话	0379-2635015	传　　真	0379-3570296
E-mail			
主要产品、业务	电力、内燃机车修理，机车配件设计、制造、修理		

单位名称	河南安彩集团美乐电子有限责任公司		
地　　址	河南省新乡市建设路4号		
成立时间	1957年	邮　　编	453059
法定代表人	李留恩	网　　址	www.acml.com.cn
电　　话	0373-3319316	传　　真	0373-3368143
E-mail			
主要产品、业务	生产军、民用通信产品、户用中央空调、信息网络产品、高档办公家具等		

单位名称	河南天方药业股份有限公司		
地　　址	河南省驻马店市光明路2号		
成立时间	1999年5月4日	邮　　编	463003
法定代表人	崔晓峰	网　　址	www.topfond.com
电　　话	0396-3813379	传　　真	0396-3815761
E-mail			
主要产品、业务	主要生产和销售：乙酰螺旋霉素片、氟罗沙星片、克林霉素磷酸酯注射液、甲磺酸左氧氟沙星片及注射液、白癜净、双黄连胶囊、非那雄胺片、茸参益肾胶囊、齐多夫定胶囊等		

单位名称	焦作万方铝业股份有限公司		
地　　址	河南省焦作市马村区待王镇东		
成立时间	1993年3月13日	邮　　编	454172
法定代表人	金保庆	网　　址	www.wanfangal.com
电　　话	0391-3261146	传　　真	
E-mail			
主要产品、业务	经营范围：铝冶炼及压延加工、铝制品、金属材料销售、货物运输业，与企业自身相关的进出口业务，开展“三来一补”业务 主要产品：铝锭、碳素、铝基圆铸锭、铝箔		

单位名称	河南新飞电器有限公司		
地　　址	河南省新乡市北干道		
成立时间	1984年	邮　　编	453002
法定代表人	李　根	网　　址	www.xinfei.com
电　　话	0373-3371111	传　　真	0373-3384788
E-mail			
主要产品、业务	以电冰箱、冷柜、空调器为主导产品的全国最大的白色家电制造企业之一		

单位名称	中国洛阳浮法玻璃集团有限责任公司		
地　　址	河南省洛阳市		
成立时间	1956年	邮　　编	471000
法定代表人	刘宝瑛	网　　址	www.clfg.com
电　　话	0379-3908553	传　　真	0379-3908617
E-mail			
主要产品、业务	玻璃及相关原材料、成套设备制造，玻璃深加工，玻璃加工的技术服务、咨询服务，产品相关技术的出口业务等等		

单位名称	安阳化学工业集团有限责任公司		
地　　址	河南省安阳市龙安区		
成立时间	1969年	邮　　编	455133
法定代表人	文有贞	网　　址	www.ahjt.com
电　　话	0372-5400888	传　　真	0372-5400777
E-mail			
主要产品、业务	“豫珠”牌尿素、甲醇、亚麻酸、甲胺、DMP		

单位名称	郑州电缆集团有限责任公司		
地　　址	河南省郑州市华山路79号		
成立时间	2003年8月	邮　　编	450006
法定代表人	刘光超	网　　址	
电　　话	0371-7878679	传　　真	0371-7877999
E-mail			
主要产品、业务	国家电线电缆与电工专用设备制造的综合大型骨干企业，综合经济实力处于全国同行业前列		

单位名称	河南省南街村（集团）有限公司		
地　　址	河南省临颍县城关镇南街行		
成立时间	1984年10月	邮　　编	462600
法定代表人	王宏斌	网　　址	www.Nanjiecun.cn
电　　话	0395-8851363	传　　真	0395-8851284
E-mail			
主要产品、业务	主要产品：面粉、方便面、饮料、纯净水、奶粉、调味品、薯类粉丝、拉拉面、啤酒、油墨、彩色印刷制品、胶印制品，制箱 业务：食品等轻工制造、销售、旅游服务、商业		

单位名称	义马煤业（集团）有限责任公司		
地　　址	河南省义马市千秋路2号		
成立时间	1958年	邮　　编	472300
法定代表人	付树林	网　　址	www.yimeijt.com
电　　话	0398-5898324	传　　真	0398-5898050
E-mail			
主要产品、业务	煤炭开采、洗选加工，机械制造、修理，发供电、氧化铝、水泥、建筑、化工产品		

单位名称	河南安彩集团有限责任公司		
地　　址	河南省安阳市中州路南段		
成立时间	1984年	邮　　编	455000
法定代表人	李留恩	网　　址	www.acbc.cm
电　　话	0372-3932916	传　　真	0372-3932808
E-mail	acdb@acbc.com.cn		
主要产品、业务	节能灯、通讯、化工、彩电玻壳规模世界第一，国内市场占46%，三分之一出口		

单位名称	洛阳北方易初摩托车有限公司		
地　　址	河南省洛阳市徐家营		
成立时间	1995年2月	邮　　编	471031
法定代表人	王树山	网　　址	www.dayangmotoycycle.com
电　　话	0379-4937200	传　　真	0379-4199919
E-mail			
主要产品、业务	生产、销售“大阳”系列摩托车		

单位名称	郑州纺织机械股份有限公司		
地　址	河南省郑州市南阳路290号		
成立时间	2002年6月	邮　编	450053
法定代表人	张　杰	网　址	www.zzfj.com
电　话	0371-3585954	传　真	0371-3821426
E-mail			
主要产品、业务	主要经营化纤、染整、浆纱、织机、非织造、烘燥棉纺等纺织机械设备及通用机械		

单位名称	中国石化中原油气高新股份有限公司		
地　址	河南省郑州高新技术产业开发区		
成立时间	1999年10月	邮　编	450001
法定代表人	刘恩学	网　址	www.ZYYQ.com
电　话	0393-4893830	传　真	0393-4893831
E-mail			
主要产品、业务	公司主要从事石油、天然气资源的勘察、开采，综合利用和产品销售		

单位名称	河南豫光金铅集团有限责任公司		
地　址	河南省济源市济水大道中段525号		
成立时间	1957年5月	邮　编	454150
法定代表人	杨安国	网　址	www.yuguanggold-kad.com.cn
电　话	0391-6665991	传　真	0391-6693547
E-mail			
主要产品、业务	电解铅、黄金、白银、矿灯、安全帽、蓄电池、氧化铅氧化锌、铜、锑、铋等有色金属、贵金属冶炼、煤炭机械、建筑材料、化工原料及产品，进出口贸易		

单位名称	濮阳市林州钢铁有限责任公司		
地　址	河南省林州市陵阳镇林钢路8号		
成立时间	1969年	邮　编	456561
法定代表人	张俊法	网　址	www.Linsteel.com
电　话	0372-6588888	传　真	0372-6581376
E-mail			
主要产品、业务	优质铸造、低磷、低钛、球墨、二组锰生铁，以中国汽车行业为主要市场		

单位名称	河南省商丘商电铝业（集团）有限公司		
地　址	河南省商丘市青年路251号		
成立时间	1998年2月	邮　编	476000
法定代表人	郭海军	网　址	www.shangdianlvye.com
电　话	0370-2806779	传　真	0370-2806698
E-mail			
主要产品、业务	产品："商铝"牌铝锭 业务：铝锭、电力工程安装及检修、机械设备制造及安装		

单位名称	河南省辉县市吴村煤矿		
地　址	河南省辉县市吴村镇吴村		
成立时间	1969年	邮　编	453635
法定代表人	秦永和	网　址	
电　话	0373-6592097	传　真	0373-6592097
E-mail			
主要产品、业务	煤炭、水泥、水刺布生产（加工）销售		

单位名称	永城煤电（集团）有限责任公司		
地　　址	河南省永城市光明路		
成立时间	1997年10月17日	邮　　编	476600
法定代表人	陈雪枫	网　　址	www.ycmd.com.cn
电　　话	0370-5197977	传　　真	0370-5197004
E-mail			
主要产品、业务	煤炭开采及加工销售，发电及输变电、煤化工，相关各种类辅助产业		

单位名称	中州铝厂		
地　　址	河南省焦作市修武县方庄镇		
成立时间	1987年	邮　　编	454174
法定代表人	向大新	网　　址	www.zzal.com.cn
电　　话	0391-3502175	传　　真	0391-3501669
E-mail			
主要产品、业务	甲醇、纯碱、氯化铵、选矿药剂、矿石、耐磨钢球，并做建筑安装、工程监理等		

单位名称	乐凯集团第二胶片厂		
地　　址	河南省南阳市车站南路718号		
成立时间	1977年	邮　　编	473003
法定代表人	唐承奎	网　　址	www.hgfilm.com.cn
电　　话	0377-63862878	传　　真	0377-63132092
E-mail	hgzb@ghfilm.com.cn		
主要产品、业务	印刷用计算机直接制版版材（英文简称CTP版）、PS版、印刷胶片、证件相纸、聚酯薄膜、涂层材料、喷绘材料、配套化学品等		

单位名称	平顶山天鹰集团有限责任公司		
地　　址	河南省平顶山市南环东路22号		
成立时间	1970年12月	邮　　编	467001
法定代表人	韩海林	网　　址	www.tianying.com
电　　话	0375-3804032	传　　真	0375-3933817
E-mail			
主要产品、业务	主要从事110—500KV SF6断路器、63—220KV SF6封闭式组合电器、35—500KV高压隔离开关、10—35KV中压开关等产品的研发、制造和国内外营销		

单位名称	郑州四棉有限责任公司		
地　　址	河南省郑州市棉纺西路2号		
成立时间	1957年5月1日	邮　　编	450007
法定代表人	马周存	网　　址	www.cnzztgx.com
电　　话	0371-67446035 0371-67227116	传　　真	0371-67446879
E-mail	7446035@sina.com		
主要产品、业务	棉纱、棉布（面袋）、针纺织、印染服装、设备安装、科技咨询、租赁业务、餐饮、技术培训、出口本企业自产的纺织品		

单位名称	河南天冠企业集团有限公司		
地　　址	河南省南阳市建设东路16号		
成立时间	1939年11月18日	邮　　编	473000
法定代表人	张晓阳	网　　址	www.tianguan.com.cn
电　　话	0377-63036613	传　　真	0377-63036099
E-mail	ghb@tianguan.com.cn		
主要产品、业务	主要产品涉及生物能源、生物化工等六大门类，有酒精、燃料乙醇、冰醋酸、黄原胶、谷朊粉、全降解塑料等40余个品种，年产品总量达100万吨以上		

单位名称	河南科隆电器股份有限公司		
地　　址	河南省新乡市化工路		
成立时间	1993年12月	邮　　编	453000
法定代表人	程清丰	网　　址	www.hnkl.com.cn
电　　话	0373-5068989	传　　真	0373-5068939
E-mail	kl@hnkl.cn		
主要产品、业务	散热器、热交换器、电池、电源材料、电风扇、冰箱配件及其它家用电器的开发、研制、生产、销售，输送机械、物流设备、石化装备的制造、安装		

单位名称	平高集团有限公司		
地　　址	河南省平顶山市南环东路22号		
成立时间	1970年	邮　　编	467001
法定代表人	韩海林	网　　址	www.pinggao.com
电　　话	0375-3804031	传　　真	0375-3933817
E-mail			
主要产品、业务	高压断路器、封闭式组合电器、高压隔离开关、开关柜、柱上开关等系列产品		

单位名称	河南济源钢铁(集团)有限公司		
地　　址	河南省济源市天坛区		
成立时间	1959年	邮　　编	454650
法定代表人	李玉田	网　　址	www.hnjg.com
电　　话	13623911111	传　　真	0391-6695008
E-mail	hnjg@hnjg.com		
主要产品、业务	主要产品：圆钢、螺纹钢、高速线材等建筑用钢材和冷墩钢、中高碳结钢、水平连铸铸铁型材等工业用钢		

单位名称	中国石油化工股份有限公司长岭分公司		
地　　址	湖南省岳阳市云溪区		
成立时间	1971年5月	邮　　编	414012
法定代表人	李　华	网　　址	www.clpcc.com.cn
电　　话	0730-8450025	传　　真	0730-8452528
E-mail			
主要产品、业务	公司拥有21套炼油化工生产装置，年原油加工能力为500万吨，年聚丙烯生产能力为10万吨，主要产品有：丙烯、液化石油气、石脑油、高牌号车用无铅汽油（90＃、93＃、95＃、97＃、98＃）、3＃喷气燃料、煤油、-10＃军用柴油、优质（出口）轻柴油、轻柴油（-5＃、0＃、+5＃）、各种溶剂油、芳烃（苯、甲苯、二甲苯）、各牌号重油、石油焦、工业硫磺等37种牌号的石油产品及聚丙烯等化工产品共60余种，有17种产品获省部级以上优质产品称号，其中出口轻柴油和6＃抽提溶剂油获国家金质奖，石油甲苯、二甲苯和120＃溶剂油等产品获国家银质奖		

单位名称	常德卷烟厂		
地　　址	湖南省常德市武陵区洞庭大道西199号		
成立时间	1951年9月	邮　　编	415000
法定代表人	曾献兵	网　　址	www.furongwang.com
电　　话	0736-7299999	传　　真	0736-7286888
E-mail			
主要产品、业务	主要产品为卷烟，现有芙蓉王、芙蓉、芙蓉后、东方红、君健、银象、湘莲、元帅等系列产品		

单位名称	乐金飞利浦曙光电子有限公司		
地　　址	湖南长沙经济技术开发区梨湘东路99号		
成立时间	1994年	邮　　编	410010
法定代表人	李静安	网　　址	
电　　话	0731-4063999	传　　真	0731-4063462
E-mail			
主要产品、业务	彩色显像管、彩色显示管		

单位名称	中国南车集团株洲电力机车厂		
地　　址	湖南株洲电力机车厂		
成立时间	1936年	邮　　编	412001
法定代表人	李志轩	网　　址	www.zeloco.com
电　　话	0733-8441984	传　　真	0733-2432003
E-mail			
主要产品、业务	电力机车及城市轨道车辆研究、制造、销售、服务基地，地铁、中华之星、中原之星、蓝箭、韶山系列		

单位名称	湖南衡阳钢管（集团）有限公司		
地　　址	湖南省衡阳市大栗新村10号		
成立时间	1958年7月	邮　　编	421001
法定代表人	胡衡华	网　　址	www.hysteeltube.com
电　　话	0734-8873853	传　　真	0734-8870188
E-mail			
主要产品、业务	主要生产高、中、低压锅炉管、石油用管、液压支柱管、地质管、被覆管等各类无缝钢管，还承接钢管的深加工业务		

单位名称	中国石化股份公司巴陵分公司		
地　　址	湖南省岳阳市洞庭大道1号		
成立时间	2000年4月	邮　　编	414007
法定代表人	0730-8501323	网　　址	www.sinopec.com.cn
电　　话		传　　真	0730-8501303
E-mail			
主要产品、业务	公司有大型化工、化纤、化肥生产装置20余套，主要产品的生产能力为：合成氨33万t/a、尿素60万t/a、已内酰胺7万t/a、环已酮7万t/a、帘子布1.3万t/a、双氧水2万t/a、复合肥10万t/a、硫铵10万t/a		

单位名称	中国南方航空动力机械公司		
地　　址	湖南株洲芦淞区董家塅		
成立时间	1951年	邮　编	412002
法定代表人	徐恒武	网　址	www.nanfangchina.com
电　话	0733-8551330	传　真	0733-8587077
E-mail			
主要产品、业务	航空发动机、燃气轮机、摩托车及发动机、汽车电动助力转向器、汽车发动机及缸体缸盖，国际贸易等		

单位名称	中国石化集团长岭炼油化工有限责任公司		
地　　址	湖南省岳阳市云溪区		
成立时间	1971年5月	邮　编	414012
法定代表人	王胜利	网　址	www.clpec.com.cn
电　话	0730-8451000	传　真	0730-8452528
E-mail			
主要产品、业务	主要产品有裂化催化剂、重整催化剂、加氢催化剂等三大系列炼油化工催化剂，生产能力3万吨/年		

单位名称	湖南省冷水江钢铁总厂		
地　　址	湖南省冷水江市轧钢路		
成立时间	1958年3月	邮　编	417500
法定代表人	陈代富	网　址	www.hnlg.net
电　话	0738-5212556	传　真	0738-5362702
E-mail			
主要产品、业务	主要产品：螺纹钢、连铸钢坯、铸造生铁、炼钢生铁、水渣等 主要业务：主要产品销售、矿石、焦炭、铁合金、耐火材料等原材料采购、建筑安装、机械加工、汽车运输、火车运输、房产开发等		

单位名称	中国南车集团株洲车辆厂		
地　　址	湖南省株洲市荷塘区宋家桥		
成立时间	1958年	邮　编	412003
法定代表人	曹　阳	网　址	www.csr-zrsw.com
电　话	0733-2808061	传　真	0733-8403134
E-mail			
主要产品、业务	铁路货运敞车、平车、罐车、漏斗车、长大货物车、铁路铺架养护设备及其零配件的生产、销售		

单位名称	湖南浦沅工程机械有限责任公司		
地　　址	湖南省长沙市芙蓉中路三段613号		
成立时间	2001年12月	邮　编	410007
法定代表人	高　桐	网　址	www.puyuan.com.cn
电　话	0731-5667115	传　真	0731-5667113
E-mail			
主要产品、业务	8-13吨汽车起重机，300T汽车起重机（专用型），集装箱正面吊，侧面吊，履带吊		

单位名称	湖南汽车车桥厂		
地　　址	湖南省津市市工业区		
成立时间	1970年	邮　编	415400
法定代表人	彭述东	网　址	www.hnmaw.com.cn
电　话	0736-4211340	传　真	0736-4211340
E-mail			
主要产品、业务	(1)EQ1061、V28、HNQ6800等三吨轻型车前后桥、55系列一吨皮卡前后桥等（2）EQ6690、EQ6620以及桁架式轻型客车底盘（3）6米、7米、8米车型号的“邦乐”牌中巴车等，产品主要为“东风”公司、一汽轻型车厂、一汽红塔集团、北汽福田、郑州日产公司、苏州金龙公司、厦门金龙公司、杭州亚星公司等全国各轻型车及四川武侯农用车厂等数十家配套		

单位名称	湖南省湘维有限公司		
地　　址	湖南省溆浦县大江口镇		
成立时间	1972年6月	邮　　编	419323
法定代表人	贺正龙	网　　址	www.china-qva.com
电　　话	0745-3587115	传　　真	0745-3587711
E-mail			
主要产品、业务	聚乙烯醇、维尼纶纤维、水溶性纤维、高强高模纤维、水泥、电石、无纺布、乳白胶、缩丁醛以及进出口业务		

单位名称	湖南江麓机械集团有限公司		
地　　址	湖南湘潭市解放北路		
成立时间		邮　　编	411100
法定代表人	贺先明	网　　址	jianglu.com
电　　话	0732-8295720	传　　真	0732-8285168
E-mail			
主要产品、业务	自升塔式起重机、液压振动式压路机、施工升降机、混凝土输送泵、垃圾压实机、压力机等		

单位名称	中国兵器工业集团公司江南机器(集团)有限公司		
地　　址	湖南湘潭楠竹山镇		
成立时间	1952年10月	邮　　编	411207
法定代表人	赵文海	网　　址	www.jnmgcl.com.cn
电　　话	0732-8300479	传　　真	0732-8300426
E-mail			
主要产品、业务	奥拓轿车、缝制设备、非标制造、各类专用机床、压力容器、农用机械、航模、灶具、模具、工装、热处理、表面处理、精密铸造、机械加工、冷锻、热挤压		

单位名称	株洲硬质合金集团有限公司		
地　　址	湖南省株洲市钻石路		
成立时间		邮　　编	412000
法定代表人	杨伯华	网　　址	www.601.cn
电　　话	0733-8260733	传　　真	0733-8260508
E-mail			
主要产品、业务	金属切削刀具，矿山油田钻具及各种难熔金属材料，硬质合金产品		

单位名称	三一重工股份有限公司		
地　　址	湖南长沙经济技术开发区		
成立时间	1994年	邮　　编	410100
法定代表人	梁稳根	网　　址	www.sany.com.cn
电　　话	0731-4031888	传　　真	0731-4031999
E-mail			
主要产品、业务	建筑工程机械（包括全液压混凝土输送泵、混凝土输送车、混凝土搅拌站等）、路面机械(推土机、平地机、全液压压路机、沥青摊铺机、沥青搅拌站等)、履带起重机械、非开挖施工设备（水平定向钻等）等全系列产品		

单位名称	水口山有色金属有限责任公司		
地　　址	湖南省常宁市松柏镇		
成立时间	2001年9月	邮　　编	421513
法定代表人	刘振国	网　　址	www.csksg.com
电　　话	0734-7582393	传　　真	0734-7511001
E-mail			
主要产品、业务	主产品有“水口山牌”铅锌铜金银铍砷，其铍砷系列产品系国家独家生产，铅、银锭在LME注册		

单位名称	湖南金信化工有限责任公司		
地　　址	湖南省冷水江市		
成立时间	1969年	邮　　编	417506
法定代表人	董红健	网　　址	www.jinxinchem.com.cn
电　　话	0738-5276179	传　　真	0738-5278888
E-mail			
主要产品、业务	主要产品：包括合成氨、尿素、复合肥、精甲醇、超细碳酸钙、甲醇钠、维多蛋白素、菌毒敌、络合碘、液体CO2，炉窝等在内的化肥、化工、医药卫生、农药、化工机械、动物饲料六大系列产品 业务：以上产品的生产销售以及相关的技术服务，机械、电气、仪表检修安装，计算机系统开发集成服务和相关的进出口业务		

单位名称	衡阳新华化工冶金总公司		
地　　址	湖南省衡阳市珠晖区		
成立时间	1958年	邮　　编	421004
法定代表人	邓学明	网　　址	www.xinhuahugong.com
电　　话	0734-8356300	传　　真	0734-8356448
E-mail			
主要产品、业务	产品有钛白粉、中性蛋白酶，同时承接大型机电设备安装，非标设备制作，土石方工程		

单位名称	湘潭电机集团有限公司		
地　　址	湖南省湘潭市下摄司街302号		
成立时间	1936年建厂 1997年改制为公司	邮　　编	411101
法定代表人	周建雄	网　　址	www.xemw.com
电　　话	0732-8595804	传　　真	0732-8610767
E-mail			
主要产品、业务	主要从事大中型交直流电机、城市轨道客运车辆、矿山开采运输成套设备以及国防装备等四大类产品的研制生产		

单位名称	株州冶炼集团有限责任公司		
地　　址	湖南省株洲市石峰区清水塘		
成立时间	2002年1月	邮　　编	412004
法定代表人	傅少武	网　　址	www.torchcn.com
电　　话	0733-8391242	传　　真	0733-8391244
E-mail			
主要产品、业务	生产铅、锌及其合金为主，综合回收金、银、铋镉、铟等有色金属及硫酸		

单位名称	湖南湘铝有限责任公司		
地　　址	湖南省湘乡市城西		
成立时间	1958年2月	邮　　编	411400
法定代表人	朱崇高	网　　址	www.hnxl.com.cn
电　　话	0732-6808063	传　　真	0732-6808013
E-mail			
主要产品、业务	主要生产经营冰晶石、氟化铝、干法氟化铝和氟硼酸钾、氟钛酸钾等20多种产品		

单位名称	湖南省岳阳林纸集团有限责任公司		
地　　址	湖南省长沙市星沙经济技术开发区凉塘路398号		
成立时间	1958年	邮　　编	410100
法定代表人	张栋基	网　　址	www.yyfpaper.com
电　　话	0731-4025555	传　　真	0371-4025566
E-mail			
主要产品、业务	公司集制浆造纸、林业基地开发、发电供热、轻机制造、科研设计、国际港口贸易于一体，主导产品为精制高白彩印新闻纸，颜料整饰胶版纸、新闻纸、胶印书刊纸等		

单位名称	湖南省衡阳电业局		
地　　址	湖南省衡阳市船山西路1号		
成立时间	1979年3月	邮　　编	421001
法定代表人	王文桃	网　　址	www.hyj.hn.sp.com.cn
电　　话	0734-8252222	传　　真	
E-mail			
主要产品、业务	电力供应		

单位名称	湖南铁合金集团有限公司		
地　　址	湖南省湘乡市		
成立时间	2001年8月31日	邮　　编	411400
法定代表人	陈建武	网　　址	www.hn-ferroalloy.com
电　　话	0732-6806517	传　　真	0372-6806425
E-mail			
主要产品、业务	生产硅、锰、铬、钨、钛五大系列30多个品种的铁合金产品，年生产能力16万吨，年出口创汇3000万美元		

单位名称	邵东鑫湘煤化工有限责任公司		
地　　址	湖南省邵东县两市镇荷关社区		
成立时间	2003年4月	邮　　编	422800
法定代表人	李友鹏	网　　址	
电　　话	0739-2398220	传　　真	0739-2655580
E-mail	shaodongjiaohua@tom.com		
主要产品、业务	焦炭、硫铵、粗苯、焦油、城市煤气供应		

单位名称	湖南华菱衡阳钢管集团有限公司		
地　　址	湖南省衡阳市大栗新村10号		
成立时间	1958年7月	邮　　编	421001
法定代表人	唐　鹿	网　　址	www.hysteeltube.com
电　　话	0734-8872188	传　　真	0734-8870188
E-mail	hg@hysteeltube.com		
主要产品、业务	产品有φ365mm以下各类热轧、冷拔无缝钢管，有30多个品种4100多种规格，汽车半轴套管、平端石油管、低中压锅炉管、高压锅炉管荣获中国冶金产品实物质量金杯奖称号，打造了机械用管、石油用管、高压锅炉管三大拳头产品，现为中国石油油管、高压锅炉管的定点生产企业，在国内石油、石化、汽车、锅炉、煤炭、化工等行业建立了稳定的营销渠道。产品出口到亚、欧、美、非等30多个国家和地区，是湖南省出口十强企业之一		

单位名称	中国水利水电第八工程局		
地　　址	湖南省长沙市城南中路2号		
成立时间	1981年10月	邮　　编	410007
法定代表人	林修建	网　　址	www.baju.com.cn
电　　话	0731-5563756	传　　真	0731-5563353
E-mail	office@baju.com.cn		
主要产品、业务	水利水电工程施工总承包特级、公路工程施工总承包壹级、市政公用工程施工总承包壹级、房屋建筑工程施工总承包贰级、地基与基础工程专业承包壹级、土石方工程专业承包壹级、钢结构工程专业承包壹级、起重设备安装工程专业承包壹级、公路路基工程专业承包壹级		

单位名称	中国石化茂名炼油化工股份有限公司		
地　　址	广东省茂名市红旗北路 2 号		
成立时间	1999 年 5 月 12 日	邮　　编	525011
法定代表人	房广信	网　　址	www.mpcc.com
电　　话	0668-2264248	传　　真	0668-2269317
E-mail			
主要产品、业务	石油化工产品		

单位名称	广州本田汽车有限公司		
地　　址	广东省广州市黄埔区广本路 1 号		
成立时间	1998 年 7 月 1 日	邮　　编	510700
法定代表人	张广宁	网　　址	www.guangzhouhonda.com.cn
电　　话	020-82277789	传　　真	020-82270620
E-mail			
主要产品、业务	新一代雅阁、奥德赛、飞度轿车的生产、销售、服务等经营活动		

单位名称	台山市冠荣金属制品有限公司		
地　　址	台山市高新技术开发区第 5 区		
成立时间	2002 年 11 月 15 日	邮　　编	5610988
法定代表人	洪英智	网　　址	
电　　话	0750-5620888	传　　真	0750-5610988
E-mail	webmaster@winmaster-china.com		
主要产品、业务	本公司主要从事高级燃气产品（包括烧烤炉、取暖炉具）的设计、生产与出口销售		

单位名称	广州珠江啤酒集团有限公司		
地　　址	广州新港东路磨碟沙 118 号		
成立时间	1985 年 11 月	邮　　编	510308
法定代表人	方贵权	网　　址	
电　　话	020-84202515	传　　真	020-84202502
E-mail	jszx@zhujiangbeer.com		
主要产品、业务	以啤酒业为主体，以啤酒配套和相关产业为辅助的大型国有企业，年产啤酒 150 万吨		

单位名称	康佳集团		
地　　址	广东省深圳市南山区华侨城		
成立时间	1980 年 5 月	邮　　编	518053
法定代表人	侯松容	网　　址	www.konka.com
电　　话	0755-26608866	传　　真	0755-26600082
E-mail	zhangchangming@konka.com		
主要产品、业务	彩电、手机、冰箱、汽车电子、数字网络、LED 控制系统及屏体		

单位名称	珠海格力电器股份有限公司		
地　　址	广东省珠海市前山金鸡西路六号		
成立时间	1991 年	邮　　编	519070
法定代表人	朱江洪	网　　址	www.gree.com.cn
电　　话	0756-8614883	传　　真	0756-8164998
E-mail			
主要产品、业务	空气调节器、除湿机		

单位名称	TCL 移动通信有限公司		
地　　址	广东省惠州市仲恺高新技术开发区 23 号小区		
成立时间	1999 年 3 月	邮　　编	516006
法定代表人	李东生	网　　址	www.tclmobile.com.cn
电　　话	0752-2611888	传　　真	0752-2611800
E-mail			
主要产品、业务	移动通信产品的研发、生产、销售及服务		

单位名称	广东科龙电器股份有限公司		
地　　址	广东省顺德容桂容港路 8 号		
成立时间		邮　　编	528303
法定代表人	顾雏军	网　　址	www.kelon.com
电　　话	0765-8362000	传　　真	0765-8361124
E-mail			
主要产品、业务	电冰箱年产可达 500 万台，空调年产可达 300 万台，在国内冰箱及空调市场均占有领导地位		

单位名称	深圳开发科技股份有限公司		
地　　址	广东省深圳市福田区彩田路 7006 号		
成立时间		邮　　编	518035
法定代表人	王　之	网　　址	www.kaifa.com.cn
电　　话	0755-83275000-33149	传　　真	0755-83275054
E-mail			
主要产品、业务	开发、生产、经营计算机软、硬件系统及其外部设备		

单位名称	佳能珠海有限公司		
地　　址	广东省珠海市九洲大道中 2323 号		
成立时间	1990 年 1 月	邮　　编	519020
法定代表人	浅野广助	网　　址	www.canon-zhuhai.com.cn
电　　话	0756-8888101	传　　真	0756-8888103
E-mail			
主要产品、业务	生产和销售照相机、激光打印机、传真机、扫描仪、数码照相机、彩色激光打印机、多功能传真机、接触式图像传感器		

单位名称	深圳海量存储设备有限公司		
地　　址	广东省深圳市南山区科技工业园科发路		
成立时间		邮　　编	518057
法定代表人	王　之	网　　址	www.hgst.com
电　　话	0755-26633866	传　　真	0755-26630846
E-mail			
主要产品、业务	长城计算机综合楼 磁阻磁头的开发、设计、制造、销售公司产品，并提供相关的技术服务		

单位名称	才众电脑（深圳）有限公司		
地　　址	广东省深圳市沙头角保税区第 17 栋 8-10 楼		
成立时间	1994 年 8 月	邮　　编	518081
法定代表人	王夏琳	网　　址	www.fic.com.tw
电　　话	0755-25261110	传　　真	0755-25260355
E-mail			
主要产品、业务	电脑主机、主机板、周边配件、零组件生产及销售		

单位名称	理光（深圳）工业发展有限公司		
地　　址	广东省深圳市福田区皇岗北路莲花彩电工业区		
成立时间	1991年1月	邮　　编	518035
法定代表人	几野光彦	网　　址	
电　　话	0755-83360885	传　　真	0755-83344944
E-mail			
主要产品、业务	设计、生产复印机、传真机、打印机、轻型印刷机及其零部件（包括碳粉）		

单位名称	汤姆盛光学主件深圳有限公司		
地　　址	广东省深圳南山第五工业区意中利科技园		
成立时间	帕特里艾	邮　　编	518052
法定代表人		网　　址	
电　　话	0755-26981871	传　　真	0755-26981844
E-mail			
主要产品、业务	开发生产经营用于CD、VCD、DVD、DVD-ROM的激光头、组件和装置		

单位名称	鑫茂科技（深圳）有限公司		
地　　址	深圳市沙头角保税区20栋		
成立时间	1998年	邮　　编	5180
法定代表人	蒋东濬	网　　址	www.ecs.com.tw
电　　话	0755-25261698	传　　真	0755-25260850
E-mail	ecshr@ecs.com.tw		
主要产品、业务	电脑主机板、便携式电脑、一体式LCD电脑等电脑周边产品		

单位名称	佛山普立华科技有限公司		
地　　址	广东省佛山市张槎镇城西工业区长虹东路1号		
成立时间	1990年4月30日	邮　　编	528051
法定代表人	林德济	网　　址	www.premierimage.com.tw
电　　话	0757-2965168	传　　真	0757-2965268
E-mail			
主要产品、业务	生产、销售各类型照相机及其零配件 各类型望远镜、投影机、摄像机及其附件的生产、销售，产品售后维修服务		

单位名称	佛山塑料集团股份有限公司		
地　　址	广东省佛山市汾江中路82号		
成立时间	1988年6月	邮　　编	528000
法定代表人	冯兆征	网　　址	www.fspg.com.cn
电　　话	0757-83988188	传　　真	0757-83985216
E-mail			
主要产品、业务	塑料薄膜及复合包装材料、人造革、塑料编织复合制品、塑料建筑工程与装饰材料以及其它功能性高分子新材料		

单位名称	广州钢铁股份公司		
地　　址	广东省广州市芳村区白鹤洞		
成立时间	1988年	邮　　编	510381
法定代表人	陈嘉陵	网　　址	www.gglts.cn
电　　话	020-81891328	传　　真	020-81800069
E-mail			
主要产品、业务	主要提供各种建筑钢材、板材、铜材、铝型材、管材、带材、气体产品及相应的物流服务		

单位名称	广州松下空调器有限公司		
地　　址	广东省广州市番禺区钟村镇		
成立时间		邮　　编	511495
法定代表人	魏长明	网　　址	www.gmacgz.com.cn
电　　话	020-84778123	传　　真	020-84775578
E-mail			
主要产品、业务	设计、开发、加工、生产各种空调器及空调器相关应用产品和压缩机以外的有关零部件，销售本公司的Panasonic牌家用及商用空调产品，提供售后服务，非配额许可证管理、非专营商品的收购出口		

单位名称	友利电电子（深圳）有限公司		
地　　址	广东省深圳市宝安区福永镇塘尾村		
成立时间		邮　　编	518103
法定代表人	市川成	网　　址	www.uniden.com.cn
电　　话	0755-27315249	传　　真	0755-27315274
E-mail			
主要产品、业务	生产经营各类无线电通讯产品、电子元器件、对讲机及家用塑料封口机和读卡机		

单位名称	广东志高空调股份有限公司		
地　　址	广东省佛山市南海区里水镇胜利工业园		
成立时间		邮　　编	528244
法定代表人	李兴浩	网　　址	www.china-chigo.com
电　　话	0757-85660491	传　　真	0757-85662764
E-mail			
主要产品、业务	生产志高牌空调		

单位名称	五羊－本田摩托(广州)有限公司		
地　　址	广东省广州市海珠区新港西路82号		
成立时间	1992年8月1日	邮　　编	510260
法定代表人	杨大冬	网　　址	www.wuyang-honda.com
电　　话	020-84186523	传　　真	020-84186548
E-mail			
主要产品、业务	生产摩托车及其零部件，并销售本企业产品及提供售后服务		

单位名称	宜华企业（集团）有限公司		
地　　址	广东省汕头市澄海区莲下槐东工业区		
成立时间		邮　　编	515834
法定代表人	刘绍生	网　　址	www.yihuagroup.com
电　　话	0754-5100989	传　　真	0754-5745583
E-mail			
主要产品、业务	以实木地板、家具、木屋等木制品生产和房地产开发为龙头，工程装饰、进出口贸易、影视制作等多种经营为一体的大型民营企业集团		

单位名称	佳能(中山)办公设备有限公司		
地　　址	广东省中山市火炬高技术产业开发区火炬大道26号		
成立时间	2001年6月12日	邮　　编	528437
法定代表人	山田忠夫	网　　址	
电　　话	0760-5332888	传　　真	0760-5332889
E-mail			
主要产品、业务	组装及生产黑白激光打印机		

单位名称	深圳南方中集集装箱制造有限公司		
地　　址	广东省深圳蛇口港湾大道2-6号		
成立时间	1995年12月	邮　　编	518067
法定代表人	麦伯良	网　　址	www.cimc.com
电　　话	0755-26691131	传　　真	0755-26693975
E-mail			
主要产品、业务	制造、修理集装箱，加工制造各类相关机械零部件、结构件和设备、公路、港口新型特种机械设备设计与制造		

单位名称	珠海丽珠医药集团股份有限公司		
地　　址	广东省珠海市拱北桂花北路132号		
成立时间	1985年	邮　　编	519020
法定代表人	朱保国	网　　址	www.livzon.com.cn
电　　话	0756-8135888	传　　真	0756-8886002
E-mail			
主要产品、业务	集医药和相关产品的科研、开发、生产、销售于一体，集团现有近百个主要品种，类别化学药品、生物工程药品、生化药品、化学合成原料药、抗生素、微生态制剂、中成药、保健品等		

单位名称	奥林巴斯（深圳）工业有限公司		
地　　址	广东省深圳市南山区高新技术产业园区北区		
成立时间	1991年12月4日	邮　　编	538052
法定代表人	小宫弘	网　　址	www.olympus.com.cn
电　　话	0755-26980118	传　　真	0755-26980784
E-mail			
主要产品、业务	开发、设计、制造照相机及零部件，微型录音机及零部件、数码照相机及零部件、照相的生产用模具，零部件及相关光学仪器		

单位名称	广州造纸集团有限公司		
地　　址	广东省广州市工业大道广纸路40号		
成立时间	1997年10月	邮　　编	510280
法定代表人	胡小刚	网　　址	www.gzpaper.com.cn
电　　话	020-84336888	传　　真	020-84356618
E-mail			
主要产品、业务	胶印新闻纸、白卡纸、涂布白板纸及产品木钙干粉		

单位名称	广州市虎头电池集团有限公司		
地　　址	广东省广州市黄埔大道中568号		
成立时间	2000年5月	邮　　编	510655
法定代表人	梁建彬	网　　址	www.555bf.com.cn
电　　话	020-85525623	传　　真	020-85524224
E-mail			
主要产品、业务	研制、生产、销售：电池、电池专用设备、经营本集团自产产品及技术的出口业务，经营本企业生产所需的原辅材料、仪器、仪表、机械设备、零配件及技术的进口业务		

单位名称	比亚迪股份有限公司		
地　　址	广东省深圳市龙岗区葵涌镇延安路		
成立时间	1995年	邮　　编	518119
法定代表人	王传福	网　　址	www.byd.com.cn
电　　话	0755-84218888	传　　真	0755-84202222
E-mail			
主要产品、业务	锂离子电池、镍氢电池、镍镉电池、LCD、BYD汽车		

单位名称	华通电脑（惠州）有限公司		
地　　址	广东省惠州市博罗县湖镇湖广路168号		
成立时间	1995年11月	邮　　编	516139
法定代表人	童家庆	网　　址	www.compeq.com.tw
电　　话	0752-6301111	传　　真	0752-6657789
E-mail			
主要产品、业务	设计、制造、加工和销售线宽0.25微米及以下大规模集成电路封装用精密线路板、大中型电子计算机、卫星通信系统、数据通信多媒体系统、接入网通信系统等设备用精密线路板、柔性线路板、半导体封装及其专用材料		

单位名称	广州市华南橡胶轮胎有限公司		
地　　址	广东省广州市番禺区东环路116号		
成立时间	1988年12月	邮　　编	511400
法定代表人	李宇君	网　　址	www.wanlitire.cn
电　　话	020-84693726 020-84611600	传　　真	020-84610302
E-mail	wanli@wanlitire.cn		
主要产品、业务	生产“万力”和“万里星”牌子午线汽车轮胎		

单位名称	番禺珠江钢管有限公司		
地　　址	广东省广州市番禺区清河东路石基路段		
成立时间	1993年	邮　　编	511450
法定代表人	陈　昌	网　　址	www.pck.cn www.pck.com.cn
电　　话	020-84558888	传　　真	020-84850688
E-mail	pipe@pck.com.cn		
主要产品、业务	生产加工和销售472（114mm-1829mm）直缝焊管，并可配套提供各类钢管防腐和管件产品		

单位名称	海虹老人牌涂料（深圳）有限公司		
地　　址	深圳南山区蛇口工业五路		
成立时间	1992年4月	邮　　编	518067
法定代表人	陈卫华	网　　址	www.hempel.com.cn
电　　话	0755-26823388	传　　真	0755-26687288
E-mail			
主要产品、业务	主产经营各类涂料		

单位名称	中兴通讯股份有限公司		
地　　址	深圳市南山区高新技术产业园科技南路		
成立时间	1985年2月	邮　　编	518057
法定代表人	侯为贵	网　　址	www.zte.com.cn
电　　话	0755-26770000	传　　真	
E-mail			
主要产品、业务	产品包括无线、网络、数据、手机四大领域，公司2004年主营收入212.2亿元（H股数据）		

单位名称	艾美特电器（深圳）有限公司		
地　　址	深圳市宝安区石岩黄峰路工业区		
成立时间	1991年5月18日	邮　　编	518108
法定代表人	史鸿尧	网　　址	www.airmate-china.com
电　　话	0755-27655988	传　　真	0755-27642263
E-mail	service@airmate-china.net		
主要产品、业务	艾美特电风扇、电暖器、电磁炉、排风扇等20余精致小家电，行销全球60余个国家和地区		

单位名称	广东美雅集团股份有限公司		
地　　址	广东省鹤山沙坪镇人民西路 40 号		
成立时间	1979 年	邮　　编	529700
法定代表人	冯国良	网　　址	www.meiya.com.cn
电　　话	0750-8888888	传　　真	0750-8889673
E-mail			
主要产品、业务	以纺织为主，兼营塑料工业、进出口贸易、国外承包工程及劳务合作，酒店经营，房地产开发		

单位名称	江门甘蔗化工厂（集团）股份有限公司		
地　　址	广东省江门市甘化路 56 号		
成立时间	1992 年	邮　　编	529030
法定代表人	周　润	网　　址	www.ganhua.com.cn
电　　话	0750-3361611	传　　真	0750-3361973
E-mail			
主要产品、业务	主要产品有糖、纸、纸浆、木质素磺酸盐、生物制药等几大系列 20 多个品种		

单位名称	皆利士多层线路板（中山）有限公司		
地　　址	广东省中山市小榄镇永宁螺沙广福路		
成立时间	1991 年 9 月	邮　　编	528415
法定代表人	邓顺林	网　　址	www.viasysfems.com
电　　话	0760-2251605	传　　真	0760-2252045
E-mail			
主要产品、业务	主要印刷双面不多层线路板		

单位名称	广州珠江钢琴集团有限公司		
地　　址	广东省广州芳村花地大道南渔尾西路 8 号		
成立时间	1956 年 1 月	邮　　编	510388
法定代表人	童志成	网　　址	www.pearlriverpiano.com
电　　话	020-81502729	传　　真	020-81509247
E-mail			
主要产品、业务	主要制造、销售钢琴、吉它、提琴等中西乐器产品及乐器配件		

单位名称	广东新中源陶瓷有限公司		
地　　址	广东省佛山市禅城区南庄镇石南大道 1 号		
成立时间		邮　　编	528219
法定代表人	霍镰泉	网　　址	www.newzhongyuan.com
电　　话	0757-85387840	传　　真	0757-85382078
E-mail			
主要产品、业务	生产、销售陶瓷墙地砖及卫浴系列产品		

单位名称	鹤山雅图仕印刷有限公司		
地　　址	广东省鹤山市古劳镇西江大堤工业开发区		
成立时间	1991 年 11 月 23 日	邮　　编	529738
法定代表人	冯学洪	网　　址	www.leo.com.hk
电　　话	0750-8766115	传　　真	0750-8766369
E-mail			
主要产品、业务	教科书、儿童益智书、立体书、纸袋、各种礼品盒、记事簿、相簿、信封、贺卡、拼图等		

单位名称	佛山市南海区福迪汽车有限公司		
地　　址	广东省佛山市南海区狮山科技园B区		
成立时间	2000年4月	邮　　编	528225
法定代表人	叶　青	网　　址	www.fdqc.com
电　　话	0757-81201037	传　　真	0757-81201036
E-mail	lyml@vip.sina.com		
主要产品、业务	已有17年的整车生产历史，公司产品以整车雷迪牌SUV、皮卡车和车身、零部件为主，实行多元化经营，产品结构已走向各样化		

单位名称	广州飞机维修工程有限公司		
地　　址	广东省广州白云国际机场		
成立时间	1989年10月	邮　　编	510405
法定代表人	袁新安	网　　址	www.gameco.com.cn
电　　话	020-86129374	传　　真	020-86579757
E-mail			
主要产品、业务	波音B737、B757、B767、B777、B747及空客A320/A321飞机维修和零部件维修		

单位名称	深圳王利电机有限公司		
地　　址	广东省深圳市宝安区石岩镇上屋村		
成立时间	1990年5月	邮　　编	518108
法定代表人	冈本实	网　　址	www.oeg.com
电　　话	0755-27620888	传　　真	0755-27620682
E-mail			
主要产品、业务	继电器		

单位名称	广州市煤气公司		
地　　址	广东省广州市环市东路416号之一		
成立时间	1983年	邮　　编	510060
法定代表人	陈国平	网　　址	www.gzgas.com
电　　话	020-87302186	传　　真	020-87302178
E-mail			
主要产品、业务	业务范围：主营城市管道气生产与输送，兼营液化石油气供应与批发，并集燃气工程设计、施工、抢险、燃气设备经营、燃气用具生产与检测等业务于一体的国有大型企业		

单位名称	至卓飞高线路板（深圳）有限公司		
地　　址	广东省深圳市蛇口工业区兴华工业大厦		
成立时间	1988年	邮　　编	518067
法定代表人	卓可风	网　　址	www.topsearch.com.hk
电　　话	0755-26693186	传　　真	0755-26691859
E-mail			
主要产品、业务	生产双面及多层线路板、电路板装配、电子器件组装件		

单位名称	河南环宇电源股份有限公司		
地　　址	广东省深圳福田车公庙苍松大厦南座911		
成立时间	1982年	邮　　编	518048
法定代表人	李文漫	网　　址	www.huanybattery.com
电　　话	0755-83849632	传　　真	0755-83849639
E-mail			
主要产品、业务	二次充电电池、镍锌、镍氢、锂离子、锂聚合物、铅酸电池等的生产与销售		

单位名称	惠州宏利五金塑胶制品厂有限公司		
地　　址	广东省惠州市仲恺高新区平南工业园 49 号		
成立时间	1976 年	邮　编	516006
法定代表人	陈岳涛	网　址	www.winningtonmetal.com
电　　话	0752-2600161	传　真	0752-2601051
E-mail			
主要产品、业务	设计、开发及生产制造高档不锈钢餐具和厨具		

单位名称	广州摩托集团公司		
地　　址	广东省广州市滨江中路 352 号		
成立时间	1992 年	邮　编	510220
法定代表人	杨大冬	网　址	www.gzmotors.com
电　　话	020-84234912	传　真	020-84475816
E-mail			
主要产品、业务	制造、加工、组装、销售：摩托车及配件、摩托产品、普通机械、汽车及配件、交通标志、轮胎、金属表面及热处理、自行车及配件、缝纫机设备及配件，汽车、摩托车和卷烟机维修		

单位名称	方大集团股份有限公司		
地　　址	广东省深圳市西丽龙井方大城		
成立时间	1991 年 12 月	邮　编	518055
法定代表人	熊建明	网　址	www.fangda.com
电　　话	0755-26788571	传　真	0755-26788353
E-mail			
主要产品、业务	建筑幕墙、铝复合板、单层铝板、地铁屏蔽门、新型节能门窗、铜铝复合散热器、氮化镓半导体芯片等		

单位名称	广东鹤山银雨灯饰有限公司		
地　　址	广东省鹤山市共和镇工业开发区		
成立时间	1978 年	邮　编	529728
法定代表人	樊邦扬	网　址	www.neo-neon.com
电　　话	0750-8300941	传　真	0750-8300940
E-mail			
主要产品、业务	节日装饰灯、广告灯、美耐灯、光纤、LED装饰及应用产品，舞台灯等		

单位名称	东莞市东糖集团有限公司		
地　　址	广东省东莞中堂		
成立时间	1997 年	邮　编	523243
法定代表人	陈尧桑	网　址	www.donta.com.cn
电　　话	0769-8812123	传　真	0769-8815957
E-mail			
主要产品、业务	甘蔗制糖、原糖加工、糖贸易，热电能源，造纸工程；生物工程（酵品、调味品）		

单位名称	依顿（广东）电子科技有限公司		
地　　址	广东省中山市三角镇高平工业区 88 号		
成立时间	2000 年 3 月	邮　编	528445
法定代表人	李永强	网　址	euington@pcb.com
电　　话	0760-5409988	传　真	0760-5541566
E-mail			
主要产品、业务	主要生产高密度、高精度的双面及多层PCB板，产品用于通信、电脑、汽车、军等行业		

单位名称	广东喜之郎集团有限公司		
地　　址	广东省阳江市喜之郎工业园		
成立时间	1993年	邮　　编	529900
法定代表人	李永良	网　　址	www.strongfood.com.cn
电　　话	0662-6615018	传　　真	0662-6615018
E-mail			
主要产品、业务	果冻、布丁		

单位名称	开平依利安达电子有限公司		
地　　址	广东省开平沙岗区寺前西路318号		
成立时间	1992年	邮　　编	529325
法定代表人	谭锦濠	网　　址	
电　　话	0750-2218428	传　　真	0750-2210993
E-mail			
主要产品、业务	线路板		

单位名称	中国石油化工股份有限公司广州分公司		
地　　址	广东省广州黄埔石化路176号		
成立时间	2000年3月	邮　　编	510726
法定代表人	徐　钢	网　　址	
电　　话	020-82123888	传　　真	020-82396591
E-mail			
主要产品、业务	石油产品、成品油、固体塑料、石油副产品		

单位名称	广东省开平涤纶企业集团公司		
地　　址	广东省开平市沙冈区美华路1号		
成立时间	1991年	邮　　编	529325
法定代表人	罗　伟	网　　址	www.kaiping-polyester.com.cn
电　　话	0750-2213758	传　　真	0750-2218807
E-mail			
主要产品、业务	生产和销售：聚酯切片、锦纶长丝、色母粒、涤纶长丝、涤丝工业丝（布）		

单位名称	乐百氏（广东）食品饮料有限公司		
地　　址	广东省中山市小榄镇沙口开发区		
成立时间	1989年	邮　　编	528415
法定代表人	秦　鹏	网　　址	
电　　话	020-38783488	传　　真	020-38783933
E-mail			
主要产品、业务	纯酸奶、牛奶、瓶装饮用水、桶装饮用水、功能性饮料等多个系列的优质产品		

单位名称	深圳创华合作有限公司		
地　　址	广东省深圳市南山区亿利达大厦		
成立时间	1987年11月2日	邮　　编	518052
法定代表人	刘永龄	网　　址	
电　　话	0755-26095070	传　　真	0755-26095648
E-mail			
主要产品、业务	无绳电话、对讲机、收银机、注塑机、小型家电等		

单位名称	广东亨达利企业集团公司		
地 址	广东省云浮市云安县六都镇南乡		
成立时间	1993年10月	邮 编	527521
法定代表人	何金秀	网 址	www.hengdali.com
电 话	0766-6789100	传 真	0766-6789948
E-mail			
主要产品、业务	年产普通硅酸盐水泥、硅酸盐水泥330万吨		

单位名称	广州白云山制药股份有限公司		
地 址	广东省广州市白云区同和街云祥路88号		
成立时间	1992年12月22日	邮 编	510515
法定代表人	李益民	网 址	www.gzbys.com
电 话	020-87062611	传 真	020-87063699
E-mail			
主要产品、业务	中西成药、化学原料药、外用药、儿童用药、保健药、二类临床检验分析仪器及诊断试剂，经营和代理各类商品及技术的进出口业务		

单位名称	广电集团广州供电分公司		
地 址	广东省广州市天河南二路二号		
成立时间	2001年	邮 编	510620
法定代表人	吴周春	网 址	
电 话	020-87122114	传 真	020-87500069
E-mail			
主要产品、业务	供电		

单位名称	湛江纺织企业（集团）公司		
地 址	广东省湛江市人民大道中75号		
成立时间	1988年	邮 编	524022
法定代表人	林妃杂	网 址	www.zhanjiangtextiles.com
电 话	0759-3381377	传 真	0759-3381533
E-mail			
主要产品、业务	棉纱、梭织布面料、针织布面料、服装、巾被、手套		

单位名称	鸿兴印刷（中国）有限公司		
地 址	广东省深圳市宝安区福永镇怀德工业村		
成立时间	1992年10月	邮 编	518103
法定代表人	任泽明	网 址	www.hhop.com.hk
电 话	0755-27392288	传 真	0755-27382744
E-mail			
主要产品、业务	纸箱、彩盒、国外益智儿童玩具书		

单位名称	广东盈彬大自然木业有限公司		
地 址	广东省中山市大涌镇雌岐涌路43号		
成立时间	1995年	邮 编	528476
法定代表人	佘 昌	网 址	www.nature-cn.cn
电 话	0760-7735037	传 真	0760-7735691
E-mail			
主要产品、业务	实木复合地板、实木地板、强化木地板的生产制造、销售和出口		

单位名称	康贝斯实业（深圳）有限公司		
地　　址	广东省深圳市龙岗区坪地镇富坪路		
成立时间	1999年3月	邮　　编	518117
法定代表人	林信泉	网　　址	www.compex.com.tw
电　　话	0755-84085588	传　　真	0755-84085566
E-mail			
主要产品、业务	室外休闲家具、婴儿床系列家具		

单位名称	深圳市中金岭南有色金属股份有限公司		
地　　址	广东省深圳市福田区车公庙深南大道6013号24-26楼		
成立时间	1984年11月1日	邮　　编	518040
法定代表人	欧显华	网　　址	www.nonfemct.com
电　　话	0755-83474800	传　　真	0755-83472600
E-mail			
主要产品、业务	公司以铅锌采选冶为主体，主产品为南华牌铅锭、锌锭及银、铟、镉、锗、镓等稀有金属及工业硫酸，同时生产铝型材、玻璃幕墙、无汞锌粉、特种镍粉、锂离子电池用冲孔铝/铜箔等		

单位名称	旭丽电子（广州）有限公司		
地　　址	广东省广州市天河区东圃广州科学城		
成立时间	2000年	邮　　编	510660
法定代表人	宋恭源	网　　址	
电　　话	020-82373688	传　　真	020-82373688-8103
E-mail			
主要产品、业务	扫描仪、打印机、多功能事务机、传真机		

单位名称	广东东菱凯琴企业集团公司		
地　　址	广东省政府　佛山市顺德区勒流镇政和南路		
成立时间	1988年	邮　　编	528322
法定代表人	郭建刚	网　　址	www.donlim.com
电　　话	0757-25333888	传　　真	0757-25336533
E-mail			
主要产品、业务	电热水煲、面包机、微波炉、咖啡壶、电烫斗等西式小家电		

单位名称	东莞三星电机有限公司		
地　　址	广东省东莞市寮步镇横坑村		
成立时间	1992年7月	邮　　编	523413
法定代表人	金南洙	网　　址	www.semdg.com
电　　话	0769-3305000	传　　真	0769-305001
E-mail			
主要产品、业务	电脑、移动电话、多媒体、激光驱动设备等设备的核心部件		

单位名称	华为技术有限公司		
地　　址	广东省深圳市龙岗区坂田		
成立时间	1988年	邮　　编	518129
法定代表人	孙亚芳	网　　址	www.huawei.com
电　　话	0755-28780808	传　　真	
E-mail			
主要产品、业务	从事通信网络技术与产品的研究、开发、生产与销售，专门为电信运营商提供光网络、固定网、移动网和增值业务领域的网络解决议案		

单位名称	宝吉工艺品（深圳）有限公司		
地　　址	广东省深圳市龙岗区布吉镇雪蒙村		
成立时间	1988年	邮　　编	518129
法定代表人	高长昌	网　　址	
电　　话	020-84166378	传　　真	020-84166278
E-mail			
主要产品、业务	塑胶仿真圣诞树及饰品		

单位名称	中山市嘉华电子集团有限公司		
地　　址	广东省中山市中山5路嘉华电子城		
成立时间	1994年	邮　　编	528403
法定代表人	刘冬林	网　　址	www.kawagroup.com
电　　话	0760-8328828	传　　真	0760-8319024
E-mail			
主要产品、业务	电视机、CVD、DVD、显示器		

单位名称	深圳劲嘉彩印集团股份有限公司		
地　　址	深圳市宝安区福永街道怀德南路		
成立时间	1996年10月	邮　　编	518103
法定代表人	乔鲁豫	网　　址	www.szjcp.com
电　　话	0755-27300555	传　　真	0755-27301000
E-mail	szjj@szjcp.com		
主要产品、业务	生产经营包装材料，承接包装材料的设计、制版、印刷业务		

单位名称	深圳三星视界有限公司		
地　　址	广东省深圳市福田区皇岗北路5003号		
成立时间	1996年	邮　　编	518035
法定代表人	李井和	网　　址	
电　　话	0755-83357000	传　　真	0755-83367008
E-mail			
主要产品、业务	彩色显示管、彩色显像管		

单位名称	广东四会金宝利橡胶鞋厂有限公司		
地　　址	广东省四会市城中区三棵榕		
成立时间	1987年	邮　　编	526200
法定代表人	谢甫生	网　　址	www.kingo.com.cn
电　　话	0758-3321601	传　　真	0758-3321818
E-mail			
主要产品、业务	生产各类高档皮鞋、运动鞋及其他鞋类产品，生产皮革、鞋底、鞋用材料以及开发制鞋新材料产品，产品100%外销		

单位名称	广东格兰仕集团有限公司		
地　　址	广东省佛山市顺德区容桂镇容桂大道南25号		
成立时间	1978年	邮　　编	528305
法定代表人	梁庆德	网　　址	www.galanz.com.cn
电　　话	0757-28886389	传　　真	0757-28889628
E-mail	info@galanz.com.cn		
主要产品、业务	定位于“全球名牌家电制造中心”，主要研发制造微波炉、空调、小家电		

单位名称	唯冠科技（深圳）有限公司		
地　　址	广东省深圳市沙头角保税区 21.23 栋		
成立时间	1995 年 6 月 16 日	邮　　编	518081
法定代表人	杨荣山	网　　址	PROVIEW.net
电　　话	0755-25261512	传　　真	0755-25261565
E-mail			
主要产品、业务	电脑显示器（CRT、LCD）及电脑外围设备		

单位名称	富士施乐高科技（深圳）有限公司		
地　　址	广东省深圳市宝安区观澜镇大和村长青工业区		
成立时间	1995 年 6 月	邮　　编	518110
法定代表人	稻垣政昭	网　　址	
电　　话	0755-27981111	传　　真	0755-27981535
E-mail			
主要产品、业务	激光打印机、暗盒、OPC 有机感光体及相关零部件		

单位名称	中国南方航空集团公司		
地　　址	广东省广州市白云区机场路 278 号		
成立时间	2002 年 10 月	邮　　编	510406
法定代表人	刘绍勇	网　　址	www.cs-air.com
电　　话	020-86120000	传　　真	020-86631137
E-mail			
主要产品、业务	经营集团公司及其投资企业中由国家投资形成的全部国有资产和国有股权		

单位名称	江门市大长江集团有限公司		
地　　址	广东省江门市建达北路 5 号		
成立时间	1991 年 11 月	邮　　编	529030
法定代表人	王大威	网　　址	www.haojue.com
电　　话	0750-3288999	传　　真	0750-3288333
E-mail	office@haojue.com		
主要产品、业务	专业生产摩托车及其零部件，集开发、制造和销售于一体		

单位名称	深圳珍兴鞋业有限公司		
地　　址	深圳市盐田区盐田四村工业区		
成立时间	1942年10月22日	邮　　编	518083
法定代表人	陈玉珍	网　　址	
电　　话	0755-25217364	传　　真	0755-25217703
E-mail			
主要产品、业务	生产经营真皮皮鞋		

单位名称	中华制漆（深圳）有限公司		
地　　址	深圳市宝安区沙井镇环镇路衙边工业区		
成立时间	1991 年 10 月	邮　　编	518104
法定代表人	徐荫堂	网　　址	www.chinapaint.com
电　　话	0755-29697668 0755-83869888	传　　真	0755-29695783
E-mail	info@chinapaint.com		
主要产品、业务	中华制漆主力产品为长颈鹿牌、菊花牌、玩具牌漆，其中菊花牌为“中国名牌”		

单位名称	鸿宏饰精密工业(深圳)有限公司		
地　　址	深圳市龙华油松第十工业区		
成立时间	1998年	邮　　编	518109
法定代表人	钟依文	网　　址	www.foxconn.com
电　　话	0755-28129188	传　　真	0755-28128070
E-mail	lingdu@foxconn.com		
主要产品、业务	电脑、通讯产品、消费性电子产品		

单位名称	新会中集集装箱木地板有限公司		
地　　址	广东省江门市新会区大鳌镇新会中集工业园区		
成立时间	1999年	邮　　编	529144
法定代表人	赵庆生	网　　址	www.cimc.com
电　　话	0750-6248888	传　　真	0750-6248555
E-mail			
主要产品、业务	环保集装箱木地板、特种集装箱用木地板、门板、登机桥地板、车辆用木制品		

单位名称	深圳创维－RGB电子有限公司		
地　　址	深圳市南山区深南大道创维大厦A座13-16楼		
成立时间	1988年3月	邮　　编	518057
法定代表人	张学斌	网　　址	www.skyworth.com
电　　话	0755-26010001	传　　真	0755-26010002
E-mail	webmaster@skyworth.com		
主要产品、业务	数字高清背投、DLP光学背投、LCOS电视、等离子、液晶电视、各类健康电视、数字电视机顶盒、AV产品、手机产品、安防产品以及与数字电视产业链相关的产品		

单位名称	深圳市托普国威电子有限公司		
地　　址	深圳市罗湖区莲塘国威路68号		
成立时间	1991年	邮　　编	518003
法定代表人	梁锡光	网　　址	
电　　话	0755-25736666	传　　真	0755-25732288
E-mail			
主要产品、业务	无绳电话、手机		

单位名称	立信染整机械(深圳)有限公司		
地　　址	广东省深圳市龙岗区布吉镇丹竹头工业区立信路17-19号		
成立时间	1991年3月14日	邮　　编	518114
法定代表人	方寿林	网　　址	www.fongs.com
电　　话	0755-84736288	传　　真	0755-84736154
E-mail	enquiry@fongs.com		
主要产品、业务	生产经营纺织品染整机械及配件、铸造配件、不锈钢带和不锈钢板材表面加工		

单位名称	梅州市金雁铜业公司		
地　　址	广东省梅州市彬芳大道88号		
成立时间	1988年	邮　　编	514021
法定代表人	李国华	网　　址	
电　　话	0753-2266898	传　　真	0753-2248986 0753-2266898
E-mail			
主要产品、业务	金雁牌标准阴极铜，各种规格型号漆色铜圆线、无氧铜杆、铅精矿、锌精矿，其中，金雁牌标准阴极铜评为广东省名牌产品		

单位名称	广东宝力电器有限公司		
地　　址	广东省江门市新会区冈州大道中 120 号		
成立时间	2002 年 1 月	邮　　编	529100
法定代表人	邝竞安	网　　址	www.powermax-cn.com
电　　话	0750-6696830	传　　真	0750-6696518
E-mail			
主要产品、业务	主要产品：装饰吊扇、工业吊扇、工业用/农业用及家用换气扇、暖风机、分马力电机等，产品全部出口		

单位名称	美的集团有限公司		
地　　址	广东省佛山顺德美的工业城		
成立时间	1968 年	邮　　编	528311
法定代表人	何享健	网　　址	www.midea.com.cn
电　　话	0757-26338888	传　　真	0757-26654011
E-mail	webmail@midea.com.cn		
主要产品、业务	主要产品包括空调、电饭煲、冰箱、风扇、微波炉等大小家电和压缩机、电机、磁控管等家电配套产品，是一家以家电业为主，涉足房产、物流等领域的大型综合性现代化企业集团		

单位名称	依波精品（深圳）有限公司		
地　　址	深圳市南山区南海大道新能源大厦 7 号楼		
成立时间	1991 年 2 月	邮　　编	518054
法定代表人	韩国龙	网　　址	www.ebohr.cn
电　　话	0755-26645021	传　　真	0755-26649255
E-mail	china@ebwatch.com.cn		
主要产品、业务	专业设计、生产、销售“依波”牌中高档手表和贵金属饰品，并且是意大利著名运动 FILA 手表的中国总经销商		

单位名称	深圳市比克电池有限公司		
地　　址	深圳市龙岗区葵涌镇比克工业园		
成立时间	2001 年 8 月 3 日	邮　　编	518119
法定代表人	李向前	网　　址	www.bak.com.cn
电　　话	0755-89770088	传　　真	0755-89770068
E-mail	info@bak.com.cn		
主要产品、业务	方形锂离子电池、圆柱锂离子电池、聚合物锂离子电池、电动工具电池		

单位名称	深圳信隆实业股份有限公司		
地　　址	深圳市宝安区龙华街道办中环路 55 号		
成立时间	1991 年 10 月 28 日	邮　　编	518109
法定代表人	廖学金	网　　址	www.hlcorp.cn www.hlcorp.com.cn
电　　话	0755-27749423	传　　真	0755-27747799
E-mail	cmo@hlcorp.com.cn		
主要产品、业务	生产经营运动器材、康复辅助器材、计算机配件，铝挤型锻造成型（制品），自行车车把、车把立管、坐垫管、避震前叉及管料成型加工等，产品 100% 外销		

单位名称	广州珠江轮胎有限公司		
地　　址	广州市花都区炭步镇		
成立时间	1993 年	邮　　编	510828
法定代表人	吴南洋	网　　址	www.Pearlrivertyres.com
电　　话	020-86748188	传　　真	020-86748333
E-mail	Sales@pearlrivertyres.com		
主要产品、业务	专业生产斜交胎，产品商标包括：珠江牌、顺通牌、骑士牌、方元牌、REGAL、EVERSTONG		

单位名称	佛山电器照明股份有限公司		
地　址	广东省佛山市汾江北路15号		
成立时间	1958年	邮　编	528000
法定代表人	钟信才	网　址	www.chinafsl.com
电　话	0757-82812127 0757-82813838	传　真	0757-82816276
E-mail	gzfsliqh@pub.fashan.gd.cn		
主要产品、业务	生产和经营各种电光源产品及其配套灯具，如普通灯泡、金属卤代物灯、T5及T8细管径高效节能荧光灯、紧凑型节能荧光灯和反光碗等，产品四、五成出口		

单位名称	东莞市步步高通信设备有限公司		
地　址	广东省东莞市长安镇乌沙步步高大道江贝工业区		
成立时间	2003年9月16日	邮　编	523860
法定代表人	沈　炜	网　址	www.gdbbk.com
电　话	0769-5540688	传　真	0769-5548672
E-mail	zhenzhiqiang@sohu.com		
主要产品、业务	生产、销售各类电话机（含小灵通<PHS>等数字无绳电话机），各类通信终端设备，电脑及周边设备，销售通信设备（含手机<GSM、GPRS、CDMA等各种制式>），电子元器件及各类原材料、五金交电		

单位名称	广州市电筒工业公司		
地　址	广东省广州市荔湾区西华路134号		
成立时间	1968年5月2日	邮　编	510170
法定代表人	田志鹏	网　址	www.tigerhead.com
电　话	020-81813492	传　真	020-81813591
E-mail	gficor@public.guangzhou.gd.cn		
主要产品、业务	本公司以生产虎头牌手电筒为主，共有17个系列140多个品种规格，畅销全国各地和世界100多个国家和地区，居全国电筒行业之冠		

单位名称	广东溢达纺织有限公司		
地　址	广东省佛山市高明区		
成立时间	1988年	邮　编	528500
法定代表人	车克焘	网　址	www.esquel.com
电　话	0757-88826112	传　真	0757-88826112
E-mail			
主要产品、业务	业务范围：纺纱、织布、制衣及制衣辅料、零售 主要产品：全棉成衣和全棉色织布，年产全棉色织布5000万码，成衣200万打（含裁片），2005年，“溢达牌”色织布被国家质检总局评为“中国名牌产品”		

单位名称	深圳金威啤酒有限公司		
地　址	深圳市布心东昌路一号		
成立时间	1986年8月	邮　编	518019
法定代表人	叶旭金	网　址	www.kingwaybeer.com
电　话	0755-25516328	传　真	0755-25516039
E-mail	kingwaybeer@kingwaybeer.com		
主要产品、业务	啤酒生产及销售		

单位名称	上汽通用五菱汽车股份有限公司		
地　　址	广西柳州市河西路18号		
成立时间	2002年6月4日	邮　　编	545007
法定代表人	蒋志伟	网　　址	www.wuling.com
电　　话	0772-3750211	传　　真	0772-3711150
E-mail			
主要产品、业务	主要生产微小型商用车（微型客车、微型单（双）排货车等），同时拓展微型乘用车业务		

单位名称	柳州五菱汽车有限责任公司		
地　　址	广西柳州市河西路18号		
成立时间	1996年	邮　　编	545007
法定代表人	何世纪	网　　址	www.wuling.com.cn
电　　话	0772-3750212	传　　真	0772-3750018
E-mail	lzwl@wuling.com.cn		
主要产品、业务	公司以专用车、发动机、零部件为三大主导产品，并提供制造业的生产服务和社区生活服务		

单位名称	东风柳州汽车有限公司		
地　　址	广西柳州市屏山大道286号		
成立时间	1997年7月18日	邮　　编	545005
法定代表人	童东城	网　　址	
电　　话	0772-3281218	传　　真	0772-3281167
E-mail			
主要产品、业务	东风、乘龙商用车、东风风行MPV的制造和营销		

单位名称	中国铝业股份有限责任公司广西分公司		
地　　址	广西平果		
成立时间	2002年4月10日	邮　　编	531400
法定代表人		网　　址	www.pgl.com.cn
电　　话	0776-5802800	传　　真	0776-5802101
E-mail			
主要产品、业务	重熔用铝锭、氧化铝、氢氧化铝、阳极碳块		

单位名称	广西柳工机械股份有限公司		
地　　址	广西柳州市柳太路1号		
成立时间	1958年	邮　　编	545007
法定代表人	王晓华	网　　址	www.liugong.com
电　　话	0772-3886006	传　　真	0772-3691147
E-mail	qinyong@liugong.com		
主要产品、业务	广西柳工机械股份有限公司是从事工程机械研发、生产、销售的行业大型企业，产品主要有装载机、挖掘机、压路机、平地机、摊铺机、滑移机等		

单位名称	柳州华锡集团有限责任公司		
地　　址	广西柳州市桂中大道华锡大厦		
成立时间	1952年	邮　　编	545006
法定代表人	张友宝	网　　址	www.lzhuaxi.com.cn
电　　话	0772-2610111	传　　真	0772-2612186
E-mail			
主要产品、业务	锡锭、锌锭、铅锭、铟锭、锑锭、高铅锑锭、锡基铸造轴承合金、银锭、铸造锡铅焊料等30余种		

单位名称	洋浦南华糖业集团		
地址	广西南宁市民族大道81号气象大厦		
成立时间	2002年12月	邮编	530022
法定代表人	冯小华	网址	www.nanhuasugar.com
电话	0771-5879558	传真	0771-5879228
E-mail			
主要产品、业务	生产和销售白砂糖，生产销售纸浆及纸制品		

单位名称	广西贵糖（集团）股份有限公司		
地址	广西贵港市幸福路100号		
成立时间	1994年10月5日	邮编	537102
法定代表人	黄振标	网址	www.guitang.com
电话	0775-4262888	传真	0775-4260088
E-mail			
主要产品、业务	食糖、酒精、碳酸钙的制造、销售，本企业产品的出口，制糖机械配件修造		

单位名称	广西维尼纶集团有限责任公司		
地址	广西宜州市西郊		
成立时间	1972年10月	邮编	546307
法定代表人	牟善良	网址	www.45co.com/wm/wenilun
电话	0778-3112303	传真	0778-3110517
E-mail			
主要产品、业务	生产、销售"广维"牌聚乙烯醇、电石、醋酸乙烯		

单位名称	柳州锌品股份有限公司		
地址	广西柳州市白沙路2号		
成立时间	1951年4月17日	邮编	545001
法定代表人	何超坤	网址	
电话	www.liuxin.com.cn	传真	0772-2868042
E-mail			
主要产品、业务	芭蕉牌氧化锌、立德粉，三角牌锌锭、芭蕉牌硫酸		

单位名称	柳州市龙城化工总厂		
地址	广西柳州市辽原路38号		
成立时间	1985年	邮编	545005
法定代表人	许家威	网址	www.yinligroup.com
电话	0772-3149001	传真	0772-3148077
E-mail			
主要产品、业务	"银荔牌"高纯锌锭、等级氧化锌、电炉锌粉、硫酸		

单位名称	柳州立宇集团有限责任公司		
地址	广西柳州市胜利路4号		
成立时间	1997年12月12日	邮编	545002
法定代表人	胡新伟	网址	lzlyjt.com
电话	0772-2527818	传真	0772-2528783
E-mail			
主要产品、业务	各种绵纱线、坯布、色织布		

单位名称	柳州机车车辆厂		
地　　址	广西柳州市红岩路四区46号		
成立时间	1965年1月1日	邮　　编	545007
法定代表人	张多根	网　　址	www.lzjc.com
电　　话	0772-3650743	传　　真	0772-3655048
E-mail			
主要产品、业务	修理铁路各类内燃、蒸汽机车、客车、货车，制造不锈钢精密铸造、钢带、钢管、汽车车桥、油漆等		

单位名称	广西南宁化工股份有限公司		
地　　址	广西省南宁市亭洪路80号		
成立时间	1998年6月15日	邮　　编	530031
法定代表人	陈载华	网　　址	www.nh.com.cn
电　　话	0771-2104219	传　　真	0771-4835643
E-mail			
主要产品、业务	氯碱产品生产、化工设计、科研、技术咨询、国内贸易，自产产品及技术的出口		

单位名称	桂林南方橡胶（集团）公司		
地　　址	广西桂林市七星路36号		
成立时间	1988年	邮　　编	541004
法定代表人	王竞华	网　　址	
电　　话	0773-5815653	传　　真	0773-5815652
E-mail			
主要产品、业务	主要产品：工程机械轮胎、载货汽车轮胎、农用车轮胎、力车轮胎、避孕套、医用手套、橡胶模压制品		

单位名称	桂林银海纺织集团公司		
地　　址	广西桂林市瓦窑路一巷5号		
成立时间	1958年	邮　　编	541003
法定代表人	冯继斌	网　　址	
电　　话	0773-3613783	传　　真	0773-3604813
E-mail			
主要产品、业务	本企业产品为："漓江牌"棉纱，主要品种有针织纱、梭织纱、休闲纱、气流纱、竹节纱、氨纶包芯纱、彩雪纱、赛络纱、缎彩纱、各类线、毛、麻类等		

单位名称	柳州化工股份有限公司		
地　　址	广西柳州市北崔路67号		
成立时间	2001年3月	邮　　编	545002
法定代表人	廖能成	网　　址	www.lzhg.cn
电　　话	0772-2510401	传　　真	0772-2510401
E-mail			
主要产品、业务	硝酸铵、硝酸、氮肥、纯碱、甲醇、甲醛、硝酸钠、亚硝酸钠等化肥化工产品		

单位名称	广西玉柴机器股份有限公司		
地　　址	广西玉林市天桥西路88号		
成立时间		邮　　编	537005
法定代表人	晏　平	网　　址	www.yuchai.com
电　　话	0775-3835565	传　　真	0775-3289990
E-mail			
主要产品、业务	主要生产40-288KW柴油机及24-200KW柴油发电机组		

单位名称	西藏诺迪康药业股份有限公司		
地　址	成都市中新街49号锦贸大厦18F		
成立时间	1999年7月14日	邮　编	610016
法定代表人	陈达彬	网　址	www.xzyy.cn
电　话	028-86656600	传　真	028-86651389
E-mail	master@xzyy.cn		
主要产品、业务	藏药、中药、生物药品的研发、生产和销售，主要产品有：诺迪康胶囊、新活素		

单位名称	四川宜宾五粮液集团有限公司		
地　址	四川省宜宾岷江西路150号		
成立时间	1998年4月18日	邮　编	644007
法定代表人	王国春	网　址	www.wuliangye.com.cn
电　话	0831-3553988	传　真	0831-3552624
E-mail			
主要产品、业务	五粮液及其系列酒的生产、销售为主		

单位名称	攀钢集团成都钢铁有限责任公司		
地　址	四川省成都市东风南路1号		
成立时间	2002年5月	邮　编	610066
法定代表人	黄容生	网　址	www.csstco.com
电　话	028-84408620	传　真	028-84503435
E-mail			
主要产品、业务	公司可按GB和国际标准生产191个钢种、7700多个品种规格的碳素、合金及不锈钢无缝钢管和管件，104个规格的建筑用圆钢、热轧带肋钢筋和碳钢圆盘条，以及冷轧带肋钢筋、冷轧扭、焊接钢筋网等产品		

单位名称	宜宾丝丽雅股份有限公司		
地　址	四川省宜宾市南岸航天路中段		
成立时间	2000年5月25日	邮　编	644002
法定代表人	冯涛	网　址	www.cn-grace.com
电　话	0831-2360000	传　真	0831-2332787
E-mail	ybhx@cn-grace.com		
主要产品、业务	粘胶长丝、棉浆粕、纺织品及其附产品的生产、销售和自营进出口业务		

单位名称	攀钢集团钢城企业总公司		
地　址	四川省攀枝花市东区长寿路口		
成立时间	1979年10月10日	邮　编	617023
法定代表人	范云东	网　址	www.hexuan.com.cn
电　话	0812-3390202	传　真	0812-3390829
E-mail			
主要产品、业务	涉足轧钢、磁性材料、机电、资源综合利用、环保、冶金原辅料、化工等产业，能生产螺纹钢等170多种产品		

单位名称	自贡鸿鹤化工（集团）有限责任公司		
地　址	四川省自贡鸿鹤路43号		
成立时间	1958年	邮　编	643000
法定代表人	彭布尔	网　址	WWW.HHCW.COM
电　话	0813-4662402 0813-4665025	传　真	0813-2760209
E-mail	OFFICE@HHCW.COM		
主要产品、业务	主要生产纯碱、烧碱、氯化铵、甲烷、氯化物系列等四十多种产品		

单位名称	成都神钢工程机械(集团)有限公司		
地　　址	四川省成都市龙原区经济技术开发区洪河中路1号		
成立时间	2003年7月30日	邮　　编	610110
法定代表人	王　锦	网　　址	www.cg169.com
电　　话	028-82854808	传　　真	028-82854811
E-mail			
主要产品、业务	液压挖掘机的开发设计、生产及销售,装载机、平地机、压路机、变距器及相关零部件的开发设计、生产及销售,其它建设机械及其类似产品的开发设计、生产及销售		

单位名称	中国南车集团资阳机车厂		
地　　址	四川省资阳市		
成立时间	1966年	邮　　编	641301
法定代表人	郭炳强	网　　址	www.zyloco.com
电　　话	0832-6282654	传　　真	0832-6653416
E-mail			
主要产品、业务	大功率干线客货运内燃、电力及各型调车机车,大功率柴油机及关键零部件,大型锻件及精密齿轮		

单位名称	四川剑南春(集团)有限责任公司		
地　　址	四川省绵竹市春溢街289号		
成立时间		邮　　编	618200
法定代表人	乔天明	网　　址	www.jnc.com.cn
电　　话	0838-6202206	传　　真	0838-6202221
E-mail	jnc@jnc.com.cn		
主要产品、业务	主要生产、经营中国名酒剑南春、绵竹大曲等名优白酒产品		

单位名称	四川宏达集团		
地　　址	四川省成都市锦里东路2号宏达大厦		
成立时间		邮　　编	610041
法定代表人	刘沧龙	网　　址	
电　　话	028-86129918	传　　真	028-86129928
E-mail			
主要产品、业务	产品:PVC、电解锌、磷铵、普钙、复肥、烧碱、氨钙、合成铵 业务:工业、房地产、国际贸易、资本运作、金融		

单位名称	四川全兴股份有限公司		
地　　址	四川省成都市金牛区土桥全兴路9号		
成立时间	1951年	邮　　编	610036
法定代表人	杨肇基	网　　址	www.quanxing.china.com
电　　话	028-87510463	传　　真	028-87519999
E-mail			
主要产品、业务	公司生产的白酒类产品已形成“全兴大曲”、“水井坊”、“天号阵”三大品牌		

单位名称	泸天化(集团)有限责任公司		
地　　址	四川省泸州市纳溪区		
成立时间	1959年11月	邮　　编	646300
法定代表人	任晓善	网　　址	www.chinalth.com
电　　话	0830-4122215	传　　真	0830-4122513
E-mail			
主要产品、业务	化肥、甲醇、二甲醚、油脂产品生产及销售		

单位名称	成都印钞公司		
地　　址	四川省成都市温江新建路 60 号		
成立时间	1965 年 4 月	邮　编	611130
法定代表人	赵金柱	网　址	www.banknote540.com
电　话	028-82755999	传　真	028-82755168
E-mail			
主要产品、业务	国家法定货币及钞票纸生产、防伪印刷、特种专用纸张生产、金银精炼及加工		

单位名称	汇源集团有限公司		
地　　址	四川省成都市蜀西路 28 号		
成立时间	1997 年	邮　编	610091
法定代表人	朱开友	网　址	www.huiyuangroup.com.cn
电　话	028-66602888	传　真	028-66602806
E-mail	jtb@huiyuangroup.com.cn		
主要产品、业务	电子信息产业、电气设备制造、矿资源开发、进出口贸易等		

单位名称	国营建中化工总公司		
地　　址	四川省宜宾 273 信箱		
成立时间	1965 年	邮　编	644000
法定代表人	畅　欣	网　址	www.jianzhong.chem-jcals.com
电　话	0831-8279911	传　真	0831-8270446
E-mail			
主要产品、业务	核电站燃料组件、金属锂钙系列产品、香料系列产品、锂电池系列产品、客货电梯		

单位名称	东方汽轮机厂		
地　　址	四川省德阳市		
成立时间	1966 年	邮　编	618201
法定代表人	许正威	网　址	www.dfstw.com
电　话	0838-6355231	传　真	0838-6301027
E-mail			
主要产品、业务	电站汽轮机、燃气轮机、核电汽轮机、联合循合电站设备、工业汽轮机、舰船用汽轮机		

单位名称	攀钢集团四川长城特殊钢有限责任公司		
地　　址	四川省江油市江东路 195 号		
成立时间	1965 年	邮　编	621701
法定代表人	罗泽中	网　址	www.cssc.com.cn
电　话	0816-3648711	传　真	0816-3650054
E-mail			
主要产品、业务	按照国际标准或国家标准，能为用户提供碳结、合结、碳工、合工、高工、模具、弹簧、轴承、不锈（包括耐热、耐蚀）、高温合金、低合金和工业纯铁等 12 大类、350 余个牌号、5000余个规格的高级优质特殊钢和金属制品，公司产品品种还有板、管、棒、线、带、丝、饼、环及异型材		

单位名称	四川南车集团成都机车车辆厂		
地　　址	四川省成都市二仙桥北路 31 号		
成立时间	1952 年	邮　编	610057
法定代表人	曾继宗	网　址	www.cdjcc.com
电　话	028-84113424	传　真	028-84128984
E-mail	cdc@cdjcc.com		
主要产品、业务	铁路内燃机车、电力机车及客车检修和电机制造		

单位名称	中国南车集团眉山车辆厂		
地　　址	四川省眉山市东坡区		
成立时间	1966年	邮　　编	620032
法定代表人	夏春生	网　　址	www.msrsco.com
电　　话	0833-8502013	传　　真	0833-8502046
E-mail			
主要产品、业务	各型专通用铁路货车、制动机、车辆配件及轻钢结构、专用汽车等		

单位名称	四川天华股份有限公司		
地　　址	四川省合江县榕山镇		
成立时间	1993年5月	邮　　编	646207
法定代表人	任晓善	网　　址	www.scth.com.cn
电　　话	0830-5482274	传　　真	0830-5482071
E-mail			
主要产品、业务	“天华”牌尿素系采用美国和意大利技术生产，是国家优质免检产品和四川省名牌产品		

单位名称	成都天友发展有限公司		
地　　址	四川省成都市二环路西一段100号		
成立时间	1996年12月	邮　　编	610041
法定代表人	白燕川	网　　址	www.ccty.com.cn
电　　话	028-85066666-4408	传　　真	028-85069454
E-mail			
主要产品、业务	丝绸进出口贸易		

单位名称	四川方向光电股份有限公司		
地　　址	四川省内江市甜城大道方向科技园		
成立时间	2001年7月2日	邮　　编	641000
法定代表人	穆　昕	网　　址	www.direction.com.cn
电　　话	0832-2202777	传　　真	0832-2202724
E-mail			
主要产品、业务	TFT-LCD15”～19”系列液晶显示器、DDRAM128、256计算机内存、EM165～1115系列单缸柴油机、汽车曲轴、缸体		

单位名称	四川美丰（集团）有限责任公司		
地　　址	四川省射洪县太和镇文化路302号		
成立时间	1996年	邮　　编	629200
法定代表人	陈　平	网　　址	www.scmf.cn
电　　话	0825-6980788	传　　真	0825-6980788
E-mail			
主要产品、业务	公司主要从事化肥、三聚氰胺、云母系列品、阻燃剂等产品的生产经营		

单位名称	攀枝花煤业（集团）有限责任公司		
地　　址	四川省攀枝花市西区陶家渡		
成立时间	2003年3月	邮　　编	617066
法定代表人	王佐元	网　　址	
电　　话	0812-5520774	传　　真	0812-5520774
E-mail			
主要产品、业务	以煤类生产为主，兼营电力、化工、火工、商业、建筑、建材、机械制造等多种产业		

单位名称	四川省威远建业集团有限公司		
地　址	四川省威远县城区东街116号		
成立时间	1979年	邮　编	642450
法定代表人	罗焱明	网　址	
电　话	0832-8222598	传　真	0832-8226689
E-mail			
主要产品、业务	机焦30万吨、粗苯、精萘、煤焦油等化工产品2.4万吨，平板玻璃、建陶三砖		

单位名称	宜宾纸业股份有限公司		
地　址	四川省宜宾市岷江西路54号		
成立时间	1988年12月	邮　编	644007
法定代表人	罗　云	网　址	www.gb-zy.com.cn
电　话	0831-3560958	传　真	0831-3561965
E-mail			
主要产品、业务	新闻纸、文化纸、纸杯原纸、牛皮纸、浆板		

单位名称	四川久大盐业（集团）公司		
地　址	四川省自贡市自流井区东兴寿街89号		
成立时间	1990年3月	邮　编	643000
法定代表人	傅刚义	网　址	www.jdgrp.com
电　话	0813-8105828	传　真	0813-8105472
E-mail			
主要产品、业务	盐、卤水、化工产品及包装物，经营进出口业务，轻工及盐化工技术科研、开发、设计等		

单位名称	泸州老窖集团公司		
地　址	四川省泸州国窖广场		
成立时间	2000年12月	邮　编	646000
法定代表人	袁秀平	网　址	www.lzlj.com.cn/vip.htm
电　话	0830-2296262-2505	传　真	0830-2390150
E-mail			
主要产品、业务	白酒系列		

单位名称	四川空分设备（集团）有限责任公司		
地　址	四川省简阳市建设中路239号		
成立时间	1966年12月	邮　编	641400
法定代表人	单金铭	网　址	www.saspg.com
电　话	0832-3186688	传　真	0832-7015916
E-mail	jtgl@saspg.com		
主要产品、业务	主要设计、制造、安装、出口空气分离设备、低温液体贮运设备、天然气液化（分离）设备、透平膨胀机、低温阀门、环保设备、医用设备等		

单位名称	四川省川威集团有限公司		
地　址	四川省威远县连界镇		
成立时间	1998年5月23日	邮　编	642469
法定代表人	王劲	网　址	www.CHUVANWEI.com.cn
电　话	0832-8833081	传　真	0832-8822724
E-mail			
主要产品、业务	各种线材产品、各种棒材产品、热轧带钢、彩涂板带、热镀锌钢板及钢带、冷轧板带、焊丝、焊管、水泥产品、起重设备		

单位名称	成都地澳制药集团		
地　　址	四川省成都市高新区创业路26号		
成立时间	1989年	邮　　编	610041
法定代表人	李伯刚	网　　址	www.DIAO.com
电　　话	028-85195043	传　　真	028-85181150
E-mail			
主要产品、业务	药品、化妆品、保健品的研制、生产、销售		

单位名称	乐山无线电股份有限公司		
地　　址	四川省乐山市中区人民西路27号		
成立时间	1971年3月21日	邮　　编	614000
法定代表人	潘敏智	网　　址	www.LYC.cn
电　　话	0833-2132212	传　　真	0833-2132212
E-mail			
主要产品、业务	生产LRC片式二、三极管、塑封二极管、玻壳二极管、桥式整流器和高压二极管		

单位名称	成都发动机（集团）有限公司		
地　　址	四川省成都市双桥子		
成立时间	1958年10月	邮　　编	610067
法定代表人	景济南	网　　址	www.cf-group.com
电　　话	028-84443628	传　　真	028-84457104
E-mail			
主要产品、业务	航空发动机、燃气轮机、航空外贸产品、汽车发动机等		

单位名称	四川九洲电器集团有限责任公司		
地　　址	四川省绵阳市跃进路16号		
成立时间	1958年	邮　　编	621000
法定代表人	张正贵	网　　址	WWW.JIUZHOU.COM.CN
电　　话	0816-2468306	传　　真	0816-2333540
E-mail			
主要产品、业务	九洲公司是520户国家重点企业、中国电子信息百强企业之一，是从事二次雷达及空管系统、有线电视宽带综合业务信息网络系统、数字产品、光缆、电线电缆、应用电子系统、电子政务和电子商务软件、保险代理、教育、房地产等的开发、制造、经营和服务的大型高科技企业集团		

单位名称	四川龙蟒集团有限责任公司		
地　　址	四川省锦竹市南轩路		
成立时间	1985年	邮　　编	618200
法定代表人	李家权	网　　址	www.lomon.com
电　　话	0838-6102791	传　　真	0838-6102428
E-mail			
主要产品、业务	磷酸氢钙、磷酸二氢钙、钛白粉、诱抗素		

单位名称	攀枝花钢铁（集团）公司		
地　　址	四川省攀枝花市东区向阳村		
成立时间	1965年	邮　　编	617067
法定代表人	洪及鄙	网　　址	www.pzhsteel.com.cn
电　　话	0812-3394261	传　　真	0812-3394261
E-mail			
主要产品、业务	钢铁、钒钛		

单位名称	中昊晨光化工研究院		
地　　址	四川省自贡市富顺县		
成立时间	1965年5月	邮　　编	643201
法定代表人	张在利	网　　址	www.chenguang.cn
电　　话	0813-7202180	传　　真	0813-7201124
E-mail	cgy@chenguang.cn		
主要产品、业务	主要从事有机氟、有机硅、环氧树脂、工程塑料等产品的研发、生产和经营		

单位名称	四川沱牌集团有限公司		
地　　址	四川省射洪县柳树镇中街149号		
成立时间		邮　　编	629209
法定代表人	李家顺	网　　址	www.chinatuopai.com
电　　话	0825-6618138	传　　真	0825-6618868
E-mail	ggb@tuopai.cn		
主要产品、业务	沱牌曲酒及其系列产品、舍得酒及其系列产品生产和销售		

单位名称	四川长虹电器股份有限公司		
地　　址	四川省绵阳市高新区绵兴东路35号		
成立时间	1958年	邮　　编	621000
法定代表人	赵　勇	网　　址	www.changhong.com
电　　话	0816-2418378	传　　真	0816-2418518
E-mail	ceo@changhong.com		
主要产品、业务	是一家集彩电、背投、液晶、等离子、空调、视听、网络、电池、商用电子系统、器件等产业研发、生产、销售的多元化、综合型跨国企业，已成为全球消费类数字信息电子电器产品供应商		

单位名称	自贡硬质合金有限责任公司		
地　　址	四川省自贡市大安区人民路111号		
成立时间	1965年11月	邮　　编	643011
法定代表人	张　毅	网　　址	www.zgcc.com
电　　话	0813-5516591	传　　真	0813-5200160
E-mail			
主要产品、业务	硬质合金、成品工具、钨钼制品、粉末制品四大门类产品的设计、生产和服务		

单位名称	成都飞机工业(集团)有限责任公司		
地　　址	四川省成都市青羊区黄田坝		
成立时间	1958年10月18日	邮　　编	610092
法定代表人	罗荣怀	网　　址	www.cac.com.cn
电　　话	028-87415629	传　　真	028-87415634
E-mail	cacoa@mail.cac.com.cn		
主要产品、业务	歼7系列飞机、枭龙飞机		

单位名称	中国第二重型机械集团公司		
地　　址	四川省德阳市旌阳区		
成立时间	1958年	邮　　编	618013
法定代表人	石柯	网　　址	www.china-erzhong.com
电　　话	0838-2342903	传　　真	0838-2201998
E-mail	dangzb@china-erzhong.com		
主要产品、业务	金属轧制设备、压容、化工、电站铸锻件、模锻产品		

单位名称	宜宾天原股份有限公司		
地　　址	四川省宜兵市下江北		
成立时间	1994年1月1日	邮　编	644004
法定代表人	肖池权	网　址	www.ybty.com
电　　话	0831-3608888	传　真	0831-3601446
E-mail	ybty@ybty.com		
主要产品、业务	公司主要产品有聚氯乙烯、烧碱、水合肼、ADC发泡剂、水泥、三聚磷酸钠等 公司主要从事基本化学原料、建材产品的生产和销售及进出口贸易		

单位名称	四川科伦药业股份有限公司		
地　　址	四川省成都市锦里西路107号南楼18层		
成立时间	1996年	邮　编	610071
法定代表人	刘革新	网　址	www.kelun.com
电　　话	028-86131248	传　真	028-86141347
E-mail	kelun-ln@kelun.com		
主要产品、业务	研究、生产大容量注射剂，销售自产产品		

单位名称	西昌新钢业有限责任公司		
地　　址	四川省西昌市长安西路		
成立时间	2001年	邮　编	615012
法定代表人	常　鹏	网　址	www.xgy.com.cn
电　　话	0834-2410410	传　真	0834-2410002
E-mail	xgy@xgy.com.cn		
主要产品、业务	业务：钢、铁、钒的冶炼及加工 主要产品：热轧带钢、带肋钢筋、圆钢、五氯化二钒、氯化钒、钒铁、连铸钢坯		

单位名称	贵州茅台酒销售有限公司		
地　　址	贵州省仁怀市茅台镇		
成立时间	2001 年	邮　编	564501
法定代表人	袁仁国	网　址	www.maotaichina.com
电　　话	0852-2386004	传　真	0852-2386005
E-mail	mtzxh@vip.163.com		
主要产品、业务	主导产品：贵州茅台酒		

单位名称	贵州水晶有机化工(集团)有限公司		
地　　址	贵州省清镇市		
成立时间		邮　编	551402
法定代表人	姚永理	网　址	gzcrystal.com
电　　话	0851-2561355	传　真	0851-2561222
E-mail			
主要产品、业务	聚乙酸乙烯酯乳液（白乳胶）系列产品、聚乙烯醇系列产品、季戊四醇、AVS 内外墙乳胶漆等有机化工产品、建材产品、建筑安装、房地产开发、科研设计和各类包装物的生产		

单位名称	贵州西洋肥业有限公司		
地　　址	贵州省息烽县温泉镇		
成立时间	2000 年元月 8 日	邮　编	551107
法定代表人	周伟	网　址	www.gzxy.cn
电　　话	0851-7790666	传　真	0851-7791999
E-mail			
主要产品、业务			

单位名称	贵州省遵义卷烟厂		
地　　址	贵州省遵义市汇川区大连路		
成立时间	1978 年	邮　编	563003
法定代表人	白云峰	网　址	
电　　话	0852-8621946	传　真	0852-8622693
E-mail			
主要产品、业务	生产销售卷烟，主要品牌：长征、桫椤、银杉等		

单位名称	贵州轮胎股份有限公司		
地　　址	贵州省贵阳市百花大道 41 号		
成立时间	1958 年	邮　编	550008
法定代表人	马世春	网　址	www.gtctire.com
电　　话	0851-4763650	传　真	0851-4764248
E-mail			
主要产品、业务	“前进”牌汽车斜交轮胎，汽车子午线轮胎，工程机械轮胎，工业车辆轮胎，空心轮胎，农业轮胎，林业轮胎，橡胶空气弹簧		

单位名称	贵州水城矿业(集团)有限责任公司		
地　　址	贵州省六盘水市钟山区开拓路 66 号		
成立时间	2001 年 11 月	邮　编	553000
法定代表人	魏泵柱	网　址	
电　　话	0858-8779614	传　真	0858-8222161
E-mail			
主要产品、业务	焦煤、气煤、肥煤、动力煤、优质无烟煤		

单位名称	中国振华(集团)科技股份有限公司		
地　　址	贵州省贵阳市新天大道150号		
成立时间	1997年6月	邮　　编	550018
法定代表人	陈清洁	网　　址	www.chinazhenhua.cn
电　　话	0851-6302675	传　　真	0851-6302675
E-mail			
主要产品、业务	新型电子元器件、通信整机、光机电一体化设备		

单位名称	贵州赤天化集团有限责任公司		
地　　址	贵州省赤水市化工路		
成立时间	1995年10月18日	邮　　编	564707
法定代表人	李大学	网　　址	www.chth.cn
电　　话	0852-2878863	传　　真	0852-2878332
E-mail			
主要产品、业务	尿素、合成氨、双氧水、烟用聚丙丝束、电子元件、磷铵、钙镁磷肥料、复混肥、各类塑料制品等		

单位名称	贵州黎阳航空发动机公司		
地　　址	贵州省平坝县5#信箱		
成立时间	1981年	邮　　编	561102
法定代表人	张大荣	网　　址	www.lyaec.com
电　　话	0853-4697000	传　　真	0853-4692288
E-mail			
主要产品、业务	航空发动机研制及生产，航空零部件转包生产，汽车零部件、石材机械、系列全自动燃烧机等		

单位名称	贵州黄果树集团贵阳卷烟厂		
地　　址	贵州省贵阳市如意巷25号		
成立时间	1938年	邮　　编	550003
法定代表人	陈卫东	网　　址	www.huangguoshu.com
电　　话		传　　真	0851-5962791
E-mail			
主要产品、业务	卷烟产品生产："黄果树"、"遵义"、"贵烟"等		

单位名称	中国铝业股份有限公司贵州分公司		
地　　址	贵州省贵阳市白云区		
成立时间	2002年2月	邮　　编	550058
法定代表人	常顺清	网　　址	
电　　话	0851-4898036	传　　真	0851-4861128
E-mail			
主要产品、业务	公司现有氧化铝、电解铝、碳素制品和稀有金属镓四大产品系列32个品种		

单位名称	贵州宏福实业开发有限总公司		
地　　址	贵州省福泉市马场坪		
成立时间	1994年6月29日	邮　　编	550501
法定代表人	何浩明	网　　址	www.wengfu.com
电　　话	0854-2184751	传　　真	0854-2184522
E-mail	hcquanji@163.com		
主要产品、业务	主要生产磷化工产品，其主产品宏福牌磷酸二铵、磷酸一铵均系"中国名牌"和国家免检产品		

单位名称	**贵州铝厂**		
地　　址	贵阳市白云区		
成立时间	1958 年 8 月	邮　编	550014
法定代表人	郭立名	网　址	
电　　话	0851-4898030	传　真	0851-4898030
E-mail			
主要产品、业务	铝合金、铝型材、电解铝用阳极、糊料、服装、建筑行业、服务行业、物业开发		

单位名称	**贵州双阳飞机制造厂**		
地　　址	贵州省安顺市经济开发区		
成立时间	1965 年	邮　编	561018
法定代表人	范月民	网　址	
电　　话	0853-3396254	传　真	0853-3411680
E-mail	asvip002@mail8.cn		
主要产品、业务	具有雄厚的飞机科研生产能力和修理能力、飞机电缆和导管制造、汽车管件和电线束及内饰件制造		

单位名称	玉溪红塔烟草（集团）有限责任公司		
地　　址	云南省玉溪市红塔大道上段		
成立时间	1956年10月	邮　　编	653100
法定代表人	柳万东	网　　址	www.hongta.com
电　　话	0877-2968169	传　　真	
E-mail			
主要产品、业务	生产的主要卷烟品牌“红塔山”、“玉溪”、“阿诗玛”、“恭贺新禧”、“红梅”均获国家名优产品称号，“国宾”、“蝴蝶泉”、“美登”、“人民大会堂”、“人参”等产品也以强劲的竞争实力跻身国家烟草专卖局公布的重点保留品牌之列，产品主销国内及欧美市场		

单位名称	昆明卷烟厂		
地　　址	云南省昆明		
成立时间	1922年	邮　　编	650202
法定代表人	李万兴	网　　址	www.kmcf.com
电　　话	0871-5818118	传　　真	0871-5812900
E-mail			
主要产品、业务	生产销售优质卷烟产品，主要品牌有云烟、红山茶、香格里拉、茶花、大重九、春城		

单位名称	云南红塔集团楚雄卷烟厂		
地　　址	云南省楚雄市鹿城东路		
成立时间	1974年	邮　　编	675000
法定代表人	张国良	网　　址	www.cxcf.com
电　　话	0878-3012929	传　　真	0878-3012782
E-mail			
主要产品、业务	卷烟产品为“国宾”系列、“蝴蝶泉”系列、“桂花”系列，“国宾”被评为云南省著名商标		

单位名称	云南铜业股份有限公司		
地　　址	云南省昆明市西山区王家桥		
成立时间		邮　　编	650102
法定代表人	邹韶禄	网　　址	www.yunnan-copper.com
电　　话	0871-8390888	传　　真	0871-8390991
E-mail			
主要产品、业务	高纯阴极铜、电工用铜线坯、工业硫酸、金锭、银锭		

单位名称	一汽红塔云南汽车制造有限公司		
地　　址	云南省曲靖市麒麟区南宁北路		
成立时间	1997年3月20日	邮　　编	655000
法定代表人	滕铁骑	网　　址	www.faw-hongta.com.cn
电　　话	0874-3140718	传　　真	0874-3141990
E-mail			
主要产品、业务	生产销售轿车、轻型载货汽车、农用运输车、乘用车、农机产品及配件		

单位名称	云南驰宏锌锗股份有限公司		
地　　址	云南省会泽县者海镇		
成立时间	2000年7月	邮　　编	654211
法定代表人	朱崇仁	网　　址	www.chxz.com
电　　话	0874-5641894	传　　真	0874-5641713
E-mail			
主要产品、业务	具有采矿、选矿、冶炼、化工和科研配套，能同时处理铅、锌氧化矿和硫化矿的国家大型企业 主要产品：“银晶”牌锗系列产品、“银鑫”牌锌系列产品、“银磊”牌粗铅、“华达”牌工业硫酸锌等		

单位名称	云南华云实业总公司		
地　　址	云南省安宁昆钢建设街中段		
成立时间	1982年10月	邮　编	650302
法定代表人	王瑞林	网　址	
电　话	0871-8602207	传　真	0871-8609819
E-mail			
主要产品、业务	主要从事水泥、环保设备、冷拨丝、冷轧带肋钢筋、钢纤维等产品的生产经营，以及昆钢板带产品配送，机械加工、铸造、各类电机变压器修理、印刷、餐饮等多项服务业务		

单位名称	云南沾化有限责任公司		
地　　址	云南省曲靖花山		
成立时间	2001年10月	邮　编	655338
法定代表人	张跃龙	网　址	www.yzhgrp.com
电　话	0874-3068056	传　真	0874-3068111
E-mail			
主要产品、业务	生产经营尿素、纯碱、氯化铵、复合肥、轻钙、二氧化碳、编织袋等		

单位名称	云南省蒙自矿冶有限责任公司		
地　　址	云南省红河川蒙自县天马路西段		
成立时间	1999年6月9日	邮　编	661100
法定代表人	黎家足	网　址	
电　话	0873-3720707	传　真	0873-3727070
E-mail	mzbgs9@163.com		
主要产品、业务	主要产品有高纯铅、粗银		

单位名称	云南铝业股份有限公司		
地　　址	云南省呈贡县云南铝业股份有限公司		
成立时间	1970年	邮　编	650502
法定代表人	陈智	网　址	www.ylgf.com
电　话	0871-7455668	传　真	0871-7455605
E-mail			
主要产品、业务	主要产品有：以“云海”牌、“云铝”牌注册的重熔用铝淀、预熔阳极炭素、铝铸轧卷、冷轧板、挤压铝型材、铝圆杆、铝棒、铝母线、铸造铝合金和民用铝制品等十大系列上百个规格型号		

单位名称	云南解化集团有限公司		
地　　址	云南开远小花桥		
成立时间		邮　编	661600
法定代表人	苏乔宝	网　址	www.ynjh.cn
电　话	0873-7163201	传　真	0873-7164842
E-mail	ynjh@ynjh.cn		
主要产品、业务	合成氨25万吨/年，尿素15万吨/年，硝酸铵36万吨/年，甲醇2.4万吨/年，二甲醚5000吨/年，燃料油1万吨/年及酚类等20多种化肥、化工产品		

单位名称	云南曲靖卷烟厂		
地　　址	云南省曲靖麒麟北路大坡寺		
成立时间	1966年	邮　编	655001
法定代表人	俞瑞方	网　址	www.qjcF.com.cn
电　话	0874-3360215	传　真	0874-3360040
E-mail			
主要产品、业务	卷烟生产、批发、销售		

单位名称	云南省小龙潭矿务局		
地　　址	云南省开远市		
成立时间	1953年12月16日	邮　　编	661601
法定代表人	王文忠	网　　址	
电　　话	0873-7198002	传　　真	0873-7198258
E-mail			
主要产品、业务	褐煤生产		

单位名称	云南三环化工有限公司		
地　　址	云南省昆明市西山区海口		
成立时间	1972年12月25日	邮　　编	650113
法定代表人	吕庆胜	网　　址	www.ynphos.com
电　　话	0871-8596600	传　　真	0871-8596611
E-mail			
主要产品、业务	生产销售高浓度磷复肥、磷酸等化工产品		

单位名称	云南云峰化学工业有限公司		
地　　址	云南省宣威市		
成立时间	1966年	邮　　编	655426
法定代表人	吕树明	网　　址	www.yunfengchem.com
电　　话	0874-7987888	传　　真	0874-7987777
E-mail			
主要产品、业务	中国最大的十三家磷复肥企业之一，大型Ⅰ档企业，主要产品有：磷酸二铵及各种配比的高、中、低浓度复合肥、硝铵锌、碳铵、甲醇、甲醛、硫酸、磷酸		

单位名称	云南省昆明供电局		
地　　址	云南省昆明市拓东路39号		
成立时间	1964年	邮　　编	650011
法定代表人	刘林	网　　址	www.kpsc.com.cn
电　　话	0871-3068008	传　　真	0871-3068004
E-mail			
主要产品、业务	电力供应与服务，电力规划、设计、制造、施工		

单位名称	云南锡业集团有限责任公司		
地　　址	云南省个旧就市金湖东路121号		
成立时间	1950年3月	邮　　编	661000
法定代表人	肖建明	网　　址	www.ytc.cn
电　　话	0873-2123381	传　　真	0873-2125416
E-mail			
主要产品、业务	主要产品：锡、铅、铜、锡化工原锡材、砷及砷化工产品 主营业务：有色金属及非金属矿产品的地质勘查、采、选、冶及深加工，建筑安装、房地产开发，矿冶机械，进出口业务等		

单位名称	昆明钢铁集团有限责任公司		
地　　址	云南省安宁市郎家庄		
成立时间	1999年3月	邮　　编	650302
法定代表人	郝蜀东	网　　址	www.ynkg.com
电　　话	0871-8603459	传　　真	0871-8651010
E-mail	kg@ynkg.com		
主要产品、业务	昆钢是一个集钢铁冶金、机械制造、建筑安装、房地产开发、耐火材料、建材、运输、进出口、工程设计、电子信息、环保为一体的企业集团，主要产品有高速线材、螺纹钢、热轧板、冷轧板、镀锌彩涂板、铁合金和焦化产品等		

单位名称	昆明云内动力股份有限公司		
地　　址	云南省昆明市穿金路715号		
成立时间	1999年3月	邮　编	650224
法定代表人	段华生	网　址	www.yunneidongli.com
电　　话	0871-5633185	传　真	0871-5633176
E-mail	ynassets@public.km.yn.cn		
主要产品、业务	小缸径多缸柴油机的开发、生产和销售		

单位名称	云南铜业（集团）有限公司		
地　　址	云南省昆明市人民东路111号		
成立时间	1996年	邮　编	650051
法定代表人	邹韶禄	网　址	www.yncopper.cn
电　　话	0871-3124834	传　真	0871-3124834
E-mail	YT-Group@km169.net		
主要产品、业务	高纯阴极铜、黄金、白银、硫酸等		

单位名称	红河卷烟总厂		
地　　址	云南省弥勒县桃园路50号		
成立时间	1985年	邮　编	652300
法定代表人	邱建康	网　址	www.honghe.com
电　　话	0873-6196881	传　真	0873-6196758
E-mail	webmaster@honghe.com		
主要产品、业务	国有大型烟草工业企业，主要生产“红河”系列香烟，目前生产的主要产品有：红河V8、红河88、红河99、甲级红河、乙级红河		

单位名称	彩虹集团公司		
地　　址	陕西省咸阳市彩虹路1号		
成立时间	1995年9月	邮　编	712021
法定代表人	马金泉	网　址	www.ch.com.cn
电　　话	0910-3334138	传　真	0910-3313762
E-mail			
主要产品、业务	彩色显像管、显示管及其配套产品		

单位名称	陕西汽车集团有限责任公司		
地　　址	陕西省西安市幸福北路39号		
成立时间	1968年	邮　编	710043
法定代表人	张玉浦	网　址	www.sxqc.com
电　　话	029-83388331	传　真	029-82527664
E-mail			
主要产品、业务	经营本企业生产的汽车、汽车零部件及发动机的出口业务，本企业生产、科研所需的原材料、机械设备、仪器仪表、备品备件、零配件及技术的进口业务，开展本企业中外合资经营、合作生产		

单位名称	西安航空发动机(集团)有限公司		
地　　址	陕西省西安市北郊徐家湾		
成立时间	1958年8月1日	邮　编	710021
法定代表人	马福安	网　址	www.xaec.com
电　　话	029-6613888	传　真	029-6614019
E-mail			
主要产品、业务	航空发动机、燃气轮机、剑杆织机、高速线材精轧机组、风力发电机组、石化电力设备、铝型材及其制品、建筑装饰工程等		

单位名称	西安利君集团有限责任公司		
地　　址	陕西西安西郊汉城南路151号		
成立时间	1998年10月	邮　编	710077
法定代表人	吴　秦	网　址	www.Lijun.com
电　　话	029-84203261	传　真	029-84203261
E-mail			
主要产品、业务	利君沙、利迈先、利喜定、多贝斯、派奇、派同、派舒维口佳、爱心口服液、利君风痛宁、利君派捷等		

单位名称	陕西龙门钢铁集团		
地　　址	陕西省韩城市龙门镇		
成立时间	1969年	邮　编	715405
法定代表人	张丹力	网　址	www.lm-steal.com
电　　话	0913-5182300	传　真	0913-5182345
E-mail			
主要产品、业务	年产铜坯300万吨、钢材180万吨、生铁240万吨、焦炭40万吨，年销售收入70亿元		

单位名称	榆林供电局		
地　　址	陕西省榆林市上郡路51号		
成立时间	1972年	邮　编	719000
法定代表人	刘文强	网　址	
电　　话	0912-3892117	传　真	0912-3260481
E-mail			
主要产品、业务	电力生产、供应、销售		

单位名称	中核华光实业公司		
地　　址	陕西汉中241信箱		
成立时间		邮　编	723014
法定代表人	周镅泉	网　址	
电　　话	0916-8507860	传　真	0916-8507447
E-mail			
主要产品、业务	公司技术设备力量雄厚，从事电子、电气、机械、精细化工、建筑材料、保健品、高吸水树脂、化妆品等业务 主要产品有：系列高低压电器盘柜、箱式变电所、移动式负荷转移车、系列保健品、箱式变电所、移动式员荷转移车、系列保健品、高吸水树脂、塑钢门窗、变合压缩气瓶		

单位名称	陕西秦岭(华)发电有限责任公司		
地　　址	陕西省华阳市罗夫		
成立时间	2000年4月	邮　编	714206
法定代表人	齐焕印	网　址	
电　　话	0913-4312121	传　真	0913-4412151
E-mail			
主要产品、业务	电力生产与销售，与电力相关的产品，服务开发与经营		

单位名称	西安印钞厂		
地　　址	西安市汉城南路153号		
成立时间	1952年	邮　编	710077
法定代表人	姚元军	网　址	www.bpmc.xayc.com.cn
电　　话	029-4273000	传　真	029-4262066
E-mail			
主要产品、业务	西安印钞厂是我国西北地区大型的印钞和防伪票据印制基地，经营范围涉及防伪票证印制，防伪包装物印刷，防伪技术应用咨询纪念币和工艺品经销等方面		

单位名称	宝鸡石油钢管有限责任公司		
地　　址	陕西省宝鸡市姜谭路10号		
成立时间	1958年	邮　编	721008
法定代表人	钟裕敏	网　址	www.bsg.com.cn
电　　话	0917-3398537	传　真	0917-3390848
E-mail	bsg@bsg.com.cn		
主要产品、业务	公司主要产品为螺旋埋弧焊管、直缝电阻焊管、钢管内、外防腐、石油套管及焊管辅助材料，年生产能力为：螺旋埋弧焊管42万吨，直缝电阻焊管20万吨(其中，石油套管10万吨)，钢管防腐630万平方米		

单位名称	西安北方光电有限公司		
地　　址	西安市长乐中路35号		
成立时间	1953年	邮　编	710043
法定代表人	高汝森	网　址	
电　　话	029-2526360	传　真	029-2526666
E-mail			
主要产品、业务	光电类产品以及仪器系列、数码系列和眼镜产品		

单位名称	陕西飞机工业(集团)有限公司		
地　　址	陕西省汉中市34号信箱		
成立时间	1969年11月	邮　编	723213
法定代表人	胡晓峰	网　址	www.shanfei.com
电　　话	0916-2886271	传　真	0916-2886182
E-mail			
主要产品、业务	运8系列中程中型运输机、“汉江”牌系列微型汽车		

单位名称	秦川机床集团有限公司		
地　址	陕西省宝鸡市姜谭路 22 号		
成立时间	1995 年	邮　编	721009
法定代表人	龙兴元	网　址	www.qinchuan.com
电　话	0917-3670665	传　真	0917-3390960
E-mail			
主要产品、业务	精密机床工具、塑料包装机械、汽车零部件、特种齿轮箱等产品，以精密磨齿机和专用机床为主要业务		

单位名称	中铁宝桥股份有限公司		
地　址	陕西省宝鸡市清姜路 80 号		
成立时间	2001 年	邮　编	721006
法定代表人	李建生	网　址	www.crbbi.com
电　话	0917-3353149	传　真	0917-3353371
E-mail			
主要产品、业务	铁路道岔、钢桥梁、钢结构、城市轨道交通设备、门式起重机等产品的设计制造安装		

单位名称	五环（集团）股份有限公司		
地　址	陕西省西安东郊纺织城纺西街 158 号		
成立时间	1988 年 10 月 18 日	邮　编	710038
法定代表人	王树平	网　址	www.whfz.com
电　话	029-3511443	传　真	029-3510361
E-mail			
主要产品、业务	主要从事两纱两布的生产、销售及后加工（酶洗）		

单位名称	陕西风轮纺织股份有限公司		
地　址	陕西省咸阳市人民路 41 号		
成立时间	1998 年 2 月 13 日	邮　编	712000
法定代表人	李树生	网　址	
电　话	0910-3213789	传　真	0910-3213745
E-mail			
主要产品、业务	生产销售 45 支 -150 支的精梳纯棉、涤棉、人棉细布、府绸、防羽绒布及防静电布等多种用途的织物		

单位名称	陕西天王兴业集团有限公司		
地　址	陕西省咸阳人民路 33 号		
成立时间	1958 年	邮　编	712000
法定代表人	费亚丽	网　址	
电　话	0910-3213066	传　真	0910-3213044
E-mail			
主要产品、业务	国有大型棉纺织企业，产品为纯棉、纯泽、纯粘、泽棉、泽粘、中长坯布		

单位名称	陕西略阳钢铁有限责任公司		
地　址	陕西省略阳县		
成立时间	2003 年 11 月	邮　编	724301
法定代表人	李黑记	网　址	www.luegang.com
电　话	0916-4864240	传　真	0916-4822743
E-mail	gongsiban@luegang.com		
主要产品、业务	产品：铁精粉、生铁、连铸坯、圆钢、螺纹钢、线材、水渣		

单位名称	西安华山机械工业有限公司		
地　　址	陕西省西安市幸福中路123号		
成立时间	1953年	邮　编	710043
法定代表人	李　峰	网　址	www.xahuashan.com
电　　话	029-83202240	传　真	029-83231000
E-mail			
主要产品、业务	机械电子产品、五金工具、汽车、制冷零部件、金属及非金属材料，农副产品的生产、科研和销售，汽车修理，公路、铁路运输及仓储、计量理化检测服务，国内贸易，本企业自产机电产品、成套设备及相关技术的出口业务，本企业生产、科研所需的原、辅材料、机械设备仪器仪表、备品备件、零配件及技术的进口、本企业“三来一补”业务		

单位名称	陕西东岭工贸集团股份有限公司		
地　　址	陕西省宝鸡市马营路40号		
成立时间	2001年	邮　编	721004
法定代表人	李黑记	网　址	
电　　话	0917-3452431	传　真	0917-3450153
E-mail	www.sxdljtxx@126.com		
主要产品、业务	主要业务：黑色金属（钢铁）冶炼及压延加工、钢材贸易、铁矿石及铅锌矿石采选、有色金属(铅锌）冶炼、焦化及煤化工、黑色金属制品加工、仓储运输，主要产品：各类规格的钢坯、线材、螺纹钢、0＃-3＃锌锭、高纯锌、硫酸及冶炼副产品，焦碳、粗笨、焦油及焦化副产品、各种规格的钢带、水泥钢钉、镀锌铁丝、冷拉丝、冷轧带肋钢筋等金属制品		

单位名称	宝鸡有色金属加工厂		
地　　址	陕西省宝鸡市钛城路		
成立时间	1965年	邮　编	721014
法定代表人	汪汉臣	网　址	www.baoti.com
电　　话	0917-3382231	传　真	0917-3382000
E-mail			
主要产品、业务	主要产品包括钛、锆、钨、钼、钽、铌、铪、镍、不锈钢、钢十大金属种类，共计95个牌号、244个品种、5000多种规格，其主导产品广泛用于航天、航空、化工、电力、冶金、医药及海洋工程、地热工程、制冷工业、体育、旅游等领域		

单位名称	宝鸡卷烟厂		
地　　址	陕西省宝鸡市宝烟路1号		
成立时间	1949年9月	邮　编	721000
法定代表人	陈　晖	网　址	www.china.haomao.com
电　　话	0917-3469267	传　真	0917-3469555
E-mail			
主要产品、业务	业务：卷烟生产及烟叶复烤加工 主要卷烟产品：“好猫”、“猴王”、“金丝猴”、“祝尔康”系列，“猴王”为全国36种名优卷烟之一		

单位名称	庆安集团有限公司		
地　　址	陕西省西安市大庆路158号		
成立时间	1955年	邮　编	710077
法定代表人	曹怀根	网　址	www.qingan.com.cn
电　　话	029-84244896	传　真	029-84261604
E-mail			
主要产品、业务	主要承担航天机械设备（机械夜压、气动、电子、电气装置及控制系统）系列产品的研制和生产		

单位名称	韩城矿务局		
地　　址	陕西省韩城市金塔路		
成立时间	1970年3月1日	邮　编	715400
法定代表人	褚能冰	网　址	www.sxhckwj.com
电　　话	0913-5261182	传　真	0913-5210679
E-mail			
主要产品、业务	主要产品有优质动力煤、冶炼精煤和冶炼焦，以及煤矿安全仪表和煤矿专用设备		

单位名称	陕西渭南供电局		
地　　址	陕西省渭南市前进路 110 号		
成立时间		邮　编	714000
法定代表人	陈树强	网　址	
电　话	0913-2162140	传　真	0913-2162031
E-mail			
主要产品、业务	供电		

单位名称	宝鸡石油机械有限责任公司		
地　　址	陕西省宝鸡市东风路 2 号		
成立时间	2002 年 11 月 15 日	邮　编	721002
法定代表人	冯振清	网　址	www.bomco.com.cn
电　话	0917-3462000	传　真	0917-3212829
E-mail			
主要产品、业务	各种驱动型式的 1000 米～9000 米系列陆地、海洋石油钻机、修井机、顶部驱动装置、F 系列泥浆泵、石油工程车辆、防喷器、井口装置、固控设备、各种钻采工具和配件		

单位名称	中国石油长庆油田公司		
地　　址	陕西省西安市未央路 151 号		
成立时间	1999 年	邮　编	710021
法定代表人		网　址	www.pcoc.com.cn
电　话	029-86596666	传　真	029-86599999
E-mail			
主要产品、业务	主营鄂尔多斯盆地石油、天然气及共生、伴生资源和非油气矿藏的勘探开发和生产、油气集输和储运、油气产品销售、勘探开发规划和科研等业务		

单位名称	西安航天发动机厂		
地　　址	陕西省西安市 58 号信箱		
成立时间	1965 年 5 月 22 日	邮　编	710100
法定代表人	尹宝宜	网　址	
电　话	029-85207103	传　真	029-85206198
E-mail			
主要产品、业务			

单位名称	陕西九棉实业有限责任公司		
地　　址	陕西宝鸡蔡家坡		
成立时间	1941年12月26日	邮　编	722405
法定代表人	张建炜	网　址	
电　话	0917-8567212	传　真	0917-8567396
E-mail	sxjmgsb@126.com		
主要产品、业务	现有棉纺织和锦伦 6 浸胶帘子布两条主要生产线，产品主要用于服装、橡胶、轮胎、军工、鞋类、化工和食品包装等行业		

单位名称	陕西鼓风机（集团）有限公司		
地　　址	陕西省西安市临潼区代王街陕鼓路 18 号		
成立时间	1968 年	邮　编	710611
法定代表人	印建安	网　址	www.shaangu.com
电　话	029-81392800	传　真	029-81392803
E-mail	shaanugscb@sohu.com		
主要产品、业务	公司主要产品有轴流压缩机、能量回收发电设备、离心压缩机、离心鼓风机、通风机共五大类 80 个系列 2000 多个品种		

单位名称	中国石油兰州石化公司		
地　　址	甘肃省兰州市西固区玉门街 10 号		
成立时间		邮　编	730060
法定代表人	喻宝才	网　址	
电　　话	0931-7933707	传　真	0931-7561499
E-mail			
主要产品、业务	集炼油、化工和化肥生产为一体，具有雄厚的生产和科研开发实力，能生产汽煤柴润、合成塑料、合成橡胶、化纤、化肥以及催化裂化催化剂等多品种、多牌号的石化产品		

单位名称	酒泉钢铁集团有限责任公司		
地　　址	甘肃省嘉峪关市雄关东路 12 号		
成立时间	1958 年 8 月 1 日	邮　编	735100
法定代表人	马鸿烈	网　址	www.jiugang.com
电　　话	0937-6713294	传　真	0937-6226872
E-mail			
主要产品、业务	主要产品有高速线材（包括普碳钢、焊条钢、焊丝钢、高碳钢、棉花打包线、钢棉钢、冷墩钢等盘条）各钢种线材规格为 5.0-14，盘重为 1 吨、2 吨两种，中厚板材（包括普通碳素板、优质碳素板、低合金板、锅炉板、中碳钢板、压力容器板、船板、桥梁板、管线板、汽车梁等)，厚度为 6-40mm 各钢种中厚板材，卷板材（包括碳素结构钢、低合金钢、管线钢、桥梁钢、汽车用钢等）规格为宽度 900-1600mm、厚度 1.6-12.7mm 各钢种卷材，棒材(光圆钢筋<8.0-20mm>)、小型材等 20 多个品种，加上化工、建材及其他非钢产品，产品已达百余种，主导产品通过了中国冶金工业质量认证中心的认证注册和 ISO9001:2000 版质量管理体系第三方认证，通过了 ISO14001 环境管理体系认证并取得证书，高速一材和中厚板材、热轧带肋钢筋等系列的产品荣获全国实物质量“金杯奖”、国家免检产品和甘肃省“陇货精品”、甘肃品牌，船板通过了中国、英国、挪威、日本、德国船级社认证		

单位名称	白银有色金属公司		
地　　址	甘肃省白银市白银区及好路 96 号		
成立时间	1954 年	邮　编	730900
法定代表人	杨志强	网　址	www.bynmc.com
电　　话	0943-8811985	传　真	0943-8811778
E-mail			
主要产品、业务	公司主要从事有色金属采、选、冶、加工，化工科研、贸易，主要产品为铜、铝、铅、锌、金、银、硫、选矿药剂，氟化盐产品，铜、铅、锌加工材，贵金属制品		

单位名称	兰州连城铝业有限责任公司		
地　　址	甘肃省永登县河桥镇建设坪		
成立时间	2003 年 1 月	邮　编	730335
法定代表人	陈春明	网　址	
电　　话	0931-6433999	传　真	0931-6433995
E-mail			
主要产品、业务	主导产品为重熔用铝锭、各种合金锭、铝棒材、阳极糊等		

单位名称	兰州三毛实业股份公司		
地　　址	甘肃省兰州市西园区玉门街 82 号		
成立时间	1997 年	邮　编	730060
法定代表人	江玉森	网　址	www.chinapaishen.com
电　　话	0931-7551726	传　真	0931-7555200
E-mail			
主要产品、业务	精纺、呢绒面料的生产和销售		

单位名称	兰州电机有限责任公司		
地　　址	甘肃省兰州市七里河区民乐路 66 号		
成立时间	1958 年	邮　编	730050
法定代表人	马永和	网　址	www.lec.cn
电　　话	0931-2866951	传　真	0931-2865068
E-mail	gsb@lec.cn（公司办公室） sales@lec.cn（销售处）c.		
主要产品、业务	大中型高压电动机、一般交流发电机、水轮发电机组、风力发电机及各类特殊专用电机		

单位名称	甘肃亚盛实业(集团)股份有限公司		
地　址	甘肃省兰州市张掖路219号基隆大厦		
成立时间	1995年12月6日	邮　编	730030
法定代表人	周长生	网　址	www.yasheng.com
电　话	0931-8402780	传　真	0931-8483195
E-mail			
主要产品、业务	元明粉、硫化碱、盐藻菌胡萝卜素、维纶纤维、电石、烧碱、饮料、印染、水泥、白酒、液氯、盐酸、离子膜烧碱、聚乙烯醇、羊毛（绒）衫等		

单位名称	中国核工业总公司四〇四厂		
地　址	甘肃省兰州市508信箱甲1号		
成立时间	1958年10月	邮　编	732850
法定代表人	宋学斌	网　址	
电　话	0937-6764622	传　真	0937-6764984
E-mail			
主要产品、业务	核燃料、动力堆乏燃料后处理、核设施退役及放射性废物处理处置、同位素、机械加工及压力容器设计制造、工业气体、建筑安装、辐照加工、金红石型钛白粉、火灾报警器、一次性医疗用品、无水柠檬酸、无纺布		

单位名称	镍都实业公司		
地　址	甘肃省金昌市北京路		
成立时间	1986年12月	邮　编	737104
法定代表人	王贵平	网　址	www.inmc.com
电　话	0935-8811760	传　真	0935-8812299
E-mail			
主要产品、业务	主要产品：硫酸镍、氯化镍、硫磺、铜镍粉体材料、铂铳、铜管棒排材、铜杆铜线、电线电缆 业务：有色金属冶炼、压缩及加工		

单位名称	中国核工业总公司五〇四厂		
地　址	甘肃省兰州市西固区新安路1号 (兰州市151信箱28分箱)		
成立时间	1958年5月31日	邮　编	730065
法定代表人	李季科	网　址	
电　话	0931-7917285	传　真	
E-mail			
主要产品、业务	核燃料以及包装制品、精细化工、机械加工、工业气体等民用产品		

单位名称	华亭煤业集团有限责任公司		
地　址	甘肃省华亭县东大街132号		
成立时间	2002年4月22日	邮　编	744100
法定代表人	何之纲	网　址	www.htcoal.com
电　话	0933-7731223	传　真	0933-7728440
E-mail			
主要产品、业务	华亭煤业集团是具有煤炭生产销售、建筑安装、机械制造、科研设计、各种经营、供水供电、矿山救护、铁路运输、煤炭洗选、发电、煤化工生产等综合配套的大型现代化企业		

单位名称	兰州炭素集团有限责任公司		
地　址	甘肃省兰州市红古区海石湾二号		
成立时间	1965年	邮　编	730084
法定代表人	杨立新	网　址	www.litsjt.com.cn
电　话	0931-6239138	传　真	0931-6239035
E-mail			
主要产品、业务	石墨电极、长寿高炉炭砖、半石墨质炭砖、炭糊、特种石墨、炭毡、炭复合材料、心脏瓣膜		

单位名称	窑街煤电有限责任公司		
地　　址	甘肃省兰州市红古区海石湾镇		
成立时间	1958年	邮　编	730084
法定代表人	毛鹏茜	网　址	www.yjmdgs.com.cn
电　　话	0931-6911029	传　真	0931-6911010
E-mail			
主要产品、业务	煤炭生产及销售、发电、供电、供水、供暖、建筑安装、铁路运输、机械制修、水泥建材、物资供应、房地产业、医疗卫生、文化教育等		

单位名称	金川集团有限公司		
地　　址	甘肃省金昌市金昌路		
成立时间	1959年	邮　编	737100
法定代表人	李永军	网　址	jnmc.com
电　　话	0935-8811111	传　真	0935-8811612
E-mail	webmast@jnmc.com		
主要产品、业务	镍、铜、钴、铂族贵金属及其盐类产品和原料化工产品的生产和销售		

单位名称	中国石油青海油田分公司		
地　　址	甘肃省敦煌市七里镇青海油田分公司		
成立时间	2000年1月1日	邮　编	736202
法定代表人	黄立功	网　址	
电　　话	0937-8926811	传　真	0937-8926812
E-mail			
主要产品、业务	石油天然气勘探、生产，石油炼制、销售，油气化工生产销售，石油天然气管道运营，石油天然气勘探开发研究，技术服务		

单位名称	甘肃祁连山水泥股份有限公司		
地　　址	甘肃省永登县中堡镇		
成立时间	1996年7月	邮　编	730301
法定代表人	杨皓	网　址	www.qlssn.com
电　　话	0931-6476203 0931-6476210	传　真	0931-6476671
E-mail			
主要产品、业务	各种水泥及相关建材产品的研发、制造、销售		

单位名称	中国石油天然气股份有限公司独山子石化分公司		
地　址	新疆独山子石化公司		
成立时间	2000年	邮　编	833600
法定代表人	徐福贵	网　址	192.192.1.204
电　话	0992-3871081	传　真	0992-3860758
E-mail			
主要产品、业务	炼油、石油化工、化工产品的生产、销售，石油天然气管道运输等		

单位名称	中国石油乌鲁木齐石化公司		
地　址	新疆乌鲁木齐市东山区		
成立时间	1999年10月	邮　编	830019
法定代表人	郑明禹	网　址	www.upc.com.cn
电　话	0991-6901365	传　真	0991-6908888
E-mail			
主要产品、业务	石油燃料（包括各种标号的汽油、柴油、航空煤油）、石油沥青、石油焦、天池牌尿素、化纤产品（包括“天池”牌PTA、PET、绦纶长短丝）		

单位名称	新疆八一钢铁股份有限公司		
地　址	新疆乌布头区新钢路		
成立时间	2000年8月1日	邮　编	830022
法定代表人	沈东新	网　址	www.bygt.com.cn
电　话	0991-3894195	传　真	0991-3894195
E-mail			
主要产品、业务	钢坯、钢材的生产、销售		

单位名称	新疆天业股份有限公司		
地　址	新疆石河子经济技术开发区北三东路36号		
成立时间	1996年	邮　编	832000
法定代表人	郭庆人	网　址	www.xj-tianye.com
电　话	0993-2623102	传　真	0993-2623103
E-mail			
主要产品、业务	塑料节水器材、农用地膜、建材、聚氯乙烯、烧碱、番茄酱、柠檬酸、对外贸易、建筑及房地产		

单位名称	新疆昆仑股份有限公司		
地　址	新疆库尔勒市塔什店南路		
成立时间	1998年9月29日	邮　编	841011
法定代表人	彭思奎	网　址	www.kunlun.com.cn
电　话	0996-2187840	传　真	0996-2188311
E-mail			
主要产品、业务	农用、乘用、载重、工程四大系列斜交轮胎		

单位名称	新疆天山毛纺织股份有限公司		
地　址	新疆乌鲁木齐市银川路一号		
成立时间	1980年1月1日	邮　编	830054
法定代表人	张自强	网　址	www.chinatianshan.com
电　话	0991-4311866	传　真	0991-4310472
E-mail			
主要产品、业务	公司在国际市场上生产和销售羊绒纱、羊绒衫，在国内市场上运营“天山”、“GTS”等知名品牌的羊绒针织产品		

单位名称	新疆罗布淖尔纺织(集团)有限责任公司		
地　　址	新疆库尔勒市西尼尔工业开发区		
成立时间	1996年2月28日	邮　编	841000
法定代表人	高旭东	网　址	
电　　话	0996-2100002	传　真	0996-2100001
E-mail			
主要产品、业务	主要生产P32^{s}-J180^{s}纯棉单纱、股线及DE10^{s}-40^{s}各类纱线		

单位名称	新疆乌鲁木齐矿业集团有限责任公司		
地　　址	新疆乌鲁木齐包奇公路50号		
成立时间	2001年2月24日	邮　编	830027
法定代表人	姚　伟	网　址	www.xjkyjt.com
电　　话	0991-6809248	传　真	0991-6809248
E-mail			
主要产品、业务	煤炭开采、洗选、发供电、热力、矿山建设、建筑安装、陶瓷、水泥、矿山机械制造、房地产、种植养殖、电力通讯、餐饮娱乐、医疗、卫生、教育等		

单位名称	国电红雁池发电有限公司		
地　　址	新疆乌鲁木齐市延安路139号		
成立时间	1970年8月	邮　编	830047
法定代表人	毕可利	网　址	
电　　话	0991-2501722	传　真	0991-2501722
E-mail			
主要产品、业务	发电为主，兼营100MW及以下机组检修、安装，粉煤灰综合利用，保温材料、建筑、修理加工等		

单位名称	中国石油天然气股份有限公司克拉玛依石化分公司		
地　　址	新疆维吾尔自治区克拉玛依市金龙镇		
成立时间	1959年8月	邮　编	834003
法定代表人	张有林	网　址	www.ksh-cn.com
电　　话	0990-6833414	传　真	0990-6991149
E-mail			
主要产品、业务	主要生产中高档环烷基润滑油、沥青、低凝柴油、汽车等产品		

单位名称	新疆伊力特集团有限公司		
地　　址	新疆伊宁市胜利街98号		
成立时间	2000年10月	邮　编	835000
法定代表人	徐勇辉	网　址	www.yilispirit.com
电　　话	0999-5266188	传　真	0999-8036286
E-mail			
主要产品、业务	伊力特系列白酒，伊力绿原、雪屯牌白沙糖，唐布拉、图结牌乳品，黄鸭水泥、玻璃制品，印刷品等 生产、制造、批发、零售		

单位名称	中国石油天然气股份有限公司吐哈油田分公司		
地　　址	新疆鄯善吐哈油田分公司		
成立时间	1999年	邮　编	838202
法定代表人	蔡志刚	网　址	
电　　话	0995-8371437	传　真	0995-8371354
E-mail			
主要产品、业务	石油天然气勘探、开发、销售		

单位名称	中国石油天然气股份有限公司塔里木油田分公司		
地　　址	新疆库尔勒市78号信箱		
成立时间	2000年1月1日	邮　　编	545007
法定代表人	孙龙德	网　　址	61.243.92.38
电　　话	0996-2171208	传　　真	0996-2171210
E-mail	mahmt-tlm@petrochina.com.cn		
主要产品、业务	石油天然气勘察、生产、销售，炼油，石化产品的生产、销售，石油、天然气管道运营		

单位名称	特变电股份有限公司		
地　　址	新疆昌吉市延安南路52号		
成立时间	1993年	邮　　编	831100
法定代表人	张　新	网　　址	www.tbea.com.cn
电　　话	0994-2721888	传　　真	0994-2723615
E-mail	tbea@tbea.com.cn		
主要产品、业务	变压器、电线电缆、太阳能核心控制部件、精铝、电子铝箔、电极箔等，国内外电力成套工程		

单位名称	新疆维吾尔自治区石油管理局		
地　　址	新疆维吾尔自治区克拉玛依市友谊路98号		
成立时间	1955年	邮　　编	834000
法定代表人	唐　健	网　　址	www.xj.cnpc.com.cn
电　　话	0990-6888591	传　　真	0990-6882337
E-mail	qgc@xj.cnpc.com.cn		
主要产品、业务	钻井等系列石油工程服务、勘察设计、油田建设、机械制造		

单位名称	中国石油集团宁夏大元炼化公司		
地　　址	宁夏回族自治区银川市西夏区文昌南路		
成立时间	1988 年	邮　编	750021
法定代表人	焦学义	网　址	www.china-dayuan.com
电　　话	0951-2060029	传　真	0951-2060029
E-mail			
主要产品、业务	主要产品：90 #、93 #汽油，0 #、-10 #、-20 #柴油，聚丙烯、高浓度氢氧化钾、高浓度盐酸、液氯、碳铵、商品液氨 业务：炼油化工、化肥生产		

单位名称	宁夏美利纸业股份有限公司		
地　　址	宁夏中卫		
成立时间	1985 年	邮　编	751700
法定代表人	刘崇喜	网　址	www.china-meili.com
电　　话	0953-7679404	传　真	0953-7679216
E-mail			
主要产品、业务	高中档文化用纸、铜版纸、雪面双胶纸，造纸机械制造、加工，建筑、安装、热电、化工、印刷包装		

单位名称	宁夏西北奔牛实业集团有限公司		
地　　址	宁夏石嘴山市大武口区		
成立时间	1969 年	邮　编	753001
法定代表人	陈碧兰	网　址	www.xbbn.com.cn
电　　话	0952-2174658	传　真	0952-2174600
E-mail			
主要产品、业务			

单位名称	宁夏东方有色金属集团有限公司		
地　　址	宁夏石嘴山市大武口区冶金路		
成立时间	2003 年 2 月	邮　编	753000
法定代表人	何季麟	网　址	
电　　话	0952-2098121	传　真	0952-2098889
E-mail			
主要产品、业务	有色及稀有金属冶炼、加工，电子元器件制造，化工产品，金属材料，电子功能材料的生产、销售		

单位名称	宁夏煤业集团有限责任公司		
地　　址	宁夏银川市新华东街 217 号		
成立时间	2002 年 12 月 28 日	邮　编	750004
法定代表人	张文江	网　址	www.nxmy.com.cn
电　　话	0951-6970106	传　真	0951-6970106
E-mail			
主要产品、业务	烟煤、无烟煤，煤炭开采、洗选、加工、进出口，矿井建设、机械制造、化工、建筑、建材、房地产、旅游		

单位名称	青铜峡铝业集团有限公司		
地　　址	宁夏青铜峡市大坝镇		
成立时间	2001 年 12 月	邮　编	751603
法定代表人	周景琦	网　址	www.qtxlcgroup.com.cn
电　　话	0953-3034161	传　真	0953-3035168
E-mail			
主要产品、业务	铝、铝系列产品，炭素、铝型材及其制品，进出口、技术开发及技术服务等业务		

单位名称	宁夏圣雪绒股份有限公司		
地　　址	宁夏银川解放西街363号		
成立时间	1998年	邮　　编	750001
法定代表人	侯羽乾	网　　址	
电　　话	0951-5026999	传　　真	0951-5043634
E-mail			
主要产品、业务	经营中、高档羊绒制品及其他纺织品开发、设计、生产、加工和销售，轻工产品、土畜产品的销售		

单位名称	德海(宁夏)土畜产品集团股份有限公司		
地　　址	银川市清和北街30号东升大厦四层		
成立时间	1998年3月18日	邮　　编	750002
法定代表人	马海科	网　　址	www.dchaigroup.com
电　　话	0951-4011288	传　　真	0951-4011088
E-mail	dehai@public.yc.nx.cn		
主要产品、业务	土畜产品加工、销售，服装、百货、化工产品、五金交电、汽车配件、杂粮、木材、建材、家电、摩托车、自行车、家具、酒，经营本企业自产绒，经营本企业的进料加工和“三来一补”业务等各项进出口业务		

单位名称	中国铝业股份有限公司青海分公司		
地　　址	青海省西宁市宁旅公路28公里		
成立时间	2002年4月	邮　　编	810108
法定代表人	蒋英刚	网　　址	www.chalco-qhb.com
电　　话	0971-2726414	传　　真	0971-2726050
E-mail	postmaster@chalco-qhb.com		
主要产品、业务	公司主要生产重熔用铝锭、铝及铝合金扁锭、bob3合金、中9.5电工圆铝杆、多格铝电解用预焙阳极炭		

单位名称	西部矿业有限责任公司		
地　　址	青海省西宁市五四大街52号		
成立时间	2000年5月18日	邮　　编	810001
法定代表人	毛小兵	网　　址	www.westmining.com
电　　话	0971-6123888	传　　真	0971-6154021
E-mail			
主要产品、业务	从事铅、锌、铜、铝、金、银等矿的采矿、选矿、冶炼及其合金产品的科研、生产与销售		

单位名称	青海华鼎实业股份有限公司		
地　　址	青海省西安市解放路16号		
成立时间	1998年8月18日	邮　　编	810000
法定代表人	于世光	网　　址	
电　　话	0971-8224982	传　　真	0971-8224981
E-mail			
主要产品、业务	重型机床、加工中心、小型食品机械、工程齿轮（箱）、电梯配件、贸易		

单位名称	青海盐湖工业集团有限公司		
地　　址	青海省格尔木市黄河路1号		
成立时间	1996年	邮　　编	816000
法定代表人	安平绥	网　　址	
电　　话	0979-8448020	传　　真	0979-8448000
E-mail			
主要产品、业务	氯化钾、氯化镁，工程设计、监理、采矿、进出口业务、编织、浮选药剂、国家级技术中心等		

单位名称	青海省电力公司		
地　　址	青海省西宁市新宁路14号		
成立时间	1992年	邮　　编	810008
法定代表人	王季平	网　　址	www.phpower.com.cn
电　　话	0971-6172222	传　　真	0971-6172130
E-mail			
主要产品、业务	主要以电网经营为主		

单位名称	青海石油管理局		
地　　址	青海省敦煌市七里镇青海石油管理局		
成立时间	1955年6月1日	邮　　编	736202
法定代表人	李建青	网　　址	
电　　话	0937-8933897	传　　真	0937-893389
E-mail			
主要产品、业务	钻井、固井、泥浆、井下作业、炼化维修、机械加工制造、餐饮、旅游、商贸等		

北京印钞厂

BEIJING BANKNOTE PRINTING PLANT

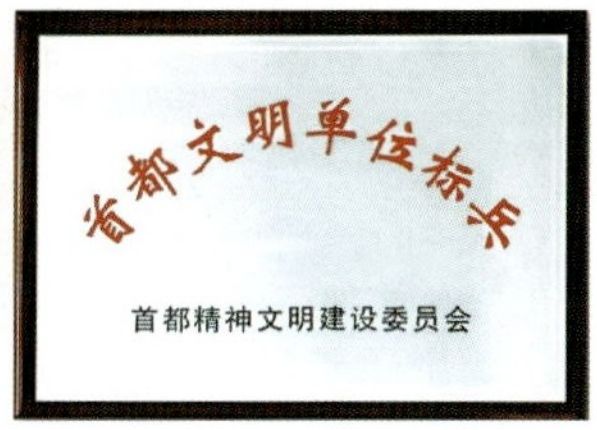

法定代表人：布建臣　Legal Representative: Bu Jianchen

北京印钞厂始建于1908年，是中国历史上第一家采用雕刻钢版凹印工艺印制纸币的官办印钞厂，也是中国最早印制钢版雕刻邮票的企业。在近一个世纪的发展历程中，企业始终潜心于印钞技术、工艺的发展与进步。

新中国成立后，在中国人民银行、中国印钞造币总公司的领导下，该厂先后参与了第一至五套人民币和中银港钞、澳钞的设计与印制，为十多个国家和地区印制了货币，还设计、印制了人民币第一张塑料钞票——迎接新世纪纪念钞，使该厂跻身于当今世界少数几个能够印制塑料钞票的企业之列。经过几代北钞人的不懈奋斗，该厂已经成为具有设计和印制货币、增值税专用发票、支票等有价证券及油墨制作、票证号码机制造、安全印务等综合生产能力的国家大型骨干印钞企业。今年该厂连续被评为"首都文明单位标兵"、"北京市思想政治工作优秀单位"等荣誉称号，2004年被授予"全国五一劳动奖状"。

回顾20世纪，北京印钞厂度过了辉煌的岁月，创造了多个中国印钞事业的第一。新世纪之初，该厂被确定为国家重点建设的中国印钞造币行业在北京的"窗口企业"，全厂职工以此为契机，认真学习实践"三个代表"重要思想，树立"忠诚印制，热爱北钞，追求第一"的企业理念，弘扬"忠诚、求实、严谨、创新"的企业精神，坚持以"为央行履行职责服务"为己任，实施"确保主业，多元化经营"的发展战略，为把企业建设成为具有一流管理、一流人才、一流技术、一流产品、一流信誉的现代化国际一流印钞企业而不懈努力！

Beijing Banknote Printing Plant, first established in 1908, is the first authorized banknote printing plant that adopted carving steel board dented crafts to print banknote in China history and also is China's earliest enterprise to print steel board carve. During the course of one century, the enterprise always focused on the development of banknote printing tech and crafts.

Since new China established, the plant successively participated in the design and printing of RMB from first set to fifth set, Hang Kang and Macro banknote of Bank of China and printed currency for over 10 countries and regions. It also printed designed and printed the first plastics bill of RMB---commemorative banknote of greeting new century and became the few enterprises which can print plastics banknote. Through constant effort for few ages, the plant has become national large-scale backbone banknote enterprise that having comprehensive capacity of designing and printing currency, special bill of value-added tax and check etc. valued security and manufacture of printing ink, manufacture of bill number machine and safety printing etc. This year, our plant was evaluated the honor title of "capital civilization unit sample" and "excellent unit of thinking politics" and was granted "national May 1 labor award" in 2004.

Looking back 20th century, Beijing Banknote Printing Plant created many first in China banknote printing field. At the initial of new century, the plant was defined as Beijing's "window enterprise" constructed In China banknote printing filed; all the staff took this opportunity and studied seriously the important thought of "Three Representative", established the idea of printing sincerely, loving our plant and pursuing first", developing the spirit of "loyalty, reality, strict and innovation"; firmly insisted on "serving for performing duty of Central Bank", carrying out the development strategy of "ensuring main business and multiple management" and struggling for international first class banknote enterprise with first class management, first talent, first class tech, first class products and first class credence!

世纪钞　Century Banknote

地址：北京市宣武区白纸坊23号　邮编：100054　电话：010-63543344　传真：010-63543160　www.bjbpp.com
Add: No.23, Baizhifang, Xuanwu Dist, Beijing City　P.C: 100054　Tel: 010-63543344　Fax: 010-63543160　Website: www.bjbpp.com

首钢集团

首钢总公司党委书记、董事长 朱继民

首钢总公司总经理 王青海

首钢建于1919年，解放前30年累计产铁28.6万吨。解放后首钢获得了新生，1958年建起了我国第一座侧吹转炉，结束了首钢有铁无钢的历史；1964年建成了我国第一座30吨氧气顶吹转炉，揭开了我国炼钢生产新的一页；在我国最早采用高炉喷吹煤技术，二号高炉使用37项国内外先进技术，成为我国第一座现代化高炉。改革开放以来，首钢获得了巨大发展，1994年钢产量达到824万吨，列当年全国第一位；同时发展成为以钢铁业为主，兼营采矿、机械、电子、建筑、房地产、服务业、海外贸易等多种行业，跨地区、跨所有制、跨国经营的大型企业集团。首钢集团以首钢总公司为母公司，下属股份公司、新钢公司、矿业公司、自动化信息技术公司、机电公司、特钢公司、国际贸易工程公司、房地产公司、建工集团、军工集团、实业公司等子公司，在香港有4家上市公司，在南美洲有首钢秘鲁铁矿等海外企业。1979年到2005年，首钢累计向国家上交利税费414亿元。2005年首钢集团销售收入806亿元，实现利润16亿元。

1999年9月,首钢钢铁主流程中的部分工厂组建为上市公司北京首钢股份有限公司，公司资产总额100亿元，股本金23.1亿股，其中首钢总公司持有国有法人股19.6亿股，占84.85%,社会流通股3.5亿股,占15.15%。2000年8月，首钢钢铁主流程中非上市的工厂和特钢部的资产实施债转股，同华融、东方、信达三家资产公司共同组建北京首钢新钢有限责任公司,公司资产总额140亿元，净资产76亿元，其中首钢总公司占53%，三家资产公司占47%。钢铁主流程全部实现了投资主体多元化。2003年底首钢股份公司又成功发行了可转股债券20亿元，为进一步增资扩股创造了有利条件。同时，积极推进产权制度改革，提出了做强一批、放活一批、调整一批的总体思路，基本完成了全集团清产核资工作，为全面开展产权界定创造了条件。到2004年底基本完成了12个单位的辅业改制工作，涉及在册职工1447人，离退休职工995人。各子公司也对下属企业采取多种形式，广泛开展对外合资合作，成立了众多的投资主体多元化的经济实体。开展主辅分离、辅业改制工作，经营者团队和职工持股，国有股不再占主体或完全退出，建立新体制、新机制，进一步激发了企业活力。推进企业管理信息化建设，促进企业管理思想、管理模式、管理手段的创新，提高企业竞争能力，完成了钢铁主流程ERP信息化建设一期工程，正在按照总体规划积极推进。

首钢把技术创新战略作为企业发展的核心战略，把建设技术创新体系作为技术创新战略的核心，对企业内外部科技资源进行优化配置，内部建立了以首钢技术研究院(首钢技术中心)为龙头，子公司研究分院、厂矿技术研究所三个层次，生产、销售、科研联合协作的技术创新体系。与众多的国内外知名企业、高等院校、科研机构建立了战略合作关系，在科研开发、推广应用、技术改造、环境治理、人才培养等方面进行全面合作，取得了明显成效,首钢技术中心在全国332家企业技术中心评比中，由2001年的184位上升到2005年的第三位，冶金行业第二位。做好技术的消化、吸收和创新工作，2003年—2005年，科技成果转化率达到93%，科技成果在生产中应用取得效益达18亿元，开展课题研究485项，取得科技成果106项，有29项达到国际先进水平；申请国家专利106项。获国家科技进步奖2项，获北京市和冶金科学技术奖53项；主持制定标准10项，其中国际标准2项，国家标准4项，行业标准4项，获国家冶金产品金杯奖累计达15项。通过钢铁产业的结构调整和技术升级改造，首钢高技术含量、高附加值的产品已占钢材产量的50%以上。

大力抓好经营管理人才、专业技术人才、高级技工人才三支人才队伍建设，加强对领军人才的引进，2005年引进专业技术人才数量是2002年的5倍。大力实施高级技工工程，2005年首钢北京地区高级工从2001年的1300人增加到8250人，占技工人数的比例达到17%。首钢荣获“国家技能人才培育突出贡献奖”。

近年来首钢以“人、技术、环境和谐一致”为目标，依靠科技进步，加强环境保护，节约资源，发展循环经济，已经做了大量工作。1995年以来累计投入20亿元，先后完成环境治理项目353项，使污染物排放量大幅度降低，2005年二氧化硫、烟尘、粉尘排放量，分别比1995年降低78.7%、86.6%、76%。首钢总体环境质量处于全国钢铁企业前列。

2005年2月，国务院批复了首钢实施搬迁、结构调整和环境治理方案，首钢按照服从服务于发展首都经济、建设国际化大都市的要求，以科学发展观为指导，全力推进压产搬迁、结构调整方案的实施。一是分步压缩和转移北京地区钢铁冶炼部分生产能力，在河北省曹妃甸建设21世纪国际先进水平的钢铁精品生产基地，使之成为发展循环经济的示范基地，成为提高自主创新能力的示范基地；在北京顺义区建设150万吨冷轧薄板生产线。二是大力发展具有高新技术含量和竞争能力的电子机电业、建筑业、服务业、矿产资源业等优势产业，提升拓展海外事业。三是加强环境治理，大力发展环保产业，为改善社会环境做贡献。四是在北京大力发展首钢总部经济。通过产业结构调整，在北京地区形成无污染的、高附加值钢铁业，各优势非钢产业和研究开发体系组成的首钢总部经济，在北京形成一定规模的新的经济载体，引领首钢集团全面、协调、持续发展，为发展首都经济做出新的贡献。

首钢集团发展战略总体构想是：做强做大核心产业钢铁业；大力发展具有高新技术含量和竞争能力的电子机电业、建筑业、服务业、矿产资源业等优势产业；提升拓展海外事业。集团销售收入和职工收入到2005年比2000年翻一番，到2010年力争再翻一番，把首钢建设成为在钢铁业和综合实力方面处于全国一流水平的大型企业集团。

首钢3号高炉

首钢彩涂板生产线

现代化的首钢炼钢主控室

首钢厂东门音乐广场

中国航空工业第二集团公司

China Aviation Industry Corporation II

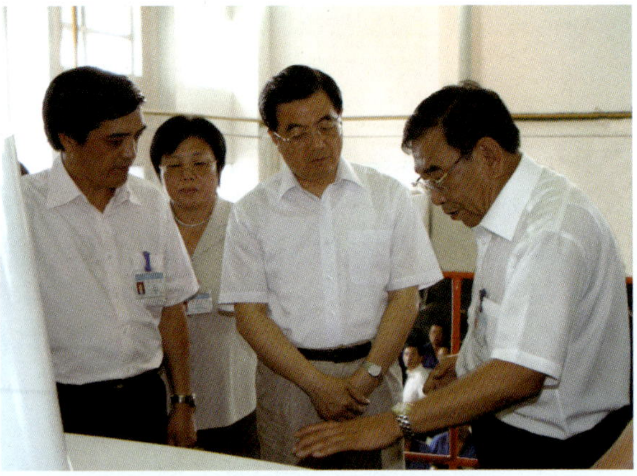

胡锦涛总书记视察集团所属企业

吴邦国委员长视察集团所属企业

温总理视察集团所属企业

中国航空工业第二集团公司总经理:张洪飚

erj145 支线客机

L15 高级教练机

从 100 年前人类首次实现动力飞行以来，航空工业极大地推动着世界文明进步与社会发展，已成为世界上重要的战略性产业。航空科技水平和实力成为衡量一个国家经济技术水平、国防实力和综合国力的重要标志。

中国航空工业第二集团公司作为中国航空工业的主力军之一，是在原中国航空工业总公司所属部分企事业单位基础上组建的特大型国有企业，于 1999 年 7 月 1 日正式成立，是国家授权投资的机构，由中央直接管理。公司注册资本 126 亿元，总资产 660 亿元。

中国航空工业第二集团公司拥有工业企业、研究院所和其他企事业成员单位共 79 个，经过重组改制，在建立现代企业制度方面取得进展。拥有在香港上市的中国航空科技工业股份有限公司和在国内上市的 6 家 A 股公司控股权，持有中国航空技术进出口总公司、中国航空工业供销总公司 50%股份。

经国务院批准，经营范围包括：所投资企业的相关国有资产和国有股权；直升机、运输机、教练机、强击机、通用飞机、无人驾驶飞行器等军民用航空器和相关发动机、机载设备等航空产品；汽车、摩托车及其发动机、零配件；燃气轮机、风力发电；纺织、制药、医疗、环保设备及其它非航空产品；飞机租赁、通用航空服务、工程勘察设计、工程承包建设、房地产开发、中介服务等第三产业项目；航空产品、其他产品和技术进出口业务；航空产品和项目的国际合作、联合研制生产；航空产品转包生产、对外工程承包、招标投标、劳务输出、境外带料加工等业务。

运 8F600

z9 直升机

直 11 中继航拍机交付中央电视台

新中国第一架飞机和第一台航空发动机均诞生于中国航空工业第二集团公司所属企业。50年来，所属企业累计生产各种飞机6250架（其中含直升机708架）、航空发动机23800台、战术导弹10006发，并生产了数以百万计的汽车，年产汽车数量已达全国汽车总产量十分之一，成为我国重要的汽车科研生产基地，并开发生产了摩托车以及其它各种民品，为我国国防建设和经济建设作出了重要贡献。改革开放以来，在国际合作方面也取得很大进展，中国、巴基斯坦合作研制K8飞机，中国、法国、新加坡合作研制EC120直升机，中国、巴西合资生产ERJ145涡扇支线客机等项目均获得成功，K8飞机、Y8飞机、Y12飞机、Z9直升机等多种机型批量出口多个国家。

中国航空工业第二集团公司将继续发挥其科研生产能力雄厚优势，以市场为导向，坚持军民结合、军品优先、民品为主、扩大出口、发展经济的方针，以“诚信经营，品质一流”为理念，竭诚与国内外各界进行广泛的交流与合作，相互促进，共创美好未来。

东安汽车发动机生产线

昌河利亚纳轿车

哈飞赛豹轿车

三座标

燃气轮机电站（Gas Turbine Power Plant）

LDT1000/3000-300YS型双介质冷等静压机

燃气轮机移动电站（Mobile Gas Turbine Power Plant）

风力发电机组（Wind turbine）

风力发电叶片（Wind turbine blade）

地址：北京市东城区交道口南大街67号
信箱：北京33号
邮编：100712
值班电话：（010）64032137
传真：（010）64054556

上海电气电站集团总裁：郑建华

上海电气集团股份有限公司是中国最大的装备业制造集团之一，其核心产业板块上海电气电站集团是从事发电设备制造和电站工程建设的专业集团，员工13000余人，拥有一流的人才资源和一流的装备资源。

集团积极实施科教兴市主战略，以一流的现代管理和国际化运作快速驶入世界经济发展轨道。2002年以来，火力发电设备的生产、销售量以及订单数量保持全球第一。尤其是近年来，集团全面突破传统管理模式，着力推进以发挥资源优势为核心的管理一体化，快速实现了主产品向大容量转移、产品结构向高端技术和清洁能源转移、产业向多元化转移的产业升级。2004年，各项经济指标在国内发电设备制造业名列前茅，产销值双双超过百亿元。

地址：中国上海金都路3669号
电话：021－54429500
传真：021－54429550
邮编：201108
网页：www.secpg.com
电子信箱：secpg@secpg.com

主营业务：

发电成套设备和单机制造

电站工程总承包

发电设备和电站工程建设相关的服务项目

主导产品：

1000MW、600 MW、300 MW等级火力发电和核能发电设备

主要产品：

各种规格的火力发电机组，水力发电设备，风力发电设备，脱硫、脱硝设备，交直流电动机等

创新产品：

1000MW级及以上核电机组、燃气轮机、联合循环机组等

上海外高桥第三发电有限责任公司　上海电气集团股份有限公司
上海外高桥第三发电厂2×1000MW超超临界燃煤机组主设备合同
签字仪式
国产第一台900MW汽轮发电机定子安装
电力推动世界
我们创造电力
上海电气电站集团
SHANGHAI ELECTRIC POWER GENERATION GROUP

江南造船(集团)

江南造船(集团)有限责任公司是中国船舶工业集团公司所属综合性造修船骨干企业，截至2005年底，拥有总资产100多亿元，固定资产净值22亿元，占地面积100万平方米，有船台3座、船坞4座，年造船能力100多万吨，职工10679人。2005年实现销售收入67.05亿元，完成工业总产值68.18亿元，利税2.10亿元、创汇1.64亿美元。

目前，江南的产品主要包括散货船、油船、集装箱船、液化气船、化学品船、军用舰船、远洋航天测量船，以及大型钢结构工程、大型成套设备、海洋工程等。

多年来，江南产品先后获得英国(LR)、法国(BV)、美国(ABS)、德国(GL)、挪威(DNV)等世界著名船级社的认可，船舶出口欧、美十多个国家和地区，已经拥有以江南巴拿马型散货船为代表的二十多型具有自主知识产权的高附加值船型，是国际市场上一流的造船企业。

江南始终坚持对外开放、引进国外先进知识和技术，大力弘扬“自强不息、打造一流”的江南精神，走自主创新与产学

有限责任公司

七万吨大型自卸船

13700/16400/18000吨

成品油/化学品船

22000立方米

半冷半压式乙烯液化气船

琼州海峡火车渡船

研相结合的发展道路，以“数字化造船、知识化管理”为主体理念，以绿色造船、安康造船为目标，力求江南发展壮大。作为大型国有企业，江南以人为本、积极履行社会责任，为社会培养和输送了大批技术骨干，多年来没有一个职工下岗并解决了大量农民工就业，为构建和谐社会做出了巨大贡献。

江南为了实现可持续性的发展，正在长兴岛建设新的大型造船基地。新基地海岸线长3.7公里，拥有4个大船坞、4条军品生产线，年造船能力450万吨，建成后的新基地将能更好地为中国的造船业、航运业、海洋开发和国防现代化建设服务，为21世纪中国民族工业的发展谱写新的篇章。

地址：上海市高雄路2号　　电话：021-63151818　　网址：www.jnshipyard.com.cn

邮编：200011　　传真：021-63134743　　E-mail: jnbiz@jnshipyard.com

唐山钢铁集团有限责任公司

唐钢集团董事长王天义

毕业于北京钢铁学院，正高级工程师。曾被评为河北省特等劳模、全国劳动模范、河北省省管优秀专家、省有突出贡献中青年专家，享受国务院“政府特殊津贴”。

唐钢集团总经理、党委书记、副董事长王义芳

毕业于北京科技大学，正高级工程师。曾被评为全国优秀质量管理推进者、全国质量管理先进工作者、河北省优秀科技工作者、河北省劳动模范、河北省优秀企业家，享受国务院“政府特殊津贴”。

2006年1月23日，由唐钢、宣钢、承钢三家企业联合组建的唐山钢铁集团有限责任公司正式成立，成为我国第三大钢铁企业。该公司2005年末资产总额581亿元，拥有在册职工91736人；2005年产钢1607万吨，产铁1466万吨，产钢材1482万吨；实现销售收入490亿元，实现利润21.5亿元。唐钢集团正坚定不移地贯彻落实科学发展观，转变发展观念，创新发展模式，提高发展质量，加快集团改革和建设步伐，向着“到2010年实现年产钢3000万吨，进入世界500强”的目标迈进。

承钢片剂钒生产场面

唐钢超薄热带生产线

宣钢埋弧焊丝产品

地址：河北唐山滨河路9号　邮编：063016

电话：0315-2702539　传真：0315-2703159　网址：www.tangsteel.com

山西义棠煤业有限责任公司

SHANXI YITANG COAL INDUSTRY CO., LTD.

装饰一新的办公大楼

董事长：路斗恒　Chairman: Lu Douheng

公司董事长、党委书记路斗恒，男，中共党员，硕士研究生，高级经济师，荣获“全国煤炭工业优秀矿长”、“山西省劳动竞赛委员会个人一等功”、“山西省优秀企业家”等称号。

Lu Douheng, chairman and Party secretary, male, Party member, master postgraduate and high engineer and honored the title of "national excellent head of mine in coal industry", "personal first award of Shanxi labor competition committee" and "Shanxi excellent enterpriser".

山西义棠煤业有限责任公司位于山西省介休市义棠镇西刘屯，由原晋中地区义棠煤矿改制而成。井田面积18.99平方公里，可采储量7217万吨，核定生产能力90万吨／年，现进行的120万吨矿井技改工程2006年上半年全部结束。多次被省市授予“质量标准化企业”、“安全生产先进单位”、“纳税光荣企业”等称号。

Shanxi Yitang Coal Industry Co., Ltd, located in Xi Liutun, Yitang Town, Jiexiu City, Shanxi Province, was reorganized from former Jinzhong Yitang Coal Mine. The well field area is 18.99 square kilometers, its reserve amount reached 72,170,000 tons and production capacity reached 900,000 tons/year. The tech innovated project of 1,200,000 mine now carrying out will be finished at initial year of 2006. It was granted the title of "standardization quality enterprise" and "advanced unit for safety production" and "tax honor enterprise" for many times by municipal and provincial government.

综采工作　Comprehensive exploring work

地址：山西省介休市义棠镇刘屯沟　邮编：032000　电话：0354-7025887　传真：0354-7024913
Add: Liutungou, Yitang Town, Jiexiu City, Shanxi Province　P.C: 032000　Tel: 0354-7025887　Fax: 0354-7024913

太原钢铁（集团）有限公司

太原钢铁（集团）有限公司是以生产板材为主的特大型钢铁联合企业，2005 年产钢 539.10 万吨，实现销售收入 360.81 亿元。太钢是中国大陆最大的不锈钢生产企业。2005 年不锈钢产量达到 92.55 万吨，继续位居世界不锈钢八强行列。

太钢的战略目标是建设成为全球最具竞争力的不锈钢企业。目前正在实施新不锈钢工程及配套项目，2006年项目竣工后将形成年产 1000 万吨不锈钢的能力，成为全球最大的不锈钢企业，为实现战略目标奠定基础。

太钢是中国最早的不锈钢生产企业，国内唯一的全流程不锈钢生产企业，也是国际上重要的不锈钢生产厂家，拥有铁矿石等钢铁冶炼原料的采掘与加工、钢铁冶炼、钢铁材料压力加工、冶金设备及备品备件制造等方面先进技术和装备，主要产品有不锈钢、冷轧硅钢片（卷）、热连轧卷板、火车轮轴钢、合金模具钢、军工钢等。

太钢在不锈钢生产工艺及装备、技术方面具有较大优势。1996 年引进国内第一台二十辊森吉米尔轧机、冷热带钢混合退火酸洗线及光亮退火酸洗线生产不锈钢冷轧薄板。2002 年在国内首家采用以铁水为原料的“三步法”冶炼不锈钢工艺技术这一当今国际最先进的不锈钢生产工艺技术。从 2004 年起，投资 165 亿元新建不锈钢工程及配套项目，包括冶炼工序的大容量电炉、转炉、AOD、LF、2250mm 板坯连铸机；热轧工序的 2250mm 连轧机组；冷轧工序配置的目前世界上单机产能最大、板幅最宽的直接轧制退火酸洗机组（RAP 线）、2100mm 宽幅冷轧机及相应的冷、热带钢退火酸洗等系列机组，代表了当今世界不锈钢生产最先进的装备水平。太钢在发展不锈钢生产过程中，坚持不断培养高素质的专业人才，不断增强内部技术创新的能力，掌握了一批关键的自主知识产权和核心技术，确保了在国内不锈钢行业的技术领先地位。太钢拥有国家级的技术中心，以及优秀的不锈钢人才队伍和实力雄厚的研发力量。在 2005 年全国 332 家国家认定企业技术中心中，太钢技术中心排名第 11 位。

太钢实施质量品牌战略，真诚为用户提供优质产品和服务。2005 年获“全国质量管理奖鼓励奖”、“全国推进六西格玛先进企业”和首届“山西省质量奖”。太钢牌不锈钢材获“全国用户满意产品”和“山西省标志性名牌产品”称号。目前太钢可按照国家标准和国外先进标准生产 0Cr18Ni9、0—3Cr13、1Cr18Ni9Ti、00Cr12Ti 等 300、400 系列、厚度为 0.5mm—3.0mm 的冷轧不锈薄板及厚度为 6.0—80mm 的不锈中板，按表面加工等级可生产 _1、2B、BA、2D、_3、_4、HL 等板材。还可以生产高质量的不锈钢管坯、线材和棒材。产品具有钢质纯净、组织均匀、性能稳定的优点。太钢不锈钢产品规格齐全、尺寸精度高，产品实物质量达到了国际先进水平，已进入石油、石化、铁道、汽车、造船、集装箱、造币等重点行业，应用于秦山核电站、三峡大坝、“神舟”五号和六号飞船等重点工程。近年来，太钢不锈钢系列产品、冷轧硅钢以及其它重点产品获“冶金产品实物质量金杯奖”，不锈钢、不锈钢复合板、电磁纯铁、火车轮轴钢、花纹板、焊瓶钢、军工钢等产品市场占有率达国内第一。

地址：山西省太原市尖草坪 2 号　　邮编：030003　　电话：0351—3012468

太钢积极推进国际化经营，同美、德、法、英、日、韩、澳大利亚等30多个国家和地区建立了经济贸易关系，不断扩大国际技术交流合作，加快重要战略资源的全球化采购步伐。2005年不锈钢出口比上年增长25.32%。

太钢加速实施以“515工程”为核心的人才战略，强化人力资源开发，推进人才贡献价值化，激发了队伍活力，提高了队伍素质。

太钢遵循可持续发展战略，坚持走新型工业化道路，贯彻ISO14001标准，加大节水、节能、降耗、减污、绿化、美化的力度，获山西省“环境保护先进集体”称号，正在向国际一流水平的生态型园林化工厂迈进。

“十一五”期间，太钢将继续深化改革，扩大开放，加速推进技术创新、管理创新和制度创新，进一步提高执行力、实现精细化，加快发展，加快提高竞争力，加快实施清洁生产，实现战略目标。“十一五”末，年销售收入达到800—1000亿元，力争进入世界500强。

2005年7月31日中共中央总书记、国家主席、中央军委主席胡锦涛来太钢考察

2005年10月29日太钢与德国LWB公司及英国海穆公司签转署合资意向书

一箭冲霄不锈立奇功

不锈钢冷轧卷

热连轧厂外景

传真：0351—3134170　E — mail：tgpzb@tisco.com.cn　网址：www.tisco.com.cn

中国石油
辽河石油勘探局

辽河石油勘探局是中国石油天然气集团公司（CNPC）所属大型石油工程技术企业集团，以油气田工程技术服务、能源开发与综合利用、机械加工制造及化工延伸加工、生产贸易服务为主营业务。总部坐落于美丽的新兴沿海开放城市——辽宁省盘锦市。

经过 36 年的开发建设，在昔日的辽宁“南大荒”，建成了中国第三大油田——辽河油田和全国最大的稠油、超稠油、高凝油生产基地。

具有工程总承包、工程勘探设计等 14 项国家甲级资质和建设部、交通部一级施工资质，取得了中国质量协会 GB/T 和 1900 质量体系认证，获国家（AAA）级信誉等级证书。通过了 IS09002 质量体系认证，取得了 QHSE 管理体系认证，以及国际质量网认证（IQNET）和德国质量管理体系认证（DQS），通过了 SA8000 社会责任体系审核认证。

拥有先进的工程装备，拥有勘探开发稀油、稠油、超稠油、高凝油的具有国际领先水平的特色技术；积极利用两种资源，开发国内外两个市场，已同 30 多个国家和地区建立了较为稳定的合作关系，形成了北非、中东、中南美、中亚等国际市场开发战略区。通过提供优质工程、优质产品、优质服务，努力打造“辽河品牌”，赢得了良好的信誉，树立了良好的形象。

近两年来，辽河石油勘探局党政领导班子以“三个代表”重要思想为指导，贯彻落实科学发展观，重新调整产业结构和市场定位，在做大做强石油工程技术服务业务的同时，充分利用在石油工程技术服务领域的资质和能力，大力延伸能源产业链条，实施项目牵动战略，拓宽企业发展领域，在全局上下形成了各板块之间相互拉动、相互促进、相互补充，不断延伸的发展新格局。把 2005 年确定为“建设年”，2006 年确定为“见效年”，2007 年确定为“跨越式发展年”，大力推进勘探局建设“国内一流，初具国际竞争力的石油工程技术服务商和初具规模的能源供应商”目标的步伐。

井下：砂粉末酸化酸压工艺技术施工现场

大砂量压裂工艺技术施工现场

中国石油天然气股份有限公司

辽河油田公司

辽河油田公司总经理谢文彦

辽河油田公司是中国石油天然气股份有限公司的地区公司，是以石油、天然气勘探、开发、销售为主的特大型企业，是中国石油的主力油田之一。

辽河油田总部坐落在辽宁省盘锦市，勘探开发地跨辽宁省、内蒙古自治区等13个市（地）、34个县（旗）。拥有总资产289亿元，净资产173亿元，员工29336人。

“十五”期间，辽河油田累计控明石油地质储量2.05亿吨，生产原油6584万吨、天然气52.9亿立方米；实现总收入910.6亿元、利润323.8亿元；上缴税费总额241亿元。先后获得“全国五一劳动奖状”、“全国精神文明建设先进单位”、“中国企业文化建设优秀单位”、“全国企业文化优秀奖”、“第十届国家级企业管理现代化创新成果一等奖”、“全国重合同守信用单位”、“中央企业先进单位”、“全国企业文化示范基地”等荣誉。

辽河油田公司以“奉献能源，创造和谐”为宗旨，强化勘探开发生产，加强企业经营管理，促进了整个油区持续稳定协调发展。

辽河油田公司积极推进经营管理人才、专业技术人才、技能操作人才“三支队伍”，员工队伍整体素质不断提升。

大化集团有限责任公司

董事长兼总经理：邢学朴

大化集团有限责任公司（以下简称大化公司）始建于1933年，是中国最早的基本化工原料、化学肥料生产基地，是中国石油化工企业100强之一。全集团共有34个分、子公司，其中包括两个中外合资企业，一个B股上市公司。全集团现有员工1.1万人，总资产82.4亿元，资产负债率61%；2005年，大化公司实现工业总产值19.6亿元、实现销售收入33.5亿元、利税1.1亿元、进出口总额11617万美元，其中出口创汇9222万美元。

大化 DAHUA® 大化 DAHUA®

大化公司现有主导产品18个，以年产30万吨合成氨为核心，已形成年产80万吨纯碱、50万吨氯化铵、24万吨复合肥、20万吨硫酸、3万吨浓硝酸、10万吨硝铵、4.5万吨硝盐、22万吨焦炭、90万吨海盐及各种气体的生产能力，有年吞吐能力200万吨的自营码头。

多年来，大化公司始终坚持“创一流企业、出一流产品、育一流人才”的经营宗旨，先后为中国化学工业输送各类人才两万多人、获得100多项省部级以上荣誉称号；1998年公司通过质量体系认证；2005年，“工联”、“瑞霖”牌复合肥被评为国家质量免检产品；2003年和2005年，“工联”牌纯碱和“大地”牌农业氯化铵被分别评为“中国名牌”产品，成为辽宁省唯一一家有两种产品获此殊荣的企业；2003年，“大化”商标注册成功，大化公司将其作为主打商标并广泛应用。

2002年，大化公司提出将335万平方米具有较大升值潜力的厂区土地变现，实施“搬迁调整改造方案”，并确立了5–10年的发展战略思路，即“以产品结构调整为重点，把搬迁和技术改造、产业升级有机结合，通过合资合作、优化资源配置，把大化发展成为集精细化工、海洋化工、石油化工为一体和投资主体多元化的现代化工集团，实现大化的振兴。”

大化公司计划用4年时间（2005 – 2008年）完成搬迁调整改造发展规划，主要**发展三大产业：**一是以纯碱、化肥为主的海洋化工、化肥系列产品；二是以镁基纳米阻燃剂、水滑石为主的新材料和精细化工系列产品；三是以联合芳烃、对苯二甲酸、甲醇为主的石油化工、碳一化工系列产品。

围绕这三大产业，主要开发两大基地：

石油化工产业基地：位于大连市开发区大孤山，毗邻太平洋石化，占地2.2平方公里，目前主要规划4个新建项目，包括：30万吨/年甲醇、70万吨芳烃/年、120万吨/年对苯二甲酸和配套热电站项目。除甲醇为独资项目外，其余3个项目均为合资建设，整个石化基地总投资92亿元、大化公司投入资本金22亿元、项目全部投产后，可实现销售收入180亿元、利税30亿元。

海洋化工、精细化工产业基地：位于瓦房店炮台镇的松木岛，占地1.7平方公里，承接老厂区搬迁项目。主要生产装置有30万吨/年合成氨、60万吨/年联碱、20万吨/年硝铵、3万吨/年浓硝酸、50万吨/年复混肥和1万吨纳米级氢氧化镁阻燃剂生产装置。总投资27.5亿元，年实现销售收入27.6亿元、利税6.3亿元。

大化人相信，只要充分发挥自身的优势，紧紧依靠广大职工，在国家和省、市政府的大力支持下，艰苦创业、奋发进取，就一定能够使大化重新走上健康发展的新路，大化也一定会为中国的化学工业、为振兴东北老工业基地和大连市的经济发展再作贡献、再创辉煌！

地址：大连市甘井子区工兴路10号　邮编：116032
电话：0411-86893688　传真：0411-86671199　网址：www.dahuag.com.cn

山东滨州渤海活塞股份有限公司

山东滨州渤海活塞股份有限公司是国内惟一一家以内燃机活塞作为主导产品的上市公司，国家520家重点企业之一，多年来公司秉承“科技创造市场、诚信铸就大业”的企业理念，在活塞制造领域默默耕耘，打造出中国活塞第一品牌。李俊杰是山东滨州活塞股份有限公司的董事长，荣获“2005年全国劳动模范”荣誉称号。

滨州活塞主导产品——直径30毫米到400毫米的高性能活塞，品种达1000多个、年产能力3000万件，广泛用于各种汽车、摩托车、船舶、工程、军工等动力机械领域，建立了覆盖全国的100余家社会配件营销商网络。

公司精益求精地打造高新技术制造平台，拥有国内同行业惟一的国家级企业技术中心和企业博士后工作站，建设具备国际水准的活塞性能评价试验室和计量检测中心，达到了与国际先进水平同步。

公司不断深化先进管理理念，追求卓越经营，用国际标准衡量各项工作，先后获得ISO9000、QS9000、TS16949、VDA6.1等所有与汽车零部件生产相关的国际质量体系认证，进入了通用、戴姆勒克莱斯勒、福特、丰田等国际著名汽车生产企业的全球潜在供应商体系。

滨州活塞不仅在市场营销、科技创新、企业管理等方面独树一帜，而且融传统与现代、理论与实践于一体，在长期的经营中形成了切合实际、充满凝聚力的企业文化，为企业可持续发展提供了不竭动力。

万杰集团有限责任公司

董事长、总裁：孙启玉

万杰集团1997年被国务院批准为全国120家试点企业集团。集团的母公司万杰集团有限责任公司位于山东省淄博市博山经济开发区，其前身是1981年建成的仅有6万元资产、80多名职工的村办企业博山区染织厂。2005年总资产达到132亿元，员工11000多人，实现各业收入74.41亿元，利税5.05亿元，利润1.58亿元，进出口贸易额17329万美元。万杰集团有限公司荣获历届中国企业500强。2006年国家统计局发布中国制造业500强与中国大型工业企业排序，万杰集团有限责任公司分列第229位，第317位。万杰集团荣获全国乡镇企业技术创新示范单位、全国乡镇企业质量管理先进单位、全国乡镇企业示范区等荣誉称号；集团党委被中组部授予“全国先进基层党组织”荣誉称号。万杰集团有限公司董事长、总裁孙启玉为全国劳动模范，第八、九、十届全国人大代表。

千台喷水织机车间

化学纤维制造业是万杰集团有限责任公司的主导产业，拥有意大利、德国进口涤纶长丝生产线24条，年产各类细旦、超细旦涤纶长丝10万吨，产品有HOY、FDY、POY等；拥有瑞士进口的世界最先进的单线产量最高的第一条聚酯切片直纺生产线，年产聚酯切片23万吨；拥有德国进口的世界最先进的短纤维生产线3条，年产直纺短纤维15万吨；拥有日本进口的世界第一品牌的喷水织机4000台，年产塔夫绸等化纤仿绸面料6亿米。投资10亿元的年产聚酯切片23万吨、短纤维20万吨的化纤二期工程正在建设之中，投产后化纤产业将达到年产聚酯切片46万吨、短纤维35万吨、涤纶长丝10万吨、布料6亿米的规模能力，成为国内最大的化纤生产基地之一。

短纤维生产线

万杰医疗引进当今世界上最先进的伽玛刀、高智能伽玛刀、X刀、光子刀、诺利刀、派特、MM50、心脏激光治疗机等一大批大型诊断治疗设备，9项率先填补国内空白。2003年引进的世界首台用于商业运作的高科技大型治癌设备——质子治疗系统，已于2004年12月在淄博万杰医院质子治疗中心投入使用，标志着我国的肿瘤治疗进入质子治疗的新时代。

目前，与韩国合资的印染项目已投产。以化纤仿绸面料的印染和后整理为主，生产能力可达2亿米/年，主要面向国际市场，产品全部出口。

万杰集团有限责任公司荣获国家级、省、部级科学技术进步奖共6项，现有专利26项，其中发明专利6项，实用新型专利20项，涤纶短纤维、化纤仿绸面料分获山东省名牌产品，2005年获山东省质量管理奖等省级奖项多项。集团共有10项技术列全国第一。技术创新、自主知识产权、产业结构调整将构筑万杰更加美好明天。

化纤长丝生产车间

地　址：山东省淄博市博山经济开发区　邮　编：255213
查号台：0533-4654114
网　址：www.wanjie.com　E-mail: wanjie@wanjie.com

山东常林机械集团股份有限公司

集团董事长兼
总经理张义华

山东常林机械集团是中国500家最大的机械工业企业之一，中国工业行业排头兵企业，集农业机械、工程机械、电子产品、化工肥料、生态食品等科工贸为一体的大型企业集团，山东省高新技术企业；主要由山东沭河农科设备有限公司、山东常林重科有限公司、山东常林铸业有限公司、山东常林电子科技有限公司、山东力士德有限公司、山东迈金农有限公司等八个公司组成。工业园区占地1500亩，总资产12亿元。公司通过了2000版ISO9001标准换版认证，采用计算机CAD、ERP，形成“快速高效、精准完美”的生产经营管理网络体系。

公司主导产品年生产能力：压实机械2000台、装卸机械3000台、挖掘机械1000台；手扶拖拉机、柴油机各40万台；“常林”温室大棚卷帘机3万台、“英宝、迈金农、久远”肥料60万吨；常林铸业铸造产品6万吨；花生蛋白活性肽2000吨，其中农业机械与工程机械远销欧美、东南亚等十几个国家和地区。沭河牌手扶拖拉机、柴油机先后获 “山东省名牌”、“中国机械工业名牌”。连续十年产销量居全国同行业首位，市场占有率35%以上。“沭河”商标先后被评为“山东省著名商标”、“中国驰名商标”、“农民最喜爱的拖拉机”品牌称号；“英宝、迈金农”复合肥双双荣获“国家免检”；常林压路机荣获“山东名牌”称号。

祝贺“沭河”品牌被评为“中国名牌”！

地址：山东省临沭县常林西大街112号 邮编：276715
电话：0086-0539-6203669 6203289 网址：www.changlin.net

江西钨业集团有限公司

Jiangxi Tungsten Industry Co., Ltd. (Group)

党委书记总经理：张春明

江西钨业集团有限公司系五矿有色金属股份有限公司与江西稀有稀土金属钨业集团公司合资设立的有限责任公司。公司注册资本为6亿元人民币，其中五矿有色金属股份有限公司占总股本的51%，江西稀有稀土金属钨业集团公司占总股本的49%。公司经营范围为：钨、钽铌、稀土及其它有色金属的矿山开采、冶炼、加工、科研及国内外贸易。公司现有成员单位20个，其中，矿山企业9个，冶炼加工企业5个，科研单位1个，工贸企业5个；公司现有从业人员11520人，其中高、中级专业技术人员2030人。

江西钨业集团有限公司具有五个方面的综合优势。一是矿产资源优势：黑钨金属可采储量占全国可采储量的60%；钽铌金属可采储量占全国可采储量的59%。二是工艺技术优势：拥有先进的钨、钽铌、稀土的采选、冶炼、加工生产技术及工艺设备条件，生产的产品技术含量高，应用前景广阔；拥有先进的分析检测手段和较强的产品开发能力。三是质量品牌优势：主产品黑、白钨精矿均为国家质量金奖、银奖产品，在市场上占有绝对品牌优势；高纯氧化铌获国家质量金奖，另有几十种矿产品、冶炼产品及化工产品分别获得省、部优质产品称号。四是资源综合利用优势：矿床所伴生的铋、钼、铜、锡、铅、锌、银等有价金属均能有效回收，开发利用综合效益好。五是市场规模优势：钨精矿生产能力占全国的三分之二，钨中间产品、深加工产品在市场上占有较大份额；拥有亚洲最大的钽铌采选企业和国内第二大钽铌冶炼企业，钽铌精矿、高纯氧化钽、高纯氧化铌国内市场占率分别达50%、95%和75%；稀土金属冶炼加工形成规模，在国内居于重要地位。

江西钨业集团有限公司期待与国内外客户精诚合作，同创商机，共谋发展，携手迈向光明美好的未来。

Jiangxi Tungsten Industry Co., Ltd. (Group) is joint venture established by Wukuang Colorful Metal Share Co., Ltd and Jiangxi Rarity Rare-mental Tungsten Industry Company. The registered capital is 6 hundred million yuan which Wukuang Colorful Metal Share Co., Ltd. covered 51 per cent of total capital stock and Jiangxi Rarity Rare-mental Tungsten Industry Company covered 49 per cent of total capital stock. Its management scope: tungsten, rare earths and the mine exploitation, smelt, processing and science and research of other color mental and domestic and foreign trade. Now the company has 20 member units which including 9 mine enterprises, 5 smelt processing enterprises, 1 science and research unit, 5 industry and trade enterprises; it has 11520 employees which including 2030 high and medium class specialized technicians.

Jiangxi Tungsten Industry Co., Ltd. (Group) has comprehensive advantages in five aspects. Firstly, is mine resource The reserve of black tungsten metal covered 60 per cent among the total reserve of all over the country; Ta mental covered 59 per cent; secondly, is crafts tech advantage, it has advanced tungsten and rare earth etc. selection, smelt and processing tech and crafts equipment condition; its products have high tech contain and wide development prospect and have advanced analysis test method and strong products development capacity; thirdly, quality and brand advantage: both of the main black and white tungsten refined mine are national golden and silver award quality products and have fine brand advantage in market; high and pure oxide niobium acquired national golden award in quality and there are scores of other mine products and smelt products and chemical products were acquired respectively provincial and departmental high quality products etc titles; fourthly, comprehensive resource utilization advantage: the accompanied bismuth, molybdenum, copper, tin, lead and silver etc. priced mental can effectively recover and have fine comprehensive development benefit; fifthly, market scale advantage: the production capacity of tungsten refined mine covered 2/3 of all over the country and tungsten products and deepen processing products have high market share; it has the largest Ta enterprise in Asia and domestic second largest Ta smelt enterprise in China and its currency of Ta refined mine, high and pure oxide Tan and high and pure oxide niobium covered respectively 50%、95% and 75%. The smelt and processing of rare earth has some scale and play an important role in domestic market.

.钨系列产品

钽铌系列产品

稀土金属系列产品

地址：江西南昌市北京西路88号　邮编：330046　电话：0791—6285993　传真：0791—6286570

Add: No.88, Beijing Western Road, Nanchang City, Jiangxi Province　P.C: 330046　Tel: 0791-6285993　Fax: 0791-6286570

江苏长电科技股份有限公司

总经理：于燮康

江苏长电科技股份有限公司是国内著名的二、三级管制造商，中国集成电路封装生产基地，中国电子百强企业之一。中高级技术员工占总数 40%。公司于 2003 年 6 月在上交所 A 板成功上市（股票代码 600584）。

公司已形成年产分立器件 150 亿只，集成电路 50 亿块的能力。

公司于 1996 年 6 月通过 ISO9001 质量体系认证，并于 2002 年通过 QS9000 和 ISO14001 体系认证，2006 年通过 TS16949 体系认证，并开始贯彻 QC080000 体系。“长江”品牌荣获“中国半导体十大品牌”和“江苏省名牌”称号。

公司总经理于燮康，担任中国半导体行业协会集成电路分会秘书长。投身半导体行业三十多年的他耕耘扎根于硅芯片，集成块上写文章，组织集成电路产供销一条龙管理，创立集成电路营销新体制，在微电子企业生产经营管理实践和理论探索上，都积累了丰富的经验，收获了令人瞩目的成绩。在半导体行业自身建设中，也屡有革新创举，为半导体行业之地位和影响作出了贡献。

地址：江苏省江阴市滨江中路 275 号
邮编：214431
电话：0510-86854189
传真：0510-86851550
网址：www.cj-elec.com
E-mail: cdkj@cj-elec.com

SUNTECH
尚德电力
为地球

SUNTECH
尚德电力

为地球、为未来充电 让绿色永绕人间

江苏沙钢集团有限公司

沈文荣
沙钢集团董事长、总裁、党委书记
中国钢铁工业协会副会长
全国劳动模范
中共十六大代表
九届全国人大代表
中国优秀民营企业家
研究员级高级工程师

Shen Wen Rong
Chairman, President, Secretany of shagang CPCC
Vice chairman of CISA
National Worker Model
Representative of 16th CPCC
Representative of 9th NPC
Chinese excellent private enterpriser
Professorial senior Engineer

沙钢是1975年靠45万元自筹资金创办起来的钢铁企业。建厂30年来，沙钢坚持定位国际先进水平，依靠科技创新、自主创新，企业实现了持续、快速、高效发展。

目前，沙钢总资产达370亿元，占地10平方公里，职工9800余名；拥有集烧结、焦化、炼铁、炼钢、连铸、连轧及相应配套公辅设施于一体的650万吨钢板生产线（450万吨热卷板、200万吨宽厚板生产线各一条），国际先进水平的100吨、90吨、75吨超高功率电炉炼钢、连铸生产线五条，平立交替、无扭控冷全连续高速线材生产线四条，全连续切分轧制带肋钢筋生产线六条，以及同韩国浦项合资的冷轧不锈钢生产线二条，形成了热卷板、特宽厚板、高速线材、棒材、不锈钢板、热镀锌钢板等系列产品，具有年产铁1100万吨、钢1500万吨、材1500万吨、不锈钢板35万吨、镀锌钢板15万吨的生产能力，是目前国内最大的电炉钢和优特钢材生产基地。

2005年钢产量达1046万吨，实现销售收入405亿元。列全国500强企业第75位、全国制造业500强第29位、全国民营企业第2位。先后荣获全国最大的民营钢铁企业、全国优秀企业（金马奖）、中国企业管理杰出贡献奖、全国用户满意企业、全国质量效益型先进企业、全国思想政治工作优秀企业、江苏省环保先进企业等称号。

180吨转炉
180t BOF

2500m3 高炉
2500m3 Blast Furnace

Jiangsu Shagang Group Co., Ltd.

Jiangsu Shagang Group Co.,Ltd. is an Iron & Steel Enterprise which started to operation in 1975 with an own–raised fund of 450,000 RMB. Since its foundation, Shagang has obtained a sustained, rapid and efficient growth by directing international advanced enterprise–oriented, as well as innovating and creating new technologies.

Today, Shagang has a total asset of 37 billion RMB, covers an area of 10 km2, and employs staff of more than 9800. It has a plate production lines with a capacity of 6.5 million tons per year (including 4. 5 million tons hot rolled coil and 2.0 million tons wide plate) which integrating sintering, cokemaking, ironmaking, steelmaking, continuous casting, rolling production lines and relevant utilities. It also owns 5 EAF–LF–CCM production lines with international advanced technology, including 3 for 100t, 1 for 90t and 1 for 75t, 4 high speed wire rod production lines with vertical–horizontal stand non–twist continuous rolling, 6 hot rolling Rebar production lines with slitting rolling technology and 2 Stainless Steel production lines which is jointly invested by Shagang and POSCO. Therefore Shagang produces a series products of Hot Rolled Coil, Heavy Wide Plate, High Speed Wire Rod, Rebar, Stainless Steel Sheer and Hot Galvanized Sheet, with an annual capacity of 11 million tons Iron, 15 million tons steel, 15 million tons rolled product, 350,000 tons Stainless Steel and 150,000 tons Hot Galvanized Sheet. At present Shagang is the biggest Electric Steel production and high–quality special steel production base in China.

In 2005, the output of Shagang amounted to 10.46 million tons, with a sales income of 40.5 billion RMB. It is ranking 75 in top 500 national enterprises, 29 in top 500 national manufactures and 2 in top private enterprises in China. Shagang has been awarded " the biggest private enterprise in China "," the most excellent enterprise in China(the Golden Horse Prize) ", " Prize for Outstanding Contribution on Company Management in China ", " National Customer–satisfied enterprise ", " Advanced enterprise in quality and benefit in China ", " National Excellent enterprise in ideological educating " and " excellent Environment Protection Enterprise in Jiangsu Province " etc.

450万吨热卷板生产线

Hot rolled coil prodrction line with a capality of 4.5m tons/year

高线生产线

(High speed wire rod production line)

沙钢港区

Shagang port

江苏泰隆减速机股份有限公司

董事长、总经理：殷根章

江苏泰隆减速机股份有限公司地处扬子江畔的泰兴市区，是泰兴人引以为豪的国家大型企业。泰隆集团东临沪宁高速、宁通高速，西靠南京禄口机场，南有江阴大桥，交通便捷，物流畅通，具有得天独厚的区位优势。

江苏泰隆减速机股份有限公司在全国优秀企业家、江苏省劳动模范殷根章董事长的领导下，经过20多年的悉心经营，昂首迈进了中国机械工业500强，成为行业龙头老大。集团现拥有总资产5.8亿元，固定资产3.6亿元，占地面积60万平方米，员工2632人，下辖8个子企业。从美国、德国、日本、俄罗斯等国家引进了大型数控磨齿机、蜗杆磨床、加工中心和计算机控制的碳氮共渗炉等一批高精尖的生产设备和检测设备。各类通用和专用生产、检测设备1588台（套），建立了全国同行业中检测功能最全、检测功率最大、仪器最先进的测试中心，创建了苏中地区第一家厂办省级减速机研究所和科技工业园。成功开发了摆线针轮、圆柱齿轮、中硬齿轮硬齿面、二次包络、圆弧蜗轮杆、三环、PS摆环、TL模块化减速机等十几个系列，几十万种规格的减速机，先后在首钢、宝钢、鞍钢、燕山石化、齐鲁石化、华北制药、河南莲花味精、西昌卫星发射中心、中华世纪坛、三峡工程等大型配套单位和大型工程项目中得到广泛的使用。公司生产的主产品减速机，以及翻转式水箱拉丝机系列，双捻合股成型系列；立卧式收放线系列引风机及各类防爆、防腐船艇用特种风机系列，单齿、双叶、三叶罗茨鼓风机，公司先后荣获“中国公认名牌产品、江苏省名牌产品、江苏省高新技术产品、江苏省重点保护产品、江苏省质量管理奖”，“泰隆”商标被认定为“江苏省著名商标”。公司先后荣获“江苏省高新技术企业、江苏省重合同守信用企业、江苏省设备管理先进企业、江苏省3A级信用企业”，“全国首批重合同守信用企业”，“全国重点高新技术企业”“全国机械工业质量效益型企业”、“全国机械工业质量管理奖”、“全国用户满意服务”等殊誉，同行业率先通过ISO9001—2000质量体系认证，ISO10012计量体系确认，2004年一次性通过GB/19001-2000、GB/T24001-1996中国方圆委认证。公司年销售量达10亿元，拥有自主出口权，位于同行业榜首。

TL模块减速机

新型“S”系列减速机

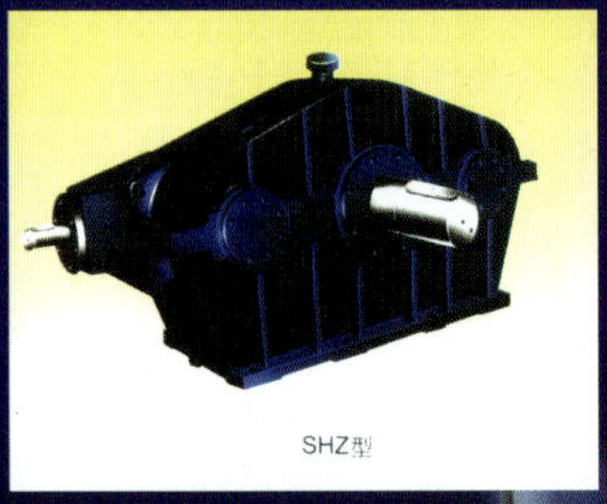

三环减速机

中硬齿面[illegible]齿轮减速器

地址：江苏省泰兴市大庆东路88号　邮编：225400
电话：0253-7635698　7668018　7668028
传真：0523-7665426　7665000　7665618
E-mail：tlgrp.tx@pubilc.tz.js.cn
http://www.tailong.com

SENDA GROUP

江苏森达集团有限公司

董事长、总裁：朱相桂

森达集团创建于1977年，与中国改革开放同步，经过20多年的创新创业，企业不断发展壮大，现已成为集制鞋、鞋材、服饰、IT、热电等五个产业于一体的大型企业集团，在全国最大企业500强中列185位。

森达集团在国内制鞋业独树一帜，引进意大利、英国等生产流水线，聘请世界知名鞋业大师加盟研发管理，将东方灿烂文明和西方制鞋艺术融为一体，主产品皮鞋以美观舒适和品质优良引领时尚消费潮流，皮鞋产销量和市场占有率连续15年位居全国同行第一，并出口欧盟、美国、巴西等40多个国家和地区。森达品牌是国内制鞋业第一个中国驰名商标。森达及其好人缘、梵诗蒂娜、法雷诺、百思图、雅波迪、多宝等8个系列品牌均为国家免检产品。2002年，森达皮鞋被评为中国名牌产品。

2002年9月，森达集团跻身“向世界名牌进军，具有国际竞争力”的中国16强企业行列。

森达集团奉行“视今天为落后”的企业精神，坚持三个文明协调发展。集团经济总量达100亿元，年上缴税金近十亿元，安置职工就业3万人，每年投入1000多万元用于社会公益事业和资助弱势群体，回报社会。2000年5月8日，江泽民总书记亲临森达视察，高度赞扬森达的社会贡献和基层党建工作。2003年10月25日，温家宝总理考察森达三峡公司。2003年5月，森达集团荣获全国五·一劳动奖状。集团董事长朱相桂是全国优秀思想政治工作者、全国劳动模范，连续当选为中共十五大、十六大代表。

地址：江苏省建湖县城建宝路888号　　邮编：224700
电话：0515-6290088　　传真：0515-6290077
http://www.chinasanda.com　　E-mail: jssenda@public.yc.js.cn

一汽解放汽车有限公司无锡柴油机分公司

FAW，WDEW

一汽锡柴总经理：蒋彬洪

一汽解放公司无锡柴油机分公司位于中国无锡的太湖之滨，现占地面积达50万平方米，净资产9.27亿元，无形资产价值51.98亿元，主要产品是功率覆盖范围为120–350马力的4缸、6缸系列车用高速柴油机及解放牌系列专用车、改装车。具有年产16万台以上柴油机、年产1万辆改装汽车的生产能力，已成为一汽在华东地区车用柴油机的研制、开发和生产基地。公司被认定为“中国明星企业”、“国家重点高新技术企业”，跻身“中国机械工业企业核心竞争力100强”企业、中国汽车工业50家发展速度最快、成长性最好的企业。

一汽解放公司无锡柴油机分公司始建于1943年，经风历雨已有60年。在历史上，锡柴因“出人才、出产品”而闻名全国。如浇注出全国第一根球铁曲轴；研制出国内第一台风冷柴油机、第一座无人值守电站；生产出国内第一台增压柴油机，开发成功第一台6110车用柴油机等，创出了国内数项第一，填补了行业多项空白。1992年以来，锡柴更是以超常规的发展速度，为国家建设订了相当于20个原有规模的锡柴厂，写下了锡柴建厂史上最为辉煌的篇章。2001年以来又以年均64.25%的高速加快了企业的发展，2002年工厂产销柴油机15万台，创出了单系列多缸柴油机生产规模世界之最的纪录，2003年改装汽车产销总量突破9000辆的大关，创出了历史新高。以令人信服的成绩，成为名副其实的行业“领跑者”。

公司通过引进国外先进的加工中心、检测试验设备和研发设计流程，建设了国内一流的产品试验室和试制基地，实现了生产、开发、检测手段的现代化，切实提高了企业新产品的开发能力和技术创新速度。2003年竣工投产的CA6DL机加工车间、装配车间，引进德国GROB、瑞典ABB公司等世界一流的自动化生产流水线，重点工序自动化程度高，机器人装配。一流的装备保证了一流的水平。

按照国际开发流程开发的中国第一台具有完全拥有自主知识产权和国际最新技术的CA6DL—“奥威”四气门大功率重型柴油机，具有大功率、低排放、低噪音、低油耗、长寿命等五大特点，功率覆盖260～350马力，排放达到欧Ⅱ标准，采用电控喷油技术，达到欧Ⅲ标准，并具有欧Ⅳ潜力。经5000小时全速全负荷耐久试验认证，大修里程超过50万公里。经国际权威机构—德国TüV认证，CA6DL是一个具有国际水准的现代柴油机，该柴油机已批量下线，年内将形成15000台的综合生产能力。它的诞生缩短了国内柴油发动机与世界同行间的差距，跨越了时空20年。

FAW, WDEW is located near the beautiful Taihu Lake, with 500,000 square meters area and has two billion (RMB) assets. The main products are 4–cylinders, 6–clinders series vehicle engines cover 120 hp to 350hp and special, refit trucks of JIAN FANG brand. It becomes the base of vehicle engine research, development and production of FAW in east China, which has production capability of 150,000 unit engines and 5,000 refit trucks per shift per year. FAW, WDEW is a famous state–owner plant, a large–size manufacture, a strong technology enterprise and also was be recognized as "Star Enterprise of China", "Important high–technology enterprise of China", one of the "100 No. core competitive enterprises of China manufacture industry".

FAWDE was established in 1943 and FAWDE is famous as " Incubator of Talent and Product" in its' 60 years history. For example, the first graphite iron crankshaft was cast in FAWDE, the first air–cooling diesel engine of nation was developed in FAWDE and the first to produce unman generation set, the first to produce air charging diesel engine and also the first to apply the 6110 engine in truck etc. FAWDE has made so many "the first "to fill out the blank area of national engine industry. Since 1992, is the most pride history of FAWDE as its' abnormal high–speed developing and marvelous changing of plant. The 6110 series engine had owned as "Famous brand product of China", "Excellent product of China" etc. More than 64.5% increasing every year since 2001, in 2002 FAWDE produced 150,000 units diesel engine, which is the highest record of world in one series diesel engine manufacture and also had sold 9,000 refit trucks in 2003, the new record in history .So FAWDE has become "the leader" of industry by its outstanding achievements.

The new product R&D capability is promoted by modernization of production, development and measurement method, by imported of the advance machining centers and measuring equipment and by advance design flow chart applying, by the establish of first lever product testing room and trial production base. In 2003 the machining and assembling workshop of CA6DL had been completed with first lever auto production line from GROB and ABB to assure the first lever products.

The CA6DL diesel engine is developed according to international development flow and is applied by new technology and with own propriety. CA6DL engine, the four valve heavy duty "AOWEI" engine, has large power, lower emission, lower noise, lower consumption and long life etc characters. This engine is cover 260–350hp,reachs Euro II and Euro III with electrical control technology and also has potential of Euro IV. This engine also has passed 5000 h (rated speed and rated load) testing certify by Tuv.CA6DL engine has international lever and at present had been put into bulk production with 150,000 unit capacity of this year. The successful development of this engine has shortened the distance between domestic with international more than twenty years.

6DL奥威发动机

地址：江苏省无锡市塘南一支路9号
邮编：214026
电话：0510–85014990
传真：0510–85016785

武汉钢铁集团鄂城钢铁有限责任公司

武钢集团鄂钢公司于1957年经湖北省人民政府批准筹建，1958年3月25日正式破土兴建，成立鄂城钢铁厂；1997年5月经湖北省人民政府批准，将鄂城钢铁厂改制为鄂城钢铁集团有限责任公司；2004年11月经国务院国资委批准，将鄂城钢铁集团有限责任公司重组为武钢集团的控股子公司，并于2005年4月30日正式挂牌成立，更名为"武汉钢铁集团鄂城钢铁有限责任公司"，简称武钢集团鄂钢公司。

武钢集团鄂钢公司是湖北省最大的建筑用钢材生产基地。经过40多年的发展，已成为钢铁为主、多种经营的大型工业企业，现已具备年产生铁250万吨、钢300万吨、钢材300万吨的综合生产能力。截至2005年底，资产总额达50.45亿元，净资产达24.06亿元。资产负债率为52.31%；实现销售收入68.28亿元；实现利税4.42亿元，其中利润1.04亿元，上交税费3.3亿元。联合重组以来，公司资产质量明显提高，资金营运指标继续保持了全国同行业先进水平。2005年，在全国2154家大型工业企业中排名280位、在中国企业500强中排名362位。多年来企业先后获得"全国五一劳动奖状"、"全国节能先进单位"、"全国绿化先进单位"、"全国质量管理小组活动优秀企业"、湖北省"优秀企业"、"综合管理先进企业"、"经济效益先进企业"、"质量效益先进企业"、"最佳文明单位"、"管理示范企业"、"诚信示范企业"、"安全文明生产红旗单位"、"企业管理现代化创新成果先进单位"、"厂务公开工作先进集体"等荣誉称号。

公司技术装备精良，主要装备技术已进入全国同类型企业先进行列。从原料配料到烧结、炼铁、连铸、连轧等主体设备都由电子计算机控制，生产过程实现了连续化、自动化，形成了"高炉-转炉-精炼-连铸-连轧"和"电炉-精炼炉-连铸-连轧"两个生产系统。

公司主要生产品种有：Ⅱ、Ⅲ级螺纹钢；碳素钢、优质碳素钢、低合金钢、合结钢、弹簧钢、冷镦钢、轴承钢等热轧盘条；碳素钢、优质碳素钢、高强度低合金钢、汽车及机械行业用合金钢、弹簧钢、冷镦钢、管坯钢等圆钢；碳素钢、优质碳素钢、低合金热轧、冷轧钢带；弹簧扁钢；冷轧薄板；汽车钢板弹簧；高频直缝焊管及化产品等九大系列。其中螺纹钢、高速线材、热轧钢带荣获湖北省名牌产品、国家冶金行业"金杯奖"；螺纹钢还荣获国家免检产品证书。1998年企业通过了ISO9002:1994质量管理体系认证，2003年又通过了ISO9001:2000质量管理体系认证。多年来，经国家质检部门抽查审核，产品合格率始终保持100%。其产品广泛用于水利、道路、机场、桥梁、房屋建筑等基础工程建设，以及机械、汽车、金属制品等行业，部分出口。三峡、京珠高速公路、鄂黄大桥等重点工程指名要用鄂钢的产品。

地址：湖北省鄂州市武昌大道105号　邮编：436002
电话：0711-3232995　传真：0711-3222480

中共中央政治局常委、中央政法委书记罗干（居前者）在武钢集团鄂钢公司党委书记陈玉珍等公司领导陪同下视察武钢集团鄂钢公司

2005年4月30日，中共中央政治局委员、湖北省委书记俞正声（右二）、湖北省委副书记、省长罗清泉（左二）、湖北省国资委主任邱思胜（左一）、武钢集团公司总经理邓崎琳（右一），为武钢集团鄂钢公司揭牌。

武钢集团鄂钢公司代总经理郑卫国（居中者）慰问生产一线职工

武钢集团鄂钢公司生产的名优产品高速线材、热轧钢带、螺纹钢

HWISCO

舞阳钢铁

创中国名牌　出世界精品

舞阳宽厚钢板规格：厚 8mm—650mm 宽 1000mm—4020mm

一百八十多个品种替代进口或采用外国标准生产

三十个多个品种出口美国、德国、日本等发达国家和地区

舞阳钢铁公司是我国首家宽厚钢板生产科研企业，产品广泛应用于国家重点工程建设、重大技术装备项目、国防军工和国民经济主要部门。举世瞩目的三峡工程、西电东送，融合了当今世界先进科技成果的奥运场馆——“鸟巢”、“水立方”等国家重点工程建设，均大量采用舞钢生产的处于国内领先水平的优质宽厚钢板。

舞阳钢铁有限责任公司

地址：河南省舞钢市湖滨大道西段

邮编：462500

电话：(0375) 8111463　8111139

传真：(0375) 8122728　8122907

舞钢产品用于国家战略石油储备工程建设。该储油罐单罐直径达 80 米、容积达 10 万立方米

在北京 2008 年奥运会主会场——国家体育场建设中，舞钢研制开发出了我国级别最高的 Q460E 钢板，成功替代了进口

舞钢生产的 Q345DZ15\Z25 钢板用于国家大剧院顶环梁、常轴梁等关键部位

大冶有色金属公司

公司领导

罗忠民，男，1945年12月生，江西信丰人，中共党员，大学文化，高级工程师。湖北省九、十届人大代表，全国“五一”劳动奖章获得者。

大冶有色金属公司是以铜采、选、冶为主的大型联合企业，是国内五大铜原料基地和湖北省100家重点支持发展的骨干企业之一，阴极铜和粗铜产量居全国铜行业第四位。

公司现有阴极铜、硫酸、磷肥、黄金、白银、铁精矿、无氧铜杆、彩色铝型材、水泥等产品。公司“大江”牌注册商标为湖北省著名商标。“大江”牌阴极铜为中国名牌产品、国家免检产品。公司取得ISO9000标准认证，取得上海黄金交易所可提供标准金锭企业交易资格。

2005年底，公司总资产55.98亿元，从业人员15010人，其中专业技术人员2541人。具有年采矿能力240万吨、选矿处理能力342万吨、铜冶炼能力20万吨。冶炼诺兰达炉及配套系统等主要生产设备，达到国内先进水平。

到“十一五”末，公司主导产品阴极铜能力将达到40万吨，高精度铜材加工产品能力16万吨，总资产、销售收入均达到100亿元以上，公司将建设成为核心竞争力强、产品结构多元化、资源节约型、环境友好型的国内一流铜企业。

编号：04-034-01-178

中国名牌 CHINA TOP BRAND 2004.9-2007.9

中国名牌产品证书

根据中国名牌战略推进委员会评价结果，特授予 大冶有色金属公司 生产的大江牌阴极铜为：

中国名牌产品

有效期：二〇〇四年九月至二〇〇七年九月

国家质量监督检验检疫总局

二〇〇四年九月

中国名牌证书

电解车间

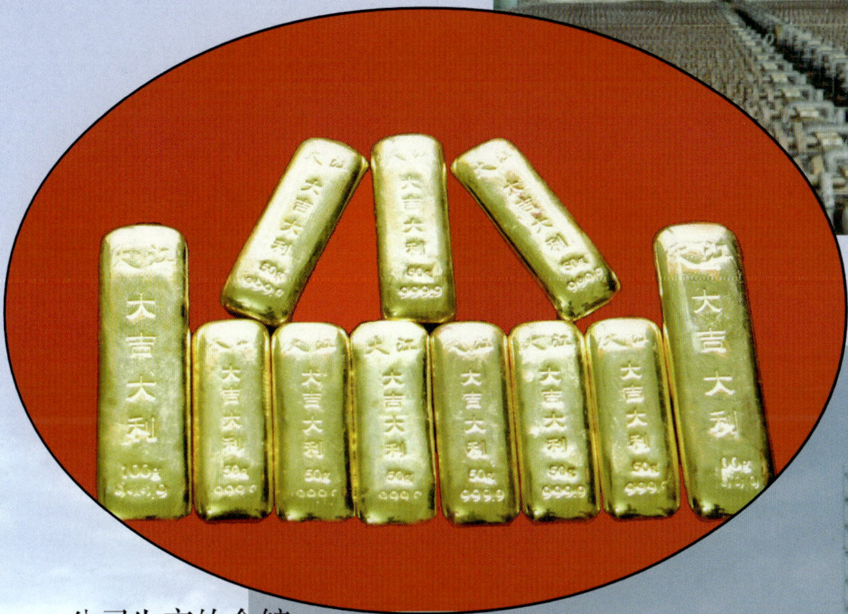

公司生产的金锭

冶炼厂硫酸四系列

大冶有色金属公司

地址：湖北黄石新下陆大道 115 号

邮编：435005

电话：0714—5392803

传真：0714—5396789

温家宝总理视察飞跃时听取邱继宝情况介绍
Premier Wen Jiabao is listening Mr.Qiu JIbao' s introduction during his visiting in FEIYUE

集团董事长:邱继宝
President of FEIYUE : Qiu Jibao

飞跃集团创建于 1986 年，是一家以生产缝制设备为主导产业，集科研、生产、国际贸易为一体的大型外向型现代化企业集团，已成为全国同行排头兵和全球最大的缝制设备生产出口基地，并跻身于世界行业先进之列。集团董事长邱继宝是党的十六大代表，中国缝制机械协会副理事长，曾获优秀中国特色社会主义事业建设者、中国青年五四奖章等称号。

目前，飞跃拥有“中国驰名商标”、“中国名牌”和“中国出口名牌”，获得了500多项国家专利，名列“中国制造业民营企业品牌竞争力50强”首位，是世界上最具竞争力缝制设备品牌之一。一系列自动化、智能化、机电一体化产品的研制成功，打响了“中国制造”，使企业的产品结构和市场地位发生了历史性的变革。产品销往120多个国家和地区，其中50%进入欧美日等发达国家，结束了中国长期以来单向从日本进口缝制设备的历史。

立足新世纪，飞跃将以“天下缝纫”成己任，不断增强国际竞争力，提升国际影响力，争创世界名牌，向世界级最优秀的成套缝制设备制造商迈进。

WWW.FEIYUEGROUP.COM
传真 Fax: 0576-8155800/8155809/8155813
电话 Tel: 0576-8176402/8176397，8155071/8155805（内销）
电子邮箱 E-mail: sales@feiyue.cn ，yamata@feiyue.cn
Add: NO.109 Middle Airport Rd., Taizhou, Zhejiang, P.R.China
地址：中国浙江省台州市椒江机场路 109 号　邮政编码 Post code:318010

自动化加工中心车间 Workshop of Automatic Processing Center

Feiyue Group was founded in 1986. It is a large-scale, export-oriented modern enterprise group specialized in manufacturing sewing equipments and integrating scientific research, production and international trade. It has become the leading enterprise in the Chinese sewing equipment industry, one of the largest production and export bases of sewing machinery in the world. It also has edged itself into advanced list of the world sewing machine industry. Qiu Jibao, president of Feiyue Group, is one of the delegates of the 16th National Congress of CPC and Vice Chairman of China Sewing Machine Association. He has won titles including "Excellent Contributor to the Socialist Cause with Chinese Characteristics" and "May 4 Medal for Chinese Youth".

At present, Feiyue has been titled as the "Chinese Famous Trademark", "Name Brand of China" and "Exportation Name Brand of China". It has obtained more than 500 national patents and is the No.1 of "Top 50 Brand Competitiveness of Chinese Manufacturing Private Enterprises". In addition, it is one of the most competitive sewing equipment brands. The successful development of series of intelligent, automatic and electro-mechanic integrated sewing equipments has made highlight of "made in China" and aroused historical revolution in the company's product structure and market position. Its products are exported to more than 120 countries and areas, 50% of the products to developed countries such as European countries, America and Japan, thus it marks that the long history of oneway direction of importing sewing equipment from Japan is terminated.

Standing at the new Century, Feiyue will take "Sewing World" as its own responsibility. It will continuously enhance its international competitiveness, upgrade its international influence and create world famous brand, stepping into the excellent manufacturing enterprises of whole set sewing equipment in the world.

展示大厅
Exhibition Hall of Feiyue

飞跃多功能家用机装配中心
Assembly Center of Feiyue
Multi-funcrional Domestic SewingMachine

飞跃工业园区一角
One corner of Feiyue Industrial Zone

飞跃工业园区外景
View of Feiyue Industrial Zone

腾飞的中华制漆

中华制漆1932年诞生于香港，1946年重组。1991年在中国大陆成立中华制漆（深圳）有限公司，十余年的奋斗，国内业绩蒸蒸日上，并从1996年至今，连续九年获得国际质量权威认证机构BSI授予ISO9001证书，为中国质量万里行维权保优重点联络单位。

中华制漆主营业务领域由三大部分构成：木器漆、墙面漆及工业漆，冠名品牌分别为：长颈鹿牌、菊花牌、玩具牌，立足中高端市场。产品主要适用于木器家私业、汽车维修业、电子和电器用品制造业、建筑装饰、玩具等行业。

菊花牌为香港十大名牌产品，2005年荣膺中国名牌产品称号，与长颈鹿牌主力产品双双获得中国环境标志认证，而玩具牌在国际上享有盛誉，符合欧美多个国家安全标准。

公司自成立以来，注重国际先进技术引进及自主研发能力的培养，曾先后与美国威廉、瑞典贝格、日本大金等国际巨头开展技术合作，科技发展部由40多位来自台湾、香港和大陆的高素质员工构成，致力开发出适应市场需求的高功能性、高环保性产品。

在制造方面，公司拥有现代化的生产设备和精密测试仪器，主要设备基本由英美等发达西方国家引进，年产能力最高可达12万吨。

公司在北京、沈阳、上海、武汉、成都、深圳、广州等地设立营业部，以管理和维护市场。目前中华制漆经销点已达3000余家。

众所周知，涂料行业与房屋建筑、基础建设密切相关，这些产业为中国政府刺激经济增长的支柱，在未来仍将发挥不可替代的作用，尤其是奥运、世博会等巨型工程的支撑，势必推动涂料行业的蓬勃发展；而在政策环境方面，国家通过扶植中小企业、调整税收政策等手段，无疑为企业成长构筑了一个良好的发展空间。

目前，中华制漆长颈鹿牌木器漆在行业中所占市场份额约为20%，其余菊花牌、玩具牌也在各自领域中具有一定影响。这三个品牌产品销售额占我司目前销售收入80%以上，公司为保持持续竞争能力，将在核心技术平台构筑、人力资源改良、品种结构研究与调整及渠道管理等方面致力提高。

鉴于WTO后大陆迅猛增长的经济形势，中华制漆已斥资完成在湖北鄂州营建分厂工作，上海分厂亦在施工中。从长远战略考虑，公司又进行纵向上游整合，在江苏徐州建立溶剂厂，以控制重要原料。这些卫星厂为降低经营成本、提高营运效率及为企业规模扩张奠定了坚实的基础。

产品开发方面，2003年，菊花牌康保丽抗菌涂料问世，并获得新加坡国立权威机构认证，具有超强杀菌功能；2004年公司推出长颈鹿牌负离子墙面漆，具备净化环境的功效，2005年，可耐用25年之久的氟碳漆研发成功，这些以技术领先并迎合市场发展趋势的新产品不断引发行业热点。

广州市华南橡胶轮胎有限公司

广州市华南橡胶轮胎有限公司是中国第一家采用国际先进技术专业生产全系列（乘用、轻卡、载重）子午线轮胎的大型国有现代化企业。产品品牌为"万力（WANLI）"和"新迪（SUNNY）"。

公司位于珠江三角洲中部经济区域中心的广州市番禺区东环路116号，占地面积18万平方米，建筑面积13万平方米，职工2200多人。1988年10月开始筹建，1992年4月8日正式投产。自投产以来，一直以较高的速度发展，子午线轮胎出口量自1996年起稳居全国第二位。

目前企业生产能力达450万套／年，为用户提供10个系列、250多个规格花纹品种轮胎，并以每年约20个新花纹品种的开发速度在增加产品种类。"万力"轮胎先后为上海大众桑塔纳、一汽红旗、一汽大众（奥迪、捷达等）、一汽解放、长丰猎豹、海南马自达、广州五十铃、郑州日产、二汽东风等国内知名汽车厂家配套；产品70%以上供出口，畅销西欧、北美、澳洲、非洲等90多个国家和地区。

现在华轮是广东省"省级技术中心"、广州市"高新技术企业"，万力牌（WANLI）子午线轮胎是"中国名牌产品"、"中国轮胎十大民族品牌"之一、"广东省名牌产品"、国家商务部2005-2006年度"商务部重点培育和发展的出口名牌"和"广州企业重点培育发展具有知识产权的名牌产品"。

24寸轮胎

全钢子午线轮胎 425-65R22

地址：广州市番禺区东环街东环路116号　　邮编：511400
电话(TEL)：　(020) 84629574　　84693743
产品销售热线 ：　国内 (020) 84611600
出口 (020) 84614356　84693627　84626145　84648048　84692517
售后服务热线　(020) 84693689
投诉电话：800-830-8836　　　传真(FAX)：(020) 84610302
国内销售：(020) 84632053　出口：(020) 84614016
http//www.wanlitire.com
E-mail：pyyshysh@pub.guangzhou.gd.cn　wanli@wanlitire.cn

西昌新钢业有限责任公司

XICHANG NEW STEEL ENTERPRISE CO.,LTD

中国驰名的冶金中试基地，四川工业企业50强——西昌新钢业有限责任公司，具备年产100万吨钢材（60万吨1.8～6.0×145～355mm多钢种热轧带钢，40万吨ф 10～40mm Ⅱ级、Ⅲ级带肋钢筋及圆钢），4000吨五氧化二钒，2000吨钒铁，2000吨氮化钒的生产能力。产品广泛用于各类建筑工程、钢管制造、合金生产、化工五金等行业。公司2003年通过ISO9001：2000质量管理体系认证；热轧窄带钢是四川省名牌产品。

公司奉行“顾客满意，报效社会”经营宗旨，坚持“重诚守信”原则，愿与广大新、老朋友建立长期互惠互利、友好合作关系。

公司依托资源和科技实力比较优势，坚持以钢铁为基础，以钒钛化工为主导，将公司建成为科技型、效益型、外向型的钢铁钒钛企业。拥有广阔良好发展前景的新钢业公司，愿与各界有识之士扩大交流，加强合作，共展美好宏图。

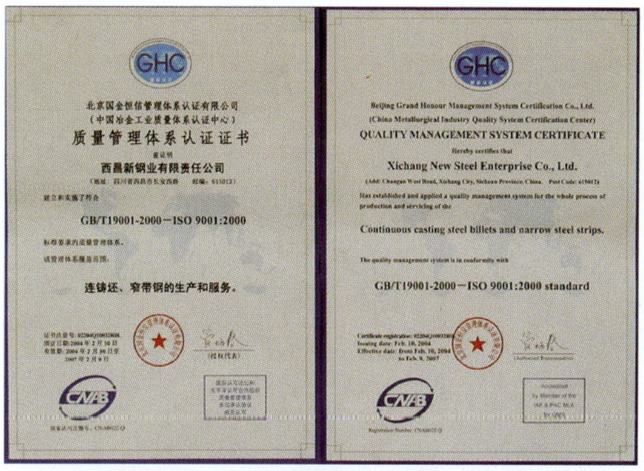

ISO9001：2000质量管理体系证书

棒材生产线

带钢生产线

五氧化二钒产品

地　　址：四川省西昌市长安西路　　邮　　编：615012

电　　话：0834-2410410　　传　　真：0834-2410002

网　　址：www.xgy.com.cn　　电子信箱：xgy@xgy.com.cn

自贡鸿鹤化工（集团）

党委书记、董事长、总经理：彭布尔

彭布尔同志简介

彭布尔　男，1953年出生，大专学历，中共党员，高级经济师。现任自贡鸿鹤化工（集团）有限责任公司党委书记、董事长、总经理，并兼任中昊集团晨光化工研究院党委书记、院长。

彭布尔同志在鸿化集团倡导“鹤征八表，止于致善”的先进文化理念，锐意进取、深化改革，在企业内部创立了“模拟市场，买断经营”的科学管理模式，进一步完善公司的产业、产品结构，极大地推动了企业的快速发展与壮大。1999年荣获“第二届自贡市十大杰出青年企业家”称号；2001年被中华全国总工会授予“全国五一劳动奖章”；2003年，荣获“自贡市优秀创业人才”称号。2000年和2005年两次被四川省人民政府授予“四川省劳动模范”称号。

自贡鸿鹤化工（集团）有限责任公司是中国昊华化工集团公司下属的国家大型企业，公司现拥有总资产近25亿元，职工7600余人，直接和间接控股14个子公司，是国家和四川省重点优势企业之一，在2004年中国化工500强中位列第182位。鸿化集团地处因“千年盐都、恐龙之乡、南国灯城”三绝而闻名遐迩的四川省自贡市，距成都210公里、距重庆205公里，与成渝、内宜高速公路相连，铁路专线可达全国。

近年来，集团公司坚持深化改革，突出发展，大力推进产业结构调整，形成了以“两碱”为代表的基础化工、以甲烷氯化物为代表的精细化工、以医药原料为代表的医药化工三足鼎立的发展格局，成为西部名列前茅的综合型化工生产企业。

鸿化集团依托川南地区丰富的盐卤、天然气等资源为基础，主要生产纯碱、氯化铵、烧碱、甲烷氯化物系列、小苏打、复混肥、饲料添加剂、原料药、成品药、油漆、水泥等40多个上百种

烧碱中国名牌

氯化铵中国名牌

纯碱中国名牌

地址：四川省自贡市鸿鹤路43号　邮编：643000　网址：www.honghegroup.com

有限责任公司

规格的产品。公司产品广泛应用于轻工、化工、纺织、建材、冶金及食品加工等国民经济重要领域，畅销国内以及东南亚、澳洲、中亚、南美等二十多个国家和地区。主要产品全部通过ISO9001国际质量体系认证，其中“鹤”牌纯碱、烧碱、氯化铵荣获“中国名牌产品”称号，是全国化工行业中唯一拥有三个中国名牌商标的企业，目前已有14个商标在全球24个国家进行了注册。

近年来，鸿化集团先后获得“全国先进基层党组织”、“全国五一劳动奖状”、“全国质量管理先进企业”、“全国用户满意企业”、“全国守合同重信用企业”、“全国群众体育先进单位”等荣誉称号。

锐意进取、不断创新是鸿化人永恒的追求。在新的历史发展机遇下，鸿化集团将继续秉承“鹤征八表、止于至善”的企业理念，以“满足顾客需求、追求卓越品质”为宗旨，博企业科技之长、采八方精英之力，竭诚与国内外商家共谋发展，为市场提供满意的产品和服务，不断提升企业经济实力和社会效益，努力走出一条科技含量高、资源配置好、能源消耗低、环境污染少、经济效益好、人力资源优势得到充分发挥，产业、产品结构合理的可持续发展的新型工业化之路。

联碱生产装置

联碱DCS控制系统

鸿鹤制药厂区

公司办公大楼

先进的CMS三厂生产装置

电话：办公室：(0813) 4662402　　传真：(0813) 2760209

销售客服：(0813) 4662900　　传真：(0813) 4662900

神東
SHENDONG

神东煤炭分公司隶属于中国神华能源股份有限公司，是特大型煤炭企业。现有9个现代化煤矿及配套的煤炭洗选加工等项目，其中6个矿井年生产能力超过千万吨水平。其煤种类分为：精煤、优煤、混煤、石炭精煤、高硫石炭。煤质特征为：特低灰、特低硫、特低磷、中高发热量，原煤灰分6—8%，全水分低于14%，平均硫分0.5%以下，含磷低于0.03%，发热量高于5800大卡，挥发分为32—37%，煤质牌号为长焰煤和不粘煤，是优质动力煤、化工用煤和冶金喷吹煤，被誉为“城市环保的救星”。公司始终坚持高起点、高技术、高质量、高效率、高效益的企业方针，追求速度与效益、数量与质量并举，积极探索煤炭工业走新型工业化道路的有效实现形式，高产高效矿井建设取得丰硕成果，成为技术领先、管理先进、效益显著、环境得到有效保护的新型能源企业，被国家领导人誉为“煤炭工业先进生产力的代表”。

神东分公司2000年通过ISO9001质量管理体系认证，2001年通过ISO14001环境管理体系和OHSAS18001职业安全健康管理体系认证。为了改进管理，提高体系的运作效率和实现更高管理绩效和目标，2002年公司将三大体系整合为一体化管理体系。2005年初又在原有的一体化管理体系、质量标准化管理系统的基础上，引进南非NOSA五星管理系统，建立了集质量、安全、健康、环保于一体的综合管理体系。

神东分公司自98年以来，连续7年实现了千万吨级跨越。2005年生产原煤10241万吨，率先建成亿吨煤炭生产基地，树立了中国煤炭工业发展史上的里程碑。2005年公司原煤生产百万吨死亡率为0.0098，比美国低3倍，创历史最低。公司全年实现煤炭销售收入86.09亿元，煤炭综合成本80.40元/吨，全公司实现利润6.6亿元。

面对未来，创造奇迹的神东人，正在以“三个代表”重要思想为指导，坚持科学发展观，认真落实神华集团“开疆拓土，重整河山；做大做强，打造辉煌”的战略规划，加快走新型工业化道路步伐，努力实践煤炭工业先进生产力代表的神圣使命。2010年达到1.4亿吨生产规模，2020年达到2亿吨，成为具有国际竞争力的世界卓越煤炭企业，为振兴中国煤炭工业做出新的更大的贡献。同时，神东分公司愿以友好的姿态与关心公司发展的社会各界精诚合作、互惠互利、共同繁荣！

铁路专用线

现代物流（立体仓储）

电话：0912—8222819　传真：0912—8222449　网址：www.

云南解化集团有限公司

YUNNAN JIEHUA CHEM GROUP CO.LTD.

云南解化集团有限公司是云南煤化工集团有限公司下属的国内惟一一家以褐煤为原料，采用鲁奇加压气化制原料气生产合成氨的大型煤化工企业。具有全国领先的褐煤加压气化的尖端技术。企业经过改制，由云南石油化工集团有限公司、云南省国有资产经营公司、云南省开发投资公司、云南炜瑞化工有限公司共同组建成立云南解化集团有限公司。企业通过了ISO9002国际质量体系认证。企业主要产品生产能力为：合成氨25万吨／年；尿素15万吨／年；硝酸铵36万吨／年；硝基复合（混）肥40万吨／年；亚硝酸钙3000吨／年；硝酸钙3000吨／年；甲醇2.4万吨／年；二甲醚5000吨／年；燃料油1万吨／年及酚类等20多种化肥、化工产品。其中：红河牌硝磷酸铵复合（混）肥、工业硝铵、尿素、硝酸钙、亚硝酸钙、硝酸铵钙、二甲醚、油类、酚类、甲醇系列产品被中国产品推广评价中心评为2003年全国质量信得过产品。

JNMC 金川集团有限公司 JINCHUAN GROUP LTD.

公司董事长兼总经理李永军（中）深入井下检查指导工作

金川集团有限公司是采、选、冶配套的大型有色冶金、化工联合企业，镍和铂族金属产量均占国内总产量的90%以上，是国内最大的镍钴铂族金属生产企业，也是中国北方最大的铜生产企业。公司已形成年产镍13万吨、铜20万吨、钴6000吨、铂族金属3500公斤、金8吨、银150吨、硒50吨及120万吨无机化工产品的综合生产能力。目前拥有资产总额172.8亿元，2005年实现营业收入206亿元、利税38亿元，其中利润21亿元。

公司拥有的金川镍矿是世界著名的超大型多金属共生硫化镍铜矿床。目前保有矿石储量4.4亿吨，其中镍金属保有储量450万吨，铜金属保有储量近300万吨，钴金属保有储量13万吨，金、银等其它贵金属的储量也在国内居重要地位。

公司通过了ISO9002质量体系认证，建立了ISO9001：2000国际标准质量体系。公司产品“金驼牌”电解镍在伦敦金属交易所注册；“金驼牌”商标获国家驰名商标。阴极铜在上海期货交易所注册。电解镍、海绵铂和电解钴获国优金质奖。公司还开发出了羰基镍粉、镍扣、超细钴粉、四氧化钴、高纯阴极铜、精硒、亚硫酸钠等一系列科技含量高的新产品。

年产15万吨铜电解车间

公司坚持科学发展观，走新型工业化道路，高度重视矿产资源的综合利用和环境保护工作，依靠科技进步，立足全球发展，实施国际化经营，在不断扩大经济总量的同时，努力提高经济增长的质量，确保公司的可持续发展。

选、冶、化厂区一角

陕西汽车集团有限责任公司

董事长：张玉浦

陕西汽车集团有限责任公司（以下简称陕汽集团）以实现企业可持续发展为目标，大力开展对外合资合作，通过广泛吸收社会资本，使集团生产能力迅速提升，规模不断壮大，现已达到年产重型卡车3万辆，中型卡车2万辆，大客车（底盘）1500辆，重型车桥5万根的能力，并拥有散热器、油箱及其它汽车零部件年生产能力5亿元以上。

目前陕汽集团拥有陕西重型汽车有限公司、陕西宝鸡华山工程车辆有限责任公司、陕西汉德车桥有限公司、陕西欧舒特汽车股份有限公司、陕西重汽汽车零部件有限责任公司、陕西通力专用汽车有限责任公司、陕西华亨汽车散热器有限责任公司、陕西万方汽车零部件有限公司、陕西华臻三产工贸有限责任公司、陕西蓝通传动轴有限公司、陕西重型客车联营公司等11个参股及控股子公司。产品品种覆盖重型军用越野车、重型卡车、大客车（底盘）、中型卡车、重型车桥等，具有特色鲜明、规格齐全、性能可靠的四大类一千多个品种序列。

陕汽集团占地面积314万平方米，拥有固定资产13.6亿元，职工11000余人，其中工程技术人员和专业管理人员2000余名，公司具有完整的产品开发、生产制造、检测调试、市场营销和零部件生产制造体系，并首批通过了中国国家强制认证（3C）、GJB9001A－2001国军标认证及ISO9001：2000质量体系认证。

陕汽集团自80年代引进奥地利斯太尔重型汽车及德国曼公司大客车（底盘）设计制造技术以来，不断吸收当代世界先进技术，2003年又与德国曼公司签署长期战略合作协议，独家引进其畅销全球的MAN F2000、TG－A系列重卡生产技术，从而形成了中国重型汽车升级换代新产品，由这一引进技术生产的F2000牵引车在首届"华夏十二车（商用车）"评选中获得"最佳技术进步奖"，是唯一上榜的重卡车型。目前集团公司在重型军用越野汽车、大吨位商用车和高档大客车（底盘）制造领域具有独特的优势，技术水平始终保持国内领先，成为国家选型对比试验后保留的唯一指定装备我军的重型军用越野车生产基地。

陕汽集团拥有自营进出口权，产品出口亚洲、欧洲、美洲、大洋洲、非洲等十几个国家和地区，被国务院批准为扩大出口企业。产品SX2150及SX2190型军用越野车先后参加了举世瞩目的建国35周年及50周年国庆阅兵仪式，以庞大的阵容壮我军威，为国争光，受到国务院及中央军委的多次嘉奖。

近几年陕汽集团以每年平均40%的高增长速度成长为国内知名的汽车企业集团，并成功进入中国500强企业，位列327位；在2004年中国机械500强企业评选中以综合实力及高成长性排列45位，并荣获国内"最有影响力企业"殊荣，张玉浦董事长也被评为"最受关注企业家"和"陕西十大经济风云人物"。

面对经济全球化的挑战，陕西汽车集团有限责任公司将以强大的科技开发能力、大规模的生产能力、不断创新的市场开拓能力、崭新的企业文化凝聚力和灵活高效的管理能力，大力推进西安重型卡车新基地、宝鸡中型卡车基地和蔡家坡零部件基地的建设。至2010年实现各类汽车产销12万辆以上，销售收入200亿元以上，为中国汽车工业的发展做出更大的贡献。

总经理：方红卫
地址：陕西省西安市幸福北路39号
邮编：710043
电话：029-83388331
传真：029-82527664
网址：www.sxqc.com

陕汽奥龙4X2仓栅车

上海振华港口机械(集团)股份有限公司

Shanghai Zhenhua Port Machinery Co., Ltd.

总裁：管彤贤

上海振华港口机械(集团)股份有限公司(ZPMC)是世界知名起重机和大型钢结构制造商，主要生产岸边集装箱起重机轮胎式集装箱龙门起重机、散货装、卸船机、斗轮堆取料机、门座起重机、浮吊和工程船舶以及大型钢桥构件。迄今为止，按订单统计，ZPMC居世界同行合同额60%以上，有岸边集装箱起重机807台，轮胎式集装箱龙门起重机1322台和各种非标大型港口机械的良好业绩。按英国《WorldCargo News》杂志以订单统计，近七年ZPMC大型集装箱机械的订单居世界同行首位。自主设计、开发世界首创的可吊双40英尺集装箱起重机以及投入使用的双小车集装箱起重机等处于世界领先地位。

ZPMC的产品已进入世界48个国家和地区的90余个港口。

500

2004年中国机械500强

荣誉证书

Shanghai Zhenhua Port Machinery Co., Ltd. (ZPMC) is a world famous manufacturer of cranes and large steel structure. Its main products include quayside container cranes, rubber-tyred gantry cranes (RTGs), bulk material ship loaders and unloaders, bucket-wheel stackers and reclaimers, portal cranes, floating cranes, engineering vessels and big steel bridge structures. So far , as per its order book, ZPMC has had more than 50% of the world crane contracts, and has produced 807 units of quayside container cranes, 1322 units of RTGs, and various non-standard large-size port handling machinery. According to the survey made by "World Cargo News" in England, ZPMC has had the largest order book of large-size container handling equipment for the last seven years. ZPMC designed and fabricated the first quayside container crane which can handle twin 40' containers with dual hoists in the world. The double trolley quayside container cranes fabricated by ZPMC are also taking leading position in the world.

ZPMC's products have been spread over 48 countries and regions, and more than 90 ports around the world.

PMC 制造的岸桥在美国长滩港

ZPMC“振华3号”运载四台岸桥驶抵美国纽约

ZPMC研制的全自动化双小车岸桥在法国勒哈佛港

ZPMC 研制的世界首创可吊双 40 英尺箱的阿联酋迪拜岸桥

PMC研制的全自动化双小车岸桥在德国汉堡港

世界规模最大技术一流的港机长兴基地

地址：中国上海浦东南路3470号　ADD：3470 Pu Dong Nan-Lu,Shanghai, P.R.China　邮编(Post Code)：200125
电话（Tel）：86-21-58396666　传真（Fax）86-21-58399555　电传（Telex）：33409 ZPMC CN
网址（Webpage）：http://www.zpmc.com
电子信箱（E-Mail）：ZPMC@public.sta.net.cn

自贡硬质合金有限责任公司

董事长：张毅

自贡硬质合金有限责任公司是中国西部地区唯一的大型钨品生产企业，也是世界级大型硬质合金和钨钼制品生产企业。公司生产硬质合金、成品工具、钨钼制品及粉末制品四大门类五万多个品种规格的产品，广泛应用于机械、冶金、石油、矿山、建筑、电子、航天航空等领域，年产能超万吨，具有规模大、品种多、规格齐以及高附加值、高技术含量、高市场占有率的特色与综合优势。

公司在国内建有十五个营销网点，覆盖国内市场；在欧美、东南亚地区建立了广泛的分销网络，形成了完善的营销网络体系，与国内外客户结成了至诚友好、共同发展的良好合作关系。公司硬质合金产品国内市场占有率超过30%，年出口量超过总销量的60%，其中80%以上出口欧美等发达国家和地区，是世界最大的钨品供应商之一。

公司长期致力于技术领先，设立了博士后科研工作站，与多所重点高等院校和知名科研院所建立了长期、稳定的合作关系，保证了公司在科研、新品开发方面的持续创新能力。公司通过了ISO9002:2000版质量体系、ISO14001环保体系和OHSAS18001职业安全体系认证，逐步形成了制造型企业标准化、规范化的生产优势，确保了产品质量的稳定性和高品质性。

公司主要经济指标连续二十年保持了年均递增20%的发展速度，2005年实现销售收入14.06亿元，实现利税5162万元，实现利润3480万元，出口创汇7213万美元。公司经济总量和技术实力位居国内同行业第二，出口创汇跃居国内同行业第一，生产总量已位居世界前五名，正向产权多元化、经营国际化、管理信息化的世界一流大型企业集团迈进。

公司追求在硬质合金、钨钼制品及其相关新材料领域为用户提供最优的服务，广泛寻求与国内外优秀企业的战略合作，大力引进人才、资金、技术和管理，培育核心优势，壮大竞争实力，在未来五年内，实现经济总量翻番的总体目标，到2015年实现销售收入50亿元，成为“新材料领域科技进步的推动者”和“为用户追求高效率提供完整解决方案的供应商”。

【典型案例】

激情奋进快速成长的中国一航

中国航空工业第一集团公司

中国航空工业第一集团公司（中国一航）是中央管理的大型企业集团，是以建设航空强国为己任，快速健康成长的高科技创新型大集团。中国一航自1999年成立以来，走过了七年的奋进历程。七年来，在邓小平理论和三个代表重要思想的指引下，在党中央、国务院、中央军委的大力关怀和支持下，在大集团战略的指导下，中国一航广大员工继承和发扬航空工业50多年来的光荣传统，顽强拼搏，开拓创新，取得一系列骄人成绩："十五"计划主要经济指标提前完成，航空产品跨代发展，整体实力大幅提升，科技进步明显加快，调整改革取得突破，管理创新成效显著，集团文化有声有色，人才队伍茁壮成长，各项工作全面推进，初步成为一个富有激情和活力，主业突出、核心竞争力和自主创新能力较强、国内外地位和影响力日益提升的大型企业集团。

全面推进大集团战略，规模与效益大幅提升

大集团战略全面推进。面对新一轮世界范围的产业转移和结构调整，面对日新月异的新技术革命浪潮，面对世界新军事变革的严峻挑战，中国一航成立之初，就提出了"面向新世纪，建设大集团"的发展思路，制定了"整合、凝聚、创新、卓越"的大集团战略，提出了"快速成长、创造卓越，跻身于世界航空工业强者之林"的集团愿景。经过七年的探索与实践，以事业部制与母子公司并存的大集团组织框架进一步明晰，大集团战略思想深入人心，大集团战略的内涵不断得以深化和完善。在大集团战略的引领下，集团公司调整改革发展取得了显著成效，广大员工在工作中同舟共济，大力协同，奋力拼搏，彰显大集团整体优势，已经成为指导集团公司各项工作的行动纲领，并推动集团公司持续发展、快速成长。

经济规模与效益大幅提升。过去的七年，是中国一航快速成长的七年。"十五"主要经济指标提前两年完成。2005年总收入和工业企业销售收入是1999年的3.3倍，年均增长22%；航空收入是1999年的5倍，年均增长31%，占总收入比重从1999年的37%上升到2005年的56%；非航空销售收入是1999年的2.3倍，年均增长15%。在处理大量潜亏同时，实现了从亏损到扭亏、再到盈利稳定增长的转变。经济运行质量大幅提高，工业企业应收账款、存货、期间费用、银行流动资金贷款占销售收入比例，这四项财务考核指标，分别下降14%、22%、9%和3%。资产总额翻了一番。累计出口57亿美元。集团在世界航空航天100强的排位，从1999年第54位上升到第20位。

集团发展成果丰硕，技术进步明显加快

型号研制硕果累累。集团公司在飞机、发动机、导弹方面，承担了几十个型号高新工程任务的研制和生产任务，同时自主研制新支线客机、燃气轮机等。七年来，面对重点型号的超常考验，超常压力，上下坚定信心，强化组织指挥，迎难而上，以超常的拼搏，非凡的毅力，突破了重点型号项目一个又一个难关，确保了一个又一个重大节点。七年来，广大员工敢为人先，打破常规，创造了一个又一个惊人的业绩。实现了"三大跨越，两大进展"，即实现了我国军机从第二代向第三代的历史性跨越；实现了我国军用航空发动机从第二代向第三代、从涡喷向涡扇、从中等推力向大推力的跨越；实现了我国空空导弹从第三代向第四代的跨越。三大跨越的实现，使我国成为少数几个能同时自主研发先进战斗机、发动机和导弹的国家，缩短了与先进国家的差距，使我国航空工业发生了质的飞跃，大大增强了国防实力。圆满完成重点型号的研制生产任务，实现几十个型号的定型、鉴定和首飞。航空产品系列发展，谱系日益丰富。机载产业快速发展，机载设备和系统实现了升级换代，已经具备了为军用飞机、民用飞机、直升机、导弹和各种飞行器提供机载系统的能力。超产能完成交付任务。

民机发展取得重大进展。把ARJ21飞机作为最具战略意义的重点项目来抓，按国际惯例和市场规则的要求，创建新的体制机制，在市场营销、设计、客户服务等方面取得明显进展，已全面转入制造阶段，累计签订41架售机合同。新舟60飞机完成改进工程，累计交付25架，实现了我国涡桨支线飞机出口"零"的突破，签订17架出口合同，已交付3架。航空转包生产大幅增长，2005年交付额达2.3亿美元，是1999年的4倍，年均增长26%。

燃气轮机发展取得重大进展。燃气轮机已具轻、重系列。GT7000获国家立项、GT25000通过整机鉴定、QC185点火成功；R0110完成工程设计；QD128和QD70已并网发电；低热值QD100实现商业销售。同时非航空产品在激烈竞争中取得进展。摩托车、空调压缩机等销售创历史新高；柴油电喷等产品研发初显成效。

科技进步和自主创新步伐明显加快。科技水平上了台阶。预研成果催生了大量新型装备。企业全部成立技术中心。集团技术创新基金资助的39个项目已显

初步成效。技术创新体系不断完善。确立了“一个整体、两个层次”的科技创新体系构架，按照这个构架，对企业技术中心工作进行了全面规划，各企业都建立了技术中心。航空技术基础得到加强。重点实验室建设在加快进行，各成员单位专利申请量明显增加。科研生产手段和能力全面提高。新增大量科研生产面积、计算机软硬件、数控加工设备、大型科研试验设施。初步实现全集团、全机级数字化协同并行研发生产。研制生产周期大幅缩短。自主研发、产品供给、试验验证、服务保障等四项能力显著提升。通过大量条件建设和生产线改造，为型号研制和生产提供条件保障；产品研制和生产能力全面提高，初步具备了先进战斗机机体、发动机和机载设备的研制条件和小批量生产条件；部分试验设备和生产设备达到国际一流水平。主要非航空产品生产线改造的投入，极大促进了产品的升级换代和效益的提高。

大力推进管理创新，信息化建设成效显著

管理创新独具特色。七年来，我们积极推进流程再造、精益六西格玛、矩阵管理等先进管理理念和方法，积极探索有集团特色的管理思想和平台，取得明显效果。一流环境建设41个单位达标。集团信息化主干网覆盖所有单位。财务管理信息系统、管控中心、视频会议系统、办公自动化等应用效果明显。全面推行以拉动式为核心的计划管理与考核评价。财务管理五大体系建设初步完成；银企合作共获得综合授信270亿元；集团融资结算中心共融资40多亿元。内部审计成效明显。实施品牌战略，四项产品通过“一航”品牌认证。一航特色质量管理体系基本形成，七年来未出现重大质量安全事故。中国一航初步形成了以精益六西格玛为主线的一个开放式、多层次、信息化的管理平台。

信息化建设成效显著。集团公司把信息化建设作为实现集团跨越式发展的战略性、全局性举措。按照“建设一个平台，建立两个体系，实施三项工程”的总体部署，覆盖全集团的金航网和各单位的园区网，实现了全国16个省市100多家成员单位的互联互通，大大提升了异地协同设计制造能力和现代化信息传输能力。目前信息化建设已达到实际使用、初见成效阶段，特别是在推进财务管理信息系统、型号项目管理、视频会议系统、公文办公及文件传输、金航安全体系建设、数字化设计制造集成系统等方面取得明显进展和良好效果，对提升集团公司整体管理水平、推进大集团战略起到积极的支持作用。

加快改革调整步伐，产业结构不断优化

调整取得突破性进展。按照“精化分立，重组整合，发展壮大”的调整思路，积极推进精化分立、分业经营、主辅分离。七年来，结构调整由点到面推进。重点是整合同类资源，消除激烈的内部竞争，加强科研与生产的结合。成功进行18个企事业单位的整合。成立了发动机事业部，显现了集团公司未来组织框架的轮廓。中国一航一飞院的成立，为进一步发展大中型军民用飞机理顺了生产关系；成立航宇救生装备公司，在整合内部资源的同时，实现了资产的流动，经济效益立竿见影；中航雷达与电子研究院的成立，实现双方最大的优势互补。

七年来，按照“突出航空主业，相关多元发展”的产品发展战略，初步实现了产品结构的优化升级，突出了航空主业，增加了高技术含量和高附加值新产品比重，航空收入比重不断增加，产业结构不断优化。

改革脱困工作成效显著。中国一航成立之初就面临所属企业的巨大挑战：直属25户工业企业有12户企业亏损，亏损面达48%。对此，集团果断作出了抓住历史机遇，坚决打好改革脱困攻坚战，全面提升中国一航核心竞争力的战略部署。经过几年的努力，工业企业亏损面由12户减至1户；完成破产法律程序的17户企业减少债务40亿元；社会职能分离移交取得较大进展；7户企业实现债转股22亿元；完成78户企业的改制分流；2户企业上市。在军工行业率先实施企事业单位主要领导年薪制，总部开展了竞聘上岗。

党建和集团文化建设不断深入
人才队伍茁壮成长

党的建设得到加强。七年来，我们不断加强党的建设和思想政治工作，充分发挥党组织的政治核心作用，坚持和健全民主集中制，把思想建设、组织建设和作风建设有机结合起来，切实做好基层党建工作。有效开展了保持共产党员先进性教育活动。围绕集团发展、改革和稳定，积极探索思想政治工作的新路子。不断积极探索新形势下思想政治工作的新机制、新方法，把思想政治工作引入型号攻坚、调整、改革脱困等主战场，充分调动广大干部员工的积极性和创造性，为重点型号任务圆满完成提供了坚强的政治保证、精神动力和舆论支持；高度重视处理广大员工的根本利益和具体利益、长远利益和眼前利益的关系，高度重视稳定工作，党风廉政建设不断加强，工会、共青团工作不断推进，保证了集团发展的良好局面。

集团文化建设有声有色。中国一航成立之初就认

识到，建设大集团，实现跨越发展，必须打造具有中国一航特色的集团文化，重塑国有企业的魂魄。为此，我们承继中国航空工业半个世纪的文化传统，按照“突出航空主业，员工普遍认同，围绕中心任务，尽快见到成效”的原则，全面系统推进集团文化建设，取得显著成效。全面实施《集团文化建设纲要》，形成“一个核心，多个着力点”的集团文化框架，提炼并形成了“航空报国，追求第一”的集团理念和“激情进取，志在超越”的集团精神，并已经深入人心，成为广大员工与企业相互认同的核心价值观。集团文化融入型号攻坚主战场，提升了凝聚力、创新力和竞争力。具有一航特色的集团文化成为凝聚集团广大员工的精神纽带和强大动力。

人才队伍茁壮成长。集团公司牢固树立以人为本、人才是第一资源的观念；深刻认识人才对实施大集团战略、抓住战略机遇、实现跨越式发展的极端重要性，大力实施“人才兴航”战略，人力资源开发取得显著成绩。人才队伍结构和整体素质不断优化，人才断层问题已基本解决。通过型号研制生产锻炼、与高校联合等多渠道培养，一批有才华、有学识的年轻专业技术人才成长为科技工作的骨干，一批技艺精湛的青年技能人才脱颖而出。七年来，启用了一大批优秀年轻干部，加大干部交流力度，领导班子新一轮整体性新老交替已经顺利进行，一支以年轻干部为主体、老中青搭配、学历层次高、专业齐全配套的新一代领导干部队伍基本形成。

党的十六届五中全会和十届全国人大四次会议，描绘了未来的宏伟蓝图。我们正处于发展的战略机遇期。根据新的形势，我们计划继续全面推进大集团战略，突出航空主业，相关多元发展，在实现三个大体相当（军机与民机两类产品、国内与国外两个市场、产品与服务两个领域的收入大体相当）上迈出重要步伐；以保质保量完成重点型号任务为核心，坚持军民结合和市场导向，强化自主创新，提升产业能力，优化产品结构，加快把集团公司建设成拥有自主知识产权、自主品牌和持续创新能力的创新型集团。努力实现“十一五”经营发展目标：到2010年，实现年销售收入1200亿元，跻身世界500强。

展望未来，中国一航充满无限生机。集团决心在“三个代表”重要思想指导下，认真贯彻落实科学发展观，努力实践“航空报国，追求第一”的集团理念，大力弘扬“激情进取，志在超越”的集团精神，抢抓机遇，真抓实干，奋勇拼搏，为集团公司早日跻身世界航空工业强者之林而不懈奋斗！为中华民族的伟大复兴贡献自己最大的力量！

坚持科学发展观
实现全面协调可持续发展
努力建设主业突出、核心能力强、
有竞争力的大集团

中国航空工业第二集团公司

中国航空工业第二集团公司（以下简称中航二集团）成立于1999年7月1日，是经国务院批准在原中国航空工业总公司所属部分企事业单位基础上组建的特大型国有企业，是国家授权投资的机构，由中央直接管理。

中航二集团所属企事业单位78个，近年来经过重组改制，在建立现代企业制度方面取得可喜进展，目前旗下拥有一家香港H股上市公司（中航科工）和6家国内A股上市公司（哈飞股份、东安动力、洪都航空、昌河股份、成发科技和南方摩托）。此外，中航二集团持有中国航空技术进出口总公司和中国航空工业供销总公司各50%的股份。

中航二集团主要航空产品有直升机、运输机、特种作战飞机、教练机、强击机、支线飞机、通用飞机、无人驾驶飞行器、战术导弹等军民用航空器及相关发动机、机载设备等；主要民用产品有汽车、摩托车、燃气轮机、风力发电、纺织机械、制药和医疗装备、环保设备等。此外，中航二集团还经营飞机租赁、通用航空服务、工程勘察设计与建设、中介服务等业务和航空技术进出口、航空产品国际合作、航空产品转包生产、对外招标投标与工程承包、境外带料加工等业务。

作为我国航空工业的主力军之一，中航二集团所属企业研制生产了新中国第一架飞机、第一台航空发动机、第一架直升机和第一枚海防导弹。自我国航空工业创建50多年以来，中航二集团所属企业已累计生产各种飞机6000多架，直升机760多架，航空发动机25000多台、战术导弹10000多发。特别是改革开放以来和集团公司组建以后，中航二集团在党中央、国务院、中央军委的正确领导下，在国家有关部门的大力支持下，以科学的发展观为统领，努力实现“航空产业做大做强，武器装备做优做精，技术储备做深做厚，汽车产品做强做大”的战略目标，针对世界新军事变革和提升我军航空武器装备水平的需要，发展了一批过去航空工业缺门却是我军现代化建设迫切需要的特种飞机和先进武器装备，相继研制成功一批新型航空产品，取得了一批新的科研成果，生产了一批高水平、高性能、全天候的新机型装备部队，使我军拥有了一批克敌制胜的高技术航空武器装备，为保卫国家安全和领土完整奠定了基础；针

对我国改革发展需要和经济发展需求，改进改型并与国外合作研制生产了一批适合民用的航空产品；针对我国市场需求和不断提高的人民生活水平，引进技术并与国外合作生产了微型和小型汽车，成为我国重要的汽车科研生产基地之一，为我国国防建设和经济社会的发展做出了重大贡献。

加大国际合作力度，实现航空产品跨越发展

航空工业是衡量一个国家技术、经济、国防和综合国力的重要标志之一。正因为这一特质，世界各国竞相把发展航空工业列为21世纪的战略性产业，并作为发展高科技产业的重中之重。中航二集团组建以来，紧紧抓住本世纪头20年我国发展的重要战略机遇期，提出了“军民结合，军品优先，民品为主，发展经济”的发展方针，“抓住机遇，突出重点，发挥优势，有所作为”的发展策略，“全方位、深层次、宽范围国际合作和国内联合”的发展途径；加快发展速度，在大力发展航空武器装备的同时，坚持以市场需求为导向，以政府支持为牵引，以技术创新为推动，以用户要求为目标，大力发展民用直升机、支线飞机和通用飞机，为经济社会发展提供了一批急需的民用航空产品。针对当前世界航空工业采用国际合作方式研制开发民用飞机，以分担巨大的资金与市场风险的趋势，中航二集团深刻认识到在科技全球化的今天，走国际合作道路，尽快掌握关键制造技术，是提升我国航空制造水平，加快航空工业发展的重要途径。为此，中航二集团始终致力于扩大航空工业国际合作范围，汲取国外在航空产品研制和商业运营方面的经验，逐步掌握发展民用飞机的关键技术，建立深厚的技术储备平台，用最短的时间突破民用飞机发展中面临的技术瓶颈，同时探索按照国际商业规则开发航空产品的有效途径，走出了一条“合作、改型、创新”的发展道路。

合作研制EC120直升机，使我国直升机产业化取得突破性进展。EC120直升机是1993年由中国、法国、新加坡三方以共同投资、共担风险、共享利益的方式进行联合研制的国际合作项目。1995年，EC120直升机实现首飞，1997年转入批量生产，迄今已取得美国、法国、英国、中国等37个国家颁发的型号合格证，交付38个国家428架，目前占有国际1-5座单发轻型直升机市场份额的74%。2004年底EC120直升机总装生产线在哈尔滨建成，年产直升机20架，这是继法国首条生产线之后，在全球范围内的第二条总装生产线。这条生产线的建成，实现了我国从生产EC120直升机部件到总装整机的跨越和具备从设计、制造到销售国际先进直升机的能力，为我国直升机工业培养一批具有国际先进技术、管理、销售水平的专业人员奠定了基础。

合作生产的ERJ145支线飞机，让我国实现了发展先进涡扇支线客机的新跨越。ERJ145支线飞机是中航二集团与巴西航空工业公司的国际合作项目，得到了中巴两国政府的大力支持。2002年6月，国务院批准项目立项，12月中巴双方在人民大会堂签订合资生产50座级支线飞机合同，2003年12月首架飞机下线并成功首飞。ERJ145支线飞机项目得到了中巴两国领导人的高度重视，2004年5月胡锦涛主席在北京会见巴西总统卢拉时高度评价了中巴战略伙伴关系，赞扬支线飞机合作项目展现了南南高科技合作的巨大活力和潜力。到目前为止，中航二集团已与南方航空、东方航空和江苏航空公司签订了16架机的销售合同。

K8E飞机及生产线的出口，开创了我国航空工业转让生产技术的先河。K8E飞机是中国与巴基斯坦合作研制的基础教练机。在国内航空产品市场需求有限的情况下，中航二集团坚持“走出去”和“引进来”相结合的方针，大力开拓国际市场，1999年在国际竞标中战胜了意大利、捷克等竞标者，与埃及签订了出口80架K8E飞机及生产线的合同。K8E飞机及生产线的出口，实现了我国航空工业从单纯出口产品到出口技术含量更高的生产线的转变。

空客公司（北京）工程中心的成立，为我国参与干线飞机国际风险合作提供了新机遇。2005年7月，空客公司（北京）工程中心在北京天竺空港工业区正式挂牌，中航二集团同空客签署了HOA，以合资的形式参加工程中心。该中心的成立是空中客车公司与中国航空工业的一次长期合作，旨在促进中国航空工业参加空客飞机的研发、设计、制造、销售的全过程，并使中国逐步从部件转包生产商发展为风险合作伙伴，最终将使中国成为空客公司未来项目的完全风险合作伙伴。

中航二集团通过更大范围和更深程度的国际合作，以转包生产、合资合作、联合设计等方式在航空产品研制和商业运营方面积累了丰富的经验，建设了一批可满足国际合作项目需求的预研、设计、试验、试制、测试、制造设施，逐步掌握了一批达到国内外先进水平的设计和制造技术，培养了一支国际航空工程设计、生产、管理骨干队伍，为深入开展国际合作，提升我国航空工业研制水平奠定了基础。

坚持军民结合寓军于民，大力发展民用产品

中航二集团始终坚持“军民结合，寓军于民”的原则，不断将航空高新技术应用于军民通用的“专、精、特、新”产品的发展，根据国家发展战略的要求，发挥自身的特长，适应市场的需要。在军转民

过程中，中航二集团注重发挥航空工业为国民经济发展提供装备的作用，在能源、电子、机床、环保、冶金、工量夹刀具等领域培育了一批“小巨人”企业，形成了一批“小拳头”产品，为推动我国相关产业的发展做出了贡献。

为满足绿色能源的发展，中航二集团利用航空螺旋桨的科研生产优势在国内率先发展用于风力发电的风轮叶片，同时发展风力发电机组。通过引进技术、合资合作，研制出1MW风力发电机组；中航惠腾公司生产的600KW、750KW和兆瓦级风轮叶片在国内市场的占有率已达到90%，成为国内研制生产风轮叶片的重点企业。

中航二集团利用航空发动机技术研制的燃气轮机，具有功重比高、功率应用范围大、热效率高、低污染、起动快、加速性好、可靠性高、使用维护性好、节水、占地面积少、可燃用多种燃料等优点。采用燃气蒸汽联合循环或冷热电联供形式，可进一步实现能源的梯级利用，提高热能利用率。中航二集团目前研制生产的燃气轮机已经具有1500kw、2000kw、4000kw、10000kw、12800kw、25000kw等级的系列，对于改善地区供电、提高能源利用率、提高地区环保水平综合效应非常明显。中航二集团研制生产的车载式燃气轮机移动电站具有噪音低、污染小、机动性强的特点，可对突发性事故即时响应。作为区域性的备用支援电源，能有效避免及减低特大停电事故发生时所带来的破坏，为重要社会、经济活动的保障提供了有力的基础。

根据国内汽车市场的竞争需要和原有的汽车生产特点，中航二集团充分发挥自身的优势，把汽车产品定位在“安全、环保、节能、经济、实用”的小排量汽车上，并提出汽车产品结构调整要推进三个转变：即向多功能车及乘用车的转变；向环保车的转变；向现代营销方式的转变，并推出了一批市场需求的新车型。经过几年的产品结构调整，汽车产品的产能不断扩大，从1999年15万辆扩大到2004年的46万辆；销量不断上升，从1999年的18.4万辆增加到2004年31.4万多辆，产品由单一的微型汽车，形成了轿车、微型客车、微型货车多品种全面发展的系列化格局，已成为我国重要的汽车研发和生产基地之一。去年，中航二集团对汽车产业结构进行了重大调整，成立了中航科工汽车事业部，实现了汽车与发动机业务的整合、新乡汽车零部件业务的整合、南北汽车业务管理层的整合。通过一系列结构调整，特别是对汽车业务实行的统一决策、统一规划、统一开发、统一采购、统一销售、统一对外的“六统一”管理，为集团汽车及零部件的下一步发展打下了坚实的基础。

中航二集团在汽车产品研发生产中，始终坚持国际合作与自主开发相结合的方针，与多家国际著名公司进行了不同方式的合资合作。昌河公司通过与铃木公司的合作新推出全球畅销的利亚纳轿车和装配K系列发动机的新款北斗星轿车，东安公司分别与日本三菱公司和奥地利AVL公司合作，引进开发并合资生产了新型发动机，使发动机形成了0.8-2.0升系列。在与国外公司联合开发的过程中，中航二集团高度重视自主知识产权和自主创新，发展具有自主知识产权和自主品牌的汽车产品。哈飞公司与意大利宾尼法瑞纳公司联合开发的“中意”面包车，深受用户欢迎。在此基础上，哈飞又依靠自身力量，自主开发了“民意”客车。哈飞公司自主开发的“路宝”微型轿车，是一款拥有自主知识产权的两厢仓背式轿车，车身与意大利宾尼法瑞纳公司联合设计，获得2004年度中国汽车工业科学技术进步二等奖。哈飞公司与宾尼法瑞纳公司联合设计的“赛豹”轿车也已上市。昌河公司与意大利博通公司联合开发了“爱迪尔”轿车，与铃木公司合作生产了“北斗星”多功能车和“利亚纳”轿车，进一步丰富了汽车产品种类。通过合资合作、引进技术，联合开发，中航二集团汽车研发生产技术不断得到提高，为做强做大汽车产业奠定了基础。

以人为本，用企业文化打造核心竞争力

21世纪企业间的竞争，最根本的是文化竞争。在不断发展的过程中，中航二集团深刻认识到文化竞争力已经成为企业核心竞争力的重要组成部分，企业文化作为企业的灵魂和精神支柱，深深熔铸在企业的生命力、竞争力和凝聚力之中，加强企业文化建设，是当前提高企业核心竞争力的战略选择。为此，中航二集团牢固树立以人为本的科学发展观，提出了“实干图强，创新兴航”的集团精神和“诚信经营，品质一流”的集团理念。“实干图强，创新兴航”就是鼓舞和激励广大员工团结拼搏、励精图治、扎实工作、开拓创新，不断开创航空工业改革发展的新局面。“诚信经营，品质一流”就是以诚相待、诚心诚意，信守合同，守法经营；产品一流、人品一流，素质一流，企业一流。经过不懈的努力，中航二集团已经初步建立起适应国防科技工业改革发展要求，符合集团发展战略，体现员工根本利益，具有凝聚力和执行力的集团文化建设体系，并通过集团文化建设，不断增强了凝聚力，全面提升了执行力，初步实现了集团文化和集团战略的和谐统一，集团发展与员工发展的和谐一致，集团文化优势与集团竞争优势的和谐一致，为集团公司的改革发展提供了思想保障。

质量文化是企业文化的重要组成部分，是贯彻“诚信经营，品质一流”集团理念的有效途径之一。中航二集团在企业文化建设总框架下又重点推进了质量文化建设，以“诚信经营，品质一流”集团理念为

基础，确定了“用户满意，持续改进”的质量方针，“忠诚于顾客”的质量价值观，“尽职尽责干工作，问心无愧交产品”的质量道德观和“追求完美，造福社会”的发展观。质量文化建设的不断推进，使确保产品质量的意识深入人心，得到全体员工的广泛认同，并在集团公司内形成了浓厚的质量文化氛围，在国内外树起了“诚信经营，品质一流”的企业形象。

面对21世纪的竞争与挑战，中航二集团将坚持科学的发展观，制定和实施好“十一五”发展规划，精干主体，壮大主业，不断做优做精武器装备、做大做强航空产业、做强做大支柱民品，实现全面、协调、可持续发展，努力把集团公司建设成为主业突出、核心能力强、有竞争力的大集团。

中国海洋石油总公司

中国海洋石油总公司“十五”盘点

中国自改革开放以来，以令世界瞩目的速度不断向前。在这股强劲的推动力中应运而生的中国海洋石油总公司（简称中国海油），乘风就势，锐意改革，二十多年的发展历程，让全体海油人引以为豪。我们以海洋为起点，凭着一腔热情和石油人传承的艰苦创业精神，肩负起国有企业的责任，为国家发展贡献自己的力量。

回首“十五”

“十五”期间，中国海油实现了高速高效发展，经济规模迅速壮大，企业实力显著提升，对社会和国家的贡献日益增强。销售收入从284亿元人民币上升到888.8亿元人民币，利润总额从99亿元增加至387.7亿元，纳税额从23亿元提高到180亿元，总资产从533亿元上升到1914.3亿元，净资产从400亿元增加至1054.7亿元。国内油气产量从2235万吨提高到3364万吨油当量。这种跨越式发展的成果为公司“十一五”的厚积勃发奠定了坚实基础。

凭借良好的发展业绩，中国海油在国内、国际的影响力大幅提升。2005年，公司各项经济指标在中央企业排名中保持了继续上升的势头，利润总额居第4位，销售收入居第16位，资产总额居第11位。同时，中国海油在国际资信评级中继续保持了国内企业的最高级，标准普尔评级为A-，穆迪评级为A2。在2005年美国《福布斯》杂志公布的“亚洲企业50强”排名中，中国海油列第8位。

核心主业稳步增产

作为龙头的油气产业，对中国海油的整体发展发挥着重要作用。中国海洋石油有限公司（简称中海油）负责油气主业的勘探、开发、生产及销售。该公司于2001年在纽约及香港上市，现已成为全球最大的独立油气勘探及生产公司之一。

2005年，中海油油田建设迈向更高水平。全年国内外油气总产量3900万吨油当量，油气总产量比去年增长7%。国内油气总产量3364万吨油当量，较去年增长11.4%。其中原油2789万吨，天然气57.5亿方。在人员少、时间紧、任务重的情况下，全年在建油气田19个，投产7个，其中提前投产4个。而旅大油田从发现到建成仅用3年时间，更是创下了全球海上稠油油田开发最快纪录。渤海油田区继2004年油气产量首次突破1000万立方米油当量后，2005年产量达到1400万方，成为我国重要产油区。

中海油在油价高企的利好环境下，得益于产量增长和成本有效控制，全年利润实现大幅增长。其桶油成本仍居国际同类公司领先水平。

秉承为股东创造更多价值的经营理念，使中海油不断向更高目标努力，股权回报率多年保持在30%左右，得到资本市场的充分认可。截至2005年12月30日，公司股票价格较IPO累计上涨341.2%，总市值超过2155亿港币。中海油为股东在年末奉献了一张漂亮的K线图。

中海油严格遵循资本市场要求，规范运作，信息披露准确及时，加之近年来不俗的业绩表现，使公司得到各界的好评及荣誉。2005年，入围《英国金融时报》全球500强，入选《商业周刊》亚洲150强。连续四年荣获《亚洲货币》、《亚洲金融》等著名财经杂志评选的“最佳管理公司”等荣誉。

海外发展锐意扬帆

2005年是中国海油坚定贯彻实施中央“走出去”战略力度最大的一年。肩负海外发展使命的干部员工，兢兢业业，不辞劳苦，取得了实质性成果。全年评价投标项目近40个，成功完成了加拿大油砂项目的收购。2006年初，在去年艰苦工作的基础上，公司用近23亿美元完成了尼日利亚OML130区块45%股权的收购。目前，公司海外资产和勘探区块主要分布在澳大利亚、东南亚、西非、里海等地。在海外共有风险勘探区块面积近40万平方公里，相当于公司在中国近海可勘探面积的1.3倍。海外权益探明可采储量达12.9亿桶油当量。成为实现公司2010年海外两千万吨油当量目标以及支撑更长远发展的基础。

特别需要一提的是去年竞购美国尤尼科公司。这是中国海油发展史上的重大事件，也是中国企业、特别是国有企业走向国际市场的重大历史事件。尽管由于美国政治上的阻挠，竞购没有成功，但在整个竞购过程中，公司的策略、操作技巧以及在几个重要决策点上的选择得到了股东、投资者和资本市场的高度认可，也得到了国际舆论，特别是美国主流媒体的认同。同时，亦锻炼了队伍，积累了经验，公司影响力和市值都大幅增加。通过竞购，中国海油对国际化发展有了更为深入的认识，这将使公司未来走向国际的步伐更加稳健、扎实。

整体布局日趋完善

多年来，中国海油大力推动结构调整和产业升级，不断完善公司的产业链、价值链，综合型能源公司产业结构已经形成。

以经济发展与环境保护为出发点，中国海油率先在国内开展LNG业务。经过多年努力，公司已基本完成在东南沿海的布局。广东、福建、浙江、上海的站线项目建设基本上按计划进行，将有利于改善这些地区的能源消费结构，大力缓解环境压力。同时，中国海油在我国LNG产业的主导地位和优势进一步得到强化。

历经三年，克服了各种困难和挑战，我国最大的合资项目、具备世界一流水平的南海石油化项目建成投产。这标志着中国海油从一个纯上游的勘探生产公司步入综合型石油公司行列。

2005年底，世界级规模的1200万吨惠州炼厂开工建设，使中国海油产业链和价值链进一步完善。这个项目针对芳香烃高粘度重质稠油的特点，在技术集成创新及产品设计上，都达到了世界领先水平。

2005年，中国海油的沥青及低硫燃料油生产销售克服了高油价与市场低迷的挑战，通过加强内部资源整合，加强市场开发和创新，创造了较好的业绩。重质沥青占国内市场份额达30%，清洁燃料油占国内市场份额10%，产品品牌价值得到了有效提升。

公司的化肥产业克服了台风等自然灾害不利因素，海南及内蒙片区的产量及销售情况继续保持良好势头，经济效益均创历史最好水平。

专业服务能力增强

坚持协调发展，实现集团价值最大化是中国海油落实科学发展观的重要举措。协调发展使中国海油下属的两大专业服务公司的竞争力显著提升。

中海油田服务股份有限公司是泛亚地区规模最大的综合性油田服务供应商，为海上油气田开发、生产提供物探勘察、钻井服务、油气井技术服务、近海工作船服务和运输四类服务。公司于2002年11月在香港上市。

2005年，中海油服上述四大业务均取得理想增长。在保持中国海域绝对领先地位的同时，中海油服坚持市场多元化战略，积极拓展海外业务。4月与印度尼西亚CNOOC SES LTD签订立修井服务综合合同，11月相继获得位于缅甸和澳大利亚两个区块的钻井作业合同，12月获得菲律宾国家石油公司两年期28口地热井固井作业合同。

中海油服良好的发展业绩赢得了资本市场的肯定。截止2005年12月30日，公司股票以3.125港币收盘，市值达到12,485,375港币，较去年同期上涨31.3%。

海洋石油工程股份有限公司是中国最大的海上工程建造企业，拥有海洋油、气开发工程设计、制造、安装一体化工程总承包能力。公司于2002年2月在上海证券交易所上市。

海油工程拥有一批具有国际领先水平的专业工程设计软件和大型钢结构物制造设施。以亚洲最大的起重铺管船“蓝疆号”为首的专业船队，构筑了海上作业的强大实力。2005年，海油工程的装备设施持续提升，推动海油工程的设计、建造、安装能力迈上新台阶。

2005年，海油工程蝉联“CCTV中国最具价值上市公司”荣誉。依托良好的经营、治理业绩，海油工程股改方案获高票通过，并获较高增幅。

存续资产焕发活力

协调发展使中国海油的基地系统焕发了新的活力。基地系统既有历史形成的企业办社会的负担，又承接了总公司历次改革所剥离的人员与资产，导致基地系统人员总量大，资产总量小，资产质量差。

中国海油没有搞简单的下岗分流，没有搞内部待业，也没有简单地一分了之，而是认真领会十六届三中全会的精神实质，按照协调发展的总体思路，完成了对五家基地公司的改革和重组。改革使广大干部职工迸发出无限的激情和活力，重组把大量不优存量资产激活，并释放出潜力。

资产重组、专业细分后的10个专业分公司个个生龙活虎，干部职工士气高昂。原来发展中的包袱变成了一个有活力、发展快、效益好的企业。实践证明：思路对了头，不优的资产可以转化为优良资产；管理对了路，相对弱势的辅助企业可以转变为有竞争力的强势企业。

科技领先自主研发

科学技术是第一生产力。建设国际一流的能源公司离不开科学技术的支持，中国海油在2004年制定了“科技领先”的发展战略，要求用五年左右时间，建立起公司的科技创新体系，使科技创新成为中国海油的核心竞争力之一。

在此战略指导下，公司的科技投入不断加强，自主创新能力不断提升。地球物理、提高采收率、深水工程、边际油田开发、重油利用等五大重点实验室正式成立并开展科研课题研究工作，取得阶段性成果。一批紧贴生产、紧贴实际和需要的科研项目取得了突破，为逐步形成公司核心技术打下了良好的基础。

渤海稠油油田提高采收率综合项目组经过两年的技术研究与攻关，在利用钻井技术、调剖注聚技术及采油工艺提高采收率技术方面获得重大突破。2004年、2005年，“秦皇岛32-6海上大型油田建设工程”、“百万吨级海上油田浮式生产储运系统（FPSO）的研制与开发”分别获得国家科技进步二等奖。

未来，中国海油将依靠自己的科技创新体系，使公司的主要技术达到国内领先水平，部分关键技术达到国际先进水平。让科技在中国海油的发展轨迹中绽放出绚烂的光彩与无限的能量。

安全环保持续改进

2005年，中国海油继续推进健康安全环保管理体系的改进和完善，出台了重大安全环境事故责任追究的规定，强化安全管理制度和程序的执行和落实，加大监督检查力度。全年未发生重大安全环保事故。多年来各级管理干部已经形成了“安全永远是企业管理的薄弱环节”的共识，安全生产、关爱员工、保护环境已成为公司文化的重要组成部分。

2005年12月，中国海油所属中海石油环保服务有限公司，与韩国海洋污染响应公司签署了《溢油应急响应合作谅解备忘录》。该《备忘录》的签署，不仅结束了中国缺少溢油应急响应专业公司参与西北太平洋合作计划的历史，更标志着中国海油在海洋污染处理方面的工作上升到一个新的高度，得到了国际组织和国外同行的认可。

“十一五”期间，中国海油将全面推进HSE发展计划，重点落实健康安全环保管理体系持续改进行动、员工健康促进方案、环境保护专项治理、安全监督及管理人员健康安全环保资质培训等方面工作，塑造中国海油安全、绿色的能源企业形象。

员工与企业共同发展

中国海油倡导“以人为本，关爱员工”的企业文化，注重将企业文化落到实处，在与员工息息相关之处体现其内涵，使员工在点滴之间，感受企业的关爱，从而营造出和谐的企业与员工共同发展的机制。

公司通过建立完善的岗位竞聘上岗机制和培训发展机制，为每一位员工创造发展的空间和成长的途径。着力打造“高级经营管理人才”、“高级专业技术人才”和“高级技能人才”三支队伍，并为三类人才分别创造职位与薪酬提升的空间。为提升人力资源可持续发展竞争优势，中国海油建立与推行个人发展计划系统，有针对性地组织和实施各种专业类和综合管理类培训。

公司通过建立系统完善的制度来保障员工生存、工作和发展的权利，让员工感受到国有企业的优越性。公司为员工建立了一系列的企业补充保险，构建了完备且具有较高标准的福利保障体系，使员工可以更加安心、放心地投入到工作中，在推动公司发展的同时，谋求个人事业的发展。

和谐社会企业职责

中国海油致力追求人、企业、社会与自然的和谐进步，在发展经济的同时，亦关注人类的生活质量与生存环境的改善，努力促进社会各层面的共同进步与发展。

多年来，中国海油帮扶的海南省陵水县、保亭县、五指山市及西藏自治区尼玛县的黎、藏族同胞的生产、生活条件得到了有效改善，生活质量大幅提升。2005年，海南省保亭县的黎族同胞告别了世代居住的茅草房，搬进了新村社。西藏自治区尼玛县第一阶段扶贫工作的10大项目也在同年顺利完成，2000牧民用上了太阳能，县城面貌彻底改观。

2005年，公司进一步加大“中海油贫困大学生助学基金”的投入，将项目高校数量增至30所。目前已有1762名学生借助该基金得以安心就读，基金累计发放528万余元。

中国海油自2000年起投身由中国妇女发展基金会主办的“大地之爱·母亲水窖”活动，累计投入280余万元用于四川、云南和甘肃三个省14个县（区）的29个村水窖等小型民用水利设施的建设，切实解决了当地饮水难的问题。此外，中国海油还大力支持中国红十字会的“健康快车”项目，出资协助为更多老少边穷地区的白内障患者送去光明。

2005年，世界范围内的自然灾害频繁，并造成了重大的生命财产损失。在印度洋海啸及国内外的自然灾害中，中国海油及其所属单位、全体员工积极捐款捐物，总价值近1270万元，在第一时间为受灾民众提供人道主义援助。

中国海油认为，在经济全球化的今天，中国加入世界经济体系并发挥越来越重要的作用，我们的企业公民概念理应延展为世界公民的感念。我们在世界范围内寻求经济发展机会的同时，也应将中国企业对社会责任的理解波及开来。

2006年是“十一五”规划的起步之年，对中国海油的发展具有承前启后的重要意义。公司将坚持以科学发展观为指导，坚定不移地实施协调发展、人才兴企、科技领先和低成本战略，以创新推动公司的高速发展，实现公司发展的阶段性目标，为建设国际一流综合型能源公司打好基础。

网址：www.cnooc.com.cn
地址：北京市东城区东直门外小街6号4705信箱
邮编：100027

贯彻落实科学发展观
做大做强中远集团

中国远洋运输（集团）总公司

1961年4月27日，中国远洋运输总公司宣告成立，开启了中远近半个世纪的辉煌历程。经过45年的发展，中远集团已经从成立之初仅有4艘船舶、2.26万载重吨，发展成为目前拥有和经营着640余艘现代化商船、3800万载重吨，年货运量超过3亿吨，远洋航线覆盖全球160多个国家和地区的1300多个港口的跨国远洋运输企业，船队规模稳居中国第一、世界第二，正逐步确立起在航运、物流和修造船领域的领先地位。

45年来，面对激烈的市场竞争，中远集团之所以能够克服困难、不断前进，在于有党中央、国务院的英明决策和国家有关部委的领导、关心和指导，在于八万中远人的艰苦努力，顽强拼搏。特别是“十五”期间，中远集团认真贯彻党的十六大和十六届三中、四中、五中全会精神，树立和落实科学发展观，以加强党的执政能力建设和党的先进性建设为重点，围绕构建和谐社会，紧紧把握国际政治经济形势，顺应市场变化，以创新为主旋律，“求变、求新、求发展”，取得了世人瞩目的成绩。

中远船队规模仅次于日本商船三井，排名世界第二。其中集装箱船队拥有和经营着137艘现代化全集装箱船舶，超过35万个总标准箱位，规模居世界第五；干散货船队总运力超过2800万载重吨，排名世界第一；拥有和经营着各类特种船110多艘，世界排名第二；油轮船队拥有数艘30万吨级油轮，是世界上最先进的现代化运输船队之一。

2005年，中远集团抓住国际航运市场发展机遇，全力推进航运主业海外上市。6月30日，中国远洋控股股份有限公司在香港联合交易所挂牌交易，成功实现了航运主业海外上市的战略目标。中国远洋通过上市募集资金12.23亿美元，一举成为全球航运业有史以来最大资产规模的公开发行。

上市后的中国远洋拥有中远集装箱运输有限公司（以下简称“中远集运”）100%权益及中远太平洋有限公司（以下简称“中远太平洋”）约52%的权益。截止2006年4月18日，中远集运拥有和控制的集装箱船舶总数达到137艘，总运力为35.4万TEU，是世界前十大集装箱班轮公司之一；中远太平洋在全球已签约投资21个码头项目，码头总泊位数达到100个，年吞吐量达2600万TEU，排名世界第五，其集装箱租赁业务占全球市场份额约10.9%，箱队规模达到104万标准箱，位居世界第三。

上市不久，中国远洋就相继被纳入富时指数股、香港恒生国企指数成份股。2006年3月20日，中国远洋又被纳入道琼斯中国海外50指数成份股。4月，中国远洋在美国著名财经杂志福布斯评选的“世界2000家领先企业”排名中位列第1352位。中国远洋航运价值链上的各个业务单元在生产经营管理中也焕发出强大的生命力、竞争力和影响力，为中远品牌享誉全球增添了新的光彩。中远集运于2005年11月在由航运权威媒体Lloyd's List的出版商INFORMA集团主办的“2005年亚洲物流大奖”评选活动中荣获“年度最佳航运公司”大奖，表明航运界对中远品牌的充分肯定和认可，也标志着中远集运已列入世界一流航运公司行列。在全国精神文明建设表彰大会上，中远集运还荣获“全国文明单位”称号。2005年，中远太平洋也被美国福布斯评为全球2000强企业；同年还获得年度最佳企业、最佳投资者关系、最佳年报等多项殊荣。中远集运全资附属中远国际货运有限公司三度蝉联中国国际货运代理海运50强第一名，勇夺第四届中国货运业大奖5项金奖、3项银奖、1项铜奖。

4月11日，中国远洋刚刚发布了2005年全年业绩公告：其营业额391.66亿元人民币，较2004年增加21.7%；股权持有人应占利润54.51亿元，较2004年增加31.1%；每股基本盈利为1.06171元人民币，较2004年1.01414元人民币增加4.7%。业绩发布后，香港各大财经媒体均以高于预期做出非常正面的报道，资本市场也反映强烈，交易相当活跃，交易价格在两天内上扬近10%，创下近6个月以来新高。中国远洋成功上市是中远集团长期坚持生产经营和资本经营两轮驱动战略的重要成果，彰显出中远人打造"资本中远"的气魄，为全球投资人开启了一扇恒久超值的创富之门。

中远物流业凭借中远强大的国际海上运输实力，迅速引入当代先进的综合物流理念，始终稳居中国物流百强企业之首。2005年，中远物流囊获了本年度中国物流行业组织评价排名的全部第一名，是国家质检总局、国家标准委制定的中国《物流企业分类与评估指标》国家标准评定的首批5A级企业，并名列首批9家5A级物流企业榜首。今年1月6日，中远物流被评为"2005年度中国物流最佳品牌"。中远物流是我国在核能领域唯一具备能够从核原料运输、成套核电设备运输、核乏料运输全过程物流操作的专业化核能物流企业；在国家"西电东送"项目上，占据了整体业务量的50%以上，为国家重点电力工程建设做出了重大的社会贡献；在倍受瞩目的、我国建国以来最大的中外合资项目——中海壳牌南海石化项目物流服务第一标段的国际招标中，中远物流击败众多海外知名物流企业，以优良的技术方案、合理的价格最终赢得了业主、项目管理公司、承包商的一致赞誉，脱颖而出，一举中标。在惠州港专用码头用载重2200吨自行式平板车成功接卸中海壳牌南海石化项目核心设备——单件重量为1284吨的裂解反应器，该设备长94.3米，宽9.1米，高9.6米，创造了国内船车大件滚卸单重和国内道路运输单重新纪录，保持了在国内工程物流领域的领先水平。

中远修船工业在大连、南通、上海、舟山、广州等地拥有多国家内领先、国际上享有较高知名度的大型修船基地，拥有30万吨级浮船坞等各种类型船坞9座，从生产设备装配水平到生产管理水平均居国内领先地位，每年为来自50多个国家的500余艘各类大型船舶提供优质修理和改装服务，规模居世界前列。

中远川崎船舶工程有限公司是从事船舶建造的中国第一家中外合资企业，其全员劳动生产率、人均实现利税、造船生产效率、万美元产值耗电量等指标均创国内最好纪录。其仅用短短10年时间便完成的大灵便型散货船—大灵便型散货轮-第五代集装箱船-30万吨超级油轮-5000车位汽车滚装船-10000TEU集装箱船的产品锛五大跨越，为中远赢得了巨大的荣誉，改写了中国造船工业的历史，已经成为中国领先、世界一流的船厂。

中远经过45年的发展，取得了巨大成就，特别是进入21世纪以来的"十五"期间，中远集团创造了航运主业综合竞争力快速提升的奇迹，在世界范围内树立了中国民族航运业的品牌。

"十五"期末中远船队总规模3554万载重吨，比"九五"期末的2212万载重吨增长了60.7%；"十五"期间中远总货运量11.7亿吨，比"九五"期间的6.49亿吨增长了80.3%；"十五"期间中远总货运周转量59330亿吨海里，比"九五"期间的35214亿吨海里增长了68.5%；"十五"期间中远主营业务总收入3883亿元，比"九五"期间的1841.35亿元翻了一番还多；"十五"期间企业利润总额357.84亿元，比"九五"期间的29.92亿元增长了11倍。

正是由于中远船队所拥有的雄厚实力，中远连续多年当选为国际海事组织（IMO）的A类理事国。中远是国际海事理事会（BIMCO）执委会委员；国际干散货船东协会（INTERCARGO）理事会成员、中国地区主管；国际运输中间人协会（ITIC）成员、董事；国际集装箱船经营人协会（BOX CLUB）成员；12个国际航线稳定协定成员；博鳌亚洲论坛理事会成员；中国船东协会主席单位；中国船舶代理协会会长单位等等。

如今，"COSCO"品牌已成为中远集团重要的无形资产，标有"COSCO"标志的船舶和集装箱在世界的1300 多个港口往来穿梭，中远集团的经营成果已经为全球所认可。

2005年，中远集团先后获选最具影响力企业，中国企业管理杰出贡献奖，最具社会责任感企业，最佳信息化战略奖，全国社会治安综合治理优秀单位，全国学习型组织先进单位，全国交通文明行业，中央国家机关文明单位等等一系列荣誉；中远集团总裁魏家福被评为2005CCTV年度经济人物，最受关注的企业家；荣获国际螺旋桨俱乐部颁发的"国际海运成就大奖"，中国企业信息化年度人物大奖，比利时国王勋章，等等。

2000年至今，中远（集团）总公司及直属单位先后荣获中央、省部级文明单位（先进单位）荣誉称号超过30个。

坚持生产经营和资本经营"两轮驱动"，实现从拥有向控制转变。在船队经营上，中远集团坚持实施"从拥有船向控制船转变"的创新经营理念，根据市场形势变化适时调整船队发展规划，从市场竞争和船队结构合理角度出发，重点发展超巴拿马型和巴拿马型的集装箱船，推进"为长期包运合同量身订造专用船型船舶"散货船队发展模式，确保国家战略物资的进口安全，加大加快油轮船队的发展，保障国家能源运输的安全，抓紧杂货船和沥青船的运力新增以及半潜船、汽车船、木材船等特种船队的发展工作。这些举措，不仅迅速壮大了集团整体船队规模，调整了船队结构，而且取得了很好的经济效益。正是由于坚决贯彻"从拥有向控制转变"的创新经营理念，中远集团所属中远散运公司原来自有船舶只有70多艘、400多万载重吨，短短几年间，实际控制运力已达200艘、1500万载重吨，公司收入和利润水平大幅度上升，租入船收入和利润占到总收入和总利润的一半以上。

与此同时，中远集团以国内为依托，以香港、美洲、欧洲、日本等九大区域公司为辐射点，在全球范围内整合涉及集装箱、码头、陆运、仓储、物流、代理等在内的整个集装箱运输价值链，大大提高了航运主业的核心竞争能力，也迅速把中远打造成真正的全球化跨国公司。目前，中远在海外的资产、收入都已占到集团总资产、总收入的50%。

在资本经营方面，中远集团通过海内外上市、发行商业票据和资产证券化、船舶融资租赁等形式，使企业在国际资本市场游刃有余。从1993年10月5日中远集团在新加坡成功收购第一家上市公司以来，短短10多年时间内，中远集团始终坚持走创新之路，通过成功的资本运作，在海内外先后拥有了中国远洋、中远太平洋、中远国际、中远投资、中远航运等7家上市公司，不但使中远三大主业全部进入资本市场，还为中远筹集到了宝贵的发展资金，促使中远的资本结构发生了深刻变化，逐步实现了5：4：1的合理资金来源目标（即50%来自资本市场、40%来自银行、10%来自自身积累），而且促进了中远的"转机建制"（建立国际化的公司治理结构和公司治理机制），推进了中远的低成本迅速扩张，有效地放大了国有资本、增强了国有经济控制力。

瞄准国际一流，管理创新硕果累累。持续管理创新是企业竞争制胜的根本保证和重要法宝。多年来，中远集团一直致力于推进管理创新，打造具有中远特色的管理品牌。

跟踪国际先进管理标准，创新管理体系。2001年，中远（集团）总公司综合管理体系获得挪威船级社、国家职业安全卫生管理体系认证中心和中国船级社质量认证公司颁发ISO9001质量体系认证证书、ISO14001环境管理体系认证证书和OHSAS18001职业安全卫生管理体系认证证书，成为全国首家获三大管理证书的国有企业。2002年引入六西格玛管理方法，推行精细化管理和对标管理，进行流程再造。2003年，导入了ISO17799信息安全和风险管理体系，2004年，开始建立全面风险管理体系，2005年，建立了全面风险管理体系框架。运用系统集成和精益管理理论，中远成功建立了自我约束、自我发现、自我改进、不断提高的追求卓越的长效机制，2006年2月23日，中远再次通过三大认证中心认证，进一步昭示中远已从先进管理体系方法的追随者成长为先进管理体系方法的创造者。

瞄准先进对标，"学创"管理成效显著。"学创管理"是中远提高企业管理水平的重要载体，自1993年起，中远在全系统坚持开展"人学包起帆、船学华铜海、企业学青岛港、创建文明行业"的"三学一创"活动，在实践中摸索出一套符合自身特点、操作性强的远洋船舶管理制度。通过施行"目标管理"、"等级管理"、"星级管理"、"层次管理"，船舶管理水平迅速提高。在世界各地的港口国当局依据国际海事组织的有关公约要求对抵港的外籍船舶实施的港口国检查中，中远集团数百艘船舶每年受检上千艘次，合格率高达99.2%。在以检查严格甚至苛刻著称的澳大利亚港口国检查中，中远船舶创造了连续5年全部通过的记录。在美国评出的300艘"21世纪优质船"的名单中，中远参评的14艘船舶全部榜上有名，中远集装箱运输有限公司连年获得英国《劳氏日报》、美国《托运人杂志》等国外航运权威机构评出的"最佳班期奖"、"信得过奖"、"优质服务奖"，2005年获得全球"年度最佳航运公司"的殊荣。

注重引进吸收，"数字中远"雏形初显。除拥有和运营着世界最先进的海上运输和陆上运输设备外，中远集团大胆引进和大力发展高新科技，加强信息化建设，精心打造"数字中远"、"网上中远"。目前中远日常办公已经实现无纸化，集团内部会议也大多采用可视会议系统进行。斥资12亿元人民币引进的全球集装箱运输信息系统(IRIS-2)，使中远成为国内唯一、世界上少数几家拥有集装箱运输全球信息系统的企业，使面对全球客户的"一站式服务"、"全过程服务"、"即时性服务"成为现实。专家评估IRIS-Ⅱ系统每年贡献可达3个多亿，预计全部投资3年就可收回。

随着全球集装箱运输信息系统等先进信息管理工具的积极引进、自主深度开发，以及自有远洋船舶指挥监控、陆上物流管理系统的不断升级，中远集团快步追赶信息化建设的国际先进企业，在短时间内已经与其齐头并进。2004年，中远集团以第一名的成绩获得亚太地区"动成长企业"大奖，并被国家信息化测评中心列为首批"中国信息化标杆企业"。2005年中远集团及所属中远集运、中远散运公司在中国企业信息化500强中分别排名第5位、第19位和第49位，集团魏家福总裁还荣获国家信息化测评中心颁发的"中国企业信息化年度人物大奖"。

强化安全管理，安全文化深入人心。高度重视安全和风险控制工作，既立足当前又着眼长远，一方面狠抓各项安全措施的落实，加大监督检查力度，增加安全投入，改善老龄船状况和劳动安全环境，各类海损、机损事故、港口国检查滞留等连续多年持续减少，防抗台成功率达到100%。以实施ISPS规则为契机，加强对船舶反恐、防海盗和防偷渡工作的监督检查，预防、控制和处置能力明显增强。另一方面，持续改进安全管理体系，创新安全工作思路，深入开展"安全在我身边，降本增效从我做起"等群众性安全生产活动，使中远安全文化逐步深入人心，责任意识和业务素质明显提高，海上和陆上安全生产形势总体保持平稳，为集中精力抓好经营提供了保障。

培育亲和文化，和谐企业建设彰显成效。文化管理作为企业管理的最高境界，始终是中远高度关注并致力加强的重要内容。中远集团在继承“艰苦创业、爱国奉献”优良传统的基础上，不断推进企业文化创新，以培育亲和文化为重点，大力推进和谐企业建设，为企业改革发展提供了强大精神动力。坚持开展“大慰问”行动，每逢重大节日或国内发生重大的自然灾害，集团领导分头带队奔赴全国城市乡村，对船员家庭进行慰问，分送慰问金，为船员解决实际困难。重视船员家属“船舶第二政委”作用，在全国建立324个船员家属联络站，组织船员家庭互帮互助，为构建船员构筑稳定的大后方。弘扬尊老敬老传统美德，春节为员工双方父母寄发感谢信，发放春节慰问金，浓浓亲情，转化为员工拳拳爱企之心和无私奉献的具体行动。构建海纳百川、兼容并蓄的海外文化，“进了中远门就是中远人”，中外员工一视同仁，每年在4000名外籍员工中组织开展“洋劳模”评选，邀请“洋劳模”赴国内参观考察，和谐统一、开放共进的跨国企业文化日渐成为引导、凝聚和鼓舞中外员工的共同理想和精神支柱。

实施人才强企战略，人事制度改革日益深化。中远集团把“三个三百人才工程”作为实施“人才强企”战略的重要抓手，着力培养各类专业技术人才、政工人才和船舶高级管理人才，打造中国航运人才高地。集团每年组织数期“三个三百”高级人才培训，选派一定数量员工到海外区域公司学习工作，或送到党校以及境内外名牌大学、著名跨国公司学习培训。我们打破传统思维框框，建立了“能者上、平者让、庸者下”的选人用人机制，集团总部部门正副职及部分二级单位领导成员实行了公开竞聘上岗改革，中远物流和中远修船集团总部更大范围开展了全员社会公开招聘，有效调动和利用了内外部人才资源，激发了人才活力，提升了企业经营管理水平。

积极履行社会责任，为构建和谐世界作出贡献。中远被国务院侨办、中新社评为2005年度“最具责任感企业”。这说明中远近年来在实施全球化战略，加快自身发展步伐的同时，积极承担和履行社会责任的行动，也得到了社会各界的高度认同。2004年，中远集团加入了联合国倡导的全球契约行动，积极履行“发展、人权、劳工、环保”等方面的行动准则，并在发展中明确提出了“最大限度地回报股东、环境和社会”的企业使命。这是中远作为大型国企对社会所应承担的基本责任。2006年3月28日，中远加入了世界可持续发展工商理事会。中远集团作为中国国有企业性质的跨国公司，在中国的快速增长和发展中，面临来自能源和气候、发展的机遇和阻碍、工商业在社会中的作用等关键领域的挑战，积极与所从事的国际物流和远洋运输等经济活动涉及的国家和国际社会建立互利双赢和谐发展的关系，推动全球的可持续发展和社会共同进步。运用循环经济的思想，承担社会责任、投资提供绿色服务和产品，赢得客户更多信任，获得更多业务，最后实现更高利润的增长。

中远在全球布局、跨国经营的进程中，日益扩大着自身对世界的影响力，特别是提升着中远在全球经济生活中的地位。中远目前在50多个国家拥有700多家机构，雇有4088名外籍员工。这本身就体现出中远对世界的贡献力。

在社会环保方面，中远每年都投入数亿元人民币用于改善环境和提高产品质量。如投入重金建造双壳油轮，就是一个典型的例子。2001年，中远成为国内首家获三大国际管理体系认证的企业，其中就包括国际环境管理体系。

作为全球海上承运人，中远集团一直积极支持国际海运界的反恐行动。近年来，中远积极推动和实施了SOLAS公约修正案和ISPS规则等一系列新的法律文件，所属船舶全部获得了国际船舶保安证书。

此外，中远集团长期以来积极响应国家以及国际社会的号召，大力参与各项公益慈善事业，并把援藏和扶贫作为一项重要使命。从1995年起，中远连续多年承担起云南福贡县的扶贫工作；2002年以来，中远每年对口支援西藏洛隆县1000万元，承担了河北盐山、海兴两县的扶贫任务，并先后派遣20余名优秀员工到贫困地区开展工作。多年来，中远还开展了大量的社会捐助活动，为国内乃至国际抗灾救灾工作做出了积极的贡献。

2005年底，中远集团募集资金一亿元，成立了国内首家由企业发起的慈善基金会，使中远的社会责任意识通过有组织的慈善活动日益成为每一位员工的自觉行动。

回顾中远45年走过的不平凡历程，我们深切体会到，中远取得的每一次进步和每一个成绩，始终都离不开党中央、国务院、国务院国资委和国家有关部委的正确领导、高度重视和大力支持，始终都离不开几代中远人团结一心、艰苦创业、顽强拼搏的不懈努力。中远45年来实践积淀下的独具特色的亲和文化，是始终维系并指引我们跨越前行的宝贵财富。我们相信，拥有、坚持并弘扬这一厚重的文化底蕴，我们一定能够在科学发展观的正确指引下，充分凝聚广大中远人的智慧和力量，在新的历史起点上，再立新功、再铸辉煌，实现“打造百年中远”历史任务。

联合重组
建设最具国际竞争力的大型钢铁集团

鞍本钢铁集团

2005年8月16日，由鞍山钢铁集团公司和本溪钢铁(集团)有限责任公司联合重组的鞍本钢铁集团在沈阳举行了揭牌仪式。组建后的鞍本钢铁集团具备了年产钢2000多万吨的生产能力，销售收入达到1000亿元水平。按照发展规划，到2010年前，鞍本钢铁集团将建设成为年产钢3000万吨以上，最具国际竞争力的大型钢铁企业集团，进入世界500强。这是我国钢铁工业发展史上的一件大事，也是振兴东北老工业基地进程中的一件盛事。

一、联合重组，是落实党中央、国务院方针政策的重要举措

联合重组，是落实党中央、国务院方针政策的重要举措。党的十六大报告指出："通过市场和政策引导，发展具有国际竞争力的大公司、大企业集团"。中央领导同志在视察鞍钢、本钢时多次强调要把联合重组作为加快企业发展的重要途径。最近，国家发布的《钢铁产业发展政策》也明确提出，支持和鼓励有条件的大型企业集团，进行跨地区联合重组，到2010年，形成两个3000万吨级，具有国际竞争力的特大型企业集团。特别是近年来，国际钢铁业整合重组势头迅猛，各大钢铁企业通过实施跨国跨行业的投资与并购，在钢铁企业和上下游企业之间构筑超大规模的企业集团，反映出钢铁企业在资源、市场以及运输等方面的竞争更加激烈。从国内看，为提高产业集中度，增强企业自主创业能力和市场竞争力，促进我国钢铁工业实现可持续发展，钢铁企业重组的步伐正在加快。所以联合重组，是应对国内外激烈市场竞争的必然要求。

鞍本钢铁集团的成立，有利于提高我国钢铁企业产业集中度，促进钢铁工业实现可持续性发展；有利于建设具有国际竞争力的大型钢铁集团，提高鞍钢和本钢在国内外市场的竞争力；有利于推动辽宁地区钢铁企业进一步整合，实现产业升级和资源的优化配置；有利于打造钢铁强省，促进地方经济的繁荣发展。

按照协商制定的《集团章程》，组建后的鞍本集团将对成员企业的规划发展战略、技术创新和产品研发、国际国内市场营销战略、统计申报等方面实行统一管理。同时，在国家产业政策的指导下，发挥鞍本集团的核心作用，通过强强联合、兼并重组、互持股等方式进行战略重组，实现辽宁乃至东北地区钢铁工业组织结构调整、优化和产业升级。持续不断地依靠科技进步淘汰落后产能，逐步向沿海发展，充分利用国际国内两个市场、两种资源，实现可持续发展。

鞍钢和本钢都是地处辽宁的国有特大型钢铁知名企业，综合实力均排在国内钢铁企业前10名，在冶金行业占有十分重要的地位，企业的主体生产工艺和技术装备达到了国际先进水平。在国内外钢铁行业中具有较强市场竞争力。鞍钢和本钢是两家地缘相近，历史发展轨迹相似，有着钢铁强国的共同理想和追求的企业，我们坚信，随着鞍钢和本钢两家颇有竞争实力的大型钢铁企业实现联合重组，形成强强联合，优势互补，协调发展，一个具备3000万吨级的，具有国际竞争力的特大型钢铁集团基础已经形成，并将展现在世人面前。

二、从"共和国钢铁摇篮"跻身世界先进钢铁企业行列的鞍钢集团公司

鞍钢始建于1916年，其前身是鞍山制铁所和昭和制钢所。1948年鞍山钢铁公司成立，翌年7月9日在废墟上开工，迅速恢复了生产，随之进行了大规模技术改造和基本建设，特别是"一五"计划期间，"三大工程"等一大批重点工程的建成投产，轧制出新中国第一根无缝钢管和重轨，初步建成新中国的第一个钢铁基地。经过五十多年的建设发展，现拥有6座大型铁矿山、4个选矿厂、1个炼铁总厂、2个炼钢厂、13个轧钢厂和焦化、耐火、机械、动力、运输、建设、综合利用等辅助配套单位，以及技术中心、设计院、自动化公司等科研、设计单位。

鞍钢为我国社会主义经济建设和冶金钢铁工业发展作出了突出贡献。1949年至2004年，鞍钢总计生产钢就达3.21亿吨、铁3.16亿吨、钢材2.22亿吨，上缴税金831.6亿元，约相当于国家对鞍钢投入的15.4倍。

鞍钢在长期建设发展过程中，不仅创造了巨大的物质财富，而且创造了宝贵的精神财富。涌现出全国著名的劳动模范、工人级的代表—老英雄孟泰；全国著名的劳动模范，走在时间前面的人—王崇伦等一大批典型人物，形成了具有鞍钢特色的企业文化，成为企业发展的精神动力。随着鞍本钢铁集团的成立，鞍钢的发展，必将为建设最具国际竞争力的钢铁企业提供巨大的内在动力。

目前，鞍钢已具有年产铁1300万吨、钢1300万吨、钢材1100万吨的生产能力。可生产700多个品种，25000多个规格的钢材产品。全面通过ISO9002质量体系认证，船用钢9国船级社认证，石油管通过API认证。形成了以生产集装箱板、汽车板、管线钢、冷轧硅钢、造船板、镀锌板、彩涂板高速重轨、高级石油管等精品为主导产品的基地。鞍钢牌铁路重轨被评为国家名牌产品。2004年，生产钢1133.33万吨，铁1156.97万吨，钢材1059.75万吨；实现销售收入

501.42亿元，上缴税金62.36亿元，实现利润108.38亿元。钢材出口和加工出口专用钢材300吨，出口创汇7.91亿美元，排名全国第一。2005年上半年，生产钢598.47万吨、铁647.93万吨、钢材541.55万吨，相当年产钢1207万吨、铁1307万吨、钢材1092万吨；实现销售收入354.81亿元，上缴税金59.41亿元，实现利润70.81亿元。

1995年以来，鞍钢按照党中央、国务院“改革、改组、改造、加强企业管理”的要求，努力转变增长方式，在优化结构，提高质量，减低成本，提高经济效益上下功夫，逐步实现由粗放经营向集约经营的转变。以建立现代企业制度为方向，不断深化企业改革，实施主辅分离；不断探索公有制多种实现形式，成立了鞍钢集团新钢铁有限责任公司，创建了鞍钢集团新轧钢有限责任公司，其股票在香港和深圳上市。更新企业发展思路，用高新技术改造传统产业，成功地走出一条“高起点、少投入、快产出、高效益”的老企业技术改造新路子，彻底淘汰平炉和模铸，实现了全转炉和全连铸，实现了历史性的跨越。

进入新世纪，通过实施“十五”计划，实现了跨越式发展：鞍钢整体发展达到新高度。钢、铁、钢材年产量均超千万吨，销售收入、上缴利税、实现利润取得历史性突破。现代企业制度初步建立。通过深化改革，形成了母子公司体制，钢铁主体规范了法人治理结构，建立起适应市场经济要求的人事用工机制和分配机制，子公司市场竞争力显著增强，工艺技术装备水平实现历史性跨越，主体生产工艺和技术装备达到国际先进水平。实现输出成套技术的新突破，成为国内首家具有成套技术输出能力的钢铁企业，产品结构明显改善，技术经济指标大幅度提高。通过技术进步、科技开发和加强管理，节能降耗，改善环境，产品质量和企业面貌发生了根本性改变，高附加值产品市场占有量不断扩大，彻底改变了产品形象，在国内外市场赢得了良好声誉。非钢产业发展达到新水平。通过体制和机制改革，加大对非钢产业的支持，具有较大规模和较强实力的非钢产业新格局已经形成，显现了鞍钢集团的整体优势。2004年10月，在国际专业调查分析机构《钢铁态》对世界22家主要钢铁企业国际竞争力的排名中，鞍钢位列第八位，跻身于世界先进钢铁企业行列。

“发展是硬道理”。面对国际钢铁市场激烈竞争形势和发展趋势，鞍钢以“三个代表”重要思想为指导，树立和落实科学发展观，制定了“壮大钢铁主体、做强相关产业、推进跨国经营、实现持续发展”的总体发展战略，确定了今后一个时期“两步跨越”的奋斗目标：第一步，到2007年，建成1600万吨钢精品基地；第二步，到2010年，进入世界500强，成为最具国际竞争力的大型钢铁企业集团。鞍钢正在向着这一奋斗目标奋进。

三、从功勋企业走向建设精品板材基地的本钢集团公司

本钢集团公司始建于1905年，是见证我国现代钢铁工业发展历程的老企业之一。1949年7月15日，举行开工典礼，全面恢复生产。“一五”期间，被国家列为重点项目之一，生产能力得以迅速扩大，产量成倍增长，成为新中国的又一个钢铁生产基地。经过五十多年的建设发展，如今已发展成为采矿、选矿、烧结、焦化、炼铁、炼钢、轧钢、动力、运输、科研等配套齐全的特大型钢铁联合企业。2003年，本钢在世界主要钢铁企业排名中列第29位。

目前，本钢已具有年产铁920万吨、钢960万吨、钢材740万吨的生产能力。可生产500多个品种、3000多个规格的钢铁产品。形成了以石油管线钢、压力容器钢、深冲钢、结构用钢、链条用钢、耐候用钢、模具用钢及热镀锌板为主导的系列产品，是我国重要的板材生产基地，军工、航海、铁路运输等高科技产品原材料生产基地。本钢牌铸造生铁达到国际高级纯生铁的标准，被誉为“人参铁”，获国家金质奖，享有免检信誉。2004年，生产钢549.4万吨，铁506.7万吨，钢材454.9万吨；实现销售收入235.2亿元，上缴税金23亿元，实现利润9.06亿元。2005年上半年，实现销售收入133.99亿元，税金13.67亿元，利润3.3亿元，累计出口55.78万吨，实现创汇报会2.97亿美元。

党的十一届三中全会全党实现了工作重心的转移，改革开放给本钢带来了生机与活力。1980年，生铁产量第一次突破300万吨。1985年，生产规模、产品结构调整、经济效益实现新突破，主要经济技术指标创历史最好水平。1994年11月，被国务院确定为百家建立现代企业制度试点单位。1996年7月，经国家批准改制为本溪钢铁(集团)有限责任公司，成为国有独资的大型钢铁联合企业。1997年4月，被国务院确定为全国120家大型企业集团试点单位。1997年6月，以炼钢厂、热轧厂和原初轧厂为主体，成立了本钢板材股份有限公司，并成功上市，发行A股股票1.2亿股、B股股票4亿股。

1998年以来，本钢按照党的十五大关于搞好国有企业的一系列方针政策，通过大力推进“三改一加强”，实现了三年改革与脱困攻坚的目标。2000年，销售收入、实现利税、实现利润分别比1997年增长47.29%、47.25%和51.36%。使本钢进入了一个新的历史发展阶段。进入新世纪后，特别是党的十六大以来，本钢紧紧抓住振兴东北老工业基地的发展机遇期，坚持以改革为动力，以结构调整为主线，坚持体制、管理和技术创新，继续加快改造步伐，运用高新技术对钢铁主体生产线进行全方位、大规模的技术改造。投资100多亿元，对炼铁、炼钢、轧钢系统进行大规模技术改造，相继完成了4、5号高炉改造大修、炼钢铁水预处理、转炉自动化、1700热轧机组、彩涂生产线，以及新建4号转炉、炉外精炼等重点改造项目，企业整体技术装备达到了世界先进水平和国内领先水平。企业整体技术装备水平的提高，产品结构的有效调整，使本钢钢材产品市场占有量不断扩大。改造后的1700热轧机组产量已从原设计年产159万吨提高到420万吨，品种规格由过去的8大系列30多个品种提升到27大系列330多个品种，主体装备技术工艺跻身于国内外同类轧机先进水平行列。为全面提升冷轧产品档次和市场占有率，先后对酸洗冷轧联合机组和热镀锌机组进行了技术升级改造，已形成生产汽车表面板、高档家电板的规模能力，年产优质冷轧产品连续三年突破70万吨设计能力，进入年产100万吨的世界级冷轧厂行列。经过多年的技术改造，本钢的主要生产工艺装备达到当代国际先进水平。

本钢按照科学发展观和走新型工业化道路的要求，确定了“把本钢建设成为品种齐全、质量高的千万吨级精品板材基地和具有国际竞争力的现代企业”新的振兴发展规划目标。本钢集团公司正按照这一发展规划目标迈进。

科学发展观奠定百亿茅台集团发展战略基石

贵州茅台酒销售有限公司

党的十六届三中全会根据社会主义市场经济实践的创新成果，提出了坚持科学发展观的战略理论。要求全党坚持以人为本，树立全面、协调、可持续的发展观，促进经济社会和人的全面发展。

茅台集团在去年启动茅台酒新万吨工程之后，去年底又确立通过为期七至十年的艰苦努力，建成一个年销售收入一百亿元以上，具有自主知识产权和国际竞争力的大集团、大公司的发展目标，并在今年初的职代会上获得通过。这是我们在企业发展过程中贯彻落实科学发展观这一战略理论的实际行动。

科学发展观决定了茅台建设“百亿集团”战略目标的提出

我们集团结合自身的发展实际，深刻地意识到科学发展观对于制定茅台“百亿集团”发展战略，具有非比寻常的指导意义。

发展是硬道理。这是集团领导班子成员多年来形成的一个基本共识。今天，用科学发展观来统一、提升我们的思想认识，更加迫切地感到，发展对于茅台集团来说，已经是一件刻不容缓的大事。

党的十六大提出了全面建设小康社会的宏伟目标，这一目标要求，到2020年，全国国内生产总值要在现有的基础上翻两番。按此计算，茅台酒到那时必须达到2.4万吨，销售收入必须达到128亿元以上。另外，十六届三中全会后，省委省政府作出要在全省创建几个百亿销售收入大集团的决策，并把信任的目光投向了茅台集团。从全局的视角来审视企业的政治和社会责任，也要求我们必须顺应全局的需要在加快发展问题上有新的突破。现在把建设“百亿集团”这一战略目标提上议事日程，正是为实现全局整体战略目标而作的积极准备。

中国加入WTO后市场竞争国际化更是现实的催促。众所周知，当初与茅台酒在巴拿马博览会上比肩鼎足的法国科涅克白兰地、英国苏格兰威士忌等世界知名品牌，携数百年在国际市场上搏杀出来的威势，已经开始染指中国市场，如果我们不能在短时间内强身健骨，很可能在遭遇这些强敌时，就会沦为轻量级选手与泰森叫板。

再者，我们前几年的韬光养晦般的低调，已蓄积了厚积薄发的内劲，压抑这种内劲，是对企业发展的自我束缚；释放这种能量，才是具有良性循环的自我超越。

应该说，现在的市场环境也为我们提出建设“百亿集团”这一目标给予了积极映衬。我从北京出席党的十六大后回到茅台，多次与集团领导成员商谈，国内白酒行业在经历长期的无序竞争的“阵痛”后，已基本完成了由产品时代向品牌时代转换的“脱胎换骨”过程，白酒市场开始出现以品牌核心力竞争为特征的良性发展势头。尽管从整个行业的发展格局看，仍未完全摆脱由于前期盲目扩张而造成“过度供给”的疲软景况。然而，以茅台酒为代表的酱香型高档白酒，却呈现出逆市而上、傲然走俏的发展趋势。受此带动，一些原本不生产酱香型白酒的名酒企业纷纷看好酱香型白酒，相继采取“兼香发展”的策略，不惜投入巨资到酱香型酒业。

这种行情，不利的一面无疑是给茅台集团的发展提出了新的挑战，而有利的一面是酱香型高档白酒被市场看好，恰好给酱香白酒的鼻祖茅台酒提供了扩张品牌价值能量的广阔空间。

由于茅台酒生产受到特殊地理环境的限制和独特酿造工艺的制约，在产销上一直难于快速解决供不应求的矛盾。现在，虽然茅台酒的产量已经突破万吨，但因为要严格遵循“不挖老窖，不卖新酒”这一不可逾越的质量准则，每年实际投入市场销售的数量仅为6000吨左右。再从对外销售来说，目前尚未很好占领世界市场，可供拓展的空间很大。

内需缺口大，外销市场小，客观上迫使茅台酒要抓住机遇，加快发展速度。

有差距，就有空间；有空间，就有发展的潜力和机遇。

所以，启动茅台酒新的万吨工程，建成百亿茅台集团，无论是在政治意义上还是在经济意义上都显得非常迫切与重要。

茅台近6年来所实现的持续跨越正是以科学发展观作撑杆

市场经济发展的客观规律已经证明，在充满极度变数的市场条件下，发展机遇往往与风险并存。惟有坚持科学发展观，才可能有效地规避因为盲目发展而可能导致的风险。

我们至今仍记忆犹新。在上个世纪的九十年代，随着改革开放的深入发展，全国的社会经济出现了一个前所未有的高速增长期，由之，中国白酒业获得一次千载难逢的发展机遇。在那个时期，每年都有难计其数的白酒生产企业破土而出，有数十万个白酒品牌涌入市场。

当时，摆在我们面前的发展出路有两条。一条是随波逐流，跟风发展，不顾及茅台酒的质量，走规模扩张的发展道路；另一条是，根据国情、厂情，在恪守国酒质量的基础上，量体裁衣，稳步发展。

应该说，在当时的历史条件下，坚持质量、效益与发展和谐统一是非常困难的。因为，一箱茅台酒的批条就可卖1000多元，要我们不动心是不可能的。但我们最终还是用理智战胜了急功近利的诱惑，守住了清贫，耐住了寂寞。

客观地说，当时集团领导班子虽未能如同今天这样自觉地运用科学发展观来指导、规范企业的发展，但有一点我们是坚信不移的：即在任何时候、任何情况下，都不能将质量、效益与发展对立起来。只能在确保质量、效益的前提下，实事求是地谋求符合事物发展客观规律的发展速度。

由是，我们毅然决然地选择了走质量效益型发展的道路。

业内有人曾将茅台集团在2003年取得的业绩与某名酒大企业进行比较，其结果是：茅台集团销售收入为32个亿，实现利税近18个亿，后者为前者的56%。比例高出那家企业20%左右。而与之形成对比的是，每两年白酒市场即以25%的速度相继淘汰形形色色的品牌，许多白酒名企业在盲目发展中终因丧失底气而退出市场。

这说明了我们严守茅台酒的质量、效益第一这条企业发展的生命线，走质量效益型发展道路，是落实科学发展观的成功实践。今天，用科学发展观来对照分析，当初我们的低调，实际上也积极稳妥地为我们今天的大发展保留了一个健康而充满活力的市场空间。当初人们眼中的“退”，实际上为今天的“进”奠定了跃升台阶。

实践告诉我们，科学发展观的一个重要原理，就是企业发展与自然环境必须相协调。酿造茅台酒的工艺，遵循自然规律——端午踩曲，重阳投料，九次蒸煮，八次加曲，八次堆积发酵，八次入池发酵，七次取酒。整个生产过程，历时整整一年。再加上长期陈酿和精心勾兑的这两道不可逾越的确保质量环节，这是人类活动与自然规律和谐统一的典范。

当年国家为了扩大茅台酒的产量而“易地生产试验”，之所以未能成功，根本原因就是违背了科学发展观关于人与自然环境和谐发展及经济与自然环境协调发展的客观规律。因为，茅台酒的生产环境具有得天独厚的不可复制性，茅台酒的酿造工艺具有必须顺应自然规律的不可违拗性。

判断茅台百亿集团战略的可行性是以科学发展观作标准

回顾茅台酒走过的发展历程，我们今天在以科学发展观作指导制定建设“百亿集团”的战略发展目标时，倍加珍惜在实践中积累的经验，因而也就更加自觉地从理论和实践相结合的高度，把实现科技效益型经济作为实施生产力跨越式发展战略来看待，在如下几个方面注意认真地、仔细地、科学地对启动茅台酒新万吨工程、建设“百亿茅台集团”的主客观条件进行分析研究——

科学判断茅台酒的市场需求增长空间预期。我们看到，1998年，茅台酒的销量是2100吨，到2003年，达到6000吨左右，5年内增加了4000来吨，平均每年增加约800吨。如果在未来的7至10年里，茅台酒的产量新增1万吨，即意味着每年将新增产量1000吨左右，形成商品的销售量即为800吨左右。这样一种产销比例，只要能够通过做好市场，保持过去几年间的销量增长势头，就完全可以做到产销平衡。

我们看到，目前茅台酒的产销量分别只占全国白酒总产销量的千分之四和千分之二点五。随着以茅台酒为代表的酱香型白酒在酿造工艺等方面的优点逐渐为消费者所了解，茅台酒的市场占有率要再往上攀升几个千分点，并不需要花费很大的力气。而且，只要这个比例达到百分之一，茅台酒的产销量就可以达到三到四万吨。

当然，我们也看到，市场经济充满着许多变数，茅台酒在销售中不可能全是有利因素。但是，人们生活方式也呈现着一种追求高品位生活享受的小康趋势。

那就是，茅台酒是国酒，在白酒走进品牌时代的今天，其作为人们享受传统酒文化和彰显身份的物质载体，往往又成为人们相互传递情谊的、超越具体商品具象的精神产品，受到普遍首选的待遇。而更具优势的是，当今时代，人们对健康、绿色消费的要求越来越强烈，种种现象和科学研究恰好表明，纯天然酿造的茅台酒就是一种不折不扣的绿色、有机、健康的饮品，适量饮用有利于人体健康。这使得其成为唯一集国家绿色食品及有机食品双重认证和第一个原产地域保护的白酒类产品，这与健康、时尚消费潮流不谋而合。

将上述有利因素与不利因素加减相抵，毫无疑问，有利因素，即增长因素总体上要大于不利因素。

退一步讲，即使在未来发展的某些时段，茅台酒销售即使遇到了暂时的困难，我们也可以顺其自然地“踩刹车”，及时对增长速度进行实事求是的调整。由于茅台酒特殊酿造工艺的要义之一是长期储藏，越陈越香，越陈质量越好，越陈价值越高。产销暂时的不平衡，库存量增加，客观上反而有利于我们提高产品质量，提升产品附加值，并且能使企业在正常经营状态中得到适度的调整和恢复。

具备雄厚的资金实力是建设百亿茅台集团的重要基础条件。据国内权威上市公司100强评估体系评选，“贵州茅台”荣获100强综合排名第一名；全球著名的投资银行瑞士第一信贷波士顿发表报告指出，“贵州茅台”等12家公司在我国股市中最具投资价值；全球竞争力组织首次对我国1200多家上市公司作出的竞争力排序也显示，“贵州茅台”名列竞争力前10名。卓越的品牌信誉，长期优良的业绩，保证了茅台在资金市场、资本市场、金融机构都拥有极佳的信誉度，从而有着足够的资金来源支撑企业的发展规划。

拥有人才济济的科学技术队伍保障有效实现科技效益型经济的增长方式。茅台集团最宝贵的财富，是她拥有在中国白酒行业首屈一指的技术队伍，这是一支包括大量技术人才储备在内的技术力量，堪称中国白酒的“梦之队”。茅台集团的技术中心，是目前白酒行业唯一的国家级技术中心。雄厚的技术力量，作为茅台酒质量得以保障、企业得以持续发展的根本前提，在茅台过去走过的历程中得到充分体现。

1978年以前，茅台酒厂大约只有一半年份完成任务，1978年至1991年间，基本上都完成了任务，但有的年份还比较困难。1991年至今的连续10余年间，茅台的发展始终保持优质、高效、低耗的良好状态，靠的就是前辈经验的积累，靠的就是人才素质、机械化程度的提高、生产设备高科技含量及依靠科技进步。前些年我们正是由于集中精力依靠科学技术解决了茅台酒生产过程中存在的几个难题，才得以有力地推动了茅台酒生产工艺走向科学、规范的坦途。

充分估计国家宏观调控可能对企业发展造成的影响。国家的宏观调控，极有可能对茅台集团的发展带来一些变数。譬如：原材料调价，交通、电力等资源的变动，税收政策的调整等等。但我们认为，因为拥有巨大的品牌价值，茅台酒的利润空间是比较大的。如前所述，其销售收入利润率和利税率均高居白酒行业榜首，很大程度上，这些变数都可以通过挖潜使之消化。

到2010年，只要茅台酒的产销量能够达到1.5万吨，再将一些涨价因素考虑进去，销售收入将实现85亿元左右，加上其它系列茅台酒、习酒、茅台啤酒、茅台干红的发展，百亿元的销售收入完全可以实现。这还不包括目前茅台“走出酒的天地”，理性涉足微硬盘生产等市场前景极其看好的高新技术产业，按照投资比例将会实现的大约10到20个亿的销售收入。

谨慎一点估计，建成百亿茅台集团的目标，最多也不会超过2013年，即我们设定的7至10年期限的“底线”。

坚持科学发展观
实现全面、协调、可持续发展是国酒的永恒主题

科学发展观有一个非常鲜明的特点，这就是“和谐”。

和谐对茅台而言，是一种境界，一种追求，也是传统文化经受洗礼升华后在今天这个时代的价值取向。

我们启动茅台酒生产的新万吨工程，建设百亿茅台集团，就是从“和谐”的要求及境界出发，正确地认识和处理好以下几个关系——

质量与速度的关系。按照科学发展观，不论是从社会经济全面发展的角度看，还是从企业自身发展的立场看，质量永远摆在第一位。

茅台集团践行科学发展观，过去、现在和将来都坚持“质量第一，产量服从质量，成本服从质量，速度服从质量”的质量观。也就是说，不论在任何时候、任何情况下，当速度与质量、成本与质量、产量与质量发生矛盾的时候，都要把质量放在首位，前者服从后者。

宏观效应与微观效益的关系。我们心中十分明确，茅台集团的发展，是以实现不断满足广大人民群众日益增长的物质文化生活需求、提高其物质文化生活水平和生活质量、为促进国家社会经济发展做贡献作为发展的宗旨。因此，茅台集团不管发展到什么样的程度，永远都会把维护广大消费者的利益、维护国家利益放在第一位来考虑。

可以说，今后，茅台建成“百亿集团”后，又将随着企业经济的发展，效益的增长，会更加强化促进社会经济全面发展的历史责任感，会给予对地方经济和国家经济更为丰厚的回报。

发展观与政绩观的关系。我们茅台集团的领导认为，科学发展观和正确的政绩观，互为条件。没有科学的发展观，就难以确立正确的政绩观；反之，没有正确的政绩观，也不可能落实科学的发展观。因此，我们在引领企业员工打造百亿茅台集团的过程中，已牢牢地把握住这样一个政绩观，即一切工作的出发点，立足于造福于百姓，造福于社会，而不是为自己树碑立传，邀功请赏。我们确信，自己所做的一切工作，会经受得起社会实践的检验。

协调发展与环境保护的关系。茅台酒是优美环境的产物，茅台河谷得天独厚的自然地理条件，是茅台酒高质量形成的基础，离开了这个自然环境，茅台酒的生产和质量是不可想象的。过去，茅台的环境质量保护取得了不少成绩，今后，还将在提高环境质量，包括水的质量及空气质量等方面，加大工作的力度。

坚持发展与人的和谐关系。人是生产力中最活跃的因素，员工没有强烈的质量意识，产品质量的提高、环境质量的保护都无从谈起。我们要把企业一步步打造成学习型组织，让越来越多的员工成为学习型个人，既要营造出重视质量的企业氛围，又要造就一支适应这种氛围的职工队伍。

质量与市场的关系。对于一家企业而言，坚持质量第一的理念和强化市场意识是一个问题的两个方面。没有好的产品质量、好的服务质量、好的经营质量，所谓的市场意识就无从谈起；同样，在市场经济条件下，产品质量再好，品牌知名度再高，没有良好的市场意识，以及相应的市场运作，也不能取得好的效益。我们将现在市场运行和营销中好的、成功的做法继续发扬下去，同时不断研究新问题、新情况，找出新办法。要把消费者和经销商真正当作企业的上帝和恩人来对待，细致入微地研究各个不同消费群体的消费爱好，逐步做到消费者需要什么我们就生产什么。

要站在一个更高的层面尽力延续并张扬茅台酒“外运五洲万人尝”的历史辉煌，加大对海外市场的调查研究力度和开拓力度。

防假、查假、打假并举，三管齐下，把包装材料供应商等相关方的积极性都调动起来，结成“一损俱损，一荣俱荣”的命运和利益的共同体，齐心协力将假冒侵权现象压制到最低限度，以保证包括消费者在内的相关方的共同利益。

还要进一步加大对外宣传的力度，本着诚信的原则，将茅台酒丰厚的人文历史内涵、绿色健康内涵等更加充分地发掘出来，用消费者喜闻乐见的方式介绍出去，不仅为茅台酒自身的发展，而且为引导科学、理性的市场消费作出贡献。

（贵州茅台集团董事长、党委书记 季克良）

尚德——开掘阳光的科技创新先锋

无锡尚德太阳能电力有限公司

一、光伏产业的中国超越者

无锡尚德太阳能电力有限公司是中国目前最大的专业晶体硅太阳电池生产制造企业。2001 年 1 月，施正荣博士带着他在澳大利亚积累的丰富知识和经验回到祖国，来到无锡，在无锡市委市政府和无锡新区管委会的大力支持帮助下，以世界一流的速度和水准创建了尚德公司。2002 年 9 月，尚德公司第一条 10 兆瓦太阳电池生产线正式投产，一步把中国的太阳电池制造水平向前推进了 15 年。在市委市政府的正确领导和新区管委会的有力支持下，尚德公司快速稳定成长，到 2005 年底，总体生产能力已经达到 150 兆瓦。通过不断的技术创新，尚德太阳电池产品的性能和质量持续提高，“Suntech”已经成为国际光伏行业的知名品牌，使中国在短短的几年时间里就成为世界四大太阳电池生产基地之一，无锡也成为其中的亮点和焦点。尚德公司的超常规发展改变了人们对光伏技术和产品的消极态度，培育和带动了一大批光伏产业链企业，给投资者投资光伏产业以很强的信心。尚德公司的发展受到了各级党委和政府领导的亲切关怀和大力支持，国务院温家宝总理于 2004年3月亲临尚德公司视察，充分肯定了尚德公司所取得的巨大成就，并指出：“太阳能技术关系到中国的能源战略，要大力发展这一产业。”给尚德公司和中国的光伏产业发展以极大的信心和鼓舞。

尚德公司的产品技术和质量水平已达到甚至超过了国际光伏行业先进水平，是中国首家通过Tü V、IEC、CE 和 UL 等国际权威认证的光伏企业，产品在世界各地深受青睐，特别是在欧美、中东、非洲和东南亚地区占有重要的市场份额，国内市场也已经广泛应用到通信、广电、交通、海事、照明、军事等众多领域。尚德公司积极参与承建了西部光明工程项目，不断推广光伏建筑一体化（BIPV）技术的应用。公司产品凭借卓越的性能和品质被国家商务部选定为政府对外援助项目产品。

尚德公司于 2004 年被国际光伏权威光伏杂志《PHOTON International》评为全球十大太阳电池制造商之一。经过 2005 年的高速发展，尚德凭借 150 兆瓦的强大生产制造能力挺进世界光伏产业前五强。2005年7月，在美国 Red Herring 杂志亚洲高科技领域最具前瞻性的 100 强企业排行榜上，尚德公司以其独特的创新能力、发展潜力、产业前景和科研实力强势入榜亚洲百强。2005 年 10 月在上海召开的国际光伏科学与工程大会上，尚德董事长兼CEO施正荣博士因其对中国和世界光伏产业做出的巨大贡献而荣获世界光伏科学与工程大会特别奖。尚德公司于2005年12月15日（纽约时间）在美国纽约证券交易所挂牌上市，成为中国大陆首家在国际主流资本市场上市的民营高科技企业，被誉为世界光伏产业发展史上的“尚德神话”。

二、科技创新，引领产业发展

目前，晶体硅太阳电池原材料主要依赖全球采购。按照5年的产业发展目标，尚德公司进一步加强全球采购的力度，不断提高原材料国产化率，全面加强中国的光伏产业链建设，为公司的长期稳定发展提供有力的原料保证。如今，在尚德公司的带动下，中国已有十多家专业从事太阳能级硅棒制造的公司，总产能超过100兆瓦。目前，尚德公司已在江苏扶持新建了两家硅片切割公司和三家硅棒制造公司，专门向尚德公司提供硅棒和硅片，还以多种方式与国内几家大型硅材料生产企业结成产业联盟，与国外多家硅材料生产企业建立了战略合作关系，保证了公司的原材料供应，为尚德公司发展提供有力保障。

尚德公司拥有一支水平世界一流的光伏技术研发团队，从事太阳能光伏技术的基础研究、应用研究、改进现有生产工艺和新技术产业化的研究。公司的创立者董事长兼首席执行官施正荣博士，公司首席技术执行官威耐姆（Stuart R. Wenham）教授和公司资深科学家张光春博士、季静佳博士都是世界光伏技术领域的杰出专家，具有十多年光伏技术的研发经验。具有世界一流技术研发能力的尚德光伏能源工程技术研发中心目前共有53人，其中26人是来自国内外的光伏专家，其中教授级专家4名，博士5名，硕士8名，在硅材料、太阳电池器件物理、检测与理论模拟、工艺技术和先进的光伏制造设备开发方面积累了丰富的知识、技能和经验，拥有大量的专利和专有技术，在低成本太阳能级硅材料技术、高效低成本晶体硅太阳电池制造技术，下一代多晶硅薄膜太阳电池的产业化技术等方面取得了重大突破。

尚德公司创建四年来，高度重视企业技术创新，自主研究开发了高效低成本晶体硅太阳电池产业化关键技术、光伏组件工程化技术、应用产品集成化技术等国际和国内光伏领域的高端技术。公司拥有完全自主知识产权的核心技术20余项，承担国家科技计划项目5项、省市科技计划项目9项，在国内外光伏能源技术领域学术刊物、论坛上发表专著、论文数十篇。尚德建立了世界一流水平的光伏能源系统工程技术研究中心，为公司自主创新提供了广阔的服务平台。“中心”聚集了国内外一流的光伏技术专家和专业技术人才，配置了国际一流的研发和试验检测设备，与世界一流的太阳能科研机构——澳大利亚新南威尔士大学光伏技术研究中心以及国内多所知名高等学府科研院所建立长期合作关系，始终保持着国际先进和国内领先地位。目前，尚德公司拥有世界先进的三代太阳电池研发制造技术，其中第一代单晶硅太阳电池产业化技术已经使大规模产业化单晶硅太阳电池平均转换效率接近18%，多晶硅太阳电池平均转换效率也接近16%，均处于国际领先水平；第二代技术多晶硅薄膜太阳电池转换效率已经超过10%；第三代超高效50%转换效率的太阳电池也正在积极研发之中。

尚德公司卓越的研发和创新能力得到了国家科技部、省、市和世界银行的认可和大力支持，获得了“国家科技部‘十五’科技攻关计划‘光伏与风力发电商业化技术开发’”、“国家科技部‘科技型中小企业技术创新基金’”、“国家发改委‘国家高新技术产业化示范工程’”以及江苏省、无锡市科技计划国际合作项目、高技术研究项目、科技基础建设项目等众多资助项目支持和世界银行技术进步项目支持。

三、播洒阳光，让绿色永绕人间

尚德确立的“崇尚科技，以德取信”的企业宗旨，把科技创新作为企业发展的第一生产力，以降低制造成本，提高国际竞争力。尚德树立的“创新、速度、协作、团队”的企业精神，把“创新”作为企业及员工成长的生命力。尚德以“为地球为未来充电，让绿色永驻人间”为己任，走联合发展的道路，立志做大做强中国的光伏产业。

目前，尚德全体上下正在通力协作，努力把尚德打造成世界一流的晶体硅太阳电池研发制造基地，现已拥有世界一流的人才队伍、世界一流的组合生产设备、最先进的晶体硅太阳电池制造技术和工艺，在每一件产品上实现各项优势与单项性能的全面平衡，生产的各种规格晶体硅太阳电池及组件能满足市场的各种需求。

不仅如此，尚德还将目光对准了太阳能光伏发电系统工程建设市场，正在倾力打造光伏发电系统工程建设的国际强势品牌形象。尚德提供绿色太阳能光电产品，志在保护和建设生态环境，合理开发和节约使用自然资源，改善人居环境，创造高舒适度生活。尚德为世界几十个国家和地区输送了大量高品质的晶体硅太阳电池和组件，同时在光伏发电集成系统工程领域取得了骄人的业绩，在各种大型太阳能光伏并网和独立发电系统的工程设计、建设安装、工程维护等方面都积累了成熟的技术和丰富的经验。

尚德公司还在进一步加强自主创新能力，通过不断的自主创新，不断降低太阳电池生产制造成本。目前晶体硅太阳电池占据90%的世界太阳电池市场，而降低成本的关键是进一步降低高纯度硅材料的消耗，晶体硅太阳电池的薄片化和高转换效率是目前世界上主要太阳电池制造商努力追求的目标。尚德将进一步提高我国晶体硅太阳电池大规模生产的制造水平，创造具有自主知识产权的产业化技术，降低太阳电池的制造成本，提升国际竞争力，同时将加快培育和发展光伏产业链，促进我国光伏产业的发展，最终推动我国绿电产业的发展。

奋进中的尚德电力，始终以发展中国太阳能光伏产业为己任，秉承创新、协作、团队、速度的企业精神，不断开拓创新，务实奋进，通过持续的技术创新和扩大生产规模，不断降低太阳 电池的制造成本，从而使太阳能这一取之不尽、用之不竭的绿色能源走进千家万户，为人类发展创造更加美好的明天！

自主创新使我们产品领先世界同行

上海振华港机(集团)股份有限公司

上海振华港机公司成立于1992年，是国有控股，AB股上市公司。以ZPMC品牌闻名世界的大型集装箱机械制造商，主产品就是大家在电视新闻码头镜头上常常看到的装卸集装箱的钢铁巨人。过去世界集装箱码头上的集装箱起重机包括我国都是美国、德国、日本和韩国的产品。而今天在市场竞争中我们后来居上，他们节节败退，以我公司代表的中国产品，已进入世界51个国家和地区（包括我们的宝岛台湾和香港），占据世界集装箱机械市场70%的份额。ZPMC这个品牌高高悬挂在世界主要港口近1000台岸桥和1500台场桥上，公司产值自2002年连续四年50%同比增长，2005年完成15亿美元（120亿人民币），2006年计划目标是22.5亿美元（180亿人民币）。将居中国重型机械行业首位。

在党的改革开放阳光照耀下，在中央、沪市中交集团各级领导和各行各业支持下，我们抓住机遇自强不息敢与强者争锋，现在可以向哺育我们成长的祖国和人民汇报：我们没有辜负您们的期待，我们用十四年的时间，跨越了世界同行三四十年走过的道路。我们用业绩显示了中国人的聪明智慧和勤奋，令世界重机行业颇有名气的对手，如日本三菱、三井、石川岛、德国克鲁伯、诺尔、韩国三星、现代、在国际竞争性招标中只有招架之功，我们屡战屡胜，所向披靡，日本厂商当看到振华在甚至不愿出场。我公司是改革开放政策造就众多行业的一个例子，我们的崛起说明中国重型机械制造业正在重返世界民族之林。

一、主创新需要自强不息的民族精神

十四年来坚持自主创新的实践，使我们深刻体会到：自主创新是企业的灵魂，自强不息的民族精神则是自主创新的动力。

公司所处的港口集装箱机械行业，是装备制造业的一个曲型代表，以前，技术和市场一直是发达国家跨国公司的天下。在国内市场，最早从事集装箱作业的码头如天津港、上海港、广州港等，他们的起重机也绝大部分是高价从德国、日本进口，甚至很多还是进口人家淘汰的二手设备。国内为数不多的几家企业生产的产品甚至还不如人家淘汰的二手设备。面对全面落后、差距巨大的这种局面下，很多业内的同志都失去了信心。也正是在这个时候，我们公司的创始人管彤贤先生提出了“世界上凡是有集装箱作业的港口，就应有中国生产的集装箱机械作业。”这句响亮的口号。1992年，他带领十几位志同道合者创立了振华港机公司。公司起名为振华，意思就是在振兴中华。

十四年来，自强不息的民族精神是鼓舞企业奋发向上的动力，是团结公司上下的凝聚力，也是克服困难的制胜法宝。在公司起步时期，我们的处境曾经十分艰难，资金的匮乏、竞争的激烈、技术上的不足、人才的缺乏足以让我们止步不前。如果没有自强不息的精神，很有可能我们都放弃了。公司开发办的费国同志93年在温哥华调试我们出口的第一台起重机时（他当时是美国通用电气公司认可的二位中国电控调试工程师之一），委婉地拒绝了码头总经理出价年薪10万美元请他留在该码头工作的邀请，对总经理说“我的心留在了中国”。如今，他成了公司创新的领军人物。他的这种报效振华、报效祖国的精神正是胡锦涛总书记提出的要“大力弘扬以爱国主义为核心的民族精神”，有了这种精神，就能增强我们的自信心和自豪感，有了这种精神，就能增强我们不懈奋斗、勇于攀登高峰的信心和勇气。

十四年来，振华港机不仅把好的产品带到世界各地，更传播了中华民族自强不息的精神。从旧金山到西雅图，从阿姆斯特丹到迪拜，在全球所有的重要港口，振华的标志随处可见，光彩夺目，令每位中国人为之自豪。公司订单连续六年在世界同行业排名第一，连续四年世界市场占有率突破50%以上，2005年更高达70%，抢占了日本、韩国和德国原有的市场份额，以前连国际投资资格都不具备的振华港机，在连续拿到美国东西海岸5个合同后英国专业杂志《Cargo System》在头版大标题惊呼“振华席卷美国”；在我们进入欧洲6国后又在头版刊登：“振华尽收欧洲订单“。我们相信，现在不会再有人怀疑我们中国人有没有能力，或者有没有可能在世界装备制造业之林占有重要的一席之地。

二、自主创新，企业是主体

全国科技大会上中央明确提出自主创新应以企业为主体。激烈的市场竞争，使我们深刻地认识到自主创新的重要性，也更有动力和魄力投资自主创新。为了在市场竞争中求生存，我们必须在关键技术上创新和突破。"没有世界领先的技术，就敲不开世界市场的大门。

公司成立之初，世界各码头拒绝承认振华港机的竞标资格。由于坚持不懈地开发新技术、新产品、原来对"中国制造"抱有偏见的国际港机市场，不得不对振华刮目相看。2000年，我们成功地将美国全球卫星定位系统GPS应用到集装箱起重机解决了起重机的跑偏和堆场箱位管理问题。2001年，带有GPS系统的轮胎式集装箱起重机登上了香港李嘉诚的HIT码头。一年后，这项技术在全世界范围内申请到了专利，振华港机一举成为世界集装箱起重机领域的技术领跑者。近年来，我们针对国际航运业向超大型集装箱运输船发展的趋势（原载箱量800，现8000-10000箱），开发新一代港口集装箱起重机，攻克了20多项世界领先的关键技术。世界首创的双40英尺集装箱起重机，实现一次可吊运两个重达80吨的40英尺集装箱，更新换代了目前世界上一次只能吊一个40英尺集装箱的起重机，装卸效率提高1.7-2倍。阿联酋迪拜港花了2亿美元订购了几十台这种新式"印钞机"，并创造了每小时装卸104箱的世界纪录。世界首创的超级电容集装箱起重机可以节能30%左右，消除黑烟污染、降低噪声。这种绿色环保型起重机一问世，就引起欧美用户的普遍关注。全自动化双小车集装箱起重机把装卸效率提高50%以上，已为德国汉堡港供货16台，登陆法国诺曼底港5台，创汇达1.4亿美元。带高精度的GPS集装箱起重机创汇达2.8亿美元。原创研制的机械式八绳双向防摇、自动对位关键技术，创汇达2.5亿美元。由于这些关键技术的突破，公司获得了2005年度全国科技进步一等奖。

为了保持公司的领先地位，我们一直坚持对研究开发的高投入。新产品推出之前，用户都会有这样或那样的顾虑，总想等新产品成功或成熟后再使用。面对这样的情况，我们常常自已投入大量的研究经费，进行工业性试验，证明原理成功后，再请用户先试用，用得好再付钱。今年，振华港机有一项具有自主知识产权的"秘密武器"将会给自己带来新的生命，同时，将给世界集装箱营运码头带来一场革命。

坚持自主创新，不仅使我们自己收益，而且也带动了我国港口设备机电配套业的发展。我们以自己的创新，影响一片，带动一片，发展一片。公司一直重视扶植国内有能力的民营小厂，帮助他们将原需进口的机电配套件国产化，今天这一努力有收获了。在我们国际订单上，整台起重机采用中国配套件已经很多。围绕着振华，已经形成了一个比较完整的集装箱起重机产业链。

我们是创新的主体，同时。我们非常重视与高等院校、科研单位的产学研合作。我们充分利用上海市有近260所科研所和数十所高校的优势，在许多关键技术开发上开展合作。例如，GPS技术、超级电容技术都是我们与这些专业机构合作的成果。上海交通大学、同济大学、上海海事大学都是我们发展科技的同盟军，像降低噪音设计，大型钢结构疲劳设计，用振动法消除焊接应力等数十项高科技应用成果，都有他们的功劳。

正是由于不断开发自主创新产品，不断提升令对手们望尘莫及的各项核心竞争力，能压住甚至压倒对手，我们保持住了在国内外市场的高份额。

三、自主创新依靠人才、造就人才

我们始终坚持"人才是第一资源"思想和上海市"科教兴市"主战略。振华港机在自主创新、艰苦创业中，磨练、造就了一支技术精湛、能征善战的科技英才、骨干队伍。这也是振华港机能在严酷的市场竞争中异军突起的重要原因之一，因为这支队伍敢于迎接各种市场挑战。他们兢兢业业开拓进取，胜不骄败不馁。他们承受现场交机延期罚款的巨大压力。每天工作12－14小时以上，无节假日，没有一个叫苦叫累。去年七月，交付新加坡PSA的4台起重机，卸船只用了6天，而日本的2台起重机整整花了半个多月。新加坡PSA目前是世界集装箱吞吐量最大的码头，也是让我们和同行最痛苦的码头，当看到我们的高质量、高效率的产品和勤奋的中国人，码头经理无限感慨地说：中国迟早会在世界上崛起。

世界各国的客户都知道，振华港机有一支没有胡子的技术专家队伍。初次与我们接触过的用户、客人，来到公司后都非常惊讶，除惊讶我们的产品外，还惊讶我们的员工都很年轻。有一次，我们去美国某码头参加投标澄清会，会议开始后码头方总经理见到我司参加会议人员很不高兴，马上给管总打电话，说振华港机不重视他们的项目，来参加会议的谈判人员没有一个有胡子。管总对码头总经理说请您放心，尽管他们没有胡子，但个个都是久经沙场。码头总经理及他的同行们以各种刁钻的问题"为难"我们的年轻人，最终，很高兴地将项目授予我们，因为我们的年轻人以才识赢得了他们的信任。我也是从这支没有胡子的队伍中成长起来的一位总工程师。

从十几个人起步，如今公司已经有员工27000人，白领约2000名，其中800多名机电液专业科研设计人员，200位高级工程师，105位硕士生，他们是公司自主创新最重要的资源。为了培养这些年轻的科技人才，公司与美国诺瓦大学合作办网上教学博士班，尽管公司订单任务繁重，但是公司还是在工作时间中划出集中学习的时间，请专家授课，补充新知识。

为了鼓励创新，公司建立了重奖科技人员的制度，2003年度的科技颁奖大会，特设四个100万元大奖。去年，我们开始评选振华功臣，是公司最高荣誉，这些振华功臣大部分都是各部门中创新的领军人物，公司为他们颁发纯金质奖章，永远铭记他们在振华发展史上的贡献。但是，我们认为真正激励科技人员的还不仅仅是物质上的奖励，更重要的是：振华港机始终高举振兴中华的旗帜。为什么我们员工能长年累月“舍小家、为大家”？为什么能一人充当几个角色？是由于振华文化中蕴含的爱国主义情感和民族复兴的使命感产生了巨大的精神力量，支持他们去克服困难，去为国争光。有的同志在年终总结中写出激昂的话语：到振华来重新认识人生的价值。这都是精神飞跃的结果，是我公司从成立以来干部带头，身体力行，既重物质鼓励，更重视将思想政治工作与生产相结合的必然结果。

我们不仅重视科技人才，我们还重视蓝领队伍中骨干工人的发展，把科学发展观落实到了人才的使用和发展方面。我们采取各种措施要解决来自祖国各地的民工不能过正常家庭生活的头问题，使他们特别是灰领层（即技术工人）也能享受正常人的家庭生活。同时继续在工人队伍中发展三种荣誉称号工人（质量信得过、技术能手、质量标兵）。除正常劳动报酬以外，我们每月给500/700/900元的专长津贴，大大激发他们的积极性。所有这些都是学习中央提出以人为本，要尊重他们、依靠他们、关心他们后公司采取的新举措。

四、自主创新需要善于学习、继承百家之长

振华港机的发展，始终是一个在习中不断创新的过程。振华港机之所以能取得今天的业绩，就是坚持不断地学习。公司总裁管彤贤先生在全国科技大会上接受记者采访时感言“企业不能关着门创新，一定要学习国外的优点，继承百家之长就是创新”。

我们从来都不反对在开放条件下学习、引进国外的先进技术和经验。但是我们学习、引进的目的是要形成我们自己的创新能力，从而增强我们的竞争力。在振华港机起步阶段，我们经验少、技术落后。落后没有关系，我们可以学习。我们开始向德国人学习、向日本人学习，采取各种可能的方式、途径学习。但是，我们始终保持清醒的认识，振华“与狼共舞”的目的是不能被狼吃掉。通过与世界一流的强手进行技术合作，短短几年内就实现了从引进技术到消化吸收，再到二次开发，进而过过技术创新拥有自主知识产权的跨越。现在我们已经远远超过了这些老师。在国际市场上竞标，只要看见振华来了，日本人夹起包就走。

12艘六万吨级整机运输船是我司核心争力之一。我们运输船发展也是学习的成果之一。1993年，我们给温哥华港制造的岸边集装箱起重机由于自已没有运输船，只能依靠荷兰的一家船公司运输。对方要价很高，而且不保证时间。这件事刺痛了公司决策层，最终我们下决心买了一艘二手散装改造成输船。荷兰人知道我们有运输船之后要求合作，遭到我们的拒绝后，荷兰人恼羞成怒，说我们侵犯他们的知识产权。最终，法庭判决荷兰人败诉。应该说，改装运输船是受荷兰人的启发，但是技术是我们振华自己开发的。而且打这场官司我们也有意外收获，明白了荷兰人更多的技术诀窍，随后我们对运输船进行了彻底改进，在全求独树一帜。荷兰人做梦都没有想到振华的学习能力如此之强。

振华的学习，还有一个很重要的方面就是从失误、甚至是从失败中学习。不仅从自己的失误和失败中学习，而且对同行所出现的问题、事故、失败、从不幸灾乐祸，而是分析原因，避免我们犯同样的错误。阿根廷的同行也是竞争对手一银萨公司为马来西亚生产的起重机在运行时突然坍塌，我们收到事故现场的照片后，组织技术人员进行分析，找出问题的原因。在振华公司，大家都知道“不二过”的含义，这是几千年前孔子提出的，今天变成我们的座右铭，我们允许犯错误，但不能重复错误。

此外，我们还向用户学。我们的产品质量每天都有提高，因为我们服务的用户来自不同的国家，有不同的要求，我们从不把这些要求当成刁难，因为它们也是我们进步和创新的动力。振华产品第一次进入美国市场，遇到了很大的困难。美国用户要求非常高，一切按美国工业标准规范，多得一时不能全部熟悉，连日本人都惧怕。曾有一家日本合同因设计不符合美国规范，被迫返工，损失7000万美元。我们在别人错误的基础上学起，努力收集了几乎所有制造商在美国市场中犯的错误，研究分析落实到责任部门，派员到美国边设计边修改，及时与用户所请的美国咨询工程师交流。为获得一个技术认可。再三修改。当时有的同志认为美国人太苛刻，但我们坚持住了，我们努力使美国人也感动。后来，美国这家码头和咨询公司成为合作好伙伴。

总之，14年来，我们高举振兴中华的伟大旗帜，通过不断地学习，依靠人才，形成了以企业为主体的创新能力，自主创新让我们的产品领先世界同行。

中央一直强调要振兴装备制造业，这是一个极其重要的战略决策。装备工业是一个国家工业的脊梁，代表着一个国家产业竞争力的基础。目前，我国装备制造业落后，不仅制约了制造业以及其他产业竞争力

的提升，而且还严重影响了我国的产业安全和国防安全。我们对些体会最为深刻，也深感肩负的责任重大。振华港机不仅要成为港口机械制造造业的巨人，我们也希望通过自己的努力，为中国的装备制造业做大做强贡献一份力量。振华港机是沧海一粟，但正像毛主席说讲的“星星之火，可以燎原”。让振华港机像希望的火种，使自主创新在中国大地上蓬勃兴起。

打造世界级的中国品牌

康佳集团

康佳品牌发展概况

康佳集团是1980年成立的中国改革开放以后第一家中外合资的电子企业。经过26年的创业发展，康佳已经从一家电子加工小厂成长为年销售收入130亿元、产业涉及彩电、移动电话、白色家电、汽车电子、电子元器件等大型电子信息产业集团。是国家300家重点扶持发展的大型企业，也是国家重点扶持发展的外贸型出口品牌企业。早在1997年，“KONKA康佳”商标就被国家工商局首批认定为中国驰名商标。

目前，康佳彩电国内零售市场占有率连续多年位居前列，并成为2001～2005年期间我国城镇居民预期购买的主要品牌，康佳手机产品的市场占有率也进入了国产手机前列。2005年，康佳品牌价值突破150亿，连续多年位居中国最有价值的品牌之列，也是深圳地区最有价值的中国品牌。同时，康佳在国外也有了较好的发展。在东南亚、中东、澳洲等多个市场已经进入前三位品牌，与日韩品牌并架齐驱。目前，康佳品牌不仅在国内家喻户晓，在国际市场上同样具有较高的知名度，国内外用户已经超过1亿。

康佳成为国内乃至国际知名的品牌的经验

用六个词来概括康佳在品牌建立过程中的经验棗创新、质量、服务、文化、社会责任、国际化。康佳正是通过坚持创新来保证技术上的领先优势，实现管理上的与时俱进；通过质量过硬的产品，为品牌创造消费者信赖和保障；通过诚信、高效的服务，来建立康佳的商誉，赢得品牌忠诚；通过诚信经营、打造卓越的企业文化并不断回报社会，来塑造良好的企业公民形象；同时，近几年，通过大力开拓国际市场，康佳又迈出了在全球范围内打造知名品牌的步伐。

康佳是如何通过创新来持续打造品牌的？

创新是打造康佳品牌的灵魂和原动力。康佳总是在坚持技术领先的同时，不断追求企业管理模式的创新。

科技兴企是康佳最重要的战略思想之一。多年来无论经营环境的顺和逆，康佳始终坚持大力度的研发投入，年销售收入的3%到5%投入到技术创新之中。公司十分重视研发体系的构建。现在公司拥有一个中央研究院、一个国家级的技术开发中心和博士后科研工作站，四大产品技术开发中心，超过50个的功能研究所，近1000人的研发队伍，建立起了一个从基础技术、前瞻性技术研发到产品研发，到工艺制造的三级研发体系。同时，在国外，康佳已经在美国和韩国设有两个国外研发机构。这些研发资源通过KPD(集成化产品研发管理)的管理思想，实现了最优化的整合和利用。

在产品创新上，康佳也在行业走在了领先的位置。1999年1月，康佳自行研制了中国第一台高清晰度数字电视；2000年1月，在拉斯维加斯国际消费电子展上，康佳的艺术电视和TV/DVD二合一电视双双荣获“创新2000奖”，这是中国消费电子产品首次赢得国际大奖；2000年10月，康佳成功研制出国内彩电业第一块微控制器芯片，迈出了进军彩电核心技术研发领域具有里程碑意义的一步。2001年6月，开发出了国际领先的彩电“超级芯片”。这些产品均实现了较好的市场和经济效益。目前，我们已在平板电视，MP3、MP4手机，汽车电子，大屏幕LED等多个产品线领域取得领先优势，在平板电视、MP4手机等方面，康佳已经展现了领先的技术实力，我们推出的“双倍高清”平板电视和超薄MP4手机等产品均领先国内同行，在新兴业务领域，我们自主研发的国内第一款汽车发动机电喷控制系统，成功填补了国内技术空白，我们研发设计的目前最大的LED显示屏也正在建设过程中。

随着技术研发能力的提升，康佳逐步形成了独特的技术和产品优势，成为“广东省专利工作先进单位”和“广东省知识产权优势企业”。从2002年到现在，康佳申请的专利数逐年翻番，仅2005年一年就申请专利近300项，平均每天都有一项专利申请。正是在技术上的持续领先，为康佳品牌持续不断的注入科技、创新和活力等元素。

“创新生活每一天”也是康佳多年来一直倡导的经营理念。在营销、服务、经营模式、供应链管理等方面，康佳也一直保持着锐意进取的姿态，如“大拇指服务”工程、价值经营策略的提出，等等，这些都赋予了康佳品牌丰富的创新内涵。

产品质量是创建良好品牌的根基和保障

作为企业品牌建设的重要保障，康佳很早就按照国际先进模式和国际标准建立了市场导向型的质量、环保等管理体系。早在上个世纪90年代，康佳就在国内同行业率先获得了ISO9001质量管理体系、ISO14001环境管理体系国际国内双重认证，并取得了美国UL、加拿大CSA、德国FTZ、英国BS、澳大利亚SAA等标准认证，产品免检进入国际市场，从而将质量管理、环境保护和社会责任在更高的层次上统一起来。2006年，针对欧盟关于电子产品的“两个指令”（ROHS）和彩电产品能效标准，康佳又对生产线进行了绿色改造，启动了“欧标”计划，先后开发推出了多款符合欧标的新技术产品，这些质量过硬的绿色产品面市后深受消费者欢迎，也受到社会各界特别是环保部门的赞许。

在质量控制方面，康佳形成了以“铁的心肠、铁的手段、铁的面孔为代表的三铁的质量文化。

附：质量案例：“一夫当关”的质量管理体系：康佳品牌之盾

康佳集团早在1993年便成为了我国电子行业第一家通过ISO9001国际质量体系认证的企业。由于历史的原因，康佳的发展走的是一条“从出口到内销”的路子，康佳从一开始就要面对激烈的国际市场竞争。当时我国彩电行业还处于起步阶段，相对于世界家电业领先的各大巨头，无论在核心技术还是营销手段上都没有任何优势可言。只有在产品质量上下大工夫，才能保证企业在激烈的国际竞争中生存。

经过十年如一日的努力，康佳集团的质量管理已经达到了相当高的水平，彩电产品直通率达99%以上。产品质量监控频率也由日监控和半天监控改成现在的即时监控。据康佳集团质量管理员介绍，有一次某彩电生产线在试产一个新型号产品时，出现了显像管与面壳不够吻合的“壳离”现象，质检点发现问题之后，立即报告工艺主管，并将情况反馈给开发中心有关跟踪人员，迅速排查问题原因，拟订解决方案。通过对生产工艺的一系列调整，最终有效地解决了问题。从质检点发现问题到最终解决问题并恢复生产，总耗时仅21分钟。这一事件的处理过程，正是康佳高效率质量管理运作的生动写照。

康佳集团一贯认为，质量管理不是一项孤立的工作。从设计到生产到销售再到售后服务，只要是涉及产品的全过程都应该处于质量管理流程的监控之下。在这个流程中，康佳实行的是被称为“一夫当关，万夫莫开”的“一票否决”制，无论在哪个环节发现质量问题，无论在哪个工位出现质量纰漏，这之前所做的所有工作都将被否定，产品必须无条件返工。

案例：2001年，康佳集团发生了一起不大不小的“质量事故”：由于工艺员的疏忽，某新型号彩电线路板上的一个元件外型尺寸与设计值有出入，导致该元件与显像管之间的距离比设计值少了1毫米，超出了康佳的工艺标准许可的误差范围。说这件事不大，是指这一个毫米的误差并不会影响到产品的质量，而且完全在国家标准允许的范围之内；说这件事不小，是因为康佳集团对此事采取的处理措施异常严厉：近千台已经发运到全国各分公司、甚至已经摆上柜台的成品全部运回工厂进行返工，直接责任人被处以高额罚款，并在全集团范围内通报批评，生产线和生产厂的领导也主动承担了领导责任，受到相应处罚。随后，以这次事件为契机，康佳集团彩电事业部质量管理部专门组织相关部门操作人员进行了安全工艺培训，要求各部门充分吸取教训，杜绝此类事件的再次出现。

对于一个毫米的小小误差祭出了雷霆手段，康佳并不认为这是小题大做。“质量第一、信誉为本”是康佳质量方针的根本所在。康佳历来以提高顾客满意度作为衡量质量的最高标准，在质量上坚持精益求精的原则，来不得半点蒙混马虎，也来不得半点敷衍塞责。

正因为严把质量关，康佳彩电被国家质检总局评为首批免检产品，并荣获中国名牌产品称号；康佳手机被评为“国家检测移动电话机质量、服务放心六佳品牌”和“中国质量承诺·诚信经营企业（品牌）”。由于连续五年荣膺全国“质量效益型先进企业”称号，康佳集团还被授予“全国质量效益型先进企业特别奖”。

康佳在打造服务品牌方面的举措

诚信、高效的服务是打造自有品牌、赢得顾客忠诚最有力的武器。作为企业品牌建设工程的重要组成部分，康佳把优质的产品和服务紧密结合起来，目前我们在国内设有42家多媒体销售分公司、13家通信销售分公司、3000多个特约维修站、7000多个销售和外联服务网点，并在全公司范围内推行“大拇指服务工程”，建立了全套高效、有序的电脑自动化管理系统，形成一个覆盖全国、运作规范、高度信息化的销售和服务网络。“康佳产品遍四方，售后服务到府上”的服务理念，使海内外1亿个康佳用户在享受康佳科技产品带来的高质量视听享受的同时，也感受着康佳服务人员送上的微笑和温暖。此外，我们还根据不同时期消费者的需要出发，推出针对性的贴身服务，如今年世界杯期间，康佳就推出了24小时上门服务，并根据用户需要提供三小时快速上门服务，赢得了消费者的高度认可。

附：康佳服务案例：

先声夺人的“大拇指”服务工程是康佳的信誉之碑

早在全行业的价格战还方兴未艾的1998年，康佳集团就在全国各分公司铺开了“大拇指”服务工程，向数千万康佳用户庄重承诺：康佳产品遍四方，用户服务到府上。十多年来，康佳在全国各地的数千名售后服务工程师，留下了无数动人的故事。

案例——“掉进河里的康佳人”：

2001年春节，河北省保定地区的一位康佳用户拨通了康佳的全国免费用户服务电话，称其家中一台5年前购买的康佳彩电出现故障，请求派人维修。康佳用户服务中心迅速将信息反馈给当地的康佳服务部，一名维修人员连夜驾驶摩托车赶往50多公里外的用户所在地。当时刚刚下过一场大雪，路面状况非常差。在经过一条小河时，由于桥面太滑，维修人员连人带车摔进河里，全身湿透，摩托车也熄了火。为了保证24小时上门服务的承诺得以实现，这位维修人员推着摩托车又走了好几里路，来到用户家中。此时，他满身的水都结了冰。用户看着满身“披挂”着冰甲的康佳维修人员，感动得说不出话来。从此，康佳成为了附近十里八乡的父老们采购彩电的首选品牌。直到今天，每当身穿“大拇指”制服的康佳集团服务人员来到这个村庄时，都会被当地群众围住询问：“你是不是那个掉进河里的康佳人？”

诚信成就了驰名的康佳品牌，优质的产品和服务为康佳产品注入了强大的生命力和市场活力。

康佳素有“广东企业文化摇篮”的美誉

个卓越的企业，定然具备优秀的企业文化，而优秀的企业文化是康佳企业和品牌取得快速发展的一个重要原因。

针对特定历史阶段的不同问题，及时校正自己，提出更符合实际的新的理念，是康佳企业文化发展的基本特色。

1981年，也就是康佳的前身粜光明电子厂创立之初，公司就提出了“爱厂爱国，团结协作，遵纪守法，好学上进”的16字厂风，这16个字很快便被广东省宣传部誉为康佳企业文化的萌芽，它也成了公司战胜重重困难、求得长远发展的精神动力。当年康佳提出这一口号时，“企业文化”的概念在国内绝对是一种新鲜事物，康佳的作为无疑是一种突破。

1987年，随着企业的不断发展，公司又提出了“我为你，你为他，人人为康佳，康佳为国家”的口号，并进一步明确了“团结开拓，求实创新”的康佳精神。这使康佳的所有员工通过最简洁的方式明白了：什么是自己奋斗的目标，什么是应该做的工作以及应该怎样做好这些工作，从而形成了统一、明确而又健康的“价值观”。

90年代，以“团结开拓、求实创新”的康佳精神和“创新生活每一天”的经营理念为核心的康佳企业文化，突出了“以人为本、员工至亲”企业文化特色，强调企业不仅要提供优质的产品，同时也要服务社群、造就员工、追求企业与员工的共同成长，并将各时期的中心工作与企业文化建设结合起来，产生强烈的感召力和吸引力，极大的促进了企业的发展。同时，康佳积极参与社会公益活动，在井冈山、延安等革命老区和贫困山区援建了8所希望小学，使2000多名失学儿童重新走上课堂。而且还积极帮助当地发展经济，解决数千人的劳动就业问题，为社会稳定和繁荣做出了贡献。

2005年，与未来三年战略编制同步，康佳又对企业文化进行了新一轮的梳理，提炼出了更加追求卓越和更加员工本位的新的核心理念粜“创造卓越康佳，成就你我梦想”。

系统化、规范化是康佳企业文化的另外一个重要特点。康佳的企业文化从一开始就注重理念、行为、宣传推广的结合和体系化。

早在90年代，康佳就对企业文化建设成果进行总结和提炼，归纳出一套完整的企业文化理念。康佳还是国内最早推行“行为文化”的企业之一。从1996年10月起，康佳开始实行晨读制度。康佳企业文化成熟与独特，还表现在她对企业形象识别体系（Corporate Identity System 简称CIS）战略的策划和实施上。

近两年来，以新的企业文化理念为出发点，康佳还组织开展了一系列企业文化活动。2005年元旦，康佳部分员工代表在北京天安门广场观看升国旗仪式，与此同时，在深圳康佳集团总部，康佳全体经营班子成员带领集团管理层和千名员工代表，举行了庄严的升国旗仪式暨现场宣誓活动，立志“诚信立企、产业报国”，同时拉开了2005年爱国主义教育活动的序幕。当天，康佳集团中高层管理人员和员工还一同前往虎门参观了海战博物馆、靖远炮台和威远炮台，从历史中寻找爱国主义的精神力量。

2005年5月21日是康佳集团25周岁的生日，也是康佳企业文化的一个集中体现。在诞辰来临之前，公司改造了厂区形象、改版了公众网站，以新的面貌体现了新的文化特征；5月21日当天，KONKA25 LOFT厂史展反映了康佳25年来的风雨辉煌，庆祝晚宴发布了未来中长期的战略性产业远景开展。以“梦之羽翼，飞得更高”为主题的系列活动，不仅对内通过厂庆征文、摄影比赛、板报宣传等多种方式凝聚了员工士气，而且对外通过形象展示、用户回馈等进一步提升了康佳品牌价值。

2006年元旦，康佳集团组织集团职能部门及业务单元领导干部雪夜登泰山，清晨在泰山山顶举行了庄严的战略誓师仪式，公司总裁侯松容亲自将刻有战略任务的泰山石敢当一一授予各业务单元负责人。通过这一活动，不仅锻炼了大家的体力和毅力，也激发了员工的强烈责任感和荣誉感，进一步增强了公司领导团队实现战略目标的信心和决心。

2006年7月1日，恰逢建党85周年纪念日，中央红军长征胜利70周年纪念日，康佳组织了骨干员工以及党员500多人在江西瑞金至赣州段举行了重走长征路的大型活动，通过重温长征历程、一方面振奋了员工的拼搏精神，极大的锻炼了员工的意志，同时也将坚守信念、顽强拼搏的长征精神成功的植入康佳的企业文化之中，同时通过员工们在长征途中相互协作，也进一步加强了公司员工的凝聚力和团队意识，目前，这一活动仍在进行中。

康佳社会责任

作为一个具有社会责任感并富有良知和爱心的企业，康佳公司自成立以来就确定了自己的风格棗你为我，我为他，人人为康佳，康佳为国家。20多年来，公司认真践行着自己的诺言，始终扮演着良好企业公民这一角色。并且爱心和善举已经成为公司及每一个员工的自觉行为。

康佳公司的社会责任与爱国情怀首先体现在对科教等公益事业的关注与支持。自20世纪90年代中期以来，为支援革命老区的建设，公司投入3000万元启动了以“康佳心·京九情”为主题的大型扶贫公益活动，在陕西延安、江西吉安、湖北麻城、安徽阜阳、黑龙江海林、四川广安等地投资数百万元援建了八所康佳希望小学，使上千个失学儿童重新走入学堂；康佳还响应国家号召，对口义务扶贫贵州贫困山区，已总计投入数百万元。同时，康佳还先后与北京大学、华南理工大学、四川大学等多所院校联合举办大学生科技文化节，以鼓励和支持大学生的创新热情。

同时，康佳公司的社会责任感还体现在强烈的爱国情怀和国际主义精神。比如，当长江发生百年不遇特大洪水的时候，康佳公司全体员工自愿发起了募捐活动，先后向灾区捐款捐物总值达300多万元；为支持团中央发起的中国青年创业行动，康佳公司投入近600多万元，与团中央一起开展了包括“我的梦想，我的创业故事”全国大型征文活动，以及使用公司形象代言人国际影星张曼玉小姐为主角的电视公益广告片的拍摄与播出；当“神舟六号”升空之际，为表达康佳人对中国航天员的关心和对中国航天事业的支持，公司把代表最新科技的价值数10万元的平板电视送到了航天员的手中，并与中国航天员中心结成了“科技共建先进单位”；当印度洋海啸灾难发生后，公司三万名员工自觉开展了爱心捐助活动，通过红十字会向东南亚灾民捐助了大批物资和善款。

2005年，康佳被授予了中国首届“最佳企业公民”的荣誉称号。正是由于多年来在坚持企业发展的同时不断回馈社会，康佳品牌才得到了社会公众的认可和信赖，增添了了品牌的亲和力。

康佳国际化发展的现状

近年来，在国内市场成功运作的基础上，康佳加快了全球范围的品牌扩张。通过加快海外本土化营销及服务网络建设和海外生产基地的建设、加强与国际战略客户合作、不断加强在海外市场的品牌推广等措施，目前康佳已经初步建立起了独具特色和优势的全球供应链模式。通过本地采购、本地生产、本地销售的良性循环，不仅打通了全球主要市场的进入瓶颈和贸易壁垒，且大幅提高了产品的利润水平、售后服务质量及增值能力。

目前，2002年到2005年，康佳彩电外销连续三年实现翻番，其中康佳自有品牌彩电在澳大利亚、中东、东南亚均取得行业“三甲”的骄人业绩。在欧洲及北美，康佳也逐渐确立自己的声誉和知名度，自有品牌彩电的出口比例目前在国内巨头中位居前列。手机产品也逐渐销售到牙买加、伊拉克、印度、南美、非洲等国外市场，仅2006年上半年手机外销就突破了100万台。

现在的康佳，正在逐步由一个中国企业向国际化企业过渡，康佳品牌也正在由一个中国名牌向世界名牌蜕变。我们的目标是要最终打造一个世界级的中国企业，一个全球范围内值得信赖的数字娱乐品牌。

备注：康佳国际化的COMBO模式

康佳的国际化途径可以概括为五种：第一，战略合作，在全球针对每个市场板块寻找机会进行战略合作，借助合作方的资源以及康佳的优势进行整合，以达到强强合作的可能；第二，进行自有品牌出口的同时，加大OEM的出货量；第三，包括并购在内的资本运作；第四，做自有品牌，在市场容量200万台以内的国家发展自有品牌；第五，建设海外基地，布局全球供应链，并避开部分国家的贸易壁垒。这五种途径英文单词的字头组合，构成了康佳国际化的“COMBO”模式。

康佳国际化发展“1568”计划

1－1个目标：打造一个具有全球知名度的国际品牌；5－5个制造基地：墨西哥基地、印尼基地、东欧基地、泰国基地、中国基地；6－6个研发中心：除中国本部研发中心外，在原有美国硅谷研发中心的基础上，还将分别在日本、韩国、法国、印度等设立工业设计中心、产品研发中心、软件开发中心等；8－8个市场板块：北美市场、欧盟市场、东南亚市场、拉美市场、中东市场、东欧市场、非洲市场、澳洲市场。

在战术上，采取市场圈地战、品牌攻坚战、研发创新战和制造协同战。

市场圈地战是指，对于北美、欧盟等重点市场，采用“中央突破”策略，通过跟渠道商结盟，直接进入渠道，减少中间环节，增强产品竞争力。对于次重点市场，采取“蚕食式”策略，建立康佳自己的销售网络，设立贸易机构进行产品销售，对市场进行深耕细作式的占领。

品牌突围战是指康佳品牌在重点战略市场将通过兼并或合作等方式衍生出不同的品牌，实现多品牌运作，最终达到品牌的国际化。对澳洲、中东、东南亚以及非洲部分地区等次重点战略市场，大多采取自有品牌出口的方式，对市场进行精耕细作。

研发攻坚战是指在原有美国硅谷研发中心的基础上，分别在日本、韩国、法国、匈牙利、印度、中国设立工业设计中心、产品研发中心、软件开发中心以及技术研发中心等。力求建立全球领先的研发技术优势，以优质、高效的产品和服务满足客户需求。

制造协同站是指通过中国生产基地、印尼、泰国工厂辐射北美、东南亚、中东及非洲地区；通过墨西哥合作工厂满足拉美市场；通过匈牙利合作工厂辐射整个欧洲地区。几大生产基地通过公司统一的供应链管理系统而集成为一体，快速响应不同市场的需求。

中国网络通信集团公司

中国网络通信集团公司（以下简称中国网通）是中国特大型电信企业，是北京2008年奥运会固定通信服务合作伙伴，是国内外知名的电信运营商。

中国网通的前身具有100多年的悠久历史。2002年5月16日，根据国务院《电信体制改革方案》，中国网通在原中国电信集团公司及其所属北方10省（区、市）电信公司、中国网络通信（控股）有限公司、吉通通信有限责任公司基础上组建而成。2004年11月，中国网通在纽约、香港成功上市。

中国网通是经国务院同意进行国家授权投资的机构和国家控股的试点单位，由中央直接管理，在国家财政及相关计划中实行单列。中国网通注册资本为600亿元人民币，资产总额近3000亿元。

中国网通拥有覆盖全国、通达世界、结构合理、技术先进、功能齐全的现代通信网络，主要经营国内、国际各类固定电信网络设施及相关电信服务。

目前，中国网通正在致力于发展宽带通信，以“宽带商务”、“CNCMAX宽带我世界”以及“金色俱乐部”、“10060”为代表的各类业务或服务品牌已经家喻户晓。

中国网通将通过实施“宽带”、“奥运”、“国际化”这三大战略来逐步推进企业的战略转型，把中国网通建设成为业务种类齐全、服务质量优良、网络运行稳定、基本建立现代企业制度、全面协调可持续发展的宽带通信及多媒体信息综合服务提供商。中国网通正在不断提高企业的核心竞争力，实现建设“电信强国”战略目标，为国民经济和社会发展做出新的贡献。

英特尔（中国）有限公司

英特尔(r) 迅驰(tm)双核技术托起
上海文广世界杯报道团“移动演播中心”

作为世界领先的芯片创新企业，英特尔（中国）有限公司长期以来，始终致力于为行业提供最优质的产品和最先进的解决方案，帮助那些在大规模数据处理、多任务并行和高密度计算领域有着强烈需求的企业提升技术水准和客户价值。在媒体行业高速发展的今天，强大的数据处理能力、完善的通信手段、优异的电源管理能力、小型化及便携化，成为媒体特别是内容提供商提升报道密度、反应速度和多媒体制作能力的主要诉求。英特尔(r) 迅驰(tm)双核移动计算技术及相关计算平台的诞生和应用，为解决这一问题提供了行之有效的解决方案。

在上海文广集团的案例中，其赴德国报道2006年世界杯的前方报道团采用基于英特尔(r) 迅驰(tm)双核移动计算技术的笔记本电脑结合自主开放的软件系统，实现了创新的便携式网络视频制作及直播系统。该“移动演播中心”不仅在功能上完全取代了传统的复杂而笨重的直播设备，在制作和播出水准上也很好地满足了世界杯网络视频直播的需要，并为下一步向广播级信号传输和播放的发展打下了基础。上海文广“移动演播中心”系统的问世，一方面为媒体行业提供了新鲜的具有创新性的整体解决方案，通过软、硬件的结合，实现直播设备和直播理念的跳跃式发展；一方面也充分体现了英特尔(r) 迅驰(tm)双核移动计算技术在媒体行业广阔的应用空间，为行业用户的进一步创新提供了强有力的支撑 。

“移动演播中心”的设计背景和目的

中国传媒业巨擘上海文广集团于日前宣布，其派往德国报道2006年世界杯的前方报道团配备的基于英特尔(r) 迅驰(tm)双核笔记本电脑的“移动演播中心”播放系统，彻底取代了传统的多种直播设备，其出色的便携性、稳定性、强劲的数据处理能力和续航能力，赢得了报道团全体成员的一致好评。上海文广集团已初步决定为这一国内首创的网络直播系统申报专利。

为了迎接世界杯这一四年一度的球迷节日，上海文广新闻传媒集团旗下上海东方宽频传播有限公司斥巨资从国际足联获得2006年德国世界杯中国大陆地区独家宽带互联网和无线版权，倾力打造网络世界杯盛典。为了配合体育报道的及时性、现场感，进一步增强多媒体处理能力，上海文广世界杯报道团创造性地开发了新一代革命性的“移动演播中心”网络直播系统，将包括切换台、调音台、字幕机、特技工作站在内的传统直播设备加以整合，让传统的需要电视台直播车完成的功能简化为一台英特尔(r) 迅驰(tm)双核笔记本电脑+上海文广自主研发的“移动演播中心”播放系统就可以实现。在前往德国的报道团行李中，以往需要携带的多种笨重的设备，现在只需一台小巧时尚的英特尔(r) 迅驰(tm)双核笔记本就可以满足需要了。

上海文广设计这一“移动演播中心”的初衷，在于将传统的广播级直播系统整合，并通过软件化的方式实现具有全部传统直播设备功能的一体化、一站式网络视频转播解决方案。该系统设计之初，最大的问题在于如何借助一个强壮的支持多任务并行处理的硬件平台实现该软件系统需要达成的设计意图。基于小型化、便携化的考虑，上海文广从一开始便将着眼点放在功能日益强大的笔记本电脑平台上，并组织力量对多方技术、多款产品进行了测试和试运行，以解决影响其实现“移动演播中心”设想的最为关键的问题。

英特尔(r) 迅驰(tm)双核移动计算技术的作用

上海文广世界杯报道团在选择此次需要的硬件设备中有几项重要指标，首先要求承载该系统的硬件平台必须具备高速的数据处理能力、多任务执行能力、超强的稳定性和续航能力。此外，对于那些整日奔波于各个赛场之间的记者来说，高速稳定的无线互联也将令他们如虎添翼。经过严格的甄选、对比测试，上海文广世界杯报道团最终选择了搭载英特尔2.16GHz T2600双核处理器的Sony SZ18CP笔记本电脑作为运行该网络直播系统的硬件平台。

“英特尔的双核处理器让我们感到十分惊喜，其稳定的硬件系统和出色的处理能力是我们在搭建这一系统的过程中，在笔记本解决方案中唯一满足我们需求的产品。应该说，是英特尔双核的强大机能成就了这一套划时代的直播系统。”上海文广世界杯前方报道团技术负责人张琦认为。

目前，这套超便携的网络直播系统已经完成了世界杯大部分的转播任务，经历了每天连续工作8-9小时的高强度挑战，出色的完成了同时支持多达5路信号输入和大规模数据处理的职责，源源不断地将前方精彩纷呈的足球比赛传回国内，呈现在亿万中国球迷的面前。

上海文广世界杯前方报道团技术负责人张琦表示“我们非常自豪，不仅是因为通过此次与英特尔的合作，我们为国内的观众带来了更为精彩的比赛直播。同时，基于英特尔(r)迅驰(tm)双核技术的这套超便携网络直播系统也是此次世界杯报道过程中，在德国的媒体中心里使用的唯一一套运行在笔记本电脑上的直播系统。”

案例总结

本案例从媒体行业一个具体实施项目的角度出发，通过对行业用户、开发者和英特尔三方的分析、解读，揭示了上海文广“移动演播中心”这一具有革命性、颠覆性的网络直播系统孕育、诞生、发展的背后故事，向业界介绍了上海文广独创的直播系统，及其在英特尔(r) 迅驰(tm)双核移动计算技术基础上结合行业特点进行的创新设计，全面地展示了英特尔(r) 迅驰(tm)双核移动计算对于媒体行业未来发展趋向的影响，并在一定程度上为业界提供了对于高性能计算在媒体行业应用的创想和启发。

英特尔、英特尔标识、英特尔迅驰、是英特尔公司或其子公司在美国和其他国家的商标或注册商标。

关于英特尔

英特尔作为世界领先的芯片创新企业，通过开发技术、产品和计划，不断提升人们工作和生活水平。欲了解英特尔的更多详细情况，请浏览www.intel.com/pressroom。

关于上海文广集团东方宽频传播有限公司

上海东方宽频传播有限公司是经国家广电总局批准，上海文广新闻传媒集团创办，通过信息网络传播新闻类、影视剧类、娱乐类和专业类视听节目的综合性宽频网站。也是全国广电行业内第一家专业经营网上视听业务的商业网站，属于新兴IT企业，ICP内容集成商。欲了解上海文广集团东方宽频传播有限公司的更多详细情况，请访问www.smgbb.cn。

如有疑问请垂询：
英特尔（中国）有限公司
奥美公关顾问
中国区市场部公关经理　郇玉萍女士　赵峰
电话：8610-85298800转6186
电话：8610-85206571
电子邮件：yuping.huan@intel.com
电子邮件：robert.zhao@ogilvy.com

中建国际—ERP助就国际化运营

用友软件股份有限公司

中建国际建设公司（以下简称中建国际）是中国最大的国际化建造服务提供商之一，是中国最大的建筑企业——中国建筑工程总公司的全资直营子公司，在工程建造、服务领域完全与国际接轨。公司总部位于北京，在中国各主要中心城市以及新加坡、阿尔及利亚、博茨瓦纳、美国、日本、韩国、俄罗斯、德国、巴巴多斯、爱尔兰等国家和地区设有近30个分支机构，经营业务在中国国内覆盖华北、华东、西南、西北、东北、华南地区，在海外覆盖东南亚、东北亚、北美、南美、北非、南非、欧洲以及中东地区。

中建国际在管理上面临以下几个方面的问题：

* 集团难于及时、动态地掌握分散在全国各地分子公司、项目部的财务运营状况和资金的使用情况：各个企业与集团之间仅靠财务报表的方式反映财务信息，缺乏详细、准确的管理手段，不能很及时地进行数据的分析和决策。

* 集团对各分子公司以及直管项目的财务管理和财务政策缺乏有效的监管手段：集团制定的财务核算、管理制度在下级单位得不到很好地贯彻执行。

* 无法及时掌握各个工程项目的费用发生情况，及其盈亏状况：集团很难掌控每个公司及其子项目的成本、收入和利润状况，以及各个项目的部门，人员、材料、合同的明细成本、明细收入、明细利润状况。

* 从集团的角度建立企业的计划预算体系还比较困难：手工编制预算周期长，范围广、困难大。公司预算的下达、审批、上报周期长。预算的控制作用无法真正实现，形同虚设；预算的协调指导作用没有充分发挥；无法及时地进行预算分析；集团无法对下级单位预算的执行情况进行实时监控。

1. 应用目标

通过信息化建设与用友软件建立长期的合作关系，满足中建国际管理水平持续提高的需要。通过网络技术，搭建信息交换平台，实现信息共享。通过建立中建国际数据处理平台，进行经营成果的分析和评价，为科学决策提供服务。

通过信息化建设实现中建国际集团对公司和直管项目，以及公司对子项目的监控。加强集团对公司和项目的绩效评价，客观地评价项目经营情况。运用先进的指标和分析体系，对公司及项目进行评价，为投资决策、风险管理、人事管理等提供决策依据。

加强成本管理，逐步实现成本过程控制。成本管理是财务工作的重点，信息化建设应对业务管理提出整体规划，通过业务管理软件，最终实现成本的过程控制。

2. 解决方案

2.1 项目成本管理

以往的项目核算模式是每个项目独立建财务核算帐套，单个项目的信息比较清晰、完整，但项目之间的横向比较、统计、分析功能主要依靠手工完成。中建国际通过财务集中管理的应用模式减少帐套个数，不再按项目设置财务核算帐套，而是按会计主体设置帐套，每个帐套中核算多个项目。通过项目的精细预算、核算、结算操作，各级主管可以实时查询每个项目的信息，也可以对帐套中的多个项目进行横向分析。

项目预算的重点是项目支出的预算管理，既根据项目预算控制每一笔项目支出是否在预算范围内。

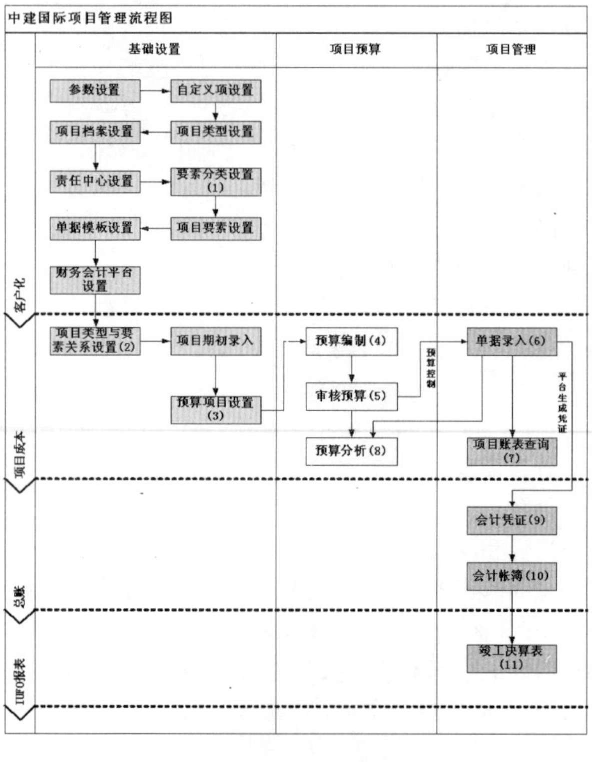

项目预算与控制流程如图：

主要流程描述

＊ 将项目成本类别和收入类别定义为项目要素分类，同时按项目要素分类将各种收入、支出细项作为成本要素进行整理。

＊ 不同的项目类型可以按照不同的项目要素进行核算，在基础设置时要制定好每个项目类型核算的项目要素。满足不同的项目按照不同的项目要素进行预算编制和预算控制的要求。

＊ 根据基础设置，对每个项目和项目要素录入预算数据。预算的调整通过预算版本实现。

＊ 预算编制完成后进行审核。审核后预算生效。

＊ 在项目成本管理模块填制项目单据，进行每一笔与项目相关的收入支出的核算。在录入单据过程中，系统会根据项目预算对每一笔业务进行控制。

＊ 管理层可以在帐务系统中进行帐务的实时查询并生成各种项目结算报表。

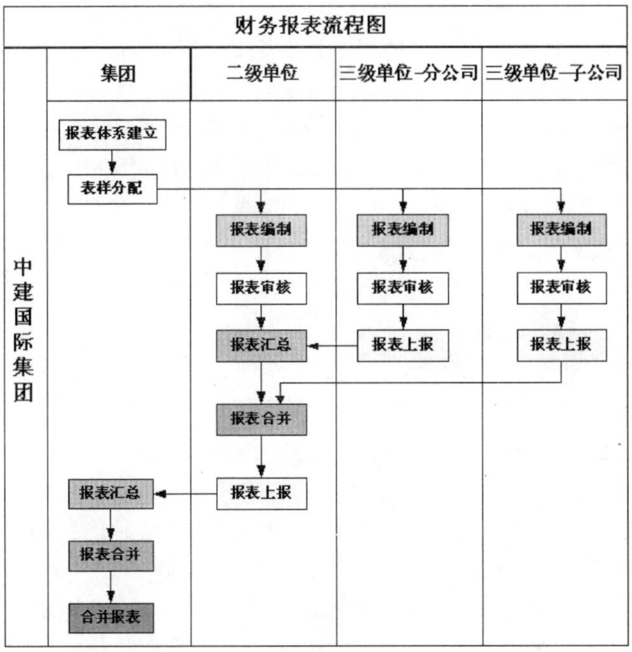

2.2 现金流量分析

中建国际的现金流量分析主要关注现金流量表中各项目的流入流出信息，并随时根据帐务信息提供现金流入流出分析表，对于超出资金预算的支出及时进行控制并调整资金计划。

日常会计在做涉及现金、银行的凭证时，录入相关现金流量表项信息，在现金流量表模块中完成现金流量的分析和查询，月度、季度和年度现金流量表的编制和报送在IUFO报表体系中实现。

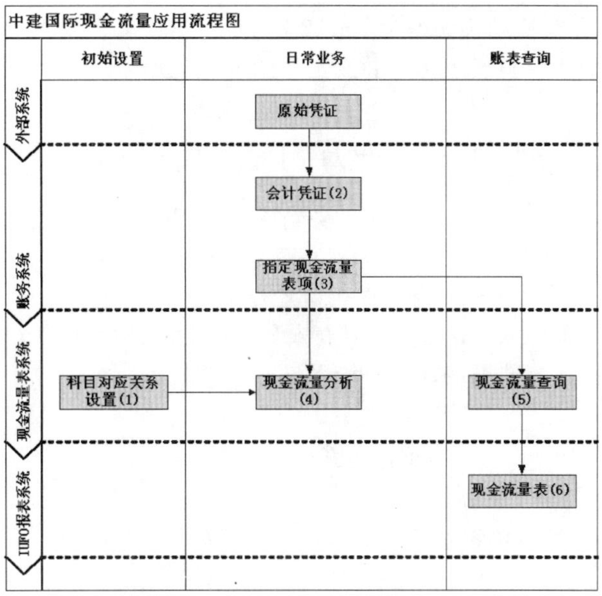

2.3 合并报表解决方案

中建国际财务报表编制、上报、汇总、合并总体流程图：

集团报表合并流程说明：

＊ 集团分别定义基本格式相同、单元公式不同的资产负债表、资产负债差额表和资产负债抵消表。

＊ 集团将上述三张报表以任务的形式分配给各个单位。

＊ 下级单位分别填制资产负债表和资产负债差额表。

＊ 各单位在本地计算各自的抵消表。

＊ 抵消表审核后上报集团。

＊ 集团将各单位上报的不含内部交易数据的抵消表汇总，生成集团合并报表。

3. 价值分析

＊ 通过引入财务集中管理模式，实现全集团有效的财务管理与监控，降低由于集团资料分散，监控力度不够所带来的经营风险。

＊ 利用预算管理平台，在各分支机构业务的第一线建立起标准的项目预算控制体系，降低了由于集团企业大型化，发展高速化，地域分散化所带来的管理风险。

＊ 集团信息集中存放，便于数据仓库切片分析，也便于引用各种经济模型进行分析，极大的缩短了为企业决策准备素材和前期数据分析报告的周期。

＊ 通过项目精细化管理，实现项目全过程的预算控制和分析，保证集团各级业务管理层能够及时获得项目的收入、成本、利润信息。

＊ 协助集团本部转变对下属单位的核算模式，把主要依赖对账的传统核算管理模式转变为数据高度集中、信息完全可靠的会计集中核算模式。

＊ 协助集团型企业的成本管理体系，由一般的会计成本核算转变为项目全过程的成本管理。

＊ 协助集团型企业的成本管理体系，由一般的会计成本核算转变为项目全过程的成本管理。

邢钢－三千万打造钢铁ERP

用友软件股份有限公司

结合企业自身特点和ERP方案供应商的长处，从财务部门入手，邢台钢铁有限公司正走在“以3000万高投入打造钢铁行业ERP经典”的道路上。

打造钢铁行业样板

虽然传统企业的信息化一直在倡导和进行中，但能够真正做到不仅可以“拿出来参观”、更能够“颠覆旧有管理模式”的样板，并不太多，在多方沟通之后，记者在邢台钢铁有限公司（以下简称“邢钢”）找到了这一经典工程。

从2003年3月，邢台钢铁有限公司开始实施ERP流程管理改造，到2003年12月上线，再到2004年6月邢钢ERP系统的管理现状，这一套ERP/NC系统正帮助邢钢树立新型钢铁企业的鲜明特征。

对于邢钢而言，在信息化起步上并不领先，如何赶到前面去？再三考虑之后，邢钢认定了这样一个原则：以“能够给邢钢带来最大好处”为目标选择ERP合作伙伴。

ERP：从核心需求上路

邢钢的企业信息化起步并不算太早。主管财务的总会计师戴玉祥将1998年邢钢采用财务软件作为信息化的开端，而据记者调查，1998年的邢钢信息化，不过是采用了用友财务软件的7.0版，对公司总部和下属的14家生产分厂进行财务管理。

没有网络、没有大规模数据库管理模式，没有数据分析能力，甚至分厂与公司总部之间的连接，还只能通过电话线联络，如此的信息化水平委实一般。但即便如此，也是在重视企业管理的董事长袁世臻上任之后的举措了。

对于任何企业而言，都需面临一个很现实的问题，这就是投资能力，在钢铁行业不景气的时间里，虽然袁世臻、戴玉祥等对信息化所能带给企业的管理优势有着非常明确的了解，但迫于企业经营压力，只能将资金用于其他更迫切需要解决的环节上。

中国大规模基础建设对钢铁材料的需求增加，使邢钢迎来了发展机遇，2002年，邢钢实现利润达2.7亿元人民币，这也是邢钢连续第七年实现效益高速增长。在手头宽松之后，袁世臻、戴玉祥认为时机已经适合，开始将目光投向节约化管理上，而实现手段，就从公司的信息化入手。

做了三十年财务工作的戴玉祥还是决定从财务上开始。2000年，邢钢逐步将用友U8软件的范围扩大到物资应用、销售部门，并使之与仓储、供应系统结合起来。而这只是第一步，真正的信息化工作开始于2001年，袁世臻拍板批准建设覆盖全公司的网络，到2002年，覆盖整个公司的主干网络建立起来。同时，邢钢投入数百万资金用于采购各类机器，第一步的OA办公环境基本上得以确立。

“如何有效配置企业内部资源，实现资金流、物流、信息流和业务流四流合一，提升企业的核心竞争能力，成了邢钢亟待解决的问题。”在一份报告里，作为董事长的袁世臻如此表达他对邢钢发展的忧虑。再三讨论之后，邢钢的领导层达成共识：必须尽快通过企业信息化强化公司管理流程，以提高内在管理增强外部市场的应对能力。

“虽然共识已经确立，但是我们并没有冲动行事。”戴玉祥说。据他表示，整个2002年，邢钢一直在选择合作伙伴。“一方面，如此大规模的投资，邢钢比较重视；另一方面，诸多企业实施ERP或成功或失败所带来的影响，使我们很清楚其中可能存在的风险，如果不慎重，有可能不但没有给邢钢带来管理上的便利，反而成为邢钢前进的障碍。”

于是，邢钢对信息化工程先行立项，却没有决定采用哪一家ERP供应商，而是进行了广泛的接触。据戴玉祥回忆，在邢钢信息化工程立项后，诸多软件方案提供商闻风而动、纷至沓来，“这些厂商既包括Oracle、SAP等国际厂商，也包括金碟、俊杰等国内厂商。”

在袁世臻的记忆里，合作伙伴的选择时间更长。“在接近两年的时间里，我们和二十多家信息化咨询及管理软件提供商进行了接触，最后有三家公司进入了第二轮的竞标。”在经过对各厂商及典型用户、方案进行了深入考察、交流、评比和分析之后，邢钢最终认定用友公司的ERP/NC管理思想和理念与自己的企业特征最为吻合，成功的可能性最大，并最终选择其为自己的战略合作伙伴。

当然，除了理念上的接近，戴玉祥表示，邢钢对于投资的效益最大化也相当重视，而不仅仅只看在眼前的投资额上。“甚至有些国际软件公司的出价比用友还低，但是这只是表层现象。一旦加上后续的服务与技术支持费用，反而高出很多。同时，谁适应谁也是一个问题。”他所说的适应，指国外公司在ERP项目上往往要求企业对自身流程进行大的改造，以适应软件模块所确立的流程，这对于企业来说，潜在成本上升的非常厉害。“从邢钢来说，不仅要考虑到总体的价格，还要考虑到自己企业的特点：国外的软件大多已经相当的标准化和模块化，为适应企业应用另进行定制开发一般较难。而对于企业来说，软件的应用必须考虑到企业自身的各种特点，甚至是管理特点和企业文化、法律环境，不单单是技术本身就可以完全解决，人的参与，使得处理方法和流程安排需要给予更多考虑。用友的ERP/NC比较突出的优点就是能够考虑到国内公司的实际情况，并且可以贴近企业进行更大规模的二次开发，这对于邢钢而言，无疑是最迫切需要的。”

确立合作伙伴后，邢钢接下来所需要做的，就是如何将流程再造工作贯彻到每一个细微处，这需要的不仅仅是产品自身的优越性和二次开发的大量工作，更需要企业自身的贯彻能力。

再造流程双管齐下

2003年3月1日，邢钢ERP项目正式实施，用友公司团队进驻邢钢。“虽然从客观实际看，用友的NC面对邢钢这么大规模的企业，还并非完整的产品，这也是我们不是单纯的客户供应关系而是战略同盟的缘故。”戴玉祥告诉记者，在整个项目过程中，用友团队的稳定性为邢钢ERP项目带来了非常大的好处，“甚至在非典期间，这个项目都没有停顿或者延缓，现在回头再看这个项目，这给我个人以极深刻的印象。”

戴玉祥表述的邢钢ERP项目是，在用友标准版软件的基础上定制开发的适合钢铁企业运营管理系统。为了确保达到该目的，邢钢首先在自身的企业内部管理与整合上做文章，ERP实施前和实施过程中，压缩企业自身管理部门。同时，对于ERP产品之外的企业管理与部门整合，袁世臻的认识比较充分：“任何ERP系统，只是软件和技术的实体体现，不能解决技术之外的问题。”于是，以袁世臻为主动力、戴玉祥为操作层的打通部门间壁垒及克服部门利益问题的工作得以一竿到底地进行。

以供应部门和销售部门为例，当ERP实施之后，两部门连接的环节打通，数据库可视化给企业来来的流程管理便捷性，很容易认识到。而要打通这两个部门，则需要通过公司领导者统一认识。“简单的说，既然大家都相信ERP能够给企业带来很大好处，而如果有人试图设置壁垒，最后惟一的解决方法就是，不放弃利益，就放弃职位。”戴玉祥斩钉截铁地说，“董事长对于ERP能够给邢钢带来的益处认识非常明确，这也是为什么邢钢的ERP能够迅速向前推进的原因之一。”关键时候把矛盾都搬出来，通过强硬方式促使各部门领导人转变观念，成为邢钢顺利推进ERP的关键所在。据戴玉祥表示，在实施ERP的过程中，也对个别的部门领导班子进行过调整，以减小ERP实施的阻力。

在解决好企业管理问题的同时，袁世臻、戴玉祥等邢钢管理层和用友团队确立目标流程，并加以实施。“相互之间的磨合时间较长，目标流程的确定工作做得比较扎实。”戴玉祥说。目标的确立并不意味着没有问题。虽然用友的NC软件已经发展得非常全面，但是专门针对钢铁企业，并没有立等可用的完备业务模块，也没有完整的实施案例可作参考。

其实这些问题都不是最核心的，最核心的是邢钢经过改造后流程处理上究竟能够获得多少好处。2003年11月1日，邢钢ERP项目第一期工程完成正式上线。“此时的邢钢管理，已经不再是以往的一段一段的部门管理，而是完全的、整体的透明链条，从合同定单向整个生产的前端推动，从计划到执行，所有的物资移动，都以数据形式在网上得到体现。简单说来，一张单据可以从头至尾都通过网络执行。”戴玉祥说到第一期ERP所带来的效果时面露微笑，颇有得意之感。

相对于大多数公司通过专门的“信息化”副总抓ERP，戴玉祥的总会计师的身份显得比较突出，但他还是表示，这没有什么不同，“邢钢的ERP也是一把手工程，由公司董事长挂帅，而我负责选择精干的团队，一期工程已经超过200个点，二期工程结束时将达到400多个点，完全由信息化办公室7个人的小团队进行维护，用最精干的人做最重要的事，是总体的思路。”

ERP所带来工作效率提升，可以直接通过数据可以表明。1999年，邢钢的财务人员有133人，到现在人员已经减少到原来的一半，而销售额则从11亿增长到45亿。同时，按照戴玉祥的预计，人员还会进一步减少。

大多数企业都将ERP作为“一把手”工程，邢钢也不例外，但邢钢实施ERP成功的重要经验在于倡导的“以人为本”不是以董事长袁世臻为本，而是以整个企业管理层乃至中间执行层的观念转变为本，也就是“以大多数人的共识为本”，这也成为邢钢如何花三千万的核心思路。

三千万打造钢铁ERP样板

很多企业在做ERP时都围绕着“流程再造”做文章，邢钢的观点不同，把重点放在观念转变上。戴玉祥告诉记者，在ERP实施过程中，他在培训与业务层人员的观念转变上投入了大量的精力。“事实表明这样做是值得的，通过用友工程师对员工的培训，使各个部门掌握了新的工作处理流程及方式，而在真正掌握之后，各部门的管理人员表现出越来越大浓的兴趣。而且控制点明确之后，各个部门所获的授权也相当清晰，直接从网络层就落实到岗位上了，这对于企业管理的权责明确非常有益。”

对于观念的转变，不仅通过培训去完成，也通过企业的部门整合与人员精简去完成，一方面通过岗位危机感促使员工提高流程再造学习的热情，另一方面则通过流程再造整合部门，提高企业效率。实施ERP后，邢钢仅剩下27个处级单位，其中12个生产单位，15个管理与服务单位，甚至有个别部门承担了多个任务管理职能，管理成本和人力成本都得到了节约。“以这么少的单位管理这么大的钢铁企业，很多钢铁企业难以做到。”戴玉祥说。

虽然上线后的ERP/NC管理系统使邢钢实现了采购、销售、库存、计量、质检、财务的业务一体化管理，但实施中还是有问题突出出来。在实施ERP之前，邢钢已经在财务、仓储等诸多环节建立了编码体系（用友的U8软件已经为邢钢提供了相关的编码功能），而ERP实施时，所有编码又按照NC的要求做了重新设定，所以在新旧编码衔接的转换上，出现了因习惯导致的矛盾冲突。“经过不断维护，目前编码的应用已经比较‘顺’了。”另一个表象是，当月底进行数据集中、网络的在线的人较多时，会出现网络缓慢现象，但这是正常的。“但就总体而言，效果不错，和另一些同类型企业比较，效率高出很多。”戴玉祥举例说，比较接近的一家钢铁联合企业，在做了大量的投资之后，并没有解决问题，“到现在账还对不上，这问题就大了。”他笑着表示，财务牵头ERP的最大好处是，可以使管理系统的多种经营数据，与最后的总数据形成吻合。

往往大型企业的ERP难以成功，原因在于这些ERP系统只能在小范围的部门内实现数据的对应平衡，而在跨专业、跨部门的集团层面缺乏足够的数据统筹能力。因此，邢钢决定在实施ERP过程中“以人带动软件而不是以软件决定人”，将财务部门作为一期工程的牵头力量，确保了一期工程的成功。

现在，邢钢的二期工程正在紧锣密鼓地进行，按照邢钢的工作部署，第一期工程涉及到的财务工作较多，由财务部门的人牵头，而二期工程更多是涉及生产制造，则由生产调度主任牵头进行，而相关的人员，还是由公司进行统一部署。

邢钢曾表示，要用3000万人民币打造完全信息化的新兴钢铁管理企业，到目前，包括软硬件投资及相关管理软件，邢钢投入到企业信息化中的资金，已经接近2000万，“到2004年9月整个项目的二期全部上线时，所有的投资将会到位。”戴玉祥说。

并且，当初邢钢自行购买的小型机面对越来越多的站点，运行速度日渐缓慢，同时有一些老旧设备的问题也开始增多，出现了网络断线、系统当机等问题。从现实需求看，邢钢目前还迫切需要一套数据备份系统，以防止出现大规模问题时产生巨大损失，预计还将在下一步增加300万左右的硬件投资。

“邢钢之所以不惜巨资进行网络与系统的建设，原因很简单，就是因为邢钢相信这一套ERP/NC系统能够为我们企业提供更强的管理能力，并最终能够为我们提供更强有力的市场竞争能力，一期工程已经证明，邢钢的判断是正确的。”戴玉祥说。

随着3000万资金随着ERP/NC项目的不断推进逐步投入到位，一艘“邢钢信息化核潜艇”正浮现水面。

【单位介绍】

中国质量协会

中国质量协会是国务院国资委领导下和国家质检总局指导下的全国性质量组织，是我国政府推进质量管理、质量振兴事业的助手和联系广大企业及质量工作者的纽带。王忠禹、顾秀莲、袁宝华为名誉会长，陈邦柱为会长，娄勤俭、刘燕华、王秦平、吴溪淳、陈士能、陆燕荪、王宜林等30人为副会长，马林为秘书长。

中国质协的使命是传播先进的质量理念、方法和技术，组织各种形式的全国性质量推进活动，提供专业化的质量服务，为提升个人能力、组织和国家的竞争力做出贡献。愿景是成为中国最权威、最有影响力的质量组织。核心价值观是质量、诚信、人本、创新。核心业务是会员发展与服务、质量研究、质量评价、质量培训、质量咨询、质量认证、质量资讯、质量激励、国际交流和质量推进活动。

中国质协拥有宝钢、海尔、联想、一汽、兖矿、上海三菱、青岛港务局、五粮液、英特尔（上海）、安利、太平洋保险等上千家会员单位。由全国各地区、部门和行业的质量组织组成全国质协系统。中国质协与美国质量学会（ASQ）、日本科技联（JUSE）、欧洲质量组织（EOQ）等质量组织，在质量研究与推广等方面进行了富有成效的合作。

“因为专业不可替代，因为规范值得信赖”。在新的形势下，中国质协将站在新的起点，谋划创新发展，坚持走专业化、市场化、规范化和国际化的发展之路，为全面实施质量兴国战略做出新的贡献。

欢迎追求卓越质量经营的企业积极申请加入中国质协，享受质量方面专业、规范和有价值的服务，促进企业的观念变革和管理创新。中国质协为会员提供的服务项目:1.免费为会员提供质量期刊、资料及信息服务。提供《中国质量》、《品质文化》、《年度服务指南》、《全国质量奖创奖专集》、《全国卓越绩效模式先进企业经验汇编》、《全国QC小组成果汇编》、《出国考察报告》、《质量简报》及国内外质量领域的最新信息等。2.免费为会员举办高层次专题讲座及网上服务。每年在全国分区域免费为会员举办现两期国内外著名专家专题讲座。通过中国质量网（www.caq.org.cn）的会员天地网页为会员提供免费咨询和互动交流平台；会员企业每年可在中国质量网首页“质量信息”、“综合信息”栏目发布企业信息。3.提供质量方面的全方位服务，并享受优惠价格。提供质量培训、咨询、认证、注册、用户评价、出国学习考察、企业形象宣传等业务服务和由中国质协举办的各种会议与活动服务，坚持协会会员优先优惠原则。4.提供量身定制服务。根据会员的特殊要求，配置优秀专家队伍，集中人力和时间，集体攻关，满足会员的要求。5.宣传维护会员的形象。充分利用中国质协的资源优势，宣传和维护会员的形象，构筑会员健康持续发展的生态环境，为会员举办新闻发布会，协助危机攻关，传播先进经验等。中国质协开展的全国性质量品牌活动：1.全国追求卓越大会（全国质量奖颁奖暨全国实施卓越绩效模式先进企业表彰）；2.全国质量管理小组代表会议；3.全国用户满意工程联合推进暨全国用户满意服务明星表彰大会（全国用户满意企业、服务、产品、工程和服务明星表彰）；4.全国新一轮质量管理知识普及教育先进表彰；5.中国质量学术论坛；6.中国质量协会质量技术奖励大会；7.全国六西格玛大会；8.中国质量月活动；9.全国汽车、住宅和医疗服务用户满意度测评活动；10.全国卓越杰出质量人评选活动。

地址：北京市西城区中京畿道12号
邮编：100032
电话：010-66079100　66013615

中国石油企业协会

中国石油企业协会，原名为中国石油企业管理协会，是于1984年经原国家石油工业部批准成立的社团组织，1990年经国家民政部注册登记为全国性行业协会，2004年10月更名为中国石油企业协会（以下简称石油企协）。

作为一个全国行业性的社团组织，石油企协现已建成了一个涵盖中国石油天然气集团公司、中国石油化工集团公司、中国海洋石油总公司、中国化工集团公司下属石油石化企业及地方所属石油企业的比较完整的服务网络体系。目前石油企协拥有石油石化企业团体会员单位340家，团体会员企业包括：油田企业、炼化企业、石油化工企业、油品销售企业、石油装备企业、石油生产生活服务企业、石油各种经营企业等各类石油石化企业以及石油院校和石油科研院所等。石油企协现有海洋石油、石油公路运输、石油装备企业、石油设备管理、石油矿区管理5个专业分会，在石油企协领导下开展专业领域的服务和协调活动。另外，在全国石油石化企业中，还有对口设置的油气田及炼化企业的企业管理协会30多家。

石油企协自成立以来，已经进行了五次换届，现第五届理事会是由中国石油天然气集团公司副经理郑虎担任。石油企协现设办公室（秘书处）、咨询研究部、企业工作部、会员联络部、培训认证部、财务部和《中国石油企业》杂志社等机构。目前有专职员工和聘用人员共40多人，中高级以上的技术人才占60%。

石油企协目前开展的主要工作有：

1．开展石油经济、石油行业发展、石油企业改革与管理等方面的理论研讨、实践交流和软科学课题研究；

2．针对行业和企业发展的热点难点问题，组织企业调研，提出改革建设，反映企业意见；

3．组织国内外、行业间、企业间的交流考察活动，沟通信息、推广经验；

4．开展管理咨询、培训认证，为企业提供智力服务；

5．通过《中国石油企业》杂志社和中国石油企协网（www.zgsyqx.com），为企业提供信息的交流平台；

6．开展各类评选评比活动，推进石油石化企业管理进步。

石油企协20多年来，积极服务于各会员企业，大力推进石油企业管理现代化，努力指导和建立起一套适合中国国情并具有石油特色的企业管理体系；石油企协努力为企业改革与发展提供服务，帮助企业共同解决改革、管理与发展中的重点、热点、难点问题；通过研讨与交流等方式，石油企协现已在全国石油公司之间、企业与政府部门之间、行业内部与外部之间构建了一个沟通与交流的信息通道和交流平台。石油企协按照“大服务、大队伍、大市场、大协会”的思路，比较好地发挥了服务和谐调的功能作用，受到石油石化企业领导和广大管理工作者的好评，多次被中国企业联合会评为全国先进行业协会，并被原国家经济贸易委员会授予“先进行业协会”。

当前，石油企协已进入一个规范运作、加快发展的新时期。随着我国市场经济的进一步发展和完善，石油企协争取经过3－5年的努力，使其真正成为能够适应社会主义市场经济要求和行业发展需要，在全国石油石化企业中充分发挥行业服务、协调、自律功能的全国知名行业协会。

地址：北京市西城区六铺炕中街6号
邮编：100724

中国耐火材料行业协会

中国耐火材料行业协会（以下简称中国耐材协会）是在国家主管部门指导下，联合国内钢铁、建材、轻工、有色，化工等部门内的耐火材料企、事业单位、在自愿基础上跨部门组成的、具有社团法人资格的全国耐火材料行业中介性民间团体。

中国耐火材料行业协会于1990年经民政部批准注册登记，同年10月7日正式成立，成为由国务院国有资产监督管理委员会主管，中国钢铁工业协会代管、独立承担民事责任的全国性团体法人。协会成立以来，在国家指导下、坚持为企业服务、为政府和社会服务、积极向企业宣传、贯彻国家有关方针政策、进行行业调查，向政府反映行业的建议和要求，协助政府制订耐材行业发展规划、政策、法规、组织会员制订行规公约；针对当前企业间存在的恶性价格竞争，积极组织开展行业价格自律，组织优质耐材材产需衔接活动，努力规范耐材市场秩序，举办各种培训班，企业改革经验交流会和技术研讨会、新产品推广会、展览会、组织开展国内外经济技术交流与合作，成立了中国耐火材料行业网站，努力为企业提供快捷的信息服务。每年召开全国行业工作会议及时将中央对当年经济工作的方针，政策传达给企业，结合行业特点制定出全行业当年工作思路及要点。

针对我国耐材进出口贸易逐年大幅度增加，国际间贸易磨擦时有发生的客观事实，协会成立了行业反倾销领导小姐，初步建立了行业反倾销予警机制，并及时组织，行业应对国外对我反倾销立案，引导涉案企业积极应诉，坚决维护企业的合法权益。服务、协调、自律、监督、协助政府实施行业管理和维护行业，企业的合法权益，是行业协会的天职；中国耐材协会成立14年来，努力发挥了政府和企业间的“桥梁”、“纽带”作用，并于1998年荣获中国工业经济联合会颁发的“全国先进工业行业协会”称号。

中国耐材协会现有团体会员单位207个，分布于东北、华北、华东、中南、西南、西北地区、包括了钢铁、建材、有色、化工、轻工等部门内的主要耐火材料企，事业单位。此外，在河南、辽宁、湖南、山东、山西、江苏6省还成立有省级耐材协会，受中国耐材协会的指导。

中国耐材协会的最高权力机构是会员代表大会，理事会为会员代表大会的执行机构，常务理事会行使理事会闭会期间的协会日常领导职权、协会理事、常务理事、秘书长、副会长、会长均经会员民主选举产生，任期4年，协会现届理事会是于2003年9月25日经协会第四次会员代表大会选举产生的，第四届理事会和常务理事会，分别由76名理事和40名常务理事组成。

协会秘书处，下设规划及生产协调部，经济协调部、企业管理部、国际合作部、信息部、技术质量标准部，原料部及协会办公室，分别挂靠在一些会员单位，各业务部工作由协会秘书长统一协调。

地址：北京市北京南站成铭宾馆616、618室
邮编：100069
电话：010-83109492/83109567
传真：010-83109567
网址：http://www.fm086.com
E-mail: acri@china-refract.org

河北省工业经济联合会

（河北省经济团体联合会）

河北省工业经济联合会（河北省经济团体联合会），简称河北省工经联（河北省经团联），是河北省人民政府领导和中国工业经济联合会指导下的群众团体，现有会员单位267家，涵盖全省性经济类行业协会，大型国有、民营优势企业，市、县（市）工经联（经团联），经济研究团体，科研设计单位，高等院校以及经济界知名人士，人才济济，阵容强大。

河北省工经联（河北省经团联）实行以企业家为主体和决策主导的主席团领导体制，主席团为理事会闭会期间重大事项的决策机构。目前，主席团主席75人，主要由省内优势国有、民营企业家组成。

2005年，省政府授权河北省工经联（河北省经团联）为全省性经济类行业协会业务主管单位，履行《社会团体登记管理条例》规定的行业协会业务主管单位有关职责。现有全省性经济类行业协会178家，遍布于工、建、交、邮、商、信息、农林等经济领域。

河北省工经联（河北省经团联）会长由原河北省政府副省长，现任河北省政府顾问，省委、省政府咨询委员会主任郭世昌兼任。河北省工经联（河北省经团联）常设办事机构为秘书处，内设办公室、调研信息部、经济团体工作部、交流合作部和机关党委等工作机构。

地址：石家庄市西二环南路99号
邮编：050081
电话：0311-85236992
传真：0311-85231685

山东省工业经济联合会

山东省工业经济联合会是经省长办公会确定，于1992年1月成立，与山东省企业联合会、山东省企业家协会合署办公，设一个理事会，一个秘书处，隶属于山东省经济贸易委员会，事业单位。副省长王仁元为山东省工业经济联合会名誉会长，山东省经济贸易委员会主任李书绅担任会长。现有企业会员4000多家。多年来，省工经联在中国工经联的指导下，在省经贸委的直接领导下，坚持“面向企业、为企业、企业家服务”的宗旨，充分发挥桥梁和纽带作用，圆满完成了省委、省政府交办的工作任务。扎扎实实为企业办事，全心全意为企业服务，受到了政府部门的重视和支持，赢得了广大企业和企业家的充分信赖。

近年来，山东省工业经济联合会围绕省委、省政府工作部署，组织举办山东企业家高峰论坛。论坛每年一届，省五大班子主要领导出席论坛，全省300家大企业集团的董事长、总经理与会，共同研讨企业改革发展大计，论坛规格高、规模大、影响广，是全省企业家每年一次的盛大聚会；组织评选表彰山东省优秀企业家，培养壮大全省优秀企业家队伍；建立维护企业和企业家合法权益工作委员会，构筑维权网络，为企业改革发展保驾护航；抓好山东企业文化建设，不断增强企业核心竞争力和持续发展能力，联系省委宣传部、组织部，省总工会、经贸委、国资委，共同为企业搭建了高层次、权威性的企业文化交流与发展平台；为企业提供培训、咨询、诚信建设、商务考察、企业家健康保健等全方位服务。山东省工经联在实践中发展壮大，在前进的道路上追求更高的目标。

地址：山东省济南市二环东路5746号山航大厦8层
邮编：250014
电话：0531-5698829
传真：0531-85698827

湖南省工业经济联合会

湖南省工业经济联合会（简称湖南省工经联），以全省性工交行业协会、行业骨干企业为主要成员，同时吸收部分工业经济研究团体、高校、科研院所、省有关部门负责人以及工业经济界知名人士联合组成的联合组织，成立于1992年，是中国工经联的团体会员。

湖南省工业经济联合会与湖南省企业管理协会现合署办公，有专职工作人员7人，现任会长荆继绵，男，1938.8.27出生，汉族，中共党员，历任湖南省人民委员会办公厅秘书、湖南省革委会生产指挥组办公室秘

书、湖南省工交办综合处干部、中共湖南省委写作小组干部、湖南省经贸委（经委）副处长、处长，娄底地区行署副专员、湖南省经贸委副主任，现任湖南省工业经济联合会、湖南省企业管理协会、湖南省企业家协会会长。

协会坚持全心全意为政府、行业、企业和企业经营者服务的宗旨，在服务中求生存，在服务中求发展。围绕经济建设这个中心，在湖南省委、省政府和省经贸委的领导下，联合企业界、经济界、社会各界的经营管理者和从事管理的专家、学者，为不断沟通企业与政府、企业与企业、企业与社会的关系，为企业管理创新，提高市场竞争力，适应社会主义市场经济体制和经济全球化进程，加速实现企业管理现代化做了一些实事，量力而行地开展了一些服务活动，特别是近几年在理论研究、企业咨询、信息传递、人才培训等方面取得了较好的成绩，同时，也取得了较好的社会效益。在湖南企业界有一定的凝聚力和辐射力。现有会员单位310个，是该会发展历史上拥有会员单位最多的时期。

地址：湖南省长沙市五一大道351号省政府机关二院三办公楼307室

邮编：410011

电话：0731-2212828

传真：0731-2212818

陕西省工业经济联合会

陕西省工业经济联合会是陕西省工业经济领域综合性行业组织。本着“打基础、探路子”的精神，通过几年的努力，有了长足的进步。

先后完成了“陕西行业协会发展现状”、“诚信建设”、“企业改革改制”、“发展循环经济”、“企业自主创新”等课题研究，并编印了“行业协会发展探索”、“诚信探索”、“循环经济”、“汽车工业发展调研”、“自主创新”、“企业改革”等汇编。

定期召开陕西省行业协会工作交流会，总结经验、交流信息、扩大合作。2003年为省政府起草下发了“陕西省行业协会改革发展指导意见”。2005年开展“先进行业协会”评选活动，推动行业协会建设。

会同有关单位联合主办的“活力陕西”和“陕西经济推动力”及协助有关单位在陕举办“中国西部国际装备制造业博览会”等活动，受到社会关注，政府肯定，企业欢迎。

下设“专家咨询委员会”为会员单位提供技术服务和智力支持。

定期走访会员单位，了解会员单位诉求，为会员单位提供服务，反映和协调解决会员单位的具体困难和问题。

举办展览会、研讨会、出国考察，并通过《陕西工业经济通讯》和“陕西工经网”加强交流扩大合作。

2004年被国家民政部评为“全国先进民间组织”。

资源、教育、科技优势和经济欠发达的陕西，为有志之士提供商机。我们欢迎国内外的企业、机构到陕西发展，并愿为您的到来提供热忱优质服务。

地址：西安市许士庙街4号

邮编：710003

电话：029-7339455

网址：www.snfie.org

秦皇岛市工业经济联合会
（经济团体联合会）

秦皇岛市工业经济联合会（经济团体联合会）于1994年9月23日成立，会长由秦皇岛市原人大主任田玉成担任，秘书长胡文斌。2003年9月23日召开第二届一次理事会，会长由原秦皇岛市委常委、副市长刘朔全担任，原我市老领导田玉成、王大名、李贤、徐淳等任名誉会长，副会长兼秘书长胡文斌同时兼任市发展与改革委员会副主任，副秘书长白建全。

现有会员170余家，涵盖了秦市工建交邮电商农等不同所有制企业，副会长中有企业家17位，他们是秦皇岛市举足轻重的大型企业董事长或总经理，如我国北煤南运的枢纽港粟秦皇岛港务局，闻名全国的秦皇岛耀华玻璃集团公司、山海关桥梁厂、山海关船厂、金海粮油有限公司、秦皇岛首秦金属材料有限公司、戴卡轮毂公司、正大公司、骊骅淀粉有限公司等。有理事62人，含三区四县有代表性的民营、外资、合资等中小企业负责人，其中有五名外籍理事，包括日本籍2人、韩国籍2人、香港籍1人。

会员企业中获中国名牌产品、中国驰名商标、中国免检产品的企业多达十几家，许多产品畅销国内外。

秦皇岛工经联（经团联）宗旨是“为会员服务，做政府参谋，当桥梁纽带”，同时2004年还被评为“全省先进工业经济联合会”。会长刘朔全同时还担任省工经联主席团主席。

秦皇岛是风景优美的避暑胜地，欢迎观光指导。

地址：秦皇岛市迎宾路98号金属大厦17楼
邮编：066001
电话：0335-3066452
传真：0335-3631801
E-mail：qhdsgjl@163.com

邯邢冶金矿山管理局

邯邢冶金矿山管理局是国有独资大型黑色冶金矿山采选联合企业，是我国重要的钢铁工业原料生产基地。企业总部位于河北省邯郸市，下属单位分布于邯郸、武安、涉县山区以及市区，纵横百里。现拥有总资产20.20亿元，在册职工12100多人。1951年7月建矿，为省属矿山企业。先后隶属冶金部、国家冶金局和中央企业工委领导。2003年3月改属国资委领导，为国资委领导的国有独资企业。2004年6月11日经国务院、国务院国资委批准与中国五矿集团公司重组。现为中国五矿集团公司全资子公司，自主经营，自负盈亏，独立核算。

局建矿54年来，先后建成16座铁矿山、8座选矿厂、一批辅助生产单位和非矿产业项目。到2004年末，共生产铁矿石14374万吨，富粉矿4923万吨，铁精矿5412万吨，为我国钢铁工业的发展做出了应有的贡献。企业注重技术和管理创新，多项经济技术自标在国内同行业处于领先地位，现保持国内大型地下黑色冶金矿山建设从基建到达产周期最短纪录。在1994年中国500家最大工业企业评价中排名第438位；中国黑色金属采矿业50家最大企业第1名；河北省最大工业企业第20位。2001年度被河北省评为工业行业综合实力优强企业。在财政部财统字〔2002〕12号文件对中央直属169家企业2001年度综合绩效评价中，被评为优良企业（共65家），在同类型（总资产10－100亿元）企业中排名第6位，在冶金行业中排名第2位。连续五届被河北省评为百强企业，在河北省黑色金属矿采选业中排名第1位。2005年，在国家统计局公布的2154家全国家大型工业企业中排名第646位。目前生产规模位居全国地下铁矿山前列、河北省首位，年产量占邯（郸）邢（台）地区总产量的三分之一强。

主要经营铁矿石采掘、铁精矿磨选，兼营冶金机械设备制造和安装、备件加工、仓储、汽车运输和硫酸等。现具有年产铁矿石450万吨、铁精矿240万吨的生产能力。主产品“邯邢牌”铁精矿，具有品位高、粒度细、有害元素含量低、全自熔等优点，多次被评为“部优产品”，产品质量被国家权威部门评为“达到国际先进水平”，深受钢铁企业欢迎，畅销河北及中原地区各钢铁企业。近年来，铁精矿销售一直供不应求，每年产销率都达到100%。

邯邢冶金矿山管理局将以铁矿石采选加工为主业，充分利用中国五矿集团公司的资金、资源和信息，发挥自身优势，优化资源配置，调整产业结构，集约经营，加快国内外矿业开发步伐。

中国机床总公司
CHINA NATIONAL MACHINE TOOL CORP

中国机床总公司（CNMTC）成立于1979年，是中国机电行业第一家实行内外贸相结合、技工贸相结合，具有甲级机电设备成套资格和甲级建设工程招标机构资格的国家级公司。经过二十余年的发展壮大，已形成国际化、集团化、实体化经营。1995年经国家经贸委批准，组建了以中国机床总公司为核心企业的中床机电工业集团。

中国机床总公司主要从事机床、工具及相关产品的进出口贸易和国内营销业务，开展生产技术合作，提供机械工程项目技术成套服务，是中国机床工具行业最大的进出口和技术设备成套公司。二十余年来，我们与世界上80多个国家和地区的客商建立了稳定的贸易关系，具有较广泛的国外用户和较强的组织国外技术、设备资源的能力。自1993年以来，一直跻身于全国最大的500家外贸企业行列，在外贸活动中，形成了“信息—技术—开发—生产—贸易—服务”一体化的新格局。

中国机床总公司与国内一大批科研院所、重点骨干企业建立了多渠道、多方位、多层次的联合，形成了较强的技术组织、产品开发、成套服务和成套工程项目建设能力，在汽车、机械、兵器、航空、电力、交通、电子、冶金、轻纺、石化等行业，共承接了200多个国家重点基本建设和技术改造成套项目，其中国家重点大型项目15个，组织供应设备价值超过50亿元人民币。在改革开放中，我公司得到不断发展壮大，已成为拥有海内外50多个直属、分支机构及300余家紧密联合企业的企业集团，实现了生产、贸易、仓储运输、保税、房地产开发、劳务出口、电力、高速公路改性沥青等跨行业经营。

中国机床总公司将一如既往，遵循“用户至上、信誉第一、真诚合作、共同发展”的经营方针，与海内外各界朋友携手共进，共创辉煌的事业。

地址：北京市东城区安内方家胡同19号
邮编：100007
电话：010-64012696
传真：010-64017825

北京同仁堂集团有限责任公司

北京同仁堂是中药行业著名的老字号，创建于清康熙八年（1669年），在三百多年的历史长河中，历代同仁堂人恪守“炮制虽繁必不敢省人工 品味虽贵必不敢减物力”的传统古训，树立“修合无人见 存心有天知”的自律意识，确保了同仁堂金字招牌的长盛不衰。自雍正元年（1721年）同仁堂正式供奉清皇宫御药房用药，历经八代皇帝，长达188年，这就造就了同仁堂人在制药过程中兢兢小心、精益求精的严细精神，其产品以“配方独特、选料上乘、工艺精湛、疗效显著”而享誉海内外。

同仁堂品牌誉满海内外，作为中国第一个驰名商标，其品牌优势得天独厚。同仁堂商标已参加了马德里协约国和巴黎公约国的注册，受到国际组织的保护，同时，在世界50多个国家和地区办理了注册登记手续，并在台湾进行了第一个大陆商标的注册。同仁堂的著名商标和优秀品牌已成为同仁堂集团不断发展的特有优势。

“九五”以来，同仁堂一直保持着年均20%左右的增长速度，2005年，资产总额达71.4亿元，销售收入54亿元，实现利税7.1亿元，利润4.2亿元，出口创汇2048.24万美元。

目前，同仁堂拥有境内、境外两家上市公司，连锁门店、各地分店以及遍布各大商场的店中店近五百家，海外合资公司、门店20家，遍布14个国家和地区。全部生产线通过国家GMP认证，10条生产线通过澳大利亚GMP认证，形成了位于大兴、亦庄、刘家窑、通州、昌平五个生产基地组成的生产制剂群，拥有41条生产线，能够生产26个剂型、1000余种产品。2004年投资1.5亿港元设立境外生产基地粜同仁堂国药有限公司，已完成各项软、硬件建设，并于2005年底通过了GMP认证，为实现生产、研发和营销的国际化打下了良好基础。

同仁堂股份有限公司在中国证券报和亚商企业咨询有限公司共同主办的“中证亚商中国最具发展潜力上市公司50强”的评比中蝉联第四、第五届排名第一，科技发展股份有限公司是香港创业板表现最好的股票之一，企业实现了良性循环。

同仁堂集团被国家工业经济联合会和名牌战略推进委员会，推荐为最具冲击世界名牌的16家企业之一，被中宣部评为全国文明单位和精神文明建设先进单位，荣获“中国出口名牌企业”，“2005CCTV我最喜爱的中国品牌”、“2004年度中国最具影响力行业十佳品牌”、“影响北京百姓生活的十大品牌”等多项荣誉。2004年被中宣部、国务院国资委确定为十户国有重点企业典型经验之一，同仁堂的社会认可度、知名度和美誉度不断提高。

目前，同仁堂已经形成了在集团整体框架下发展现代制药业、零售药业和医疗服务三大板块，配套形成十大公司、二大基地、二个院、二个中心的产业布局，同仁堂人有信心有能力把同仁堂集团建成以现代中药为核心，发展生命健康产业、国际驰名的中医药集团，通过全面提升同仁堂现有的生产经营及管理水平，实现中医药现代化发展的新格局。面对世界经济一体化的新形势，同仁堂人决心抓住机遇、迎接挑战，继续弘扬同仁堂的优良传统，高举现代中药的大旗，为振兴中药事业做出贡献。

地址：北京市崇文区东兴隆街52号
邮编：100062
电话：010-67171761

天津碱厂

传承光辉历史　开创美好未来

被誉为“中国化学工业摇篮”的天津碱厂始建于1917年，是亚洲最早的SOLVAY（化学合成）法制碱厂，为著名爱国实业家范旭东先生和著名科学家、世界制碱权威侯德榜博士及爱国实业家李烛尘先生等我国化学工业先驱创建。企业目前拥有总资产33.14亿元，厂区占地1.87平方公里，纯碱年生产能力近90万吨。产品涉及纯碱、氯化铵等20类51种，畅销国内外。

20世纪80年代，企业开发了联碱生产，实施了纯碱扩建工程，建成了高压自备热电站，实现了热电联产蒸汽多级利用。“七五”期间，天津碱厂自行研制生产液相水合法生产低盐分优质重质纯碱，成功填补了国内重质纯碱的空白。“八五”期间，企业又将低盐分优质纯碱扩建，其产品具有盐分低、粒度均匀的优点，可与美国天然碱质量相媲美。天津碱厂以“红三角”牌低盐分优质重质纯碱的优良品质和良好信誉赢得国际市场的青睐，与世界四大玻璃巨头建立了长期稳固的合作关系。1999年至今，企业外贸出口显著增长，连续几年稳居全国同行业和天津市国有化工企业榜首。

天津碱厂荣誉簿上硕果累累。迄今为止，“红三角”牌纯碱已先后四次荣获国际博览会金奖，四次蝉联国家金奖。2001年，企业通过了ISO9001:2000质量体系认证，目前产品指标远远高于国家标准，优等品率98%以上。2003年，“红三角”牌纯碱荣获“中国名牌产品”称号。2004年12月，“红三角”牌工业纯碱获国家质量监督检验检疫总局颁发的出口免验证书，成为全国化工行业首家获此殊荣的企业。2005年，企业另一主导产品——“海王星”牌农业氯化铵荣获“中国名牌产品”称号，天津碱厂成为天津市唯一一家拥有两个“中国名牌产品”的企业。

“十五”期间，天津碱厂确定了以“优化主体，发展两翼，开辟新区”为发展规划总体框架的《天津碱厂“十五”及2015年发展规划》。企业按照“十五规划”的发展目标，加快了产品结构调整、技术改造和新产品开发工作，加大了企业组织结构和产权制度改革的力度，提前一年完成了“十五”规划所确定的各项目标。天津碱厂以享誉中外的“红三角”纯碱品牌为依托，充分发挥生产热、汽、电源充足和服务质量完善、地理位置优越等得天独厚的优势，不断开拓对外供热、供电市场，实现了多元发展。

2005年12月18日，天津碱厂搬迁改造工程奠基仪式在天津临港工业区隆重举行。该工程总投资89亿元，占地200万平方米，建设工期24个月，将建成以煤化工为龙头，海洋化工为基础，碳一化工为核心，对接石油化工的现代化化工企业。主要产品包括合成氨、甲醇、甲醛、聚甲醛、纯碱、氯化铵、醋酸、丁辛醇等前景看好的产品。

展望未来，“十一五”期间，天津碱厂新区建设将初具规模，到企业建成100周年时销售额将达到100亿元。届时，一个“百年华诞，百亿规模”的以化工产品为主多元发展的综合性化工基地，将成为镶嵌在渤海湾上的一颗璀璨明珠。

河北凯迪农药化工企业集团

河北凯迪农药化工企业集团创建于2002年，其前身是1989年成立的河北省万全农药厂，现有五家生产企业、一个中心实验室和一个进出口贸易公司，总资产4.2亿元，固定资产1亿元，员工1200多人，各类专业技术人员200多人，总占地300多亩。目前共开发生产农药除草剂、杀虫剂、杀菌剂、精细化工四大系列的20多个产品。同时瞄准国际市场，不断开发新产品，整体上形成了产、供、销一条龙，科、工、贸一体化外向型生产经营格局。目前已与国际四大跨国公司建立了紧密合作关系，并成为这些大公司的供货基地。集团90%以上的产品出口北美、南美、西欧、中东、东南亚的20多个国家和地区。多年来，集团坚持“以人为本、诚信经营、不断创新”的管理理念，发扬艰苦创业、勇于进取的凯迪精神，企业由小到大，由弱到强，不断发展壮大。目前已成为全国农药出口创汇大户和张家口市利税大户。年销售收入已达到5亿多元，出口创汇5000多万美元，年创利税4000万元左右。从1999年获进出口权以来，到2004年底累计出口创汇1.8亿美元。2004年出口创汇在全国农药出口行业排列第2位。在全国2700多家农药生产企业中，按销售收入，新产品开发能力排列第12位，跨入了全国农药生产企业50强；按企业经济效益排列全国第9位，在农药行业中是国家重点扶持的农药生产企业。获全国出口创汇先进企业、全国诚信守法企业称号。也是省政府命名的河北省十大民营出口创汇先进企业和全省100家重点扶持的民营企业之一。企业在谋求经济利益最大化的同时，相应还为社会做出了较大的贡献，承担了应该承担的社会责任，连续四年上交税金在一千万元左右。安排农村剩余劳动力700多名，安置社会下岗失业人员300多名，年创社会效益1000多万元，为公益事业捐资近百万元，受到了社会的好评。

2005年，三嗪胺扩产项目的年生产能力由原来的500吨扩大到2000吨，培育了企业新的经济增长点。按目前外商的采购势头和要货计划，今年初制定的销售收入5.5亿元、出口创汇5500万美元的目标可如期实现。同时，今后的发展后劲将会更大。在“十一五”期间，计划再开发一批科技含量高、附加值大、出口前景较好的新产品、新项目，争取到2010年实现销售收入10亿元、利税1亿元、出口创汇1亿美元的奋斗目标。

地址：河北省张家口市万全县孔家庄镇
邮编：076250
电话：0313-4221332
传真：0313-4228550

沈阳矿山机械（集团）有限责任公司

沈阳矿山机械（集团）有限责任公司是我国重型矿山机械制造业的大型骨干企业。2005年被授予中国机械工业管理进步示范企业和辽宁省五一奖状。2006年被评为中国工业行业排头兵企业。

公司占地面积40万平方米，建筑面积20万平方米；在岗员工4371人，其中科技人员890人；各类生产设备2000多台套；总资产279587万元。

2005年，公司实现工业总产值26006万元，工业增加值45124万元，出口交货值9386万元，产品销售收入224700万元，利润1248万元，利税总额5942万元，全员劳动生产率61万元，机器产品产量153067吨。

公司的主要产品是：

1. 散料输送设备。公司从二十世纪八十年代初开始从德国威悉许特公司和普莱西斯梅卡公司引进专有技术，形成了年产10万米输送机设备的生产能力，占全国同类产品市场的80%以上，成为我国最大的胶带输送机生产基地。

2. 混匀堆取设备。研制的水泥行业、冶金行业和港口码头用混匀堆取料机、悬臂斗轮式和门式堆取料机；圆形料场堆取料机在全国水泥行业的市场占有率达到90%以上。为露天矿和电站研制了国内最大型号的堆取料机，获“中国企业新纪录”奖。

3. 工程机械。该系列产品中的ZL70装载机是我国的第一台。高配置型ZL50G装载机，在牵引力、节能、作业效率、工作性能、操作舒适性方面居国内领先地位。同时生产PY170、PY190平地机，夜间可视安全型自动翻板越障式和破冰型浮动式除雪机。

4. 传动机械。从德国引进的螺旋锥内齿轮制造技术和相关设备建立的齿轮加工中心，能开发生产高精度重载量硬齿面减速机。还拥有研制荣获国家级新产品逆止器的成熟技术。

5. 汽车电器。从美国克莱斯勒公司引进技术生产的组合开关和汽车转向管柱总成；引进德国大众公司技术制造的汽车开关，批量提供给国内汽车企业，满足了我国汽车的国产化需要。

6. 环保设备。开发有具有国际水平的螺旋泵、刮泥机、浓缩机、压滤机、砂水分离器等产品，可以提供工业和城市大型污水处理厂主体设备90%以上的成套设备。新开发的环保产品带式压滤机被评选为“中国名优环保产品”。

7. 选矿机械和磁性材料。生产破磨、分级、选矿、脱水等矿山机械。为黑色、有色、非金属矿企业提供了大量选矿成套设备，产量居全国首位。公司生产的高档磁性材料，可以满足汽车、环保、医疗、保健等行业的需求。

8. 煤矿综采设备。通过引进国外先进技术，与辽宁工程技术大学产学研合作研制的悬臂式掘进机和电牵引采煤机已经通过国家煤矿行业技术和安全认证，并进行了工业性试验。

2005年4月，公司整体搬迁改造工程举行了开工仪式，实施进入沈阳市西部工业走廊，建设百亿元企业的重点工程；2005年12月，公司与中国建材集团、唐山森普公司合资重组框架协议签字，2006年6月，公司与中建集团、沈重集团签署了组建北方重工股份公司的框架协议，争取2008年在香港上市，把公司打造成国内外一流的国家级装备制造业基地。

地址：沈阳市大东区大东路178号
邮编：110042
电话：024-24315835
传真：024-24310929

哈尔滨卷烟总厂

哈尔滨卷烟总厂成立于2003年12月30日，是以原百年老厂哈尔滨卷烟厂为主体，对原海林、穆棱、绥化卷烟厂实施重组整合，形成的一个新的国有大型卷烟工业企业。企业占地面积55.3万平方米，规划合理环境优美；企业现有在岗职工5431人；资产总额23亿元，其中固定资产13亿元，具有同行业较为先进的生产设备和基础设施，在全国同行业中居中上水平；企业年生产卷烟能力500亿支（100万箱），年计划生产卷烟81.5万箱，有着广阔的生产空间和发展基础；企业年创利税可在15亿元以上。

企业重组以来，始终坚持创新发展，在黑龙江省烟草专卖局（公司）党组成员、哈尔滨卷烟总厂厂长、党委书记王殿贵同志为核心的总厂领导班子的带领下，坚持“错位经营”的方针，有效地实施低成本扩张战略，坚定走生产低档烟发展之路。坚持管理创新，建立了“一级法人、两级管理、三级考核”的新型管理模式。构建信息化管理平台，打造数字哈烟，实现了企业管理现代化。全面推行绩效目标管理和绩效薪酬管理，创新实施新型的“绩效保证金”制度和“基薪+绩效薪金”的新型分配模式，极大地调动了全体员工的积极性和创造性。面对行业工商分离和建立“大市场、大企业、大品牌”的新形势和新要求，推行“订单生产”和“订单供货”，使企业在激烈的市场竞争中实现了跨越式发展，取得了前所未有的业绩。企业净资产总额2003年为95432万元，2004年比2003年增长8.39%，2005年比2004年增长22.85%；销售收入2003年为190560万元，2004年比 2003年增长12.79%，2005年比2004年增长16.08%；利税总额2003年为94224万元，2004年比 2003年增长34%，2005年比2004年增长18.98%，创龙江卷烟工业经营史上的最好水平。企业在2005年度黑龙江省工业企业纳税50强排序中名列第三位；在2005年度哈尔滨市纳税50强排序中名列第一位。

由于企业经营业绩突出，王殿贵厂长曾先后被授予“全国‘五一’劳动奖章获得者”、“全国劳动模范”、“全国烟草系统劳动模范”、“黑龙江省经济风云人物功勋奖”、“黑龙江省优秀企业家”、“哈尔滨市第六届中青年管理专家”、“促进中国经济发展汞‘时代楷模’”等荣誉称号。2002年当选“十届全国人大代表”。企业被授予“中国质量信誉AAA等级”、“中国企业信息化500强”、“黑龙江省优秀企业”等荣誉称号。

地址：黑龙江省哈尔滨市南岗区一曼街104号
邮编：150001
电话：0451-82521456
传真：0451-82523950

日照三木木业股份有限公司

日照三木木业股份有限公司现占地面积106万平方米，建筑面积10万平方米，员工1700人，资产5亿多元，主要生产木制家具、多层板、刨花板等，刨花板生产线年产6.5万立方米，产品甲醛释放量全部达到E_1标准。木制家具有6大系列2500多个品种，产品100%外销。公司先后在美国纽约、洛杉矶分别设立了公司，负责市场开拓和营销，实现了国内生产，国外销售，境内外一体化经营格局。公司从一个小木器厂发展到大型跨国木业企业集团，受到了党和政府的高度重视和好评，先后被授予“全国最佳经济效益乡镇企业”、“全国乡镇企业出口创汇先进企业”、“山东省综合经济实力乡镇企业500强”。所属合资企业连续8年被评为“全国外商投资双优企业”、被海关评为“AA”级管理企业等。

地址：日照岚山安东卫
邮编：276807

鲁泰纺织股份有限公司

鲁泰纺织股份有限公司为外商投资股份制企业，A、B股上市公司，是具有棉花种植、纺纱、漂染、织布、整理、制衣综合垂直生产能力的纺织企业集团，并涉及医药、电力等多个行业，是世界产量最大的高档色织面料生产企业。

公司现有员工12000余人，总资产43亿元、净资产16亿元，拥有十四个生产工厂，四家分公司和十一家控股子公司。公司分别于1995年、1998年、2003年通过了ISO9000质量管理体系、ISO14000环境管理体系、OHSAS18000职业健康安全管理体系，并于2000年通过欧洲环保纺织品OEKO-TEXStandard100标准，目前，公司已按SA8000社会责任管理体系进行运作，保障了公司管理的科学化、规范化。

“鲁泰·格蕾芬”商标是把企业名称与产品名称结合起来注册的，“鲁泰”为企业名称，“格蕾芬”(griffin)出于希腊神话，狮鹫之意。是具有狮子的身体和鹫的头与翼的吉祥物，有很强的正义感，守护着黄金，在希腊神话中听命于太阳神阿波罗，具有天与地的力量。是一种象征力量、速度、敏捷、勇气和财富的符号。英文字体“LTGRFF”为“鲁泰”与“格蕾芬”缩写，是中国传统文化的发扬光大和国外优秀文化的完美结合，图形加英文加汉字为鲁泰纺织股份有限公司所独创，具有较强的显著性。

“鲁泰·格蕾芬”商标于2001年被山东省工商局评定为“山东省著名商标”，2004年已通过复评。2003年被山东省质量技术监督局认定为“山东名牌”产品。2004年，“鲁泰·格蕾芬”牌衬衫和色织布分别被国家质量监督检验检疫总局评为“中国名牌”和“产品质量国家免检”产品。2005年，“鲁泰·格蕾芬”牌色织布被认定为“中国名牌”产品，衬衫被中国服装检测中心评为“优等品”；同时被商务部评为“重点培育和发展的出口名牌”。

公司的主要产品为纱线、色织布、衬衣三大系列。年产纱线10000吨、色织布8000万米、衬衣1000万件。产品具有质量好、档次高、技术含量大、花色品种多、绿色环保等特色。产品销往全国20多个省市，出口日本、美国、英国、意大利等36个国家和地区。2003年公司销售收入12.26亿元，利润总额2.27亿元，出口创汇1.266亿美元；2004年公司销售收入18.9亿元，利润总额3.2亿元，出口创汇1.66亿美元。2003、2004年公司销售收入、利润总额、出口创汇总额在全国色织行业企业排名中均为第一位。2005年公司实现销售收入20.10亿元，利润总额3.72亿元，出口创汇2.11亿美元，在全国纺织行业将继续保持领先水平。雅戈尔、金利来、海螺、杉杉、庄吉、报喜鸟、法派、依文、威可多、卡尔丹顿等国内知名服装品牌都与公司建立了长期合作关系。

公司通过中国工商报、中国纺织报、中国证券报、证券时报、企业经营管理报、上海证券报、香港商报等各种媒介宣传“鲁泰·格蕾芬”，利用中央电视台、山东电视台、淄博电视台等媒体，宣传公司产品，推出公益广告；利用出口商品交易会刊、秋交会会刊、企业联合会宣传、心连心艺术团广告宣传、制作挂历等形式，结合户外广告，加深对公司产品的印象，扩大公司影响力。广告投入每年在1500万元以上。

鲁泰公司始终以“创造财富、回报社会”为己任，先后捐资用于社会福利事业。兴建“鲁泰大学”、设立奖学金、修建道路、体育广场、治理污水厂、捐助困难企业、个人、受灾地区人民、向地方政府捐款用于救助非典疫情、在新疆修建五所希望小学等。几年来，公司投入公益事业金额达千万元。公司多次荣获“全国五一劳动奖状”、“2005中国纺织十大品牌文化”、“全国外经贸质量效益型先进企业”、“科学技术贡献奖”、“纺织科技型企业”、“山东省高新技术企业”、“山东省质量管理奖”、“山东省认定企业技术中心”等荣誉称号。公司董事长、总经理刘石祯先生先后获得“全国五一劳动奖章”、“全国纺织企业家创业奖”、“管理精英人物”、“中国纺织品牌文化建设杰出人物”等荣誉称号。

地址：山东省淄博市淄川区松龄东路81号
邮编：255100
电话：0533-5280809
传真：0533-5282188
E-mail: lttc@lttc.com.cn

创造了经济奇迹的

冷水江钢铁总厂

——张包全

湖南省冷水江钢铁总厂创建于1958年，系湖南省第三大钢铁生产基地，湖南省重点企业。经过40余载的艰苦创业，冷水江钢铁总厂已发展成为集冶金、发电、运输、建筑安装、机械加工于一体的国有大型钢铁联合企业。

冷钢占地150万平方米，现有职工5300余人，资产总额23.4亿元。

冷水江钢铁总厂连续8年保持了“全国思想政治工作优秀企业”称号；曾被原冶金工业部授予“全国冶金思想政治工作优秀企业”称号；先后被湖南省授予“六好企业”“文明建设先进单位”，“省级先进企业”等荣誉。获得中央、部、省、市各类荣誉称号100余个。

1999年的冷水江钢铁总厂，已连续5年亏损，当年亏损达1.03亿元，负债率高达124%，职工工资累计欠发6.4个月，冷钢成了帐上无资金，料场无原材料，仓库无产品的“三无企业”，已被上级列为破产范畴。1999年底，以陈代富、曾清海为首的现任领导班子受命于危难之际。短短6年过去，今天的冷钢已跨入全国2154家大型企业行列，列760位，在全国冶金行业的国家大型中列77位，2005年又进入中国制造业500强，列437位。系湖南省八大利税大户之一。

6年多时间，冷钢人锐意改革，全力发展，先后自筹资金上马了10000立六米/h制氧机、105平方米烧结机（两台套）、450立方米高炉（三座）、530立方米高炉一座、200万吨炼钢、130万吨轧材、100万吨中宽带、50万吨铆螺钢等工程，使冷钢的生产能力从1999年的年产22万吨铁、2.5万吨钢、0万吨材提升到2006年的220万吨铁、220万吨钢、280万吨材的规模，销售收入由1999年的1.8亿元增长到2005年达60亿元，利润由1999年的亏损1.03亿元增长到2005年的盈利1.55亿元，在岗职工人均收入由1999年的4600元增加到2005年的20150元。在银行没有投入一分钱的情况下，为国家增加固定资产6亿元，全力实现了国有资产流动不流失，保证了国有资产的保值增值，国有资产保值增值率为257%，GDP同比增长58%。冷钢的飞速发展被上级领导和同行誉为“经济奇迹”、称之为“冷钢现象”。

广东宝力电器有限公司

广东宝力电器有限公司位于美丽的侨乡——广东省江门市，由原国家二级企业、国务院批准的出口基地企业广东新会电机厂转制引进外资组建而成。公司下设五金、高速扇及电机、吊扇、塑料、模具等五家分厂及新会电器进出口有限公司、香港晶峰有限公司两家公司。目前公司主要产品有装饰吊扇、工业吊扇、盒式扇、高速扇、暖风机、电机、吸尘器、搅肉机等。所有产品通过UL、CSA、GS、SAA、EMA、CE等国际认证。产品主要销往美国、加拿大、欧洲、南美洲等国家和地区。本公司于1997年通过德国莱茵技术监督协会ISO质量体系认证。目前宝力公司拥有二亿多元的固定资产和先进的生产设备，7万平方米的厂房，1500多名经过几十年千锤百炼的高素质企业员工和100多名来自全国各地的各类专业技术精英。公司年出口产值达三亿多元，每年向世界各地提供一亿多元的各种新产品，备受行业内瞩目。

地址：广东省江门市新会区冈州大道中120号
邮编：529100
电话：0750-6696830
传真：0750-6696518
E-mail：mei@powermax-cn.com
网址：http://www.powermax-cn.com

南昌印钞厂

南昌印钞厂隶属于中国印钞造币总公司，是专门从事国家人民币印制的中央驻赣企业，总资产7亿余元，占地面积300余亩，职工1000余人。

南昌印钞厂以为中央银行服务为职责，以印制报国为已任，连年优质安全完成了国家下达的人民币指定生产任务，企业产品质量连续12年获行业评比一等奖，综合绩效连续9年获行业一等奖。该厂拥有国际一流的先进印钞设备，采用自动化配套生产工艺和科学高效的管理模式，先后通过ISO9000/ISO14001/OHSAS18001三大管理体系认证，企业内部管理精细、科学、高效。在物料、财务、制造等过程中，采用了世界先进的ERP管理系统，极大地提高了企业信息化管理水平。所有生产现场门禁系统、电视监控覆盖率达100%，员工实施半军事化管理。企业门户系统是企业无纸化办公和信息集成的有效平台，该系统在节约办公成本，保证信息对称，提高办公效率方面取得显著成效，安全、优质、简洁、高效成为南钞厂管理的特点。

南昌印钞厂先后获得了全国信息化建设先进单位、全国印刷诚信单位、全国模范职工之家、全国环保先进单位、江西省优秀企业、江西省文明单位、江西省利税突出贡献企业、省市“综合治理先进单位”等多项荣誉称号。

南昌市斧德实业有限公司是南昌印钞厂员工控股企业，该公司拥有一流的防伪印刷设备和严格的安全管理模式，专营有价证券、各种高级防伪票据、证件、标识的设计、制版、印刷。

地址：江西省南昌市岱山东路9号
邮编：330043
电话：0791-5275751
传真：0791-5276461

浙江天信仪表有限公司

公司座落于浙闽交界的苍南县城，创建于1995年3月，是专业生产流量仪表、标准装置、城市燃气相关系统设备的股份制企业。2002年，公司在上海奉贤综合经济开发区全资创建了上海天信仪表有限公司(集科研、生产、销售于一体，与浙江大学流体传动自动控制国家重点试验室共建天信仪表科研基地)。现公司资产总值1.4亿元，2005年实现产值1.08亿元，销售收入9136万元，创税利2610万元，人均劳动生产率57万元。企业先后荣获“浙江省高新技术企业”、“浙江省技术进步企业”、“浙江省农行资信等级AAA”、“中国优秀企业”、温州市“星级企业”、“苍南县工业龙头企业”等誉称。

公司主要生产TBQZ/TBQ系列智能气体涡轮流量计、TDS系列智能旋进流量计、B3系列气体罗茨流量计(与美国德莱赛合作开发)、LXH系列智能气体流量标准装置、孔板流量积算仪、智能旋进蒸汽流量计、DZJ系列电机智能监控器等十二大系列产品。其中，九项产品被评为“国家级新产品”、“一项列入火炬计划项目”、“二项评为国家级创新基金项目”。同时，还获得各种省部级科技荣誉奖。现产品广泛应用于城市天然气、石油、石化、轻工、冶金、电力、煤炭等行业的各种气体、电机保护、流量计检定等，其市场份额在同类产品企业中居首位，产品享誉全国各地各行业，并已出口印尼、孟加拉国、哈萨克斯坦等国家。

公司创业至今，始终把客户需求和满足为已任，紧紧把好产品质量关，从元器件、原材料进入到产品出厂，共设置了四十二个质量控制点，实行全面检验。并于1999年6月通过ISO9001质量管理体系认证，确保了天信的品牌，得到国内外客户的认可和信赖。

“让员工实现价值，为社会创造财富”，是天信人的经营宗旨，天信人将为流量仪表自动化领域的更大发展努力拼搏，并与国内外朋友共图发展，共创辉煌。

浙江天信仪表有限公司
地址：浙江省苍南县灵溪镇工业园区一路
电话：0577-64839431
传真：0577-64839090
邮编：325800
网址：//www.tancy.com
E-mail：tancy@tancy.com

上海天信仪表有限公司
地址：上海市奉贤西渡工业园区扶港路1258号
电话：021-57436680

传真：021-57436681
邮编：201401
网址：//www.tancy.com
电子信箱：shanghai@tancy.com

自贡鸿鹤化工（集团）有限责任公司

座落在中国历史文化名城、千年盐都四川省自贡市的鸿鹤化工（集团）有限责任公司，占地面积120万平方米，现有总资产27亿多元，职工9000余人。公司主要生产纯碱、烧碱、甲烷氯化物系列、小苏打、氯化铵、复混肥、饲料级磷酸氢钙、液氯、盐酸、医药中间体、原料药、成品药、聚苯硫醚、油漆等40余种有机化工、无机化工、精细化工、医药化工产品，年产品总吨位达230多万吨。公司产品畅销国内20多个省市及东南亚、中亚、大洋洲等20多个国家和地区。公司主导产品全部通过ISO9001国际质量体系认证，拥有“鹤”牌纯碱、烧碱、氯化铵三个“中国名牌产品”，小苏打、氯代甲烷系列产品连续数届获得“四川名牌”称号，复混肥产品荣获“四川免检产品”称号。

鸿化公司先后被确定为四川省重点优势企业、中国石化工业“百强企业”，国家520户重点企业、中国工业企业1000大。公司相继获得“全国520户守信誉、重合同企业”、“全国用户满意企业”、“全国质量管理先进企业”、“全国先进基层党组织”、“全国‘五一’劳动奖章”、“全国企业文化建设先进单位”、中化和四川省“思想政治工作先进单位”等殊荣。

“鹤征八表，止于至善”是鸿化公司的核心企业理念。鸿化公司期盼与全国乃至世界的企业和商家共谋发展，共图大业。

地址：四川自贡市鸿鹤路43号 邮编：643000
法人代表：彭布尔
电话：(0813)4662402　4665025
传真：(0813)2760209
http:www.hhcw.com
E-mail:hehva119@sina.com

中昊晨光化工研究院

中国昊华化工（集团）总公司晨光化工研究院（原化工部晨光化工研究院，下称晨光院）是我国在60年代兴建的专门从事新型高分子合成材料研究、开发、生产的重要基地，是国家大型企业、四川省高新技术企业。下设生产中心、工程技术中心、计量中心、质检中心、产品推广应用中心、职工培训中心、设计所、营销中心和各二级生产分厂。现有各类工程技术人员近千人，有12人享受国务院政府特殊津贴。

晨光院主要从事聚四氟乙烯树脂（PTFE）、聚偏氟乙烯树脂（PVDF）和F_{2314}、F_{2319}、F_{46}等含氟树脂，1#、2#、3#氟橡胶，氟利昂，全氟丙烯，硅橡胶，硅树脂，硅油，环氧树脂，聚苯酯，工程塑料，粘结剂，医用药品与材料，塑料加工，塑料机械，化工设备与防腐等产品的开发、应用、生产，并享有外贸自营进出口权。产品以科技含量高，质量上乘，服务优良享誉国内外，广泛用于航天、航空、电子、石油、化工、煤炭、汽车、纺织和机械等众多领域。建院40年来，已取得科研成果近500项，其中获国家和部省级成果奖200余项。为“神舟”系列飞船提供了重要材料，在抗击“非典”中成绩突出，多次受到党中央、国务院、中央军委的表彰和奖励。

经过40年的技术积累和发展，晨光院已具有国内一流的生产装置和现代化的生产线自动控制系统，研究开发并应用了具有国际先进水平的生产工艺，共有24个产品获国家、部省优质称号。近年来，通过不断将技术成果产业化，企业经济效益持续快速增长，主要经济指标在全国化工新材料行业名列前茅，当选为“中国有机氟硅行业协会副理事长单位”、“中国环氧树脂协会理事单位”、“四川省防腐保温专业委员会副理事长单位”，被列为四川省“十五”重点发展的十大化工企业之一，自贡市“十大优势企业”之一，相继被评为“四川省化工慍盼鍜计划目标完成先进单位”，“四川省化工行业先进单位”，“四川省化学原料及化学制品制造业工业企业最大市场占有份额20强”，“四川省化学原料及化学制品制造业工业企业最大规模20强”。

晨光院基础设施完备，注重科研投入，技术力量雄厚，成立了聚集全院科技精英的工程技术中心，该中心被评为“四川省优秀企业技术中心”。全院在生产过程实行DCS控制系统，在设计部门采用计算机辅助设计系统（ECSS），在管理上推行ERP。建有具有完善、先进的检测手段以及各种精密计检设备的计量、检测中心，现代化的职工培训教育中心、产品应用研究中心、藏书10万册的科技图书馆。

晨光院建有完备的销售网络，经营部遍布全国主要城市，在上海、成都分别设有国际贸易分部，经常与美国、日本、德国、意大利等发达国家的全球知名企业进行商务洽谈和学术交流，并建立了良好的商务合作关系。产品畅销全国，并大量出口美国、日本、法国、德国、意大利、土耳其、伊朗、韩国和巴基斯坦等国家，出口额持续高速增长。

进入新世纪，晨光人继续坚持“科教兴院，以人为本”的治院方针，力争早日把晨光院建设成为中国一流的集科工贸于一体的现代化科技型企业。

扬鞭奋进　跨越发展

四川省达州钢铁集团有限公司

四川省达州钢铁集团有限责任公司，始创于1958年，系全国大型工业企业、四川省“十一”末年销售收入超100亿元的工业企业和全省80户优势重点企业之一。达钢占地125万平方米，资产总额25亿元，员工5600余人，现已形成铁150万吨、钢250万吨、钢材150万吨、冶金焦100万吨、煤化工产品10万吨，新型复合管材200万米的综合生产能力。年创工业总产值50亿元、工业增加值18亿元、销售收入50亿元、利税5亿。

建立了完善的质量管理体系，通过了ISO9001：2000质量管理体系认证，建立了国家级计量检测体系。主导产品“巴山”牌钢筋混凝土用热轧带肋钢筋，多次获得“四川名牌”称号，2001年荣获首批国家免检产品称号，2004年再度蝉国家免检产品殊荣多年来，达钢先后荣获“全国工业企业500强”、省级“文明单位”、首批“全国重合同守信用企业”，农行四川省分行AAA级信用企业等荣获称号。

达钢在“十一五”期间，将计划投资45亿元，分别对炼铁、炼钢、轧钢、焦化、公用辅助及总图运输铁路专用线等实施技改投资和技术改造。到2009年，达钢将形成产铁、钢、钢材各300万吨、冶金焦160万吨、煤化工产品18万吨、二甲醚20万吨的综合生产能力，实现工业总产值100亿元、工业增加值28亿元、销售收入100亿元、利税15亿元以上，成为西南地区重要的大型钢铁联合企业及煤焦化工企业。

达钢钢材，金牌品质。用好钢，到达钢。

法人代表：王怀云
地址：达州市通川区西河路25号
邮编：635002
电话：0818-2521703
传真：0818-2521714
网址：www.dasteelcn(com)

四川科伦药业股份有限公司

四川科伦药业股份有限公司创立于1996年，九年疾行，现已发展为国内最大的现代化大容量注射剂制药企业。

自2000年以来，公司被评为“四川省重点优势企业”并保持至今。2004年实现销售收入7.4亿元人民币，利税总额逾1亿元。根据国家税务总局公告，2004年公司已进入中国民营企业纳税50强行列，是四川省唯一获此殊荣的民营企业。今年，公司仍保持遒劲的增长态势，主要经济指标与去年相比均增长30%以上。

提高自主创新能力是公司培育企业核心竞争力的关键。科伦早在诞生的第二年（1997年）就成立了研发部来承担公司的研发重任，并矢志不移将每年销售收入的6%以上投入自主研发，平均每年有6个以上的新药投放市场。以脂肪乳肠外高能营养输液、多层共挤膜非PVC软袋输液以及直立式软袋输液三大关键项目的成功实施为标志，科伦基本掌握了输液生产的全部核心技术，具备了在本土市场抗衡跨国公司的能力。公司研发部精英荟萃，被批准为国家博士后科研工作站，已申请数十项专利。公司被评为“国家火炬计划重点高新技术企业”。

科伦依靠敏锐的市场嗅觉和深刻的渠道把握进军大输液行业，实施“以中心城市为主体、以中小城市和农村市场为两翼”的营销推进战略。覆盖全国广大城乡的营销网络保证了产品从车间到终端的一路畅通，几亿受众的口碑相传使科伦品牌坚如磐石。科伦产品已批量出口，在东南亚和哈萨克斯坦等地享有盛誉。

科伦秉持“科学求真　伦理求善”的企业宗旨，初步树立了以效率为主的初次分配、以政府财税为主的第二次分配、以社会慈善事业为主的第三次分配的均衡意识。公司现有员工4000多人，其中多数是下岗工人。公司历年为社会公益事业和困难群体提供的捐助超过1700万元人民币，彰显出科伦的财富品质观和社会正义感，展现出一个优秀的民营企业在市场经济条件下健康发展的良性轨迹。

继续做大做强主业是科伦长远而坚定的目标。我们将抓住历史赋予的宝贵机遇，推动科伦新一轮的发展跨越。争取在2006年，实现年销售收入20亿元的目标，建成我国社会满意、员工文明富裕的大型医药集团。

云天化集团

云天化集团是以云天化集团有限责任公司为母公司、全资、控股一批生产经营型子公司的产业集团。云天化集团有限责任公司的前身云南天然气化工厂，是中国70年代引进国外成套设备建成的13家大化肥企业之一，始建于1974年，1977年建成投产。1997年，整体改制为云南省人民政府授权经营的国有独资有限责任公司。集团总部2000年由云南水富县搬迁至昆明市，2003年迁入滇池路现址办公。

改制前的云南天然气化工厂是一家以氮肥生产和经销为主营业务的化肥生产企业；改制以后，企业在搞好生产经营的前提下，通过技术改造、新项目建设、资本运作和产业整合等重要手段，走低成本扩张的道路发展壮大企业。

1997年，发起组建了云南云天化股份有限公司并上市；1999年，通过收购重庆国际复合材料有限公司股权进入玻纤产业；2000年，通过收购云南省红河磷肥厂进入磷复肥产业；2001年，云南省化工研究院整体进入云天化集团，成为云天化技术中心的核心业务机构；2002年，投资组建云南江川天湖化工有限公司，继续做大磷复肥产业；同年，投资组建云南天创科技有限公司，发展精细磷化工产业；2003年，通过实施产业整合，云南盐化股份有限公司、云南博源实业有限公司进入集团，并托管云南红云氯碱有限公司，搭建了盐和盐化工业务平台。与此同时，云南富瑞化工有限公司进入集团，为解决磷复肥的原料问题，同时组建了云南天安化工有限公司，配套建设50万吨合成氨项目建设，进一步做大做强磷复肥产业奠定基础；2005年，以股权收购的方式，控股云南马龙产业集团股份有限公司，进一步搭建了磷化工业务平台；同年，云南省政府实施新一轮整合重组，云南云峰化学工业有限公司、中轻依兰（集团）有限公司、云南省化学工业建设公司、云南磷化集团有限公司、云南三环化工股份有限公司进入云天化集团。

在云天化发展的过程中，曾经是云南省第一家国家一级企业，国家512 户重点企业之一，云南省政府重点支持的工业企业集团之一和国家统计局公布的500户企业集团之一。

通过多年的努力，云天化已经从一家产品单一的氮肥生产企业，发展成为今天以化肥为主业，以有机化工、玻纤新材料、盐及盐化工、磷化工为重要发展方向、拥有69家全资、控股及参股子公司的母子公司体制的企业集团。

截止2005年末，云天化集团拥有总资产200多亿元，净资产87 亿元；年销售收入达100 多亿元，利润总额13 亿元，实现利税18 亿元。

集团主要产品生产能力：

产品系列	产品名称	生产能力	生产能力排名
化肥	合成氨 尿素 磷酸二铵 磷酸一铵 过磷酸钙 重钙 硝酸铵 复合肥	68万吨 76万吨 212万吨 74万吨 40万吨 60万吨 22万吨 45万吨	高浓度磷复肥生产能力全国第一 合成氨、尿素单套生产能力全国第一
有机化工	季戊四醇 聚甲醛	1.2万吨 3万吨	———
玻纤新材料	玻璃纤维	12万吨	全国前三位
盐及盐化工	精制盐 烧碱 聚氯乙烯	60万吨 3万吨 3万吨	———
磷化工	黄磷 三聚磷酸钠 磷酸钙盐系列 磷酸钠盐系列	15万吨 14万吨 2.5万吨 8万吨	黄磷生产能力全国第一
磷矿资源开采能力	磷矿开采 磷矿擦洗	500万吨 320万吨	

今后几年，我们将继续围绕全面提高企业竞争力这一中心，继续实施“以肥为主，相关多元”的产业发展战略，继续做大做强化肥、有机化工、玻纤新材料、盐及盐化工、磷化工五大产业。

到2008年，云天化集团主要产品生产能力将再上一个新台阶，力争成为全球最大的高浓度磷复肥生产基地之一。同时带动其他产业发展，形成在国内外具有比较优势的产业结构。

到2010年，云天化集团将全面实现销售收入在2004年基础上翻两番的目标，到2010年达到300亿元的发展目标，为集团的更大发展奠定坚实基础。

兰州电机有限责任公司

兰州电机有限责任公司（原兰州电机厂）是西北地区最大的电机和发电设备制造企业。1994年进入国家机械工业百强企业及国家认定的企业技术中心行列，同年通过中国船级社质量认证中心ISO9001质量体系认证，并于2004年通过ISO9000:2000版的换版认证。

公司现有员工5300余人，其中工程技术人员700多人，具有高级专业职务84人，享受由国务院颁发的政府特殊津贴高级专家5人。公司占地面积58万平方米，拥有总资产9.06亿元，主要设备845台，其中精、大、稀设备71台，具有国际先进水平的进口设备60台。

公司主要生产大中型交流电机、大中型直流电机、交流变频调速电机、船用、陆用交流发电机、中频.双频.双流特殊军用电机、交流伺服.主轴及步进电机、小型异步电动机、移动电站、柴油发电机组、高低压控制屏（柜）、中小型水轮发电机组等十余大类，共计88个系列，331个品种，2600多的规格，年综合生产能力300万kW，公司产品先后获得3项国家银奖、3项国家级新产品证书、2项国家科技进步奖、34项省部科技进步奖。 在引进美国GE公司、德国AEG公司、德国西门子公司先进制造技术的同时，企业又自主开发了YJS系列高、低压紧凑型三相交流异步电动机、TZHW交流同步发电机、交流伺服主轴电机、大型交流调速电机等一大批名、优、特及兰电所独有的新产品，享誉海内外。

公司先后被列为国家机械工业计算机技术应用“1215工程”和“1550工程”示范企业，并由科技部授予“CAD应用先进企业”称号。1998年“兰州电机厂CAD/CAM技术应用工程”通过甘肃省科技厅的鉴定。2002年又被列为甘肃省信息化建设示范创建企业，多年来公司结合自身的实际情况，自主开发研制了许多具有自主版权的实用性软件和信息处理应用系统，并在公司的生产经营活动中发挥着重要作用。

公司企业信息化建设主要是基于客户机／服务器网络模式的信息平台上开展工作的，并通过数据库技术将分布各个职能部门的主要数据和信息进行集成，并经过适当的技术处理，实现关键数据共享。目前，公司信息化建设已达到较高水平。

公司董事长兼总经理马永和代表全体员工向支持和关心兰电发展的各界朋友表示由衷的感谢！

地址：中国甘肃兰州市民乐路66号　邮编：730050
电话：(0931) 2866951-8010　传真：(0931) 2865068
公司办公室电话：(0931) 2866951-8012
电子信箱：gsb@lec.cn or lec.cn@tom.com
销售处电话：(0931) 2866951-8050
电子信箱：sales@lec.cn

西藏诺迪康药业股份有限公司

西藏诺迪康药业股份有限公司是西藏雪域高原上诞生的第一家高新技术制药上市企业，于1999年7月14日正式创立，并于1999年7月21日在上海证券交易所上网交易。股票名称：西藏药业，股票代码：600211。

公司秉承“科学成就健康，健康成就未来”的理念，以科技兴业。在为藏药现代化不遗余力的同时，公司注巨资于生物制品和传统药品的研发，并构建了林芝种植基地和四个生产基地及覆盖全国的营销网络。涵盖生物制品、藏药和中药、化学药的产品系列，奠定了西藏药业持续发展的基础，其中具有自主知识产权的生物制品一类新药新活素，代表着目前国际急性心衰急救治疗药物的最高水平，填补了该领域的国内空白。

西藏药业现有员工1000余人，总资产8.2亿元，并有西藏诺迪康医药有限公司、西藏金罗汉医药有限公司、成都诺迪康生物制药有限公司、四川诺迪康威光制药有限公司、西藏康达药业有限公司、西藏诺迪康藏药材开发有限公司、四川本草堂药业有限公司等下属子公司。

西藏药业被西藏自治区政府认定为高新技术企业，2001年国家科学技术部认定西藏药业为国家火炬计划重点高新技术企业，2004年公司被评为优秀民营科技企业。

公司宗旨：弘扬、提高和发展中医药传统，并以提高和发展人类健康水平为己任。

公司经营方针：永远两条腿走路：处方药、OTC一并前进。产品定位：类别药单品种销售位居全国第一、第二。

公司核心价值观：团队精神第一、公司利益第一、追求效率第一、创造价值第一。

总经理寄语：用百分之九十九的努力，抢抓百分之一的机会，为社会创造百分之百的价值，也为自己创造价值和财富。

公司主要产品：

诺迪康胶囊：国家火炬计划项目产品、藏药现代化改造的成果、国家三类新药，以生长在海拔3500-5000米的圣地红景天为原料。疗效确切的纯中药制剂，益气活血护心脑。用于气虚血瘀所致胸痹，表现为胸闷，刺痛或隐痛，心悸气短，神疲乏力，少气懒言，头晕目眩等症状。冠心病、心绞痛见以上症状者。

雪山金罗汉止痛涂膜剂：国家火炬计划项目产品，国家三类新药。秉承1300年藏医圣典《四部医典》的配伍理论，以铁棒锤为君药、荟萃藏药精华雪莲花、藏红花等“协同对治”，并以现代制药技术，精提浓缩而成。用于急慢性扭挫伤、风湿、类风湿关节炎、肩周炎、痛风、骨质增生所致关节疼痛肿胀、神经性头痛。

冻干重组人脑利钠肽（rhBNP）：商品名新活素，国家一类新药，经过8年研究成功的具有自主知识产权的药品，居世界领先地位。新活素适用于患有休息或轻微活动时呼吸困难的急性失代偿心力衰竭患者的静脉治疗。通过临床验证，与传统治疗药物相比，具有死亡率低、显效快、安全性好、为心脏提供全面保护和提高远期存活率的优点。

统计上大中小型企业划分办法（暂行）

一、根据国家经贸委、国家计委、财政部、国家统计局《关于印发中小企业标准暂行规定的通知》(国经贸中小企[2003]143号)，结合统计工作的实际情况，特制定本办法。

二、本办法适用于统计上对工业（采矿业，制造业，电力、燃气及水的生产和供应业）、建筑业、交通运输、仓储和邮政业、批发和零售业、住宿和餐饮业的企业划分规模。

三、本办法以法人企业或单位作为对企业规模的划分对象，以从业人员数、销售额和资产总额三项指标为划分依据。企业规模的具体划分标准见附表。

四、企业规模由政府综合统计部门根据上年统计年报每年划分一次。企业规模一经确认，月度统计原则上不进行调整。

附表：统计上大中小型企业划分标准

统计上大中小型企业划分标准

行业名称	指标名称	计算单位	大型	中型	小型
工业企业	从业人员数	人	2000及以上	300-2000以下	300以下
	销售额	万元	30000及以上	3000-30000以下	3000以下
	资产总额	万元	40000及以上	4000-40000以下	4000以下
建筑业企业	从业人员数	人	3000及以上	600-3000以下	600以下
	销售额	万元	30000及以上	3000-30000以下	3000以下
	资产总额	万元	40000及以上	4000-40000以下	4000以下
批发业企业	从业人员数	人	200及以上	100-200以下	100以下
	销售额	万元	30000及以上	3000-30000以下	3000以下
零售业企业	从业人员数	人	500及以上	100-500以下	100以下
	销售额	万元	15000及以上	1000-15000以下	1000以下
交通运输业企业	从业人员数	人	3000及以上	500-3000以下	500以下
	销售额	万元	30000及以上	3000-30000以下	3000以下
邮政业企业	从业人员数	人	1000及以上	400-1000以下	400以下
	销售额	万元	30000及以上	3000-30000以下	3000以下
住宿和餐饮业企业	从业人员数	人	800及以上	400-800以下	400以下
	销售额	万元	15000及以上	3000-15000以下	3000以下

说明：

1．表中的“工业企业”包括采矿业、制造业、电力、燃气及水的生产和供应业三个行业的企业。

2．工业企业的销售额以现行统计制度中的年产品销售收入代替；建筑业企业的销售额以现行统计制度中的年工程结算收入代替；批发和零售业的销售额以现行报表制度中的年销售额代替；交通运输和邮政业、住宿和餐饮业企业的销售额以现行统计制度中的年营业收入代替；资产总额以现行统计制度中的资产合计代替。

3．大型和中型企业须同时满足所列各项条件的下限指标，否则下划一档。

对外贸易壁垒调查规则

第一章 总则

第一条 为了开展和规范对外贸易壁垒调查工作，消除国外贸易壁垒对我国对外贸易的影响，促进对外贸易的正常发展，根据《中华人民共和国对外贸易法》，制定本规则。

第二条 商务部负责对国外贸易壁垒的调查工作。

商务部指定进出口公平贸易局负责实施本规则。

第三条 外国（地区）政府采取或者支持的措施或者做法，存在下列情形之一的，视为贸易壁垒：

（一）违反该国（地区）与我国共同缔结或者共同参加的经济贸易条约或者协定，或者未能履行与我国共同缔结或者共同参加的经济贸易条约或者协定规定的义务；

（二）造成下列负面贸易影响之一：

对我国产品或者服务进入该国（地区）市场或者第三国（地区）市场造成或者可能造成阻碍或者限制；

对我国产品或者服务在该国（地区）市场或者第三国（地区）市场的竞争力造成或者可能造成损害；

对该国（地区）或者第三国（地区）的产品或者服务向我国出口造成或者可能造成阻碍或者限制。

第四条 商务部可以应申请人的申请立案，进行贸易壁垒调查。

商务部认为有必要的，可以自行立案，进行贸易壁垒调查。

第二章 调查申请

第五条 国内企业、国内产业或者代表国内企业、国内产业的自然人、法人或者其他组织（以下统称“申请人”)，可以向商务部提出贸易壁垒调查的申请。

前款所称的“国内企业、国内产业”，是指与被诉贸易壁垒涉及的产品生产或者服务供应有直接关系的企业或者产业。

第六条 贸易壁垒调查的申请必须以书面形式提交。

第七条 申请书应当包括以下内容：

（一）申请人的名称、地址及有关情况；

（二）被申请调查的措施或者做法的说明；

（三）被申请调查的措施或者做法所针对的产品或者服务的说明；

（四）国内相关产业基本情况的说明；

（五）被申请调查的措施或者做法造成负面贸易影响的，关于负面贸易影响的说明；

（六）申请人认为需要说明的其他内容。

第三章 审查和立案

第八条 申请书应当尽可能附具下列证据材料并说明其来源：

（一）证明被申请调查的措施或者做法存在的证据材料；

（二）证明被申请调查的措施或者做法造成的负面贸易影响的证据材料。

申请人无法提供上述证据材料的，应当以书面形式说明理由。

第九条 申请人可以在商务部作出立案决定之前撤回申请。

第十条 商务部应当自收到申请人提交的申请书及有关证据材料之日起60天内，对申请材料进行审查，作出立案或者不予立案的决定。

第十一条 商务部在审查申请材料的过程中，可以要求申请人按照规定的时限提供补充材料。

第十二条 如果申请人提交的申请材料符合本规则第六条和第七条的规定，并且不存在本规则第十六条第（一）、（三）和（四）项规定的情形，商务部应当决定立案调查并发布公告。

商务部决定自行立案的，也应当发布立案公告。

第十三条 立案公告应当载明被调查的措施或者做法、被调查的措施或者做法涉及的产品或者服务以及实施被调查的措施或者做法的国家（地区）（以下简称“被调查国（地区）”）等内容，简要介绍已有的信息，并说明利害关系方陈述意见及公众提出评论的期限。

第十四条 商务部应当在发布立案公告后，将立案决定通知申请人、已知的出口经营者和进口经营者、被调查国（地区）政府以及其他利害关系方。

第十五条 立案公告发布之日为立案日期。

第十六条 出现以下情形之一的，商务部可以作出不予立案的决定：

（一）申请人提交的申请材料所描述的情况与事实明显不符；

（二）申请人提交的申请材料不完整，并且未在商务部规定的时限内提供补充材料；

（三）申请人申请调查的措施或者做法明显不属于本规则第三条所指的贸易壁垒；

（四）商务部认为不应立案的其他情形。

第十七条 商务部应当以书面形式将不予立案的决定通知申请人，并说明理由。

第四章 调查和认定

第十八条 商务部应当通过调查认定被调查的措施或者做法是否构成本规则第三条所称的贸易壁垒。

第十九条 在调查中，商务部可以使用主动收集的任何相关信息。

第二十条 商务部认为必要时，可以成立由国务院有关部门、专家、学者组成的专家咨询组。专家咨询组负责对调查中涉及的技术性和法律性问题提供咨询意见。

第二十一条 商务部可以采用问卷、听证会等方式向利害关系方了解情况，进行调查。

第二十二条 商务部认为必要时，可以在征得被调查国（地区）政府同意后，派出工作人员赴该国（地区）进行调查取证。

第二十三条 利害关系方认为其提供的资料泄露后将产生严重不利影响的，可以向商务部申请对该资料按照保密资料处理。

第二十四条 商务部认为保密申请有正当理由的，应当对利害关系方提供的资料按照保密资料处理，同时要求利害关系方提供一份非保密的资料概要。

未经提供资料的利害关系方同意，商务部不得将按保密资料处理的资料用于该贸易壁垒调查以外的用途。

第二十五条 商务部在调查过程中，可以就被调查的措施或者做法与被调查国（地区）政府进行磋商。

第二十六条 出现以下情形之一的，商务部可以决定中止调查并发布公告：

（一）被调查国（地区）政府承诺在合理期限内取消或者调整被调查的措施或者做法；

（二）被调查国（地区）政府承诺在合理期限内向我国提供适当的贸易补偿；

（三）被调查国（地区）政府承诺履行经济贸易条约或者协定的义务；

（四）商务部认为可以中止调查的其他情形。

第二十七条 被调查国（地区）政府未在合理期限内履行本规则第二十六条第（一）至（三）项承诺的，商务部可以恢复调查；商务部根据本规则第二十六条第（四）项决定中止调查的，在该情形消除后，也可以恢复调查。

第二十八条 应申请人的请求，商务部可以终止调查程序，除非认为终止调查程序不符合公共利益。

第二十九条 出现以下情形之一的，商务部应当终止调查并发布公告：

（一）被调查国（地区）政府已经取消或者调整被调查的措施或者做法；

（二）被调查国（地区）政府已经向我国提供适当的贸易补偿；

（三）被调查国（地区）政府已经履行经济贸易条约或者协定的义务。

第三十条 出现下列情况之一的，商务部可以终止调查并发布公告：

（一）申请人在调查中不提供必要的合作；

（二）商务部认为可以终止调查的其他情形。

第三十一条 通过调查，商务部应就被调查的措施或者做法是否构成本规则第三条所称的贸易壁垒作出决定，并发布公告。

第三十二条 贸易壁垒调查应当自立案决定公告之日起6个月内结束；特殊情况下可以延长，但延长期不得超过3个月。

第三十三条 如果被调查的措施或者做法被认定构成本规则第三条所称的贸易壁垒，商务部应当视情况采取以下措施：

（一）进行双边磋商；

（二）启动多边争端解决机制；

（三）采取其他适当的措施。

第五章 附则

第三十四条 依照本规则作出的公告，应当载明重要的情况、事实、理由、依据、结果和结论等内容。

第三十五条 对国外投资壁垒的调查，参照本规则进行。

第三十六条 本规则由商务部负责解释。

第三十七条 本规则自2005年3月1日起施行。